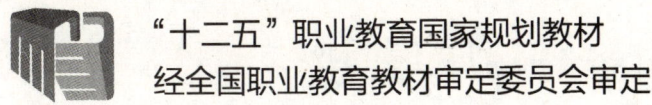

"十二五"职业教育国家规划教材

经全国职业教育教材审定委员会审定

Jinrong Gailun

金融概论

主　编　陈　星　徐桂华
副主编　赵书海　谢鑫建
主　审　方立明

高等教育出版社·北京

内容提要

本书是"十二五"职业教育国家规划教材,经全国职业教育教材审定委员会审定。

本书在介绍基本金融理论的基础上,按照金融市场的参与主体及其业务、金融市场以及金融市场调控与监管的逻辑顺序进行编写。本书包含货币与信用,金融机构,中央银行及其业务,商业银行及其业务,信托、租赁与保险业务,国际金融,货币供给与货币需求,金融市场,货币政策,金融风险与金融监管十章内容。本书实用性强,在内容设计上注重吸收近年来金融行业的新知识,并吸纳实际工作部门的专家参与编写。本书适应当前高等职业教育课程改革的需要,本书涵盖了银行从业资格考试大纲的相关内容,对培养创新型、应用型金融人才有较好的参考价值。为利教便学,本书另配教学课件等相关教学资源。

本书适合作为高等职业院校财经类专业相关课程的教学用书,也可作为金融行业从业人员的培训用书。同时,本书编写结合了五年制高职学生的实际情况和教学需求,还可作为五年制高职教学用书。

图书在版编目(CIP)数据

金融概论 / 陈星,徐桂华主编. —北京:高等教育出版社,2014.8（2017.1重印）
ISBN 978-7-04-038729-2

Ⅰ.①金… Ⅱ.①陈… ②徐… Ⅲ.①金融学-高等职业教育-教材 Ⅳ.①F830

中国版本图书馆CIP数据核字(2014)第164798号

| 策划编辑 | 毕颖娟 齐淼 | 责任编辑 | 毕颖娟 齐淼 | 封面设计 | 吴昊 | 责任印制 | 高忠富 |

出版发行	高等教育出版社	咨询电话	400-810-0598
社　　址	北京市西城区德外大街4号	网　　址	http://www.hep.edu.cn
邮政编码	100120		http://www.hep.com.cn
印　　刷	杭州广育多莉印刷有限公司		http://www.hep.com.cn/shanghai
开　　本	787mm×1092mm 1/16	网上订购	http://www.landraco.com
印　　张	16.75		http://www.landraco.com.cn
字　　数	418千字	版　　次	2014年8月第1版
购书热线	021-56717287	印　　次	2017年1月第3次印刷
	010-58581118	定　　价	34.00元

本书如有缺页、倒页、脱页等质量问题,请到所购图书销售部门联系调换
版权所有　侵权必究
物　料　号　38729-00

出版说明

2012年12月,教育部职业教育与成人教育司启动了"十二五"职业教育国家规划教材的选题立项工作。作为全国最大的职业教育教材出版基地,高等教育出版社认真贯彻执行《教育部关于"十二五"职业教育教材建设的若干意见》(教职成〔2012〕9号)文件精神,按照"统筹规划、优化结构、锤炼精品、鼓励创新"的原则,整合全国的优质出版资源,积极参与了该项工作。目前,已获立项的教材继续完成了编写工作,经教育部组织专家审定并公示后,陆续出版。

高等教育出版社国家规划教材的作者中有参与制定高等职业教育新专业教学标准的专家,有高等职业教育国家专业教学资源库建设项目的主持人,有学科领域的领军人物,有企业的技术人员,他们是保证教材编写质量的基础。

高等教育出版社国家规划教材主要突出以下五个特点:

1. 执行新标准

以《高等职业学校专业教学标准(试行)》为依据,服务经济社会发展和人的全面发展。教材内容与职业标准对接,突出就业能力培养。

2. 构建新体系

教材整体规划、统筹安排,注重系统培养,兼顾多样成才,突出产教融合。遵循技术技能人才培养规律,构建服务于中职高职衔接、职业教育与普通教育相互沟通的现代职业教育教材体系。

3. 找准新起点

教材编写遵循易用、易学、易教的原则,强调以学生为中心,符合职业教育的培养目标与学生认知规律。

4. 推进新模式

在高等职业教育工学结合、知行合一的人才培养模式下,改革教材编写体例,创新内容呈现形式,推进"任务驱动"、"项目化"、"工作过程导向"、"理实一体化"、"做中学、做中教"等教学模式的实施。

5. 配套新资源

秉承高等教育出版社打造数字化教学资源的传统与优势,教材内容与高等职业教育国家专业教学资源库紧密结合,同时配套建设课程教学资源,为教学提供全面支持和增值服务。

为了更好地为教学服务,高等教育出版社将以国家规划教材为基础,组织教师培训和教学研讨活动,通过与教师互动以及滚动建设立体化教学资源,把教材建设提高到一个新的水平。

高等教育出版社

2014年7月

前　言

本书是"十二五"职业教育国家规划教材,经全国职业教育教材审定委员会审定。

本书是为满足高等职业教育财经类专业培养技能型与应用型人才的要求而编写的。当前,高等职业教育财经类专业正在对课程体系和课程内容进行改革,"金融概论"作为财经类专业尤其是金融类专业核心课程已在我国高等职业院校财经类专业普遍开设。同时,金融是现代经济的核心,随着我国经济的发展,我国城乡居民的金融意识不断增强,也迫切需要普及金融专业知识。随着我国金融市场的完善和市场规模的扩大,金融专业知识教育的规模也在不断扩大,本书的编写也适应了这方面的需要。本书具有如下特点:

(1) 吸收最新的金融学知识。近几年,随着我国经济发展,我国金融业务也不断创新,如证券市场的股指期货、商业银行中间业务,使我国资金市场和资本市场不断出现新的交易品种,金融业务也变得相对复杂。在编写过程中,我们吸收了金融理论和实务的最新内容。

(2) 吸纳了实际部门的专家参与编写。此次编写邀请政府和银行业的专家共同参与,使本书内容更贴近行业的实际,增强了专业性、实用性和吸引力,也提升了全书的编写质量。

(3) 注重对金融实务知识的介绍。为使学生更好地掌握金融知识,了解我国金融运行状况,本书结合理论阐述,在部分章节介绍了我国近几年金融运行情况,使学生掌握金融基本知识和具体实务,提高学生分析经济与金融现象的能力,为后续课程学习打好良好基础。

(4) 满足高等职业教育课程改革的需要。目前许多高职财经类专业对课程体系改革,提出了金融类专业学生在校学习期间考取银行从业资格证书的要求。为此,我们将银行从业资格证书考试大纲的相关内容纳入到书中,以达到双证融通的目的。

本书可作为高等职业院校财经类专业的专业基础课教材,也可供实际工作部门作为培训教材使用。

本书由陈星、徐桂华任主编,由赵书海、谢鑫建任副主编。陈星设计全书框架和拟订大纲,陈星和赵书海负责统稿,中国银行业监督管理委员会国际部方立明任主审。具体编写分工如下:江苏经贸职业技术学院徐桂华编写第一、二章,朱瑾编写第三章,谢鑫建编写第四章;广东机电职业技术学院蒋彬编写第五章;江苏经贸职业技术学院陈星编写第六章;四川阿坝师范高等专科学校刘晓婧编写第七章;安徽商贸职业技术学院胡艳编写第八章;山西金融职业学院赵书海编写第九章;安徽审计职业技术学院吴月明编写第十章。

在本书编写过程中,我们参考了国内许多专家的文献和资料,在此一并表示诚挚的感谢。

受编写水平和编写时间所限,本书难免会有不当之处,恳请广大读者批评指正。

编　者
2014 年 8 月于南京

目 录

001　**第一章　货币与信用**
001　第一节　货币概述
006　第二节　货币制度
010　第三节　我国的货币制度
013　第四节　信用与金融工具
021　第五节　利息和利率

028　**第二章　金融机构**
028　第一节　金融机构产生的经济分析
031　第二节　金融中介机构的构成和基本内容
037　第三节　我国金融机构体系

048　**第三章　中央银行及其业务**
048　第一节　中央银行概述
055　第二节　中央银行的负债业务
061　第三节　中央银行的资产业务
067　第四节　中央银行的支付清算业务

076　**第四章　商业银行及其业务**
076　第一节　商业银行概述
080　第二节　商业银行的负债业务
087　第三节　商业银行的资产业务
091　第四节　商业银行的中间业务
094　第五节　商业银行的表外业务

106　**第五章　信托、租赁与保险业务**
106　第一节　信托业务
115　第二节　租赁业务
121　第三节　保险业务

第六章　国际金融　132
- 132　第一节　外汇与外汇汇率
- 138　第二节　国际收支
- 145　第三节　国际金融机构
- 149　第四节　国际融资方式

第七章　货币供给与货币需求　161
- 161　第一节　货币供给
- 170　第二节　货币需求
- 177　第三节　货币均衡

第八章　金融市场　186
- 186　第一节　货币市场
- 191　第二节　资本市场
- 203　第三节　黄金市场与外汇市场
- 208　第四节　金融衍生商品市场

第九章　货币政策　215
- 215　第一节　货币政策概述
- 224　第二节　货币政策工具
- 228　第三节　货币政策选择

第十章　金融风险与金融监管　237
- 237　第一节　金融风险
- 242　第二节　金融监管及金融监管体系
- 249　第三节　国家对金融机构和金融市场的监管

主要参考文献　256

第一章 货币与信用

【学习目标】
1. 了解货币的起源和发展、货币的定义和本质。
2. 理解货币制度的构成要素及其演变,掌握人民币制度的内容。
3. 理解货币的演变形态,掌握货币的基本职能。
4. 理解信用的内涵,了解信用的产生和发展过程,掌握信用形式,掌握信用工具种类及其特征。
5. 理解并掌握利率的种类,理解影响利率变化的因素。

第一节 货币概述

一、货币的产生

货币是商品生产和商品交换长期发展的产物。什么是商品?首先,商品是一种劳动产品,它凝结了人类的劳动,具有一定的价值。任何直接可以从大自然中索取的东西,如空气、阳光等,虽然也是人类生存不可缺少的,但它没有经过人类的劳动,就不是劳动产品,也就不是商品。其次,商品是为交换而生产的产品。那种仅为自己消费而生产的东西,如农民为自己消费而种的菜、养的鸡鸭,虽然也是劳动产品,但不用于交换,也就不是商品。只有用于交换的产品才是商品。因此,商品是用于交换的劳动产品。用一种劳动产品换取另一种劳动产品,就叫商品交换。

商品交换必须遵循两个基本原则:首先,互相交换的两种商品必须具有不同的使用价值,两种完全相同的商品是没有交换的必要的。其次,互相交换的两种商品必须具有相等的价值,体现人类同样多的劳动耗费。

在商品交换中,为贯彻等价交换的原则,必须衡量商品价值的大小。一种商品价值的大小,是不能以自身的价值来衡量的,必须用另一种商品的价值来表现。用一种商品的价值表现另一种商品价值的方式,就是价值表现形式,简称价值形式。一种商品价值不仅包含人类的体力劳动,还包含人类的脑力劳动。例如,两件同样材料、同样做工的衣服,由于款式不同,它们的价格优势可以相差好几倍,其中,价格较高的一件就是因为经过了设计师的精心设计,样式比较新颖所致。

货币是价值形式发展的结果。在人类社会早期很长一段时间,人们主要是靠自力更生,自给自足,没有商品也不存在商品交换。到了原始社会末期,商品生产和商品交换开始产生和发展,伴随商品交换的发展,逐渐从商品世界中分离出一种特殊商品作为商品交换的媒介,货币才应运而生。我们将固定地充当一般等价物的特殊商品称为货币。可见,货币是价值形式发展的结果。价值形式的发展主要有以下四个阶段:

(一)简单的或偶然的价值形式

在人类历史上,最早的交换行为是发生在原始社会末期的部落之间。当时,由于生产力水平十分低下,剩余产品的交换不仅种类有限、数量不多,而且带有偶然性。于是,一种商品的价值简单地偶然地通过另一种商品表现出来,这就是简单的或偶然的价值形式。这种价值形式虽然看起来很简单,但其包含的内容却是极其复杂的。它不仅体现了价值量的相等,而且还反映了质的不同,形成了货币产生的土壤。

(二)总和的或扩大的价值形式

在原始社会后期,随着社会生产力的发展,出现了第一次社会大分工,劳动生产率提高,剩余产品开始增多,产生了私有制,个人与个人之间的交换逐步取代了原始部落之间的交换,于是交换行为变成经常性的,交换产品的数量和品种也不断增多。当一种商品已不再是偶然地与另一种商品相交换,而是经常地与许多商品相交换,简单的或偶然的价值形式就逐步过渡到总和的或扩大的价值形式。

小资料

在卡维里市场上的一次雇船经历[①]

这是一位在非洲旅行的欧洲人所做的描述:"看看我在卡维里市场上雇船到唐汉纳克海岸时,必须以怎样的方式支付雇金,那是很可笑的。船经理沙特要求付象牙,但是我没有象牙。当时我知道默罕麦德·伊文·萨里柏有象牙,而他需要呢绒交换;而另外一个人有呢绒但需要针交换,很幸运,我有针。于是我进行了一系列物物交换,把象牙交给船经理沙特,直到这时候,我才从船经理手里雇到船。"

(三)一般价值形式

在总和的或扩大的价值形式下,一种商品的价值由一系列的商品来表现,而在一般价值形式下,则是一切商品的价值统一地由一种商品来表现。这种处于等价形态地位的、能表现其他一切商品价值的商品被称为一般等价物,它使商品交换由以前的直接物物交换变成了通过一系列等价物作为媒介的交换。所以,一切商品的价值共同表现在某一种从商品世界中分离出来而充当一般等价物的商品上,这种价值表现形式就是一般价值形式。

(四)货币价值形式

在一般价值形式下,处于等价形式的商品已经不是普通商品,而是商品交换的一般等价物,但是,在不同地区、不同时期充当一般等价物的商品往往是不同的。商品交换的发展,客观上要求将一般等价物固定在某一种商品上,于是出现了货币的价值形式。经过长期的演

[①] 选摘自布列格里:《资本主义国家的货币流通与信用》,中国财政经济出版社1955年版。

变过程,这种一般等价物最终由黄金或白银来承担。当一切商品的价值固定地由一种特殊商品来表现,这种价值表现形式就被称为货币价值形式。

价值形式的发展经历了几千年的历史,它说明了以下几点:①货币的产生不是一朝一夕的,货币在产生之前已经以商品的形式存在于商品世界中,然后才逐渐从商品世界中脱颖而出;②不同的国家和地区、不同的时期,处于等价形式的货币材料是不完全相同的,最后才由黄金和白银来充当,因为金银最适宜充当货币材料,正如马克思所说:"金银天然不是货币,但货币天然是金银。"

二、货币的定义

经济学从货币的职能出发给货币下定义,认为货币是指从商品世界中分离出来的固定地充当一般等价物的特殊商品,它反映着商品生产者之间的关系。

"货币"一词在我们的日常生活中经常被使用,它的含义似乎是很明显。为了避免混淆,我们必须澄清货币的经济学定义与人们日常生活中的习惯用法之间的区别。

一是把货币等同于现金。像"你带钱了吗"这句话里的钱显然指的就是现金。把货币仅仅定义为现金,对于经济分析而言是过于狭窄了。因为可开列支票的存款在流通领域中与现金一样,都可用以支付所购买的商品与劳务。如果我们把货币定义为现金,那么我们就难以把货币与人们所进行的全部购买活动联系起来。事实上,正是因为货币与购买相关联,才使货币问题引起人们极大的兴趣。因此,在现代经济学中必须把可开列支票的存款与现金一起包括在货币的定义之中。

二是把货币等同于财富。例如,说"他很有钱",即意味着他不仅有一大笔现金和存款,还有债券、股票、珠宝、字画、房子、汽车等。把货币定义为财富,从而把货币与股票、债券、不动产等相混同,那么在经济分析中就无法界定货币的基本特性。事实上,货币作为一般等价物,是社会财富的一般性代表,但货币并不等同于社会财富本身,它只是社会财富的一部分。在美国,货币大约只相当于财富总量的2%,即使是最广义的货币也不超过财富总量的10%。可见,把货币定义为财富显然又太宽了。

三是把货币等同于收入。"他的工作很好,能赚很多钱"这句话里的钱就是指收入。收入是一定期限内的流量,而货币是某一时点上的存量,若把货币定义为收入,那么货币量将无法计量。

三、货币的职能

马克思归纳了货币的五大职能:价值尺度、流通手段、贮藏手段、支付手段和世界货币。

(一)价值尺度

货币作为表现和衡量其他一切商品价值的尺度,执行着价值尺度职能。货币作为价值尺度,把一切商品的价值表现为同名的量,使商品在质的方面相同,在量的方面可以比较。这是货币的第一职能,也是最基本、最重要的职能。

当商品的价值用货币来表现的时候,就是商品的价格,价格是商品价值的货币表现。货币执行价值尺度职能,就是把商品的价值表现为一定的价格。当一个经济体系使用一种货币,通过这种货币,该经济体就会建立起一套完整的价格体系,从而便于整个社会商品和劳务的生产、交换、分配和消费。

(二) 流通手段

在商品交换过程中,货币发挥交易媒介作用时,执行流通手段职能。它是货币的基本职能之一。货币作为流通手段是价值尺度职能的必然发展。

货币执行流通手段职能,必须是真实的货币或现实的货币。这里,作为流通手段的货币只是交换的媒介,交换者出卖自己的商品取得货币,是为了用货币再去购买自己所需的商品,货币作为商品交换价值的独立表现,只是转瞬即逝的东西,因而货币所有者对货币本身的价值并不十分关心,关心的是货币的购买力,这就产生了以价值符号代替具有内在价值的金属货币流通的可能性。

(三) 贮藏手段

货币退出流通领域,被人们当成独立的价值形态和社会财富的一般代表保存起来时,货币就会暂时退出流通领域,起到贮水池的作用。此时,货币执行贮藏手段职能。

货币的贮藏手段实际上是价值贮藏手段的重要形式。但是,货币并非唯一的价值贮藏手段。信用制度发达以后,最典型的价值贮藏手段——货币贮藏手段有了更大的变化。首先,在现在社会的不兑现纸币条件下,当纸币实际代表的价值比较稳定时,纸币也可充当贮藏手段,虽然它不能像金银等贵金属能长久地保存价值。其次,由于银行制度为主的现代信用制度的高度发达,社会各阶层把自己持有的货币资产或收入存入银行,使贮藏手段趋于集中,对个人而言,这是贮藏价值的可选择的形式,对社会来说,则是集中或积累资金的形式,这也是纸币赖以成为贮藏手段的重要条件。

(四) 支付手段

当货币作为独立的价值形式进行单方面转移时,如清偿债务,支付税金、房租、水费、工资等,起到延期支付的作用,就执行了支付手段职能。货币作为支付手段是货币流通手段职能派生出来的,它起源于赊账的商品交易。当货币作为流通手段时,交换双方一手交钱,一手交货,货币与商品同时换位,钱货两清。货币作为支付手段,则是价值单方面转移,如买者凭契约或某种信用赊购商品,从而成为债务人,卖者成为债权人,到双方约定的交割日期,买者用货币清偿他对卖者的债务。

货币作为支付手段,对经济发展起着很大的推动作用。在商品经济中,由于商品生产者的各种生产条件有许多的差异,生产商品的种类也千差万别,距离市场远近也不同,因此相互提供商品的时间并不吻合。这种产与销在空间、时间上的差异,客观上要求使商品的让渡同商品的价格的实现在时间上分离开来,或者赊销商品先交货,后付钱;或者预付货款,先付款,后交货,这种付款时间先后的差异,对商品经济的发展具有重要的意义。

(五) 世界货币

货币超越国界,在世界市场上发挥一般等价物作用时,就执行着世界货币职能。作为世界货币,它具有三个职能:第一,在世界范围内,执行价值尺度职能,从而构成国际范围内的价格体系;第二,充当一般购买手段,以平衡国际收支差额;第三,充当一般财富的绝对形式,从一国转移到另一国,例如输出货币资本,以货币形式对外贷款或援助,支付各种赔款,等等。在国际贸易发达的现代,世界货币是作为支付手段以平衡国际收支差额最重要的手段。

货币的五种职能并不是各自孤立的,而是具有内在联系的,每一个职能都是货币作为一般等价物的本质反映。其中,货币的价值尺度和流通手段职能是两个基本职能,其他职能是在这两个职能的基础上产生的。所有商品首先要借助于货币的价值尺度来表现其价格,然后才通过流通手段实现商品价值。正因为货币具有流通手段职能,随时可以购买商品,货币才能作为交换价值独立地存在并用于各种支付,人们才贮藏货币,使货币执行贮藏手段的职能。支付手段职能是以贮藏手段职能的存在为前提的。世界货币职能则是其他各个职能在国际市场上的延伸和发展。从历史和逻辑上讲,货币的各个职能都是按顺序随着商品流通及其内在矛盾的发展而逐渐形成的,从而反映了商品生产和商品流通的历史发展进程。

四、货币形态的演变

自从货币产生以来,其具体形态随着社会生产力和商品经济的发展,一直在不断地变化。就货币形态的总体演变过程来看,其一般经历了实物货币、金属货币、信用货币和今天的电子货币等不同的形态。

(一) 实物货币

实物货币是人类历史上最为古老的货币形态,它是指由某种本身具有价值和使用价值的普通商品来充任货币。如我国历史上,贝壳、布帛、粮食、农具等,都曾先后或同时充当过货币;在国外,则还有用牲畜、皮革、烟草、盐、砂糖等作为货币的记载。随着商品经济的发展,参与交换的商品种类日益繁多,商品交换的数量愈来愈大,而多数实物货币所固有的不便携带、不易保存、不能分割、难以计量等缺陷,使得它渐渐为金属货币形态所取代。

(二) 金属货币

随着社会生产力的进步,人类逐步掌握了金属的开采和冶炼技术,于是相继出现了铜、铁、金、银等不同的金属。最早用金属充当货币是基于两方面的原因:一是天然的实物货币不足而用金属进行仿制(如中国历史上的"子安贝");二是将金属视作用途范围广泛却又稀有的普通商品。随后,人们才渐渐发现金属的自然属性比一般商品更适于充当货币,因此便用它取代了贝壳、布帛等实物,固定地充当一般等价物以发挥货币的作用。

早期的金属货币,往往是以条块等形状直接流通使用,交易时要验成色、称重量,极为不便。后来有些经济实力雄厚的大商人在流通的金属条块上加盖印记,以本身信誉担保货币金属的成色和重量。然而,私人信誉毕竟有着明显的局限性。当商品交换规模进一步扩大化,人们对货币金属条块的重量、成色便要求能有更具权威性的证明,于是铸币应运而生。所谓铸币,是指由国家统一铸造的具有一定形状、重量、成色和价值的金属货币,是法定的流通手段。起初,铸币的币材是以铜、铁等贱金属为主,随后逐渐被金、银等贵金属取而代之。

(三) 信用货币

信用货币,是指一种用来代替金属货币充当流通手段和支付手段的货币符号。货币作为商品交换的媒介,人们只关心它能否购回等价的商品,而不必关心它是否足值或有无价值,这就为货币符号代替真实货币流通提供了可能。目前,世界上绝大多数国家采用了信用货币形式。20世纪的两次世界大战和30年代大危机,使各国纷纷放弃金本位制,而采取不兑换纸币制度。

信用货币的造币材料本身价值远远低于其票面价值。如何维持信用货币的购买力或面值稳定,是困扰各国货币当局的重要问题,世界各国在货币流通实践中的教训,促使各国政府和金融机构采取有力措施控制货币供应量,以稳定币值。中央银行制度的形成和发展,为垄断信用货币发行权、控制货币供应量提供了一定的制度保证。

信用货币具有如下特点：信用货币在法律上割断了与金属货币的联系；通过信贷程序发行与流通；经济发行；是一种债务凭证，是国家或中央银行对大众的负债，因此其基本保证是政府或银行的信誉。

（四）电子货币

20世纪70年代以后，在新技术革命的推动下，电子货币便应运而生。电子货币，也称e货币，是指在零售支付机制中，通过销售终端、不同的电子设备之间以及在互联网上执行支付的"储值"或"预付支付机制"。这里的"储值"是指保存在物理介质（硬件或卡介质）中。"预付支付机制"则是指存在于电子计算机转账系统、用于支付的电子数据，通常被称为"数字现金"。电子货币有以下几种形式：借记卡、贷记卡等；储值卡（如电话IC卡、IP卡、金龙卡、公交IC卡等）；电子现金（如游戏币）；电子支票。

电子货币彻底改变了人们使用货币的传统方式，具有更加迅速、安全、节省的特点。在电子计算机和光纤通信技术不断发展的背景下，电子货币为商品交换提供了更大的便利。

第二节　货币制度

货币制度是指一国、区域组织或国际组织以法律形式规定的相应范围内货币的流通结构、体系与组织形式。货币制度是随着资本主义经济制度的建立而逐步形成的，在前资本主义时期，世界各国曾先后出现了铸币。在资本主义生产方式确立以后，一些国家先后颁布了有关货币流通的法令和规定，并在其实施过程中逐步建立了统一的、完整的货币制度。

一、货币制度的构成要素

（一）规定货币单位

货币单位是指货币制度中规定的货币计量单位。货币单位的规定主要有两个方面：一是规定货币单位的名称。一般情况下，一国货币单位的名称，往往就是该国货币的名称，如美元、英镑、日元等。二是确定货币单位的"值"。在金属货币条件下，货币的值就是每一货币单位所包含的货币金属重量和成色。在不兑现的信用货币尚未完全脱离金属货币制度时，确定货币单位的值主要是确定货币单位的含金量。当黄金非货币化后，则主要表现为确定或维持本国货币与他国货币或世界主要货币的比价，即汇率。

（二）确定货币材料

货币材料简称"币材"，是指用来充当货币的物质。确定不同的货币材料，就构成不同的货币本位，如果确定用黄金充当货币材料，就构成金本位，用白银充当货币材料，就构成银本位。确立以哪一种物质作为币材，是一国建立货币制度的首要步骤。币材虽然由国家确定，但也要受客观经济条件的制约，往往只是对已经形成的客观现实从法律上加以肯定。国家不能随心所欲地任意指定某种物品作为货币材料。

（三）规定流通中的货币结构

货币结构主要是规定主币和辅币。主币就是本位币，是一个国家流通中的基本通货，一般作为该国法定的价格标准。主币的最小规格通常是1个货币单位,如1美元、1英镑等。辅币是本位货币单位以下的小面额货币,它是本位币的等分,其面值多为货币单位的1%、2%、5%、10%、20%、50%几种,主要解决商品流通中不足1个货币单位的小额货币支付问题。

(四) 对货币法定支付偿还能力的规定

在国家干预货币发行和流通的情况下,还要通过法律对货币的支付偿还能力即法偿能力做出规定。所谓法偿能力是指法律赋予货币一种强制流通的能力,任何人不得拒绝接受。法律规定的法偿能力包括无限法偿和有限法偿。无限法偿是指不论支付数额多大,不论这种支付是购买商品、支付劳务、结清账款、缴纳税款等,法律规定接受者均不得拒绝接受,主币具有无限法偿能力。有限法偿是指每次支付的数额有限制,辅币仅限于零星小额支付和找零使用,辅币具有有限法偿能力。

(五) 货币铸造与货币发行的规定

金属货币存在铸造和发行问题,而不兑现货币则主要存在发行问题,至于硬辅币的铸造则是次要问题。在古代国家,金属货币的铸造权是一个重大的问题。当然在不同的国家和不同时期,铸造权的归属有很大的差异。对于本位币的铸造,有些国家则完全垄断,有的则由人们自由铸造。辅币铸造一般由国家垄断。信用货币在欧洲近代首先是由私人银行发行,后来随着私人银行券的不兑换造成的经济动荡问题的出现,各国逐渐采取经济手段将信用货币发行权收归中央银行所有。现代各国的信用货币的发行权都集中在中央银行或指定发行机构。

(六) 货币发行准备制度的规定

货币发行的准备制度,是指在货币发行时须以某种金属或某几种形式的资产作为其发行货币的准备,从而使货币的发行与某种金属或某些资产建立起联系和制约关系。最初各国所采用的货币发行准备制度,一般均在本国有关法律中予以明确规定。在不同的货币制度下,货币发行的准备制度是不同的。在金属货币制度下,货币发行以法律规定的贵金属金或银作为准备;在现代信用货币制度下,货币发行的准备制度已经与贵金属脱钩,多数国家都采用以资产主要是外汇资产做准备,也有的国家以物资做准备,还有些国家在货币发行上采取与某个国家的货币直接挂钩的方式,如钉住美元、欧元或英镑等。各国在准备比例和准备资产上也有差别。目前各国货币发行准备的构成一般有两大类:一是现金准备,现金准备包括黄金、外汇等具有极强流动性的资产;二是证券准备,证券准备包括短期商业票据、财政短期国库券、政府公债券等必须是在金融市场上可流通的证券。

二、货币制度的类型及其演变

根据历史演进的逻辑,16世纪以后至今,国家货币制度的演变经历了从金属货币制度发展为不兑现的信用货币制度的过程,演变的基本形式是:银本位制—金银复本位制—金本位制—不兑现的信用货币制度。目前,世界上主要国家都使用不兑换信用货币制度。

(一) 银本位制

银本位制是较早的金属货币制度。在此制度之下,一国的基本货币单位与一定成色、重量的白银维持固定关系,以白银为主币币材,银币为无限法偿货币,具有强制流通的能力;主币的名义价值与所含的一定成色、重量的白银相等,银币可以自由铸造、自由熔化;银行券可以自由兑现银币或等量白银;白银和银币可以自由输出输入。其他条件与实施金本位制的条件基本相同。银本位制的盛行始于16世纪,至19世纪末期被大部分国家放弃。我国用白银作为货币的时间很长,唐宋时期白银已普遍流通,金、元、明时期确立了银两制度,白银是法定的主币。清宣统二年(1910年)4月清政府颁布了《币制则例》,宣布实行银本位制,实际是银圆和银两并行。1933年4月国民党政府"废两改元",颁布《银本位铸造条例》,1935年11月实行法币改革,在我国废止了银本位制。

(二) 金银复本位制

金银复本位制是金、银两种铸币同时作为本位币的货币制度。在实行金银复本位制(以下简称复本位制)的国家中,一国的基本货币单位与一定成色及重量的黄金和白银两种金属维持固定关系。在这种制度下,金、银都可以自由铸造为金币和银币,两者都有无限法偿能力。实施复本位制的必要条件与实施金本位制的必要条件相同,只是这些必要条件中的铸造自由、熔毁自由、输出入自由及兑换自由,同时适用于黄金和白银两种金属。所以,维持复本位制,其结果等于同时维持金本位制和银本位制。

复本位制是一种不稳定的货币制度,货币本身有排他性、独占性,而法律却规定金银均为本位币,因此,复本位制的最大缺点是采用此制的国家的金银铸币之间的铸造比率必须与其作为金属的价值的比率经常一致。但这两种金属的价格随金银市场比价的不断变化而变动,很容易引起价格的混乱,给商品流通带来许多困难,以至于出现被称为"格雷欣法则"的"劣币驱逐良币"现象。

 小资料

格雷欣法则

劣币驱逐良币的规律是复本位制的双本位制下一种货币排挤另一种货币的现象。它由16世纪英国金融家、商人托马斯·格雷欣在向女王提出的改铸货币建议中首先提出。16世纪的英国商业贸易已经很发达,玛丽女王伊丽莎白一世时代铸造了一些成色不足(含银量)的铸币投入流通中。当时在英国很受王室重视的金融家兼商人托马斯·格雷欣发现,当面值相同而实际价值不同的铸币同时进入流通时,人们会将足值的货币储藏起来,或熔化,或者流通到外国,最后回到英国偿付贸易和流通的,则是那些不足值的货币,英国由此受到了巨大的损失。于是托马斯·格雷欣向伊丽莎白一世指出劣币驱逐良币现象,并建议,恢复英国铸币的足够成色,以恢复英国女王的信誉和英国商人的信誉,使在贸易中不受不足价值铸币的损失。1858年英国经济学家亨利·麦克劳德在其《政治经济学概要》中首次用"格雷欣法则"命名了这一货币流通中"劣币驱逐良币"的特殊现象,故又称"格雷欣法则"。

(三) 金本位制

金本位制又称单金本位制。在这种制度下,一国的基本货币单位与一定成色及重量的黄金维持固定关系。按基本货币单位兑现黄金的情况不同,可分为金币本位制、金块本位制和金汇兑本位制三种类型。

> **提示**：从18世纪末到19世纪初，主要资本主义国家先后从复本位制过渡到金本位制，最早实行金本位制的是英国。

1. 金币本位制

金币本位制是典型的金本位制。一个完整的金币本位制应该满足四个条件：① 货币单位与黄金发生关系，铸造金币。金币有法定含金量，有无限法偿能力。② 大众可以无限制地提出请求用黄金铸造金币，只需负担少许铸造费用，并可无限制地熔毁金币。③ 黄金可以自由输出入。④ 一切法偿货币或金币的价值符号均可依其面值兑成金币。货币发行准备全部是黄金。金币本位制是一种比较稳定的货币制度，它保证了本位币的名义价值与实际价值相一致，保证了国内价值与国际价值相一致，自动调节国内货币流通和保持外汇行市的相对稳定，并具有货币流通的自动调节机制。

2. 金块本位制

金块本位制又称生金本位制，其主要特点是：① 黄金并不参加货币流通，流通的是可以兑换黄金块的银行券，银行券有规定的含金量；② 货币当局按固定价格收购黄金，作为储备，金价没有下跌的可能性；③ 货币当局虽然也对居民出售黄金，但仅限于某一最少数量以上。如英国1925年规定，银行券与金块一次兑换数量不少于1 700英镑；法国规定法郎与金块一次兑换至少须215 000法郎。这种兑换能力显然不是一般公众所具备的。

第一次世界大战以后，各国力图恢复因战争破坏的金币本位制。但由于全世界黄金存量分布极不平衡，因此许多缺乏黄金储备的国家退而求其次，建立金块本位制或金汇兑本位制。另外，战后各国居民对战时通货膨胀心有余悸，如果实行金币本位制，则黄金极有可能被居民大量窖藏，因此，采取金块本位制，既可节省流通费用，又可解决黄金匮乏之虞。

3. 金汇兑本位制

金汇兑本位制又称虚金本位制，有些国家虽欲采取金币或金块本位制，但苦于缺乏足够的黄金，就将本国的货币单位与黄金固定联系，但不直接兑换黄金，而是可以直接兑换成某种可以兑换黄金的外国货币，然后以该国货币再兑换该国黄金，这种制度就称为金汇兑本位制。实行金汇兑本位制的国家在所依附国的金融中心存储黄金和外汇，通过无限制买卖外汇，维持本国币值稳定。第一次世界大战后，德、意、奥等30个国家和地区采取这种制度。第二次世界大战以后，以美元为中心的布雷顿森林体系属于国际范围内的金汇兑本位制。

(四) 不兑现货币制度

不兑现货币制度实际上就是不兑换信用货币制度，是在1929—1933年经济危机之后，随着金本位制的崩溃而建立的货币制度。

> **提示**：现代纸币制度不能称为"纸币本位"制度。货币本位是指用法律规定货币单位与某一特定商品保持固定关系，一般来说，所谓特定商品指贵金属金、银；保持固定关系就是规定货币单位的含金量。显然，用这个概念界定纸币是不适用的。我们无法，也毫无意义来规定纸币的"含纸量"，纸币的造纸材料的实际价值几乎可以忽略不计。因此，我们称现代货币制度为不兑换纸币制度。

不兑现信用货币制度具有如下几点特征：

（1）在此制度下，各国主要货币为中央银行发行的纸制的信用货币，是国家强制流通的价值符号，具有无限法偿能力。纸币本身没有价值，它代替金、银币执行货币职能。

（2）纸币不与任何金属保持固定联系。不能与任何金属币兑换，且其发行不以金、银为保证，也不受金、银数量的限制。它主要由现金和银行存款构成。现金体现着中央银行对持有者的负债，银行存款体现着存款货币银行对存款人的负债，这些货币无不体现着信用关系，因此都是信用货币。

（3）不兑换信用货币主要是通过信用程序发行的，也就是说，现实中的货币都是通过金融机构的业务投入到流通中去的。无论是现金还是存款货币，主要是通过金融机构存款的存取、银行贷款的发放等信贷业务进入到流通中去的，还有一部分是通过中央银行的黄金外汇的买卖、有价证券的买卖进入流通领域。在不兑换信用货币流通的早期，主要是通过信贷程序进入流通的。这与金属货币通过自由铸造进入流通已有本质区别。

（4）不兑换信用货币是根据经济发展的客观需要发行的。中央银行通过货币政策工具扩张和收缩信用，控制货币供应量，保持货币流通的稳定。并且通过对外汇的管理，保持汇率的稳定。由此可见，国家对信用货币的管理调控成为经济正常发展的必要条件。

纸币制度是货币发展的一个高级阶段，它克服了金属本位制度的缺点：第一，它克服了金属本位制下货币的扩张受到金属供给数量限制的缺点，使货币供给可以根据经济生活的客观需要而作发行或回笼，灵活地调整货币供应量。第二，在不兑换纸币制度下，由于对外汇的管制，外汇管理机构随时可以根据国家的国际收支状况，对汇率做出有利于国际收支平衡的调整。第三，纸币本身造价低廉且携带方便，可以节省流通费用，使金银等贵金属更多地使用于非货币的用途。

纸币制度虽然克服了金属货币本位制度的缺点，但它的建立也带来了一些难以克服的缺点：第一，由于纸币发行不受黄金、白银准备的限制，它的供应弹性便容易造成信用膨胀和通货膨胀。第二次世界大战后，世界各国均曾受到通货膨胀的困扰。第二，由于人为调整汇率，难免受各国地方保护主义的影响，虽然对一国国际收支有利，但极有可能导致国际贸易与国际金融业的不安和混乱。第三，在不兑现纸币的制度下，通货的供给需要一个统一的机构加以操作、控制，客观上要求加强中央银行的地位。

第三节　我国的货币制度

一、人民币制度

人民币由中国人民银行于1948年12月1日开始发行，这是新中国货币制度的开端。人民币制度是通过统一各解放区货币、禁止金银外币流通、收兑国民党政府发行的各种货币而确立下来的。由于我国目前实行"一国两制"的方针，1997年、1999年香港和澳门回归祖国以后，继续维持原有的货币金融体制，加上台湾地区的新台币，从而形成了"一国四币"的特殊货币制度。四种货币各为不同地区的法定货币：人民币是祖国大陆地区的法定货币；港元则是香港特别行政区的法定货币；澳门元是澳门特别行政区的法定货币；新台币是台湾地区的法定货币。四种货币只限于本地区流通，人民币与港元、澳门元之间按以市场供求为基础决定的汇价进行兑换，澳门元与港元直接挂钩。人民币由国家授权中国人民银行统一发行与管理。

(一) 人民币的性质

(1) 人民币为我国法偿货币。人民币的单位为"元"，"元"是主币，辅币的名称为"角"和"分"。1元为10角，1角为10分。人民币的票币、铸币种类由国务院决定。人民币以"￥"为符号，取"元"的汉语拼音"yuan"的第一个字母加两横而成。人民币"元"是我国经济生活中法定计价、结算的货币单位，具有无限法偿能力。

(2) 人民币是一种纸币，是一种货币符号。目前我国货币制度规定，人民币是不兑现的信用货币，不规定含金量。作为信用货币，在流通中起一般等价物的作用。尽管它没有规定含金量，但仍然是黄金的价值符号。即黄金是它的价值基础，它的币值稳定是以投入市场的大量商品作保证。

人民币以现金和存款货币两种形式存在，现金由中国人民银行统一发行，存款货币由银行体系通过业务活动进入流通，中国人民银行依法实施货币政策，对人民币总量和结构进行管理和调控。

(3) 人民币为我国唯一的合法通货。国家规定，金银不准计价流通，不准买卖，但准许居民持有，国家按牌价收购，不准外币计价流通和私自买卖，国家按牌价兑换人民币，外币持有者可在国家银行办理外币存款。

国家还严禁伪造人民币和发行各种变相货币，违者予以法律制裁。一切企业、事业单位和机关团体印刷和使用内部核算的凭证，必须报经上级机关批准，并且一律不准模仿人民币的样式。

(4) 人民币是独立自主的货币。国家规定，人民币只准在境内流通，禁止人民币出入国境，未经允许，国内团体、个人不能用人民币私自兑换外币，也禁止外币在国内自由流通。人民币是独立自主、统一的货币。

(二) 人民币发行的原则

1. 货币发行实行高度集中统一

货币发行实行高度集中统一原则，就是要保证货币发行权集中于中央，防止分散发行货币。第一，国家授权中国人民银行垄断货币发行权，由中国人民银行总行集中统一管理发行库和发行基金。没有经过批准，任何地区、部门、个人无权动用国家货币发行基金，擅自对市场增加货币发行。第二，任何地区、任何部门不经过批准，不能随意突破国家批准的信贷计划和货币发行计划。必须严格信贷管理，坚持信贷收支平衡。

2. 坚持经济发行

货币发行有两种情况：一种是为了适应生产发展和商品流通规模扩大的需要而发行的货币，称为经济发行；另一种是为了弥补财政赤字而增加的发行，称为财政发行，这种发行一般是财政通过向银行透支或借款而引起的货币发行。由于财政发行不适合国民经济的发展，容易导致通货膨胀，因此应该避免。坚持经济发行，就是按照市场需要，由适用适销的商品作保证，在国家规定的货币发行范围内，有计划地通过信贷收支活动发行货币，使货币流通适应商品流通，稳定币值，稳定物价，保证国民经济顺利发展。

二、港、澳、台货币制度简介

(一) 香港货币制度简介

现行的香港货币制度规定,其发行货币为港元,货币单位为"元",港元实行与美元联系的汇率制度,港币实行自由兑换。具体内容有:

(1) 香港流通的货币包括纸币和铸币。由三家获授权的商业银行发行,这三家银行分别是香港汇丰银行、中国银行和渣打银行。

(2) 香港纸币的发行制度。香港于1935年成立了外汇基金,作为法定货币的保证,并负责管理纸币的发行事宜。银行首先要向外汇基金购买负债证明书,然后才获授权去发行港元纸币,从1983年10月17日开始,外汇基金实行了一些发行纸币的新措施,规定港元与美元挂钩,且以1美元兑换7.8港元的固定汇率进行交换,这汇率称为联系汇率,而三家发行纸币的银行须以美元根据上述汇率向外汇基金购入负债证明书,然后才可以发行证明书上所列明的等值的港元。

(3) 香港法定货币的价值。在现行的港币发行制度下,香港发行纸币是有100%同等币值的美元储备做支持的,这些储备存放在外汇基金内。因此,如果发行港元纸币的银行要增加纸币的流通数量,银行会向外汇基金缴交同等币值的美元;相反,如果发行纸币的银行要减少港元纸币的流通数量,外汇基金同样会将同等价值的美元支付给银行。

由于所发行的纸币的价值完全得到外币储备的支持,因此香港的货币制度是外汇本位制。

(二) 澳门货币制度简介

澳门特别行政区政府自行制定货币金融政策,保障金融市场和各种金融机构的经营自由,并依法进行管理和监督。澳门元为澳门特别行政区的法定货币。

澳门货币发行权属于澳门特别行政区政府。澳门货币的发行须有100%的准备金。澳门货币的发行制度和准备金制度,由法律规定。澳门特别行政区政府可授权指定银行行使或继续行使发行澳门货币的代理职能。澳门特别行政区不实行外汇管制政策。澳门元自由兑换。澳门特别行政区的外汇储备由澳门特别行政区政府依法管理和支配。澳门特别行政区政府保障资金的流动和进出自由。由此可见,澳门元是澳门的法定货币,目前采用与港元挂钩的办法来衡量其币值,实行与港元挂钩并间接与美元挂钩的固定汇率制,从而使其币值保持稳定。其现行的纸币和铸币,由两家获政府授权的银行发行,它们分别是中国银行和大西洋银行。

为维护及提高澳门货币的信用地位和可兑换性,澳门元实行完全的储备基础,这是澳门货币制度的重要内容。这一制度在维护澳门经济金融稳定发展中发挥了积极的作用。

(三) 台湾货币制度简介

新台币是中国台湾的法定货币,英文称为 New Taiwan Dollar,货币代号为 TWD(或是 NT$)。其基本单位为"圆",但一般都写成"元"。1圆=10角=100分。目前,发行硬币单位包括:5角、1元、5元、10元、20元及50元。而纸钞单位则有:100元、200元、500元、1 000元与2 000元。新台币于1949年6月5日开始发行。台湾的汇率制度是管理式浮动汇率,1978年8月,台湾放弃了行之多年的固定汇率制度,代之以管理式浮动汇率,它与通常所称的浮动汇率不同,新台币汇率原则上由外汇市场供需决定,但其汇率浮动并不完全由此决定,而是对美元汇率设立"中心汇率"及浮动范围的上下限干预点,若有季节性因素、偶发性因素(如短期资金大量进出或不正常预期心理),使汇率波动过大,因而无法反映台湾的经济基本情势时,台湾"中央银行"对外汇市场进行强有力的干预,使汇率维持在一个合理的水平上。

第四节　信用与金融工具

在货币产生以后,信用也随之出现。作为一种借贷行为,信用的出现有力地推进了商品货币关系的发展。

一、信用

(一) 信用的概念

"信用"一词源于拉丁文"credo",原意为"信任、声誉"等。在英语中"信用"是"credit",其意除"信任"外,还可解释为"信贷、赊账"。在西方经济学中,信用是一种借贷行为,在信用活动中,债权人将商品或货币暂时让渡出去,债务人则按约定的期限归还并支付利息。为此,我们把信用称为:以偿还和付息为条件的价值运动特殊形式。不同的历史时期,信用主要有两种基本形式,一种是实物借贷,另一种是货币借贷。在商品经济不发达的社会条件下,信用大多采用实物借贷形式;而在发达的商品经济条件下,信用则更多地采用货币借贷形式。但是,无论是实物还是货币,信用借贷的实体都是价值。所以,作为经济上的借贷行为,信用就是价值的单方面运动或转移。

(二) 信用的特点

与其他价值运动相比较,信用具有如下特点:

(1) 信用是从属于商品货币关系的经济范畴。在商品货币经济条件下,商品交换一般是根据等价原则进行价值的同时转移。但由于商品和货币持有者之间时空分布上的非均衡性,不可避免地会产生借贷的需要,借贷双方在借贷过程中所发生的债权债务关系,也就是信用关系,它反映了商品生产者之间等价交换的经济关系。因此,商品货币关系是信用存在的客观经济基础。

(2) 信用是一种有条件的借贷行为。在借贷关系中,商品和货币分属于不同的所有者,而不同所有者之间则存在着经济利益上的差别。商品或货币让渡出去后,其所有者因无法利用它们而将蒙受一定的损失。为了维护所有者的经济利益,势必要求对方如约按期归还,并支付一定的利息作为让渡商品或货币的报酬。所以,还本付息是信用活动的基本前提,有偿性也就成为信用分配的基本特征。

(3) 信用是价值运动的特殊形式。信用方式所引起的价值运动,不同于一般的"钱出货进或货出钱进"的价值运动,它是通过一系列借贷、偿还、赊销、支付等过程实现的特殊价值运动。在发生商品赊销或货币借贷行为时,没有对等的交换,而是商品或货币价值单方面的转移,从而形成了所有权和使用权的分离,这种不发生所有权变化的价值单方面的暂时让渡,构成了信用所具有的基本特点之一。

(三) 信用活动的构成要素

不同社会制度下的一切信用活动,通常都必须由以下基本要素所构成:

1. 债权与债务

信用关系的发生必须有两个当事人,即借者和贷者;贷者将自己的商品或货币借给他人,成为债权人,其债权就是将来收回价值并取得增值的权利;借者因取得商品或货币而成为债务人,其债务就是在将来需要偿还的本金和利息。债权债务关系的成立,构成了相应的信用关系和信用活动。

2. 时间间隔

发生信用活动时,从债权人提供一定的商品或货币,到债务人如数偿还并支付利息,总会有一定的时间间隔,而且间隔时间的长短涉及借贷风险的大小,从而也就决定了借贷利率水平的高低。因此,时间间隔也是构成信用活动的重要因素,没有一定的时间间隔,也就没有信用活动的存在。

3. 信用工具

信用工具是指一种用书面形式来记载债权债务关系,并可以流通转让的凭证。借贷关系虽说可以通过口头形式来达成协定,但却常常因为"口说无凭"而引发争执,同时口头信用形式也不便于转让。为了确保信用活动正常而广泛地开展,"立字为据"的信用工具已成为现代信用活动的基本构成要素。

二、信用的形式

信用作为一种借贷行为,要通过一定的形式表现出来。信用的形式是不同信用关系的具体体现。信用形式可按不同标准进行分类:

(1) 按信用的期限划分,信用可分为即期信用、短期信用、长期信用。即期信用又称为活期信用,是指没有预定偿还日期,随时都可支付的信用。短期信用的偿还期在一年以内;中期信用的偿还期在一年以上、七年以内;长期信用的偿还期在七年以上。当然这种时间的划分是相对的,在不同的国家、不同的时期它们的时间要求有所变化。

(2) 按信用有无抵押划分,信用可分为有担保信用和无担保信用。有担保信用是指以动产或不动产为担保品,抵押或质押于授信方而取得的信用,因而又称为对物信用。无担保信用是指不需要任何担保品,完全以信用为基础的授信行为,也称为对人信用。

(3) 按接受信用的用途划分,信用可分消费信用、盈利信用和政府信用。消费信用是指为非营利目的要求融通的信用;盈利信用是指以公司未来收益作为保证的信用;政府信用是指政府为弥补其财政赤字而借入的款项。

(4) 按信用主体划分,信用又可分为商业信用、银行信用、国家信用和个人信用。

在这里,我们仅介绍商业信用、银行信用、国家信用和消费信用几种主要的信用形式。

(一) 商业信用

商业信用是指企业之间以商品形式提供的信用,典型的商业信用是企业以商品形式提供给另一个企业的信用,即通常所说的赊销商品。由于商业信用与商品流通紧密结合在一起,故称为商业信用。此外,商业信用也采取预付货款的方式,这是随着商品交换的发展派生出来的商业信用形式。

赊销形式的商业信用是很古老的信用形式,赊销商品的企业为了保证自己的权益,需要掌握一种能够受法律保护的债务文书,在这种文书上说明债务人有按照规定金额、期限等约定条件偿还债务的义务。这种文书就称为票据。通过票据使商业信用规范化则从西方开始。12世纪,商业票据已在意大利商业城市中相当广泛地使用,大的商人经常处于相互借贷的关系中。在中国,工商业之间的商业信用习惯上不是使用规范化形式的票据,而是采取"挂账"办法,即在账簿上记载债权债务关系。1929年政府颁布了票据法,明确规定了商业票据是法定票据。

商业信用之所以必要,是因为这种信用形式直接同商品生产和商品流通相联系,是直接为产业资本循环服务的。在资本循环和周转过程中,各企业之间生产时间和流通时间经常出现不一致,经常出现商品的让渡同商品价格的实现在时间上分离开来。有些企业生产出来的商品等待销售,而需要这些商品的企业又缺乏资金。如果仅仅局限于现金的买卖或交易,势必造成商品销售时间的延长和再生产过程的中断。这时,商业信用就应运而生,并发挥着加速资本循环和周转、缩短生产时间和流通时间、促进再生产顺利进行的作用。

商业信用是企业普遍采用的信用形式。这是因为从卖方来看,商业信用直接为商品流通服务,以商业信用作为促销方式,是销售商品最有力的竞争手段。当卖方企业提供商业信用后,在票据尚未到期之前而急需资金时,可以通过票据贴现,向银行或其他金融机构融通资金,因而卖方企业愿意用商业信用来推销商品。买方企业寻求商业信用方式来购买商品,无非是因为缺乏流通手段,如果买方的债务能被对方接受,通过商业信用就能解决流通手段不足的困难,买方企业就无须寻求其他信用形式。只有当买方企业的信用难以被对方接受的情况下,企业之间信用活动才需银行介入。因此,这个意义上的商业信用是银行信用的基础。

(二) 银行信用

银行信用是指银行及各类金融机构以货币形式提供的信用。这种信用是银行通过信用方式,将再生产过程中游离出来的暂时闲置的货币资金以及社会上的其他游离资金集中起来,以货币形式贷给需要补充资金的企业,以保证社会再生产过程的顺利进行。银行信用是在商业信用基础上发展起来的一种更高层次的信用形式。它和商业信用一起成为社会信用体系的基本成分。和商业信用相比,银行信用具有以下特点:

第一,银行信用债权人是银行或其他金融机构,债务人是资金需求者。即银行可以把货币资本贷放给任何一个需要的部门或企业,它克服了商业信用在方向上的限制,因而银行信用具有广泛性的特点。

第二,银行信用是以货币形态提供的,银行贷放出去的已不是在产业资本循环过程中的商品资本,而是从产业资本循环中游离出来的暂时闲置的货币资本即借贷资本,另外还有食利者的资本和各阶层的货币储蓄。它克服了商业信用在规模和数量上的局限性,因而具有规模大、范围广的特点。

第三,银行信用所动用的货币资金,可以续短为长,为企业需要长期资金提供信用支持,这就克服了商业信用短期性的局限,因而具有长期性的特点。

此外,银行信用还具有间接性、风险小以及银行信用的动态和产业资本的动态不一致的特点。

银行信用具有以上特点,使它在现代经济体系中占有核心的地位,发挥主导的作用。正是因为有了银行信用,才使得商业信用得到进一步完善和发展。因为商业信用所形成的票据大都有一定的期限,各持票人急需资金而票据尚未到期时,商业票据能否贴现关系到商业信用的存在和发展。银行信用产生后,票据持有者可通过向银行等金融机构贴现,取得现金或流动性强的银行信用工具,使得商业票据能够及时兑现,从而使得商业信用得到进一步发展。从这点上看,商业信用日益依赖于银行信用。

(三) 国家信用

国家信用是指以国家为债务人,为政府筹集资金的一种借贷关系,其形式是国债。国家信用有三个明显的特点:第一,在国家信用关系中,债务人是国家,债权人多为银行和其他金融机构、企业和居民个人。第二,国家信用可以用于弥补财政赤字。随着经济的发展,国家财政开支的扩大,需要采用发行国债来筹措资金达到弥补财政赤字的目的。第三,调节经济的需要。当经济发展出现衰退,私人投资下降,经济增长因有效需求不足而萎缩,这时若增加政府支出,可以对经济的扩张起推动作用。要实现政府支出的增加,则必须通过国家信用筹措资金。由此可见,政府通过国家信用可达到调节经济的目的。

小资料

改革开放前我国的国家信用

新中国成立时,国民经济处于极端困难的境地。1950 年我国发行了人民胜利折实公债,以安定人民生活,迅速恢复和发展经济。从 1954 年开始,我国连续发行了五期"国家经济建设公债",为国家提供了巨额的建设资金。该公债偿还期为 10 年,到 1968 年全部还清。同时,从 1955 年开始我国开始用大量出口矿产品来偿还外债,1965 年 5 月 1 日,《人民日报》宣布我国成为世界上第一个"既无内债,又无外债"的国家。1979—1981 年,在改革过程中为了解决历史遗留问题,国家财政收入连续三年下降,出现了很大的财政赤字。为了改变这种情况,争取在短期内实现财政收支平衡和物价稳定,1981 年 1 月 16 日,国务院通过了《中华人民共和国国库券条例》,决定从 1981 年开始发行国库券,从此,我国的政府信用又得以恢复,且呈现出扩大趋势。

(四) 消费信用

消费信用是指工商企业、银行和其他金融机构对消费者提供的信用。其形式多种多样:① 企业直接以赊销的方式,特别是分期付款的赊销方式,对顾客提供信用;② 银行和其他金融机构直接贷款给个人用以购买耐用消费品、住房以及汽车等商品;③ 银行和其他金融机构对个人提供信用卡,客户只需持信用卡,便可以在接受该种信用卡的商店购买商品,定期与银行结账等。

消费信用的发展,使消费者能提前享受现时还无力购买的消费品,在一定条件下可以促进消费商品的生产与销售,甚至促进经济的增长。一些企业往往利用消费信用的优惠条件,来推销自己的商品,扩大商品销售渠道,加速了商品资本向货币资本的转化。同时,消费信用对于促进新技术的应用、新产品的推销以及产品的更新换代,也具有不可低估的作用。但是,消费信用也会对经济发展产生消极的作用。消费信用的发展易引起消费过度膨胀,如果生产扩张能力有限,则会加剧市场供求紧张状态,促使物价上涨,为经济增加了不稳定的因素。而且,由于消费信用的动态与经济发展周期相一致,在经济繁荣时,因借贷关系发展,消费信用扩大了商品销量;在经济萧条时,贷者和借者都减少这种借贷数额,使商品销售更加困难,从而使经济更加恶化。

三、金融工具

(一) 信用工具的概念

信用工具是信用关系发展的产物。最初的信用采用口头约定（oral credits）的方式，借贷双方以口头协议方式，议定债务人到期偿付。然而，这种信用完全根据当事人双方的记忆与诚实，口说无凭，缺乏法律保证，易引起纠纷。信用也仅限于相互熟悉的人之间进行，因而极大地限制了信用的发展。后来发展成账簿信用（book credits）的方式，借贷双方互相在对方账簿上开立户头，记载彼此之间的信用交易。这种交易缺乏债权债务的正式凭证，易发生坏账或损失；双方账簿上的信用条件，如有不同的记载，则易引起争议。最后，书面信用（written credits）成为主要形式。书面信用是指借贷双方以书面文件证明其债权债务的信用方式。这种书面文件不仅是债务金额和条件的法律证明，而且还可以在市场上流通，克服了口头协议和账簿信用的弱点，使信用活动更加规范化，使经济体系中的信用关系得以深化和扩大，从而推动了经济的有效发展。这种记载债权人权利和债务人义务的凭证，即所谓的信用工具。

金融工具是证明债权关系或所有权关系的合法凭证。从严格意义上讲，金融工具并不是和信用工具完全一致，因为金融工具中的所有权凭证股票，并不具备信用的还本付息的特征，因而股票不属于信用工具的范畴。虽然如此，大多数人还是习惯把金融工具理解为信用工具。

(二) 金融工具的种类

现存的金融工具种类很多，可以把金融工具分为两种基本类型：债权凭证和所有权凭证。债权凭证表明投入的资金取得了债权，有权按时取回本金，如债券、商业票据等；所有权凭证表明投入资金并非取得债权而是所有权，不可索回本金，只可转让，仅有股票一种。按发行者的性质划分，金融工具可分为直接金融工具和间接金融工具。直接金融工具是指最后贷款人与最后借款人之间直接进行融资活动所使用的工具，主要包括商业票据、债券和股票；间接金融工具是指金融中介机构在最后贷款人与最后借款人之间充当媒介进行间接融资活动所使用的工具，主要包括各类存款、银行票据、金融债券、人寿保险单和银行承兑汇票。金融工具按金融市场交易偿还期划分，可分为长期金融工具和短期金融工具。短期金融工具又称货币市场上的金融工具，它主要包括本票、汇票、支票、大额定期存单、银行承兑汇票和短期政府公债等；长期金融工具又称资本市场上的金融工具，主要包括中长期政府公债、股票等。

1. 本票、汇票、支票

本票（promissory note）又称期票，是指出票人签发在一定日期及地点无条件地支付一定金额给收款人或执票人的一种票据。票面上一般具备表明其为本票的文字、支付金额、签发日期、付票日期、出票人地点和有效印章等要素。本票的出票人为债务人，执票人为债权人。按发票人的不同，本票分为银行本票和商业本票。银行本票是银行签发，向受款人无条件支付一定金额的票据。商业本票是商业信用的一种工具，在工商企业之间发生商业信用时，由工商企业签发，承诺到期付款的票据。根据付款期限不同，本票还可分为即期本票和远期本票。即期本票是指见票即付的本票；远期本票则必须至约定的某一日期才可付款。根据本票票面有否载明受款人姓名，本票又可分为记名本票和不记名本票。记名本票必须到期付给指定的受款人，不记名本票则可以付给任何持票的受款人。

汇票(bills of exchange)是指由出票人签发的一定金额,让付款人在指定的到期日无条件付给收款人或执票人的一种票据。汇票的出票人通常为债权人,付款人为债务人。按出票人的不同,汇票可分为商业汇票和银行汇票。商业汇票是由工商企业签发的;银行汇票是银行承办汇兑业务时发出的一种汇兑凭证,它是承汇银行向另一家银行或分支行发出的命令,命令后者向持票人支付一定数额的货币。按汇票的付款期限不同,汇票可分为即期汇票和远期汇票。即期汇票是付款人见票即须付款的汇票;远期汇票即在见票或出票后一定期限或特定日期付款的汇票。以收款人有无限定为标准,汇票可分为记名汇票和不记名汇票。记名汇票是汇票上注明收款人为指定收款人,只对指定收款人付款;不记名汇票是可以对任何执票人付款。由于汇票是债权人签发的,这就必须在债务人承认兑付后才能生效。经过承认兑付的汇票称为承兑汇票。当汇票向付款人提示时,付款人在票面上注明承担到期兑付责任的字样,并签字盖章,这便成了承兑汇票。承兑人在承兑以后承担了不可撤销的到期付款的法律责任。根据承兑人的不同,承兑汇票可分为商业承兑汇票和银行承兑汇票。商业承兑汇票是以企业为承兑人的承兑汇票,它通常发生在销货方将货物送交购货方时,另附一张销货方的汇票,送交购货方承兑后,销货方将汇票收回保存,到期时向承兑的购货方要求付款。由银行为承兑人的承兑汇票称为银行承兑汇票,主要用于国际贸易,是银行帮助进出口商进行国际贸易而承兑的汇票。

商业本票和汇票经执票人背书后可以转让。背书的意义在于对票据清偿负责。因转让票据给他人而进行背书者为背书人,背书人一经背书即为票据的债务人。若票据的付款人或承兑人不能按期支付款项,票据的持有者有权向背书人要求支付款项。因此,背书人又称第二债务人。

支票(check)是指支票存款的存户签发一定金额,委托接受其存款的银行无条件支付给收款人或执票人的票据。支票有三个当事人,即出票人、付款人和收款人。支票的出票人可以记载自己为收款人,付款人一般只限于银行或其他金融机构。银行之所以愿意为支票的付款人,是因为接受了出票人的存款,或在存款之外,事前与存户订有契约,可以透支一定额的现金。存户所能签发的支票金额以存款金额与透支金额为限。支票的种类很多,以是否记载收款人姓名为标准,支票可分为记名支票和不记名支票。记名支票指在支票上记载受款人姓名,银行只能对支票上指定的受款人付款,又称抬头支票。这种支票必须经持票人背书银行方能付款。不记名支票指不记载受款人的姓名,可以对支票的任何持有人付款,也叫来人支票。这种支票的转让或向银行提现时,无须背书的手续。按支付方式不同,支票又可分为现金支票、转账支票和保付支票。现金支票可以用来支取现金。转账支票只能在银行转账而不能提现,因票面画有两道红色平行线来表示,又称画线支票。保付支票由银行签章保证付款的支票。

2. 股票

股票是指由股份有限公司发行的、表示其股东按其持有的股份享受权益、承担义务的可转让的凭证。股份有限公司是指全部资本分为等额股份,股东以其所持有的股份为限对公司承担责任,公司以其全部资产对公司的债务承担有限责任的企业法人。股票是股本、股份、股权的具体体现。

股票按股东是否享有管理权,分为普通股票和优先股票两大类。普通股票(美国common stocks,英国则称为 ordinary shares)有一个最显著的特征,就是股东具有管理权,并具有按股利大小分配剩余利润的权利。普通股股东具有分享公司剩余利润、投票表决、优先认股以及监督权等。优先股股东没有参与公司经营管理的权力,但在公司剩余利润分配上有优先分配权和在公司破产时先于普通股东得到清偿的权利。

此外,公司为了吸引投资者投资,有时还通过发行可转换为普通股的优先股票筹集资金。

3. 债券

债券是指一种反映债权债务关系的凭证,或者说是借款人向贷款人出具的承担还本付息义务的凭证。债券所规定的资金借贷的权责关系主要包括三点:一是面值,每张债券所含的本金数额,基本上是所借贷的某种货币的数额,但不完全等同;二是期限,债券从发行日起到约定的偿还日止的时间;三是利息和利率,债券发行人向债券持有人借入资金而付给后有的报酬即利息,每年债券利息的数额通常用相当于本金的一定百分比来表示,该百分比即为债券的利率。

> **提示:** **债券与股票的区别**
>
> 债券是债权凭证,而股票则是所有权凭证,两者在投资特性上的区别主要在于:债券有固定的还本期限,股票的本金则是不返还的;债券的利率是固定的,而股息的多少则取决于募股人剩余利润的多少;债券的还本付息是有法律保护的,而股息的派发则由募股公司的董事会视公司利润状况决定,派发多少和派与不派,不受法律制约;股票的持有人(主要是普通股票的持有人)有权参与募股公司的经营管理决策,而债券持有人则无此权利;此外,只有股份公司才能发行股票,而符合国家法律规定的有还款能力的组织或机构都可以发行债券。

4. 投资基金

证券投资基金(investment funds)是一种集合投资方式,通过发行基金单位,集中若干投资者的资金,交由托管人托管,由管理人管理和运用,从事股票、债券、外汇、货币等金融工具投资的基金。我国《证券投资基金管理法》规定,基金托管人必须由商业银行担任,基金管理人必须是专业的基金管理公司。基金投资者即基金的购买者既享受证券投资基金的收益,也承担亏损的风险。

投资基金产生于英国,在美国得到迅速发展,并向世界扩展。在美国,投资基金被称为共同基金或互助基金,在英国和我国香港地区则被称为单位信托基金。

证券投资基金的主要特点如下:

(1) 证券投资基金是由专家运作、管理并专门投资于证券市场的基金。基金资产由专业的基金管理人负责管理。基金管理人配备了大量的投资专家,他们不仅掌握了广博的投资分析和投资组合理论知识,而且在投资领域也积累了相当丰富的经验。

(2) 证券投资基金是一种间接证券投资方式。投资者可通过购买基金而间接投资于证券市场。与直接购买股票相比,投资者与上市公司没有任何直接关系,不参与公司决策和管理,只享有公司利润的分配权。

(3) 证券投资基金具有投资小、费用低的优点。在我国,每份基金单位面值为人民币1元。证券投资基金最低投资额一般较低,投资者可以根据自己的财力,多买或少买基金单位,从而解决了中小投资者"钱不多、入市难"的问题。基金的费用通常较低。

（4）证券投资基金具有组合投资、分散风险的好处。证券投资基金通过汇集众多中小投资者的小额资金，形成雄厚的资金实力，可以同时把投资者的资金分散投资于各种股票，使某些股票跌价造成的损失可以用其他股票涨价的盈利来弥补，分散了投资风险。

因此，投资基金对于那些在资金、时间、专业知识方面不能兼备的投资者来说，是一种较理想的选择。可以将零散的资金聚集起来，交由专业的投资公司（基金公司）投资于金融市场，可以是股票、债券、外汇、货币等，以取得投资收益。投资基金的一个重要特征是它是一种间接投资方式。即基金投资者并不是直接购买股票、债券产生收益，而是购买基金单位，再由专业的基金管理者将基金筹集到的钱在金融市场上购买股票、债券等，基金投资者分享由基金增值而带来的收益。

（三）金融工具的特征

多样化的金融工具构成一个庞大的金融工具系统，不同的金融工具在期限性、流动性、风险性和收益性等特征上有着不同的表现，从而满足了融资双方多样化的需求。

1. 期限性

期限是指投资者从持有金融工具之日起到该金融工具的到期日止所经历的时间。例如，某种1980年发行要到2000年才到期的长期债券，其名义期限为20年，但如果某人1990年购买这种债券，那么对他来说，实际限期是10年。在发行时，多数金融工具都有明确的期限，从一年到若干年不等，但也存在着例外。在无限期方面，有英国统一公债或永久性公债。这种债券，借款人同意往后无限期地支付利息，但始终不能偿还本金，具有无尽的期限。再例如股票也这样。在短期方面，是要随时偿付的债务，如银行活期存款，任何时候只要持有人想把它兑现，银行作为债务人必须见票即付，因而这种工具就没有特定的期限。

2. 流动性

金融工具的流动性是指它的迅速变为货币而不致遭受损失的能力。货币是完全流动的，它能立即用于支付债务或消费。如果一种资产在转换为货币时需要花费时间，或变现时易受价格波动的损失，或在变现过程中要耗费相当的交易成本，那么这种金融工具的流动性就差。金融工具的流动性部分地取决于市场对它所提供的便利。一般来说，金融工具的流动性与债务人的信用成正比，债务人的信用好，流动性就大。如国家发行的债券、信誉卓著的公司所签发的商业票据、银行发行的可转让大额定期存单等，流动性就较强；反之，流动性就小。金融工具的流动性与期限成反比，期限越短，流动性越大，因为期限这么短，市场利率的任何上涨都只能轻微地减少其价值；期限越长，流动性就越小。

3. 风险性

风险性是指购买金融工具的本金有否遭受损失的风险。金融工具的风险性有如下三种：

（1）违约风险。即债务人不履行合约，不按时还本付息的风险。显然这种风险视债务人的信誉而定，政府债券风险比一个前途未卜的工商企业所发行的债券要低得多。但是，即使以一特定的债务人来说，其所发行的证券也有不同的风险之分，因为不同的证券对同一债务人索偿权有先后之分，例如债券的索偿权先于优先股股票，优先股股票的索偿权又先于普通股股票。

（2）市场风险。即由于利率上升而使证券的市场价格降低的风险。证券的市场价格是其收入的资本化，和证券所带来的收入成正比，和市场利率成反比。当利率下跌时，证券的市场价格就上升；当利率上升时，则下跌。证券距离到期日越远，则其价格受利率变动的影响就越大。由此可知，在其他情况相等的条件下，投资者宁愿要短期的而不愿要长期的证券，因为前者风险较低。只有当较长期的证券提供较高的收益时，投资者才愿意购买。

(3) 购买力风险。即由于通货膨胀的原因物价上涨，使单位货币只能购买比以前较少的东西。通货膨胀的程度，一般都以消费品零售价格指数来衡量。在证券投资中，无论何种证券都要受到通货膨胀的影响。因为投资中收回的本金或挣得的收益都以货币来实现的，货币的价值当然要受到通货膨胀的影响而降低。但是，不同的金融工具或不同的时间长短，影响大小是不同的。固定收入的证券如债券，其利率是预先规定不变的，它就不能因物价上涨而增高。不固定收入的证券如普通股股票，其股息的支付是不固定的，各期会有所不同，可能随物价上涨而增加，可以抵补一部分损失，但其增加的程度很难赶上物价上涨率。

一般来说，风险与流动性成反比，具有高流动性的证券同时也是低风险的证券。因为它们不但可以迅速地转换为货币，而且可以按一个稳定的价格转换。风险与期限成正比，期限越长，风险越大；反之，越小。有时确实如此，但并非永远如此。因为较长的期限不仅带来因利率上涨而价值遭受较大损失的可能，而且也可带来因利率下降而获得较大的资本增益。不仅如此，即使对未来利率动向的预计不变，不同的持有者对较长的和较短的期限还可能各有不同的偏好。某些人预计很快就需要资金，就宁愿要短期的证券以减少市场风险；另一些人期望很长时期的证券并要求一个有保证的收益率，就宁愿要较长期的。

4. 收益性

收益和风险是投资的中心问题，其他各种问题都围绕这个中心问题而展开，投资者一般都是风险的反对者，讨厌投资中带有风险。但是，风险又是不可避免的。要使投资者愿意承担一份风险，必须给一定的收益作为补偿，风险与收益成反比。

收益大小用收益率来表示。收益率指净收益与本金的比率。收益率可从不同的角度来解释。其一为名义收益率，即金融工具票面收益与本金的比率。例如，某一债券面值为100元，注明年利息为8元，或注明年利率为8%，均表明其每年名义收益率为8%。即期收益率是指票面规定的收益与市场价格的比率。例如，上述债券能在市场上自由买卖转让，而假定某日该债券的市场价格为95元，则该债券即期收益率为8.42%(8/95=0.0842=8.42%)。即期收益率比名义收益率更为有意义。实际收益率是指实际收益与市场价格的比率。这里的实际收益指票面规定的收益与本金损益之和。设某人在第一年年终以95元市场价格购入票值为100元的10年期债券，则偿还期为9年。该人如保留该债券到偿还期为止，则9年间将除每年得利息8元外，还获得资本盈利0.56元[(100−95)/9=0.56]。因此，该投资者的实际收益率应为9%[(8+0.56)/95=0.09]。当然，如该人以高出票面的价格购入该债券，则至偿还期时将遭受资本亏损，因此，实际收益率将也相应减少。总之，实际收益率更能准确地反映收益率。不同的金融工具有着不同的收益率，多种金融工具的存在有利于投资者对不同收益率的合理选择。

第五节 利息和利率

一、利息和利率的定义

利息是借贷资金的买卖价格，是指资金所有者因贷出货币的使用权而从借款人处取得的一种报酬,或者说是借者到期支付给贷者的超过其使用资金的代价。利息是信用活动的产物,它来源于劳动者所创造价值的一部分。

利息率,即一定时期收取的利息额与本金之比,它是决定利息数量的因素和衡量其大小的标准。

二、利率的三种表示方法——年利率、月利率和日利率

年利率、月利率和日利率是按计算利息期限的时间单位来划分的。年利率是以年为时间单位计算利息,通常用本金的百分之几来表示。月利率是以月为时间单位计算利息,常以本金的千分之几来表示。日利率习惯上叫"拆息",是以日为时间单位计息,它一般按本金的万分之几来表示;如果本金为存款,则为存款利率;如果本金为贷款,则为贷款利率。

三、计算利息的两种方法——单利和复利

单利是指在计算利息时,不论期限长短,仅以本金计算利息,所生利息不再加入本金重复计算利息。其计算公式为:

$$I = P \times i \times n$$

$$S = P + I = P(1 + i \times n)$$

其中 P 表示本金,I 表示利息额,i 表示利率,n 表示借贷期限,S 表示本利和。

复利是相对单利而言的,它是计算利息时,按一定的期限(如一年),将所生利息转为本金一并计息的方法。其计算公式为:

$$S = P \times (1 + I)^n$$

$$I = S - P = P[(1 + I)^n - 1]$$

一般来说,单利计算更多地应用于短期信用,复利计算更多地适用于长期信用。

小资料

复利的魔力[①]

1626 年,荷兰人用价值约 24 美元的东西,从印第安人手里买下了纽约。当时买到的土地,总面积约为 22 平方英里。这么便宜就把纽约卖掉,人们通常认为印第安人是上了荷兰人的当,但是,如果我们用复利终值公式计算一下,却可能得出印第安人是最为精明的商人的结论。假如当时印第安人把这 24 美元存入银行,按每年 6% 的复利计算,那么到 2008 年大约就变成了 1 051 亿美元;按每年 7% 的复利计算,那么到 2008 年大约是 37 621 亿美元;按每年 8% 的复利计算,那么到 2008 年大约是 130 万亿美元。而美国 2007 年的国民生产总值是 11.6 万亿美元,如果这 24 美元能够每年得到 8% 的收益率,他的后代现在用这笔钱不要说可以买回纽约,就是买回整个美国也绰绰有余。这就是复利增长的魔力所在,因此爱因斯坦把复利称为"有史以来最伟大的数学发现"。

---

① 选摘自:http://www.360doc.com/content/09/1204/21/95411_10381920.shtml. GMQ. 现值和终值的计算.

四、利率的种类

(一) 名义利率和实际利率

名义利率是指以名义货币表示的利息率,也就是借贷契约和有价证券上规定的利息率,它不考虑通货膨胀因素对货币币值本身的影响。而实际利率是指物价不变,从而货币购买力不变条件下的利率,它是剔除了通货膨胀因素以后的真实利率。实际利率等于名义利率减去通货膨胀率。显然当物价不变时,实际利率就等于名义利率,但这种情况在现实生活中很少出现,因为物价总在变动;当物价上涨率高于名义利率时,实际利率就成为负数,通常称为"负利率",负利率不利于储蓄和投资,从而对经济有消极影响。

(二) 固定利率与浮动利率

按在借贷期内是否可调整,利率可分为固定利率和浮动利率两大类。固定利率是指在借贷期内利息率不随借贷货币资金的供求状况而波动,即不作调整的利率。它具有简便易行、易于计算等优点。在借款期限较短或市场利率变化不大的情况下,可采用固定利率。浮动利率是指利率在借贷期内随市场利率的变化而定期调整的利率。调整期限和调整基准等由借贷双方协定。实行浮动利率,手续繁杂,不可避免地增加计算利息成本,但它能使借贷双方承担的风险损失降到较低水平。

(三) 市场利率和公定利率

市场利率是指在货币借贷市场上由借贷双方通过竞争而形成的利息率。市场利率随借贷资金供求的变化而变化。公定利率是指一国政府通过金融管理部门或中央银行确定的利率。它反映了非市场力量对利率的干预。一方面,公定利率的变化代表了政府货币政策的意向,市场利率随公定利率的变化而变化;另一方面,市场利率反映着借贷资金的供求状况,是国家制定公定利率的重要依据。

此外,利率还可分为长期利率和短期利率、存款利率和贷款利率、一般利率和优惠利率等。

五、决定和影响利率变化的因素

(一) 平均利润率

企业从银行和其他金融机构借入资金从事生产经营,所得利润必须分为两部分:一部分以利息形式(财务费用)支付给银行和其他金融机构,作为使用借贷资金的代价;另一部分作为企业的利润。一般来说,随着一国市场机制的作用和价格体系的调整和完善,企业间的利润率的差距将会逐渐缩小而出现平均化的趋势,因此企业所支付的利息率必然以平均利润率作为最高界限,如果利息率超出这一界限,就会使企业运用借入资金所生产的利润等于零或小于零,企业就不会再从金融机构借入资金。至于利息率最低可到什么程度,则没有一个确切的界限,但一般不会等于零。

(二) 银行成本

银行作为经营存、放、汇等金融业务的特殊企业,以盈利为目标。利润大小取决于两个方面:一是收入的多少;二是成本的高低。因此,成本必须通过其收益得到补偿。银行的成本分为两类:一是借贷资金的成本,即银行吸收存款时对存款人支付的利息;二是经营的所有费用，包括银行的经营场所、设备等固定资产的支出，支付劳动力的工资以及其他费用。银行在考虑其贷款的利率问题时，必须将这些因素充分考虑进去。

(三) 中央银行政策

中央银行经常运用某些政策工具影响商业银行可贷资金数量。当中央银行想要刺激经济时，它将采取措施鼓励商业银行增加可贷资金的数量，如下调再贷款利率，刺激对利率敏感项目如房地产、企业厂房和设备的支出。当中央银行要限制经济活动时，它将采取迫使银行收回贷款的措施，使家庭和企业支出受到抑制。

一般来说，中央银行的货币政策对短期利率的影响作用大于对长期利率的影响，而后者主要受预期通货膨胀的影响。当中央银行首先向银行注入资金以刺激银行贷款增加并降低利率时，大部分效果显示短期利率将发生变化。由于货币供应量增加将提高预期的通货膨胀，费雪效应可能会导致长期利率的上升。在金融市场与通货膨胀预期高度相关的时代，人们不能相信中央银行有能力通过相应的政策措施显著降低长期利率。

(四) 商业周期

利率的波动表现出很强的周期性。在商业周期的扩张（繁荣）阶段利率呈现上升态势，在经济收缩（衰退）阶段则相反。在经济扩张期，随着企业和消费者借款增多，对资金的需求迅速上升。在导致利率上升的同时，通货膨胀压力增加，中央银行可能采取措施限制可供资金以抵销随经济增长而产生的通货膨胀。所有这三种力量都将推高利率水平。在经济衰退期，会发生相反情况。随着企业和消费者缩减支出，对资金的需求下降，通货膨胀压力减轻，中央银行也开始增加可贷资金供给，而这三种力量合起来又降低了利率水平。

(五) 借贷资金供求状况

在利率市场化条件下，市场利息率一般是在借贷资金市场上由资金的供求关系来决定。在通常情况下，借贷资金供大于求，则对借者有利，可争取到较低的贷款利率；反之，在借贷资金供不应求时，则借者处于不利地位，贷者会提出较高的贷款利率，借者也只能接受高利率的贷款。当借贷资金市场供求平衡时，在一段时间内形成市场的均衡利率。

(六) 政府预算赤字

在其他因素不变的条件下，政府预算变化也会使利率发生变化。政府预算赤字增加则利率上升，这是因为政府借款增加意味着可贷资金需求增加，如果其他因素不变，利率一定升高。而且较大的预算赤字可能引起通货膨胀预期，进而拉动利率上升。反之，政府预算盈余增加则利率下降。

总之，影响利率变化的因素是多种多样的，除了上述主要因素之外，还有国际利率水平、历史传统、物价水平、经济周期等因素，它们都会对利率的变动产生不同程度的影响。

六、利息率的作用

利息率是商品经济的重要杠杆，只要存在商品经济，利率杠杆作用就不会消失。在现代市场经济中利率发挥着重要的经济杠杆作用。

(1) 聚集资金,动员社会闲置金融资源。利率的这种功能非常强大。它有利于把社会上各个经济主体暂时闲置的货币资金聚集起来,经过现代信用制度,分配到社会再生产过程中加以应用,使社会生产力得到发展。在整个社会经济运行过程中,由于产品销售和原材料购买在数量上和时间上不能同时进行,使产业资本运转中经常地有一部分资本以货币形态暂时闲置起来,企业把这一部分货币资本存入银行随用随取,或用于购买证券,随用随卖,可以取得利息收入。企业的留存收益也要用来进行扩大再生产,在没有达到一定启用额时,企业会通过信用制度把它变为借贷资金以获取利息。社会上其他经济主体也会把暂时不用的资金存入信用机构,赚取利息。银行和各种非银行金融机构通过调整利息率,来吸引人们存储,使消费基金转化为生产资本,从而增加社会资本总量,这对于整个社会经济发展是非常重要的。

(2) 利息率有利于协调国民经济各部门的发展,使资源配置合理化。在现代市场经济中,政府对经济一般采用间接控制,由于生产和流通主要是靠价值规律的作用来调节,而价值规律发挥作用的具体形式之一就是利率杠杆的调节作用。利息率在这里既是"晴雨表",同时又是调节器。

① 利息率可以使社会经济总量趋于平衡。当社会总需求大于总供给时,可以提高利率,吸引居民把现实购买力转化为储蓄,进一步转化为投资,并调低贷款利率,吸引投资扩大生产,增加供给。当社会总供给超过总需求时,可以调高贷款利率,降低存款利率,刺激需求,控制生产,平衡总量。

② 利率可以调节经济结构。银行和非银行金融机构根据国家经济政策,从全局出发,对不同地区、不同部门、不同企业和产品实行各种利率,鼓励和限制不同产业的发展,从而促进产业结构、经济结构的合理、协调发展。国家还可通过银行对经济发展缓慢而又急需发展的部门或产业提供低息或贴息贷款,以促进这些部门的发展。

③ 利率已成为现代国家干预经济生活的重要工具。随着现代市场经济的发展,经济生活的复杂程度越来越强,因此,国家干预经济生活已经成为国家职能的重要组成部分。实行市场经济的国家都通过提高或降低再贴现率或再贷款利率,调控货币供应量,干预经济生活,尽量熨平经济周期的波动幅度,以实现其宏观经济调控目标。当有效需求不足、市场银根偏紧时,中央银行则降低再贴现率,使商业银行降低贴现率,以此刺激投资,扩大就业,增加需求,推动经济发展。反之,如果通货膨胀压力增加,危及社会政治经济的稳定,中央银行则提高再贴现率,使商业银行提高贴现率,减少货币供应量,抑制需求,以降低通货膨胀率,促进经济稳定发展。

④ 利率变化已成为现代市场经济中最重要的信息。利率的信息作用越来越被经济界所重视。在利率市场化的前提下,利率的信息作用主要体现在两个方面:一是作为经济状况的反映;二是作为央行货币政策的警示作用。前者,主要表现为市场利率的变化集中反映了资金的紧缺程度,从而反映了宏观经济状况。在国际金融市场上,利率的变化还反映国际短期资本的流动状况和区域经济发展状况。利率作为央行货币政策警示作用,主要体现在各国中央银行的利率政策上,中央银行的利率政策往往反映出该国经济决策层对宏观经济的基本态度,这是一个重要的信号。通过这种信号,微观经济主体就会调整自己的经济行为和投资行为。

内容结构图

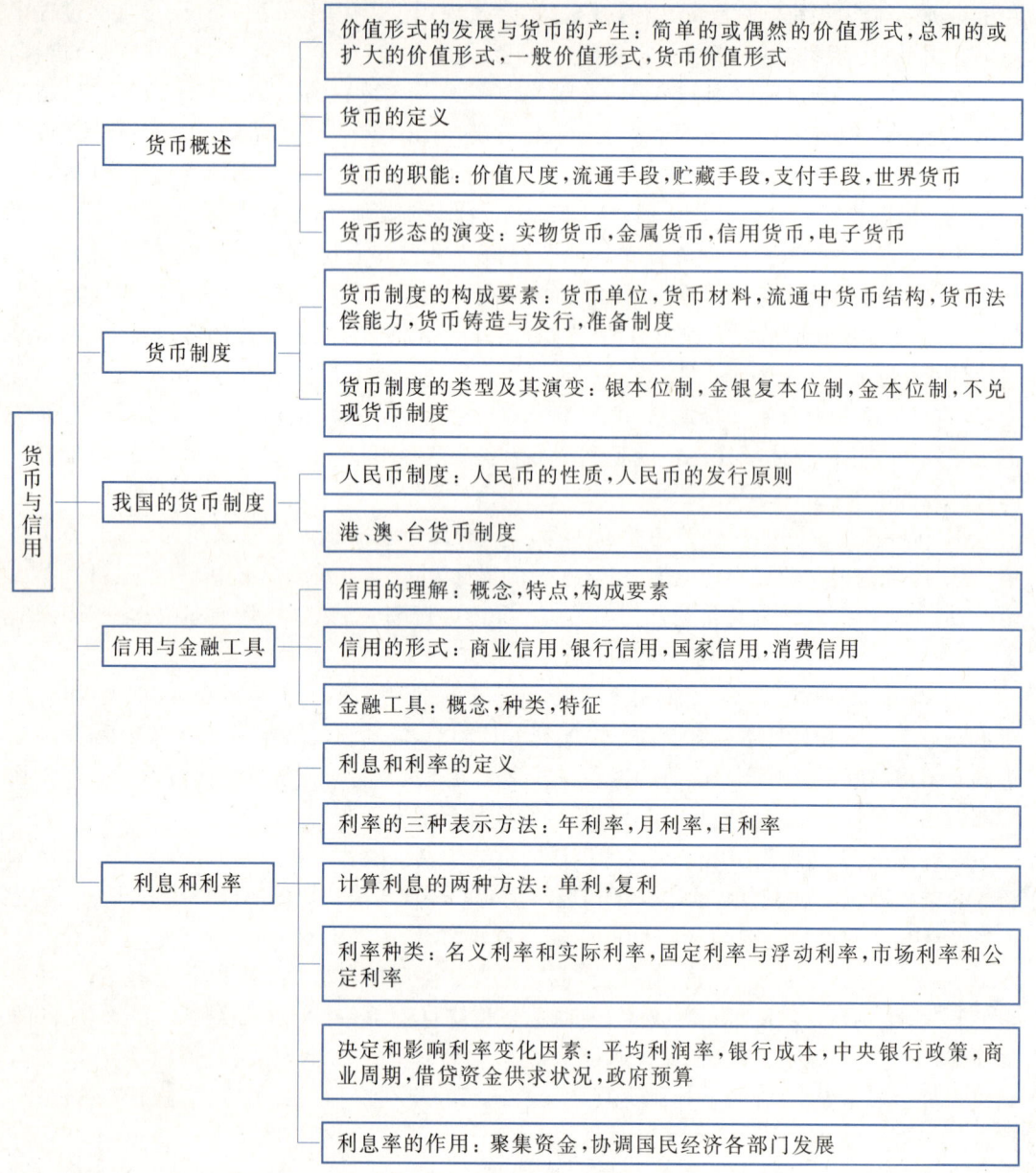

重点概念

货币　信用　金融工具　利率　货币制度　商业信用　银行信用　本票　汇票　支票
股票　债券　浮动利率　市场利率

复习思考题

1. 为什么说银行信用是现代信用的主要形式?
2. 举例说明影响利率的因素有哪些?
3. 利率的变动对经济的影响表现在哪些方面?
4. 金融工具有哪些特征?

实训项目

1. 查阅资料,了解美国、欧盟和日本的货币制度。
2. 调查你所在的地区某家银行消费信贷的开展情况以及消费信贷的客户需求情况,并写出调查报告。

第二章 金融机构

【学习目标】
1. 了解银行的起源和发展。
2. 理解金融机构存在的原因。
3. 了解金融机构的基本构成,掌握我国金融机构的构成及其职能。
4. 理解并掌握商业银行和政策性银行的区别。

第一节 金融机构产生的经济分析

银行是最重要和最典型的金融机构,也是最早产生的金融机构。银行是指经营存款、放款、汇兑、储蓄等业务,为客户办理货币支付和结算,充当信用中介人的信用机构。它是在商品经济发展的历史进程中,逐步产生、发展和完善起来的。我们把对银行的分析作为分析金融机构产生和发展的代表。

一、银行的产生与发展

银行产生于货币经营业的基础之上,在历史上,它是由铸币兑换业发展而来的。在前资本主义时期,各国或一国的不同地区常使用不同的金属铸币,因此,在进行国际或国内贸易时,首先必须进行铸币的兑换,然后才能完成商品交易和货币支付行为。这样就逐渐出现了从事铸币兑换的行业,以及专门从事铸币兑换业的商人。

货币兑换商起初仅单纯办理铸币兑换业务,并收取一定的手续费。后来,由于商品交换的进一步发展,经常往来于各地的商人,为避免长途携带货币的麻烦和保管货币的风险,就将货币交给兑换商保管,进而又委托他们代办收付、汇兑和结算,于是,货币兑换业逐渐发展成为货币经营业。随着货币经营业务的扩大,经营者手中逐渐聚集了大量货币资财,他们就利用这些货币暂时对外放贷并收取利息,以获取更多的利润。这样,货币经营业由单纯的服务职能,变成服务与借贷相结合的中介职能,从而产生了早期的银行业。

 小资料

银行英文单词 bank 的由来

银行(bank)一词被认为来源于近代意大利。从 12 世纪中期开始,欧洲许多城市流通着种类繁多的货币。随着商业的发展,不同地区之间多种货币用作媒介的商品交易日益困难。于是,有些意大利人在威尼斯等地,犹太人则在伦巴特等地,沿街摆摊,专门从事鉴定、兑换各种货币的业务。他们有时也接受存款,发放高利贷。由于这些经营货币的商人多坐在长板凳上,意大利人便把他们称为 banco,即长板凳,英语中的 bank 和法语中的 banguc 就是由此演变而来的。

近代银行的出现,是在中世纪的欧洲。当时欧洲的贸易已很发达。最早的银行是意大利的威尼斯银行,建于 1171 年;随后又有于 1407 年设立的热那亚银行,1609 年在荷兰成立的阿姆斯特丹银行;接着,1619 年在德国成立了汉堡银行。英国从 16 世纪到 17 世纪,也有许多从事金银生意的金店,经营存款贷款业务。这些早期的银行具有高利贷性质。随着资本主义生产关系的确立和资本主义商品经济的发展,高利贷性质的银行业已不能适应资本扩张的需要。

1694 年英国成立的英格兰银行是第一个资本主义股份制银行,它是现代银行的标志。由此,股份制银行在各国得以普遍成立,它既从事一般的存、贷款业务,也从事银行券的发行业务,这些股份制银行资本雄厚、业务全面、利率较低,在社会上建立了规范的信用制度和信用货币制度,极大地促进了工业革命的发展,同时也使它们自己成为现代金融业的主体。为了稳定通货并在全国建立统一的货币市场,随着资本主义经济的发展,逐渐产生了中央银行。中央银行先是集货币经营、货币发行权于一身,后来逐渐放弃了直接面向企业的信用业务,主要与国家和银行等金融机构往来,最终成为"银行的银行"。

二、银行在市场经济中的主要功能

银行成为现代经济的有机构成部分,银行所创造的信用和提供的金融服务,已成为经济正常运行的保证,它在当代市场经济中的主要功能有以下几个方面:

(1) 融通资金的信用中介,有效地转移社会资源。所有经济单位均可按资金需求状态划分为平衡单位、盈余单位和赤字单位。如果每种类型的经济单位都只能根据自己的资金状态来消费或投资,社会效率将极为低下。金融中介机构通过独特的信用渠道、信用方式以及风险处理技术,将资金从盈余单位转向赤字单位,有效地实现了资源的社会转移。早期的银行以货币经营为主,负责货币执行其职能过程中所必需的技术业务,如出纳、簿记、货币保管、货币汇兑等。在市场经济和信用关系高度发展之后,货币经营业的业务就成为银行业务的一个组成部分,吸收存款与经营贷款等信用业务则成为银行的主体业务,银行成了引导资金从盈余单位流向赤字单位的中介,从而使银行的性质发生了变化。信用中介成了银行的基本职能。

(2) 创造信用货币,扩张信用。银行最初创造的信用工具是银行券,在中央银行独揽货币发行权后,纸币由中央银行发行。之后,银行所创造的支票又逐步成为现代经济社会最主要的支付工具。在欧美经济发达国家,其经济交易约 90% 是以支票为支付工具的。目前,随着信用卡和电子货币等新的信用支付手段的出现,其地位也日益重要。

商业银行在根据日常经验留足备付准备金和法定准备金后,可以基于盈利的动机,利用超额准备金进行贷款或投资,形成存款的增加和信用的扩张。此项过程在银行系统内的延伸不但创造了存款,也扩展了贷款,从而也就扩展了信用。

(3) 提供广泛的金融服务。市场经济的高度发展和社会生活多样化,使得工业、商业、银行业甚至家庭生活都对金融业提出了更多、更高的服务需求,如代转工资、代理支付、消费信用和消费转账结算、信息服务、咨询服务等,银行也通过开展广泛的金融服务来扩展自己的资产负债业务。

三、金融机构存在的原因

以银行为主体的金融中介机构之所以能够存在和发展,主要是因为金融机构所产生的间接融资在某些方面具有直接融资不可比拟的竞争优势。

(一) 处理信息不对称问题的竞争优势

信用交易中广泛存在信息不对称性(information asymmetry),信息不对称泛指买卖双方对交易对象质量掌握的情况是不对等的,卖者比买者知道得更多。对于信用交易而言,借款人或债务人对自己的财务现状比贷款人和债权人知道得更多。在信用交易中,信息不对称效应以两种方式出现,即逆向选择和道德风险。

逆向选择(adverse selection)的本意是指人们越不希望做的事情越有人做,而越希望做的事情越不做。在融资市场上,逆向选择出现在金融交易发生以前。金融市场上那些最可能造成不利结果(造成信用风险)的借款人往往最为积极地寻求贷款。例如,在融资过程业务中,所有的借款人都会尽力展现他们自己有很高的绩效和较低的风险。由于缺乏对各种潜在借款人信息的准确掌握,贷款人容易按平均风险的利率,甚至较高的利率发放贷款。在这种情况下,好的借款人感觉受到损失,不好的借款人则感觉从中获利。因此,好的借款人将会离开融资市场,融资市场上仅留下质量不高的借款人,最终导致融资市场萎缩。

道德风险(moral hazard)发生在金融交易发生以后。这种情况的出现是由于借款人在借款后可能转向投资于其他风险更高、潜在收益更高的业务而造成的。一部分借款人之所以倾向于从事更具风险的投资业务,是因为贷款人和借款人在项目成功后分享的权益不一致。无论项目获得多大的成功,贷款人只能获取契约规定的本金和利息,而项目的成功程度给借款人带来的利润却可能有巨大的差异。

信息不对称所引致的巨大交易成本限制了信用活动的发展,阻碍了金融市场正常功能的发挥。然而,金融中介机构,特别是银行在解决这些问题时,由于间接融资机制的相对优势,使其显得比借贷双方直接融资和通过金融市场融资交易更有效。金融中介机构在处理信息不对称问题上所具有的相对优势,源于它们在信息生产过程中的规模经济。银行在信用分析、监督和风险控制中以大量的贷款为基础,换言之,由少量的贷款人来管理大量的借款人会极大地降低在处理信息不对称问题中的费用。因此,通过银行的信用中介是低成本、高效率的融资方式。

(二) 业务分销和支付优势

金融中介机构的另一个传统的核心竞争力是其业务分销和支付系统,这个系统基于它们庞大和昂贵的分支机构网络,形成有效的市场进入壁垒。在那些实行分支行制的国家,银行一直通过星罗棋布的分支行体系来销售由总行"生产"的各种金融服务和金融产品,其中一个最重要的业务是银行所提供的资金结算和支付。由商业银行和中央银行的结算支付机制所构成的支付体系在国民经济中占有十分重要的地位,它使得资金支付在任何地方都可以安全和便捷地进行。单独就支付体系的建设成本而言是十分昂贵的投资,然而,银行对提供支付服务所收取的费用并不高,这是因为银行从提供多种产品和服务中可以实行交叉补贴。

(三) 风险转移优势

金融中介机构之所以存在还有一个重要原因,那就是它们有效地把厂商发行的初级证券转换成为最终贷款人愿意持有的间接证券。例如,银行发行存款权益凭证,这些凭证具有高流动性、低风险和小面额的特征。然后,银行用筹集的资金去获取厂商发行的低流动性、高风险和大面额的权益凭证。在这个过程中,银行有效地实现了以下两种转移:

(1) 流动性风险转移。盈余者(即最终贷款者)经常在机会成本和流动性风险之间面临两难选择。他们希望将盈余资金投资出去,以增加收益,同时又希望保持随时运用资金的权利,但是,个体的小额资金很难实现两者的有效组合。通过集聚大量存款,金融中介机构却可以预测资金需求的规律,从而能以最低成本的方式来满足储户的流动性需求,实现较高的投资收益。例如,在正常情况下,银行的存款一半以上有可能到期不会提款,或者在部分存款被提后,马上又有新的存款补充进来,这意味着银行在期限上可以"错配"其资产负债表或"借短贷长",将流动性资产控制在最低水平。这种转换为盈余者(即最终贷款者)提供了化解流动性风险,从而跨地、跨时转移经济资源的机制(在银行经济学上也被称为"非保险的保险"功能),满足了流动性风险厌恶者的需求。

(2) 信用风险转移。银行的资产组合中以贷款为主,所承担的违约风险比它们吸收的存款大得多。银行之所以能把高风险的资产转换成低风险的存款主要是通过四种途径分散风险:① 信贷组合分散风险;② 专业化管理降低风险;③ 稀释风险(大数法则);④ 持有足够的准备金来抵销不可预料的损失。

第二节 金融中介机构的构成和基本内容

金融中介机构种类繁多,按照它们的性质和主要业务类别来划分,可以分成三大类:存款性金融机构,非存款性金融机构和官方、半官方的专业信用机构。在金融机构系统中,中央银行和各种金融监管机构也包括在其中,但是中央银行是特殊的银行,它不对一般客户和公众开办业务,而只对金融机构进行管理性业务往来,并执行货币政策,它实质上是政府的一个职能机构。各种金融监管机构代表国家的意志分别对银行、证券、保险进行监管,不从事任何经营性业务。

一、存款性金融机构

存款性金融机构(depository financial institutions)有许多类型,但就其共同特点来讲,是指主要通过吸收各类存款而获得其资金来源的金融机构。

(一) 商业银行

从一般意义上讲,商业银行(commercial bank)是指依法接受活期存款,主要为工商企业和其他客户提供短期贷款,并从事广泛金融业务的金融机构。商业银行是一个被长期使用的名词,但其性质已完全不同于其名称。在这里,对"商业"这个词的理解绝不能顾名思义。最初使用商业银行这个名词,是由于这类银行主要从事短期自偿性贷款业务,即基于商业行为自动清偿的贷款。这类贷款期限一般不超过一年,贷款对象限于商人和进出口贸易商,目的是对国内和国际贸易中货物周转和货物销售的短期库存提供资金。随着资本主义工业的高速发展,厂商资金需求面不断扩大,商业银行开始对工业企业发放短期贷款。目前,商业银行已成为西方各国金融中介业务最广泛、资金实力最雄厚的存款性金融机构。在负债业务方面,它不仅办理签发支票的活期存款,也办理储蓄存款和定期存款,并积极在金融市场上借款。在资产业务方面,它除了经营短期工商业、农业贷款外,还可对消费者、政府机关、法人团体等提供贷款,贷款期限也扩展到10年,甚至更长。20世纪80年代,随着西方各国对金融管制的放松,各国商业银行又纷纷开办较长期限证券投资业务、投资银行业务、保险业务,从事外汇经营业务、租赁、信托业务等。正如西方经济学家所指出的,商业银行已属于一种金融百货商店型金融机构。因此,商业银行一词在金融业中成为一种约定俗成的服从于习惯的专用称谓。

(二) 储蓄机构

在西方国家,储蓄机构(thrift institutions)长期以来通过储蓄存款的传统方式来获取几乎全部的资金。近几十年来,某些储蓄机构开办了"股份"式的资金来源业务,即发行一种契约性的股份,但这种股份在要求时即能退股,它实质上是一种储蓄存单,与严格意义上的股票相差甚远。储蓄机构的资金运用大部分是发放不动产贷款、投资中长期国债券和其他证券。储蓄机构贷款的期限可长达15~30年。因此,储蓄机构的负债与资产之间在期限上是难以对称的,借短贷长的情况比较突出。与商业银行相比,它们的资产业务期限长,抵押贷款比重很高,因此,西方各国政府常常利用它们来实现政府的某些经济目标,如房地产政策目标。

储蓄机构在各国的名称不一样,英国主要是信托储蓄银行和房屋互助协会,美国称储蓄贷款协会和互助储蓄银行,在法国、意大利、德国则称储蓄银行。

(三) 信用协会

信用协会(credit unions)也属于储蓄性金融机构,但它们与前述的一般意义上的储蓄机构又有差别。信用协会是一种由某些具有共同利益的人们组织起来的,具有互助性质的会员组织,如某行业雇员、某互助会成员或某教会教徒等。传统意义上的信用协会的资金来源主要是会员存款,也可以有一定数量的非会员存款。例如,日本允许信用组合的会员外存款可占存款总额的20%。信用协会的资金运用主要是对会员提供短期贷款、消费信贷、票据贴现、从事证券投资等。其余的资金则用于同业拆放或转存款。信用协会在经济生活中起着广泛动员资金的作用,它们遍布了大银行难以顾及的每一个角落,进一步促进了社会闲散资金的汇聚和利用。

(四) 共同基金

共同基金(mutual funds)是指人们在自愿的基础上,以一定的方式组织基金,并在金融市场上进行投资,以获取高收益的金融组织。投资共同基金有两大类型:一类是股票市场共同基金,参加共同基金的是股票市场上的小额投资人,他们以股份的形式形成共同基金,然后投资于各类股票,从而把投资风险分散;另一类被称为货币市场共同基金,它们是20世纪70年代中期才发展起来的。货币市场共同基金由小额储蓄者以购买股份的方式形成基金,但基金的运用不是将其投向股票市场,而是投入国库券、银行大额可转让存单、高级别商业票据和其他流动性高的货币市场工具。

共同基金在英国称为单位信托（unit trust），它们有专门的经营企业，1990年英国约有155家共同基金企业。在美国，共同基金则一般没有专门设立的机构和具体的交易场所，它们往往是金融公司或银行机构管理下的一个项目，严格来说，它们只是一种基金账户，所有的交易都通过邮件、电话、电传等通信方式进行。

二、非存款性金融机构

非存款性金融机构（non depository financial institutions）的资金来源不是像银行存款那样的负债，而是自行发行证券的收入或来自于某些社会组织或公众的契约性交款。这些机构资金来源的周转率较低，其资产业务主要以长期投资为主。非存款性金融机构主要有以下几类：

（一）人寿保险公司

人寿保险公司（1ife insurance companies）是指为人们因意外事故或死亡而造成经济损失提供保险的金融机构。人寿保险公司的主要资金来源是按一定标准收取的保险费，如果规定的事故发生，保险公司必须按契约支付保险金。投保人应缴纳的保险费率是根据人们正常的死亡率统计出来的，因而人寿保险公司可以比较准确地测定全体投保人员的危险率（预计事故发生概率和死亡概率），从而匡算出从现在起的当年、次年乃至10年或20年后将支付的人寿保险偿付费。由于人寿保险具有保险金支付的可预测性，并且只有当契约规定的事件发生时或到约定的期限时才支付保险金的特征，因此，保险费实际上是一种稳定的资金来源。人寿保险公司的资产业务大部分是长期的，主要用于购买公司债券、股票、发放长期抵押贷款等。人寿保险公司的利润来自于资金运用与资金来源之间的利差（价差收益），以及保险费收入与保险金实际偿付之间的差额所产生的收益（费用差收益）。

人寿保险类别有以下几种基本形式：

（1）定期人寿险。该保险承保一定时期内的人身险，从几周到几十年不等。一旦事故发生，造成投保人丧失收入能力或死亡，或造成投保对象损伤，可由投保人或其指定人获得保险赔偿。

（2）终身人寿险。该保险在投保人死亡后，由保险公司支付一笔总付的款项给投保人的指定人。一般来说，这种保险是固定的保险费率，投保人在整个期限内都按此费率缴纳保险费。

（3）长期人寿险。该保险规定，投保人在到某一特定年龄时，常常是法定退休年龄时，由保险公司支付一笔总付的款项给投保人。这种保险的吸引力在于，假如投保人能活到契约所规定的年龄，就可以由自己来支配这笔钱。在长期人寿保险中，保险费率开始较低，随投保人年龄的增长，费率逐渐提高，以便与统计上的更高死亡概率保持一致。

（二）财产和灾害保险公司

财产和灾害保险公司（property and casualty insurance companies，简称财产保险公司）是对法人单位和家庭提供财产意外损失保险的金融机构。财产保险的保险范围极广，包括火灾等自然灾害险、运输保险、汽车保险、责任赔偿保险、防窃保险、过失诉讼保险和伤害保险等。

财产保险的保险费率是根据事故发生的概率和损坏程度来计算的。由于财产保险投保对象的事故发生可能性很不确定，随机性很强，不可能像人寿保险那样精确计算，所以财产保险费率的确定通常要受到政府的某些制约。例如，在日本，财产保险费率由按照法律设立的财产保险费率计算委员会确定；在美国，则由各州保险委员会规定费率的浮动幅度以及经营标准,并对财产保险公司的政策实施全面监督。

由于灾害事故的发生较难预料,因此在资金的运用上,财产保险公司对转存款、短期拆借、购买货币市场金融工具等项目的比重明显高于人寿保险公司,资金运用的其他方面则多为市政债券、高级别公司债券和少数股票等。

(三) 养老基金

养老基金(pension funds)是一种类似于人寿保险公司的专门金融组织。任何就业人员只要一直缴纳基金,并且工作到退休时,他的养老金项目就开始逐月支付。在西方国家,社会保障制度几乎为每个退休人员都提供了最低生活费用,但人均寿命的延长和强制退休制度以及社会生活水平的不断上升,使得如何保障退休人员的日常生活水平成为一个社会问题。养老基金就是在这种背景下,作为社会保障制度的一个补充而产生和发展的。

养老基金的资金来源是公众为退休后生活所准备的储蓄金,在形式上通常由劳资双方共同缴纳,也有由雇主单独缴纳的。与人寿保险一样,养老基金也能够精确地预计出若干年内它们将必须支付的养老金,因此,养老基金的资金运用主要投资于长期公司债券、绩优股票和发放长期贷款。养老基金的托管人有两类:一类是专业的公营或私营的金融机构,如英国的部分情况;另一类是银行的信托部门或人寿保险公司,如美国和日本的部分情况,通常由这些机构或部门按照委托人的意愿对基金进行管理。

(四) 投资银行

投资银行(investment bank)是指专门从事发行长期融资证券和企业资产重组的金融机构。在一般情况下,筹措长期资金的公司和经济单位并不是自己在市场上发行证券,而是通过专门的中介机构——投资银行或证券公司进行的。由于这些中介机构熟悉长期资金的市场供求动态、投资者的偏好以及证券发行公司的财务和资信状况,有自己多年来形成的证券营销网络,所以能较好地为长期资金供需者提供金融服务,促进了资金流动和资本的形成。

投资银行和证券公司主要以发行自己的股票和债券的办法来形成资金来源。一般来讲,它们只拥有较少的自有资本,因为投资银行的主要收益来自于代理发行各种证券的佣金和服务费等收入,而不是来自于资金的运用。投资银行和证券公司的主要业务有以下几个方面:

(1) 包销业务。即投资银行将发行公司的证券全部予以承购,并在规定时间内付给该公司约定数额的价款。

(2) 代销业务。即投资银行只是代理发行公司销售新证券,从中赚取佣金。

(3) 自营买卖和证券零售业务等。投资银行经营证券的范围主要有公司股票、公司债券、国债、市政债券、政府担保债和其他长期债券。

(4) 投资顾问业务。协助企业进行资产重组,为企业并购提供方案和设计。

三、官办、半官办的专业信用机构

在西方国家,为了加强国家对经济的干预能力,保证国民经济发展的相对平衡,由政府出面建立了一些官办或半官办性质的专业信贷机构。这类金融机构根据本国具体情况设立,类型较多,但普遍来讲,在三个方面比较突出:一是支持国家重点产业发展和新兴产业开发方面的金融机构;二是农业信贷方面的金融机构;三是外贸信贷方面的金融机构。这些政府金融机构与一般金融机构不同,其特点是:第一,大都是国有资本,业务上由政府相应部门领导;第二,一般不接受存款,也不从事民间借贷;第三,业务性质与产业政策密切配合。

(一)重点产业发展和新兴产业开发方面的金融机构

各国在其经济发展过程中,都有其重点产业或新兴开发产业,它们在本国经济中起着举足轻重的作用,但这些产业和行业往往资金需求量大,借款期限长,而且风险高。为了支持本国经济正常运行和发展,各国大都根据国情由政府出资建立了若干个行业性专业信用机构。例如,日本在第二次世界大战后设立了日本开发银行,它是根据1951年制定的《日本开发银行法》于同年4月成立的长期信贷机构,其职能是通过对企业进行长期低息贷款,支持重点产业发展和新产业开发。该行的资本全部由政府提供,每年还可向政府资金运用部(政府资金运用部的资金来源主要是全国邮政储蓄存款)借款,此外,它还以接受外资和以发行债券方式筹集资金。日本开发银行自成立之日起,一直密切配合政府经济政策,以各种形式支持工业和科技的发展,在日本有着重要的地位。

德国类似的银行是复兴信贷银行、柏林工业银行等。复兴信贷银行成立于1948年11月,总部在法兰克福。该行资本80%归联邦政府所有,20%归各州所有。按规定,复兴信贷银行的主要任务是用"马歇尔计划"的资金为原联邦德国经济的恢复和发展提供中长期资金。后来该行的业务有了很大的发展,除了为促进原联邦德国经济合理化和生产技术革新发放贷款外,还从事长期出口信贷业务。后来,该行逐渐发展成为原联邦德国向海外开发项目提供贷款资助的开发银行。柏林工业银行成立于1949年,资金来源由联邦政府和其他政府机构提供,资金运用为中长期贷款,目的在于帮助西柏林地区发展经济。

美国的官办产业支持性的金融机构主要集中在房地产行业。房地产业是美国的经济支柱之一,而房地产融资方面的业务主要由各类储蓄机构来承担。由于储蓄机构短借长贷的经营特征,它们应付金融环境波动的能力差。美国政府长期以来一直在努力创建和调整官办金融机构和管理机构,以便支持房地产抵押贷款业务。早在1932年,根据法案,美国国会批准成立了联邦住宅贷款银行体系,领导机构是联邦住宅贷款银行管理局,下设几个联邦住宅贷款银行。它们以发行债券的方式形成资金来源,其资金运用主要是向成员储蓄机构提供以它们的住宅抵押贷款契据或以政府债券为担保的低利率贷款。美国国会又于1938年成立了联邦全国抵押协会,其职能是,以向公众发行债券的方式吸收资金,然后再用这些资金去购买储蓄机构所不愿持有的抵押贷款契据,从而为储蓄机构的抵押贷款开辟了次级市场。1968年,美国成立了政府国民抵押协会,其职能是对储蓄机构所创立的抵押契据组合证券的本金和利息的及时支付提供担保,这种由政府国民抵押协会担保的私人抵押贷款组合证券被称之为过户项目证券(passthrough program securities)。保险公司和养老基金这类机构投资者对过户项目证券具有很大的兴趣。1970年,美国国会又成立了联邦住宅贷款抵押公司,它创造了一种参与证书,即通过组合私人抵押贷款,使之转变为一种类似政府债券的金融工具,并把它们销售给最终投资者。

(二)农业方面的金融机构

为了能够给农业生产以及有关业务及时提供信贷资金,西方各国政府成立了专业农业信贷机构。法国农业信贷银行是比较典型的，该行是一家半官方的农业银行(1980年排名世界第一大银行，2000年世界排名第9位)。法国农业信贷银行的结构是三层金字塔状，最底层有3 000多个地方金库，中间一层是94个区域金库，最上边是全国农业信贷金库。地方金库和区域金库都是互助合作性质的，全国农业信贷金库是官方金融机构，它们三者之间的分工是：地方金库吸收存款，交付其所属的区域金库使用。区域金库则利用下属地方金库所吸收的存款和全国农业信贷金库统一调拨使用。全国农业信贷金库是联系国家和农业互助信贷组织的一个桥梁，在业务上受农业部和财政部的双重领导，它的主要职能是参与制定国家农业信贷政策，控制、协调和检查各区域金库的业务等。农业信贷银行的贷款对象仅仅是自己的会员，贷款种类很多，主要有农业生产贷款、农业公用事业贷款、农业合作社贷款和一些特别贷款。这类贷款不仅期限长(可长达30年)，而且利息优惠，低于商业银行。法国政府对农业信贷银行给予了很大支持，如政府对该行某些贷款实行利息补贴，该行享受减免税收待遇等。

　　美国政府资助的农业信贷机构也是一个机构系统，其特点是农业信贷系统内的各类金融机构突出自己的业务重点，农业信贷署是联邦政府独立的机构，农业信贷方面的政策由该署13人组成的联邦农业信贷委员会制定，13名成员均由政府部门任命，并经参议院同意。农业信贷业务的具体实施由以下联邦金融机构来完成，即全国划分为11个农业信贷区，每区各设一个联邦土地银行、联邦中期信贷银行和合作银行。

　　日本这方面的工作由农林渔业金融公库来完成。农林渔业金融公库成立于1953年4月，其宗旨是：当农林渔业者向农林中央金库及其他一般金融机构筹资发生困难时，由该公库提供低利的长期资金，以增进农林渔业的生产力。公库成立时，其贷款主要用于土地改良、造林、渔港等基础建设。以后，为了满足农林渔业政策的要求，融资领域面更宽了，增设了渔业经营资金贷款、水产加工贷款、渔场整备资金贷款、地区农业改组贷款等。公库的贷款采取转贷款和直接贷款两种方式，利率一般比民间金融机构低1%～5%。

(三) 进出口和对外投资方面的金融机构

　　为了促进本国商品出口，资助原材料进口，承担私人出口商和金融机构不愿意或无力承担的风险，同时用国家资本带动和帮助私人资本对外输出，西方发达国家普遍在这方面设立了官方信贷机构。

　　日本输出入银行成立于1950年12月，其目的是用资金来促进日本与国外的贸易交流，补充一般金融机构的输出入金融业务和海外投资业务的不足。该行资本全部由政府提供，借款大部分也来自于"政府资金运用部"。日本输出入银行的贷款利率有浓厚的政策色彩，利率水平低于商业银行，但贷款的偿还要求较严，采取要求抵押等必要手段，该行的贷款原则上要求和民间商业银行同时提供，而且融资比率不超过70%。

　　美国的进出口银行创立于1934年，是美国联邦政府所属的独立企业单位，它通过提供优惠的出口信贷条件来增强美国出口竞争力。同时，该行也执行美国政府对外"援助计划"。该行资本额由联邦政府拨付，每年经营利润的一小部分上交财政部，大部分抵补该行准备金。除了进出口银行外，美国还有不少政府主办的金融机构以及在政府支持下成立的私人金融机构，从事出口信贷或出口信贷保险业务：① 对外信贷保险协会。该会创立于1961年，参加者有50家保险公司。该会与美国进出口银行关系密切，一般来讲，政治风险由进出口银行承保，经济风险由该公司承保。② 国外私人投资公司。该公司于1971年由美国政府国际开发署的一部分改组而成,其目的主要是从事投资保险和投资项目资助。③ 农产品信贷公司。该公司是美国农业部所属的一个机构,专营农产品的出口贷款业务。④ 美国对外销售公司。这是一个私营专业性股份公司,参加者大部分是制造厂商的出口销售机构。美国政府对该公司给予两种优待:第一是延期纳税,第二是使用特殊价格。由于该公司缴税负担较轻,美国政府规定,该公司向制造厂商进货时可以使用较高价格,这就使一部分利润转给该公司。

第三节 我国金融机构体系

一、我国金融中介机构体系的演变

(一) 旧中国的银行业

中国旧式银行的萌芽,是南北朝时期出现的由寺院开办的典当业。隋唐以后典当业已相当普遍,货币兑换业和信用机构也有了新的发展。如唐朝的"飞钱"、宋朝的"钱铺"就是有力的佐证。明末清初所出现的"钱庄"与"票号",标志着中国旧式银行的正式产生。

小资料

典当行是我国历史上最早的金融机构[①]

根据史料记载,我国的典当行可追溯至公元 4 世纪的南北朝,距今已有 1 600 余年的历史。"先有典当,后有票号,再有钱庄",这是对中国旧时代金融业发展过程的清晰描述。典当行可以说是我国历史上最早的金融机构了。到了唐代,典当业已普及民间,当铺亦称为"质库"。

中国最早的现代银行,是 1845 年英国设在广州的丽如银行(也称东方银行);由中国人自己创办的第一家民族资本主义银行,是 1897 年在上海成立的中国通商银行;1904 年,清朝政府设立了官办的户部银行;1907 年又出现了官商合办的交通银行。1927 年以后,国民党政府为控制旧中国的金融事业,建立了"四行、两局、一库"(即中央银行、中国银行、交通银行、中国农民银行,中央信托局、邮政储金汇业局、中央合作金库)为核心的官僚买办金融体系。

在我国革命战争时期,各根据地或解放区大都建立了自己的银行,为支援人民战争,扶植生产和安定人民生活做出了极大的贡献。解放战争取得全面胜利的前夕,为适应新的形势发展需要,在原解放区华北银行、北海银行和西北农民银行合并的基础上,1948 年 12 月 1 日于河北省石家庄市正式成立了中国人民银行。从此,揭开了中国银行发展史上崭新的一页。

(二) "大一统"金融机构体系

从新中国成立初期到 1979 年以前,我国长期沿用的是单一国家银行的金融机构体系,也叫"大一统"的金融机构体系。这一阶段,中国人民银行既作为中央银行,行使国家金融行

[①] 选摘自卢孟夏:《典当行是我国历史上最早的金融机构》,《中国金融家》2008 年 5 月期。

政管理的职能,又直接办理一般银行的各项业务。全国上下的一切银行业务,基本上由中国人民银行一家独揽。当时,中国银行虽然单独对外营业,但在内部,它只是中国人民银行专门办理国际金融业务的营业机构;农业银行几起几落,除个别时期外,并未完全独立过,充其量是中国人民银行专门办理农村金融业务的二级机构;而中国人民建设银行,实际上是隶属于财政部的办理基本建设投资拨款的一个职能部门。

这种"大一统"的金融体制,是高度集中的计划经济管理体制的产物,在当时的特定经济体制下,它有利于政策贯彻和全局控制。但所暴露出的主要问题,是与社会生产力发展的要求不相适应,以行政干预代替经济手段,致使整个金融系统缺乏活力。随着我国社会主义市场经济的建立与发展,经济体制改革日趋深化,这种金融体系已越来越不能适应我国经济建设的需要。

(三)"多元混合型"的金融机构体系

从1979年到1983年,我国形成了多元混合型的金融机构体系,这也是一种过渡阶段的金融机构体制。

从1979年开始,中国农业银行、中国银行相继从中国人民银行中分离出来,单独建立自己的行政和业务系统。1980年,中国人民建设银行(即现中国建设银行)也从财政部中独立出来,其业务范围从单纯的拨款扩展到信贷业务,渐渐成为名副其实的银行。中国人民银行继续经营一般工商信贷和储蓄业务,同时又行使中央银行的管理职能。此外,于1981年底成立了中国投资银行,主要负责办理世界银行和亚洲开发银行的转贷款业务。非银行金融机构,如中国国际信托投资公司和中国人民保险公司等,也先后成立或恢复了过去停办的业务。

在这种金融体系下,各银行都有较明确的专业分工,银行之间也开始有了竞争,资金融通日趋活跃。但是,由于中国人民银行一身二任,既执行中央银行职能,又兼办工商信贷和储蓄业务,使其不能有效地发挥中央银行的职能。整个金融体系没有形成一个强有力的核心,不利于宏观经济的调控。

(四)二级银行制度的建立和多元化金融机构体系

为了加强金融宏观调控,1983年9月,国务院决定,从1984年起中国人民银行专门行使中央银行职能,领导和管理全国金融事业。1984年1月1日,中国工商银行正式成立,承担原由人民银行经办的工商信贷、结算和城镇居民储蓄存款业务。这样,中国人民银行就从繁琐的具体金融业务中解脱出来,正式成为我国的中央银行,形成了金融宏观管理和微观业务经营相分离的二级银行制度。1986年1月,国务院颁布了《中华人民共和国银行管理暂行条例》,确定中国人民银行是国务院领导和管理全国金融事业的国家机关,是我国的中央银行,并赋予其相应的职责和任务,从而确立了中国人民银行作为我国中央银行的法律地位。

二级银行制度建立后,多元化金融机构体系得到了进一步的发展。1985年11月,中国人民建设银行的信贷计划纳入中国人民银行管理体系。同年12月,由国家科委发起,组建了国家控股的中国新技术创业投资公司。1986年,邮政储蓄业务开办,同年,我国第一家以公有制为主体的股份制综合性商业银行——交通银行建立。随后,其他全国性或地方性的商业银行也陆续成立。1987年以后,经人民银行批准,一些大的企业集团组建了一批财务公司或金融公司,随着我国金融市场的发展,从1987年开始各省市都相继成立了专业证券公司,建立了证券交易中心。上海证券交易所和深圳证券交易所分别于1990年12月和1991年7月成立。截至1994年,我国已初步形成以中国人民银行为核心、四大国有专业银行为主体、多种金融机构并存和分工协作的金融机构体系。

为促进我国社会主义市场经济的发展和进一步强化金融宏观调控体系,更好地发挥金融在国民经济中的作用,国务院于1993年12月颁发了《关于金融体制改革的决定》,明确提出我国金融体制改革的目标是:建立在国务院领导下,独立制定和执行货币政策的中央银行宏观调控体系;建立政策性金融与商业性金融分离,以国有商业银行为主体、多种金融机构并存的金融组织体系;建立统一开放、有序竞争、严格管理的金融市场体系。把中国人民银行办成真正的中央银行,把专业银行办成真正的商业银行。

围绕这一目标,从1994年起,按照"分业经营、分业管理"的原则,对我国金融机构体系进行了系统改革,主要是:① 组建了三家政策性银行,即国家开发银行、中国农业发展银行和中国进出口银行,并于1994年开始正常运作,基本实现了政策性金融与商业性金融的分离;② 改造四家国有专业银行,加快商业银行的改革步伐;③ 其他股份制商业银行也有新的发展,已经并正在建立一批为地区经济发展服务的城市商业银行;④ 信托、财务、证券等各类非银行金融机构的改革正在积极进行;⑤ 保险业改革已取得积极性成果,保险机构增加,初步实现寿险与财产险相分离;⑥ 农村信用合作社和城市信用合作社已分别改组为农村合作商业银行和城市合作商业银行;⑦ 1995年《中华人民共和国中国人民银行法》和《中华人民共和国商业银行法》颁布实施,标志着我国金融机构体系的发展走上了法制化管理的轨道;⑧ 1998年11月,中共中央和国务院做出重大决策,撤销中国人民银行省级分行,设立跨省、自治区、直辖市的大区分行,即天津分行、沈阳分行、上海分行、南京分行、济南分行、武汉分行、广州分行、成都分行、西安分行共九大分行,从而加强了中央银行执行货币金融政策的权威性和对金融机构监管的独立性,进一步巩固了中国人民银行在整个金融机构体系中的核心地位;⑨ 2003年成立中国银行业监督管理委员会;⑩ 2007年将原来的中国邮政储蓄金融机构改建成中国邮政储蓄银行;等等。

此外,我国还有信托投资公司、保险公司、证券公司、财务公司,以及投资基金等各类非银行金融机构,并引进了相当数量的外国银行和保险公司,初步形成了以中国人民银行为领导,商业银行为主体,包括政策性金融机构,其他非银行金融机构等多种金融机构并存、分工协作的金融中介机构体系。

二、我国现行金融机构体系的构成

我国现行金融机构体系按其地位和功能大致可分为四类:第一类是货币当局和金融监管机构,即中国人民银行、中国证券监督管理委员会、中国保险监督管理委员会和中国银行业监督管理委员会。第二类是商业银行,按其性质和业务范围又可分为股份制商业银行、城市商业银行以及外资及中外合资银行等。第三类是非银行金融机构,主要包括国有以及股份制的保险公司、城市信用合作社以及农村信用合作社、信托投资公司、证券公司、企业集团财务公司、金融租赁公司、投资基金机构,以及其他非银行金融机构。第四类是政策性银行和政策性金融机构,我国由政府主办的政策性金融机构有三家政策性银行和四家金融资产管理公司。

(一) 货币当局和金融监管机构

1. 中国人民银行

中国人民银行是我国的中央银行,它既是货币发行机构,也是商业银行的监管机构。其主要职责和业务有：依法制定和执行货币政策，制定和实施宏观信贷指导政策；完善金融宏观调控体系，负责防范、化解系统性金融风险；负责制定和实施人民币汇率政策，不断完善汇率形成机制，维护国际收支平衡，实施外汇管理，持有、管理和经营国家外汇储备和黄金储备；监督管理银行间同业拆借市场、银行间债券市场、银行间票据市场、银行间外汇市场和黄金市场及上述市场的有关衍生产品交易；负责会同金融监管部门制定金融控股公司的监管规则和交叉性金融业务的标准、规范，负责金融控股公司和交叉性金融工具的监测；承担最后贷款人的责任；发行人民币，管理人民币流通；制定全国支付体系发展规划，统筹协调全国支付体系建设，负责全国支付、清算系统的正常运行；代理国库和其他金融业务。

中国人民银行的最高决策机构是理事会，理事长由中国人民银行行长担任。中国人民银行总行设在北京，1998年以前其分支机构按行政区划设置，1998年后按经济区域设立了九个跨省(自治区、直辖市)的大区分行，各大区分行下设若干中心支行，并将中国人民银行北京分行和重庆分行改为两个营业部，作为总行的内部机构。2005年8月10日，央行成立上海总部，成立中国人民银行上海总部是完善中央银行决策与操作体系、更好地发挥中央银行的宏观调控职能的一项重要制度安排，同时也是推进上海国际金融中心建设的一项重要举措。

2. 中国证券监督管理委员会

中国证券监督管理委员会(简称证监会)，是国务院证券委员会对全国证券业和证券市场进行监督管理的执行机构，属于国务院直属的事业单位。证监会由有证券专业知识和实践经验的专家组成，下设发行部、交易部、上市部、期货部、海外上市部、稽核部、机构部等职能部门，分别具体行使证监会的各种职责权限。证监会还下设相对独立的发行审核委员会，负责复审申请公开发行股票企业的招股说明书。

证监会是由原国务院证券委员会和原中国证监会两家机构合并而成。国务院证券委员会(简称证券委)，曾是国家对全国证券市场进行统一宏观管理的主管机构，成立于1992年10月。1993年11月，国务院决定将期货市场的试点工作交由国务院证券委负责，中国证监会具体执行。1997年8月，国务院决定，将上海、深圳证券交易所统一划归中国证监会监管。同年11月，中央召开金融工作会议，决定由证监会对地方证券监管部门实行垂直领导，并将原由中国人民银行监管的证券经营机构划归中国证监会统一监管。1998年4月，根据国务院机构改革方案，决定将国务院证券委与中国证监会合并，至此，中国证监会的职能明显强化，成为全国证券、期货市场的主管部门。

3. 中国保险监督管理委员会

中国保险监督管理委员会(简称保监会)成立于1998年，为国务院直属事业单位，是全国商业保险的主管机关，国务院授权履行行政管理职能，依照法规、法律统一监督管理保险市场。其主要任务是：拟定有关商业保险的政策法规和行业规划；依法对保险企业的经营活动进行监督管理和业务指导，依法查处保险企业违法违规行为，保护被保险人的利益；维护保险市场的秩序，培育和发展保险市场，完善保险市场体系，推进保险市场改革，促进保险企业公平竞争；建立保险业风险的评价与预警系统，防范和化解保险业风险，促进保险企业的稳健经营和业务的健康发展。中国保监会设有31个派出机构。除西藏自治区外，我国境内的其他省、自治区、直辖市都设立了派出机构，保监会对派出机构实行垂直领导。

4. 中国银行业监督管理委员会

中国银行业监督管理委员会(简称银监会)是国务院直属事业单位。根据授权，该机构统一监督管理银行、金融资产管理公司、信托投资公司以及其他存款类金融机构，维护银行业的合法、稳健运行。中国银行业监督管理委员会自 2003 年 4 月 28 日起正式履行职责。银监会的主要职责是：制定有关银行业金融机构监管的规章制度和办法；审批银行业金融机构及分支机构的设立、变更、终止及其业务范围；对银行业金融机构实行现场和非现场监管，依法对违法违规行为进行查处；审查银行业金融机构高级管理人员任职资格；负责统一编制全国银行数据、报表，并按照国家有关规定予以公布；会同有关部门提出存款类金融机构紧急风险处置意见和建议；负责国有重点银行业金融机构监事会的日常管理工作；承办国务院交办的其他事项。

（二）商业银行

商业银行是我国金融中介机构体系的主体，主要由大型股份制商业银行和中小型股份制商业银行构成。在 2004 年 2 月 1 日开始实施，经过最新修订的《中华人民共和国商业银行法》指出，我国的商业银行是指依照商业银行法和《中华人民共和国公司法》设立的吸收公众存款、发放贷款、办理结算等业务的企业法人。

我国商业银行可以经营下列业务：吸收公众存款、发放贷款；办理国内外结算、票据贴现、发行金融债券；代理发行、兑付、承销、买卖政府债券；从事同业拆借；买卖、代理买卖外汇；提供信用证服务及担保；代理收付款及代理保险业务等，但在境内不得从事信托投资和股票业务，不得投资于非自用不动产，不得向非银行金融机构和企业投资。从组织形式上看，我国商业银行实行的是分支行制；从业务经营范围看，我国现有商业银行属于职能分工型商业银行。我国商业银行可分为如下类型：

① 大型股份制银行，包括中国工商银行股份有限公司、中国农业银行股份有限公司、中国银行股份有限公司、中国建设银行股份有限公司和中国交通银行股份有限公司；② 中小型商业银行，主要包括中国光大银行股份有限公司、中国民生银行股份有限公司、平安银行股份有限公司、华夏银行股份公司、兴业银行股份公司等；③ 外资及中外合资银行，主要包括汇丰银行、渣打银行、东亚银行、花旗银行、日本瑞穗银行、美国摩根大通银行等。

（三）非银行金融机构

1. 保险公司

1993 年以后，保险业改革步伐进一步加快，中国人民保险公司完成了财产险、人寿险和再保险业务的分离工作，改组设立了中国人民保险(集团)公司，包括中保财产保险公司、中保人寿保险公司和中保再保险公司三家子公司。太平洋保险公司与交通银行脱钩，改制为独立的股份制商业保险公司。平安保险公司将六家子公司的独立法人地位取消，将其改为直属分公司。太平洋保险公司与平安保险公司还完成了财险与寿险的分账核算工作。与此同时，中国人民银行有计划地批准设立了一批新的股份制保险公司，如大众、天安、华泰、永安、华安、泰康等保险公司。目前，我国基本形成了以国有保险公司为主体、多种保险形式并存、多家保险公司竞争和共同发展的保险机构体系，并成为金融业中最具活力、发展最快的行业。

我国保险公司的业务险种达 400 余种。按保险范围划分，我国的保险主要分为财产保险、责任保险、保证保险和人身保险四大类。财产保险是以财产为保险标的的一种保险，补偿因自然灾害或意外事故所造成的经济损失；责任保险是以被保险人的民事损害赔偿作为保险标的的保险；保证保险指由保险人承保在信用借贷或销售合同关系中因一方违约而造成的经济损失；人身保险包括人寿保险、健康保险和意外伤害保险等。还有一种保险机构之间的保险业务，被称之为再保险，也称分保。

2. 证券公司

为了提高金融体系的运行效率,我国在改革开放后逐步发展直接融资,鼓励有条件的企业在金融市场上发行股票和债券进行融资,以改善公司资本结构和财务结构,证券公司作为专业性证券经营机构在我国有了快速的发展。我国证券公司的业务范围有:代理企业发行各种有价证券、代理客户买卖证券、证券自营、代办股票红利支付和债券的还本付息、证券的代保管和鉴证、证券投资咨询等。我国的证券业在最初发展时可分成两大类:一类是由若干金融机构和非金融机构投资组建的股份制证券公司,经营全部证券业务;另一类是由银行、信用社、企业集团、租赁公司和信托公司等金融机构设立的证券营业部,仅经营证券代理买卖业务。近年来,随着规范证券公司发展工作的落实,我国的证券公司分成两大类:一类是综合类券商,它们主要从事投资银行和证券类的所有业务;另一类是经纪类券商,仅能从事证券买卖代理、自营等证券类相关业务。

3. 信托投资公司

信托投资公司是指受人之托、代人理财的金融机构。大多数信托投资公司以经营资金和财产委托,代理资产保管、金融租赁、经济咨询、证券发行及投资为主要业务。

1979年10月,中国银行信托咨询部成立;同月,中国国际信托投资公司作为国家的一个重要对外窗口组建成立。此后,随着商品经济的发展,社会预算外资金的积累不断扩大,信托投资业快速发展。信托投资公司可以经营以下业务:经营资金和财产委托、代理资产保管、金融租赁、经济咨询、证券发行以及投资等。金融信托投资机构可以吸收下列一年期(含一年)以上的信托存款,包括:① 财政部门委托投资或贷款的信托资金;② 企业主管部门委托投资或贷款的信托资金;③ 劳动保险机构的劳保基金;④ 科研单位的科研基金;⑤ 各种学会、基金会的基金;⑥ 100万元以上的企业存款。

4. 财务公司

财务公司是指由企业集团内部各成员单位入股,筹集中长期资金,为企业技术进步服务的金融股份有限公司。企业集团财务公司不是商业银行,它的业务限制在本集团内,不得从企业集团之外吸收存款,也不得对非集团单位和个人发放贷款。1984年,我国第一家财务公司在深圳经济特区成立。自2000年《财务公司管理办法》扩大其投资职能以来,我国财务公司已成为资本、货币市场上的一支重要力量。多数财务公司都不同程度地涉足资本市场,在国债、企业债券和一级市场申购等业务方面成为资本市场的活跃参与者。比较著名的有华能集团财务公司、中国化工进出口公司财务公司、中国有色金属工业总公司财务公司等。

财务公司的业务主要有:存款、贷款、结算、票据贴现、融资性租赁、投资、委托以及代理发行有价证券等。

5. 金融租赁公司

金融租赁公司是指专门办理融资性租赁业务的专业金融企业。我国的金融租赁公司的主要业务有以下几个方面:

(1) 融资租赁业务,包括大型机械设备、运输工具、动产及附带的先进技术的租赁、转租及出租资产的残值处理,与租赁业务有关的进出口业务、资信调查、咨询业务。

(2) 吸收人民币资金,财政部门的委托投资,企业主管部门委托或贷款的信托资金,劳动保险机构的劳动保险基金。

(3) 人民银行批准的人民币债券发行业务。

(4) 办理外汇业务、境内外外币信托存款、境外外币贷款、国内外发行或代理发行有价证券、外汇担保业务。

(5) 其他经人民银行、国家外汇管理局、商务部批准的业务。

(四) 政策性金融机构

1. 政策性银行

所谓政策性银行,是指为贯彻政府社会经济政策或意图,不以盈利为目的,而以国民经济发展的整体和长远利益为目标,在特定领域从事政策性融资活动,并为政府所控制,作为政府宏观经济管理工具的专业性的金融机构。

政策性银行虽然具有很强的国家机关性质,但又不同于纯粹的国家机关,它还带有强烈的金融企业性质,与一般金融企业相比也存有很多共性,具体表现在以下几个方面:① 具有共同的经营对象和活动领域。尽管各种类型的金融企业经营的具体业务不完全相同,但都拥有共同的最基本的经营对象——货币、资金,拥有共同的、最基本的活动领域——融资领域。这是金融企业的基本特征,政策性银行也是如此。② 具有共同的经营行为。即在金融商品买卖中,政策性银行和一般金融企业一样都要支付或收取一定的价格,即支付存款利息和收取贷款利息。③ 对资金的分配都是信用分配。即都是以按期归还,还本付息为条件的资金贷放。④ 都要进行经济核算。政策性银行虽然不以追求自身利润为目标,但作为银行,它与其他金融企业一样,也要进行核算,并力求做到保本经营或保本微利经营。

1994 年以前,我国没有专门的政策性金融机构,国家的政策性金融业务分别由四家国有专业银行承担。1994 年,我国先后建立了国家开发银行、中国进出口银行、中国农业发展银行三家政策性银行,这都标志着金融体制改革所要求的政策性与商业性金融业务相分离已初步完成。

(1) 国家开发银行。国家开发银行是办理国家重点建设贷款及贴息业务的政策性银行,是直属于国务院领导的金融机构。国家开发银行于 1994 年 3 月 17 日正式成立,总部设在北京。

国家开发银行的主要任务是:建立长期稳定的资金来源,通过发行金融债券筹集和引导社会资金用于国家重点建设,投资项目不留资金缺口,从资金来源上对固定资产投资总量进行控制和调节。按照市场经济原则,逐步建立投资约束和风险机制,提高经济效益,促进国民经济持续、快速、健康发展。

(2) 中国进出口信贷银行。中国进出口信贷银行是根据国家产业政策和外贸政策,为鼓励大型成套设备和机电产品进出口办理出口信贷、提供金融支持的政策性银行。中国进出口信贷银行于 1994 年 7 月 1 日正式成立,总部设在北京,没有营业性分支机构,但可根据业务需要和发展情况,在一些业务比较集中的大城市设立办事处或代表处,负责调查、统计、监督代理业务等事宜。

中国进出口信贷银行的业务范围包括:为机电产品和成套设备等资本性货物进出口提供出口信贷;办理与机电产品出口信贷有关的外国政府贷款、混合贷款、出口信贷的转贷,以及中国政府对外国政府贷款的转贷;办理国际银行间贷款,组织或参加国际国内银团贷款;提供出口信贷担保、进出口保险;在境外发行金融债券或其他有价证券;经营经批准的外汇业务;为进出口业务进行咨询和项目审查,为国际经济合作和贸易提供服务;办理经国家批准的其他业务。

中国进出口信贷银行的资本金由财政部划拨,资金来源于所发行的金融债券。

(3) 中国农业发展银行。中国农业发展银行是对农业基本建设、重点工程项目以及农副产品生产流通给予支持的政策性银行,是直属于国务院领导的金融机构。中国农业发展银行于 1994 年 11 月 18 日正式成立,总部设在北京,在全国设有分支机构。

中国农业发展银行的资本金是由国家财政拨付的,资金来源有:对金融机构发行的金融债券、财政支农周转金等。建立中国农业发展银行的目的在于完善我国农村金融服务体系,更好地贯彻落实国家产业政策和区域发展政策,促进农村经济发展。

中国农业发展银行的主要业务范围是:办理由国务院确定、中国人民银行安排资金并由财政予以贴息的粮食、棉花、油料、生猪、食糖等主要农村产业的国家专项储备和收购贷款;办理上述农副产品的收购贷款及粮油调销、批发贷款;办理国务院确定的扶贫贴息贷款及老、少、边、穷地区发展经济贷款;办理国家确定的小型农、林、牧、水利基本建设和技术改造贷款;发行金融债券;办理企事业单位的存款和结算;境外筹资等。

政策性银行的组建是专业银行商业化改革的必然,也是国家政策性金融有效运用的需要。政策性银行也属于银行范畴,遵循金融信贷规律,但政策性银行与商业银行相比,在性质和职能等方面却有很大的区别,如表 2-1 所示。

表 2-1 政策性银行和商业银行的区别

比较项	商 业 银 行	政 策 性 银 行
性　　质	按市场原则组建的自主经营、自负盈亏的法人实体	政府发起、组织、在特定领域从事资金融通活动的特殊金融机构
经营目标贷款方向	银行利润最大化,一般以风险低、有赢利能力的短期贷款为主	增进社会公共利益,规模大、期限长的基础设施、基础产业和支柱产业,具有集中大额长期的特点,一般还有利率等方面的优惠
作　　用	信用中介、支付中介、信用创造、金融服务	从事资金融通,支持、保护相关生产与经营,促进国民经济协调发展

2. 金融资产管理公司

我国的金融资产管理公司是 1999 年 3—10 月由国家投资组建的、专门用来剥离和处理国有商业银行不良资产的金融机构。这些公司负责收购、管理和处置四大国有商业银行存在的不良资产,并将部分对企业的贷款转化成为对企业的股权投资。债权转股权后,金融资产管理公司是企业阶段性的持股人,参与企业的决策,但不干预企业的日常生产经营。金融资产管理公司与企业的关系从原来的借贷关系变成持股与被持股、控股与被控股的关系。待企业生产效益好转后,金融资产管理公司采取上市转让、兼并、分立、企业回购等方式退出。目前,我国有四家政策性金融资产管理公司,即中国信达资产管理公司、中国华融资产管理公司、中国长城资产管理公司和中国东方资产管理公司。四家金融资产管理公司的注册资本分别为 100 亿元,均为财政拨款。

金融资产管理公司的经营范围是:信达公司主要收购并经营中国建设银行剥离的不良资产;华融公司主要收购并经营中国工商银行剥离的不良资产;长城公司主要收购并经营中国农业银行剥离的不良资产;东方公司主要收购并经营中国银行剥离的不良资产。剥离不良资产的范围包括:按传统贷款分类办法剥离逾期贷款和部分呆滞、呆账贷款,其中待核销呆账以及 1996 年以来新发放,但已经逾期的贷款不属于此次剥离范围。财税政策包括:四家资产管理公司免收工商登记注册手续费,免征公司收购、承接处置不良资产过程中的一切税收。处置不良资产的最终损失,由财政部提出方案报国务院批准。

内容结构图

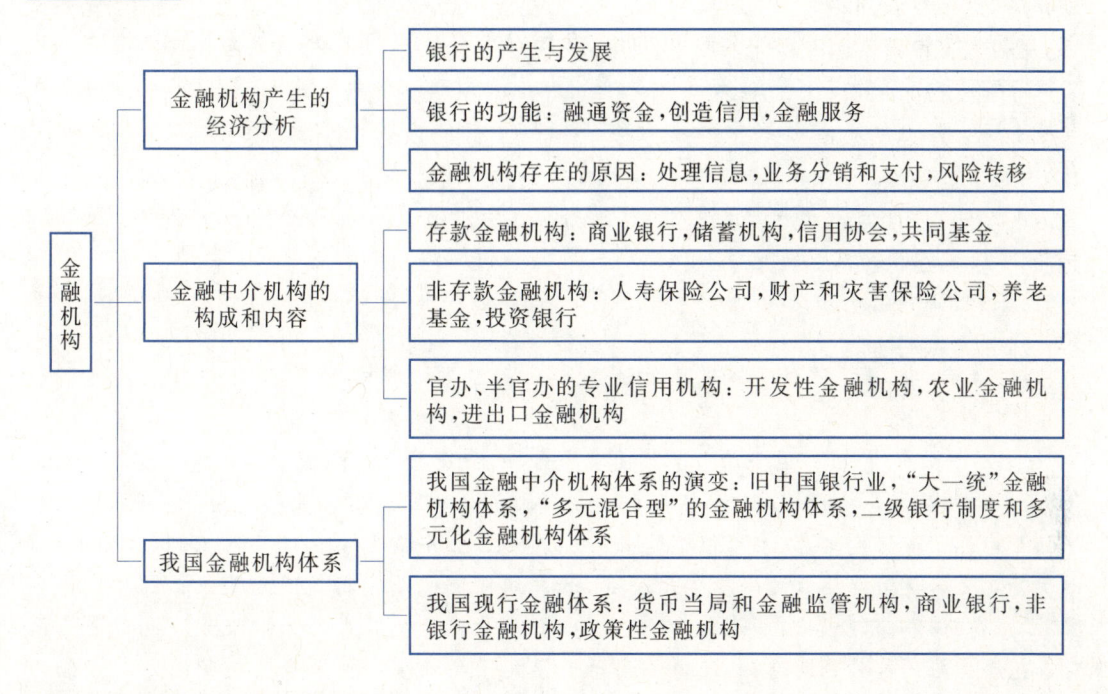

```
                            ┌─ 银行的产生与发展
            ┌─ 金融机构产生的 ─┼─ 银行的功能：融通资金,创造信用,金融服务
            │   经济分析      └─ 金融机构存在的原因：处理信息,业务分销和支付,风险转移
            │
            │                ┌─ 存款金融机构：商业银行,储蓄机构,信用协会,共同基金
金融机构 ───┼─ 金融中介机构的 ─┼─ 非存款金融机构：人寿保险公司,财产和灾害保险公司,养老
            │   构成和内容    │   基金,投资银行
            │                └─ 官办、半官办的专业信用机构：开发性金融机构,农业金融机
            │                    构,进出口金融机构
            │
            │                ┌─ 我国金融中介机构体系的演变：旧中国银行业,"大一统"金融
            └─ 我国金融机构体系 ┤   机构体系,"多元混合型"的金融机构体系,二级银行制度和多
                              │   元化金融机构体系
                              └─ 我国现行金融体系：货币当局和金融监管机构,商业银行,非
                                  银行金融机构,政策性金融机构
```

重点概念

金融机构　中央银行　商业银行　政策性银行　专业银行　金融资产管理公司

复习思考题

1. 目前国外金融机构体系的状况是怎样的?
2. 我国金融机构及其职能有哪些?
3. 以银行为主体的金融机构存在的原因有哪些?

实训项目

1. 案例分析：美国金融混业经营的发展①

美国的金融控股公司最早又称银行持股公司,是美国银行业的一种金融组织创新。金融控股公司是一种经营性控股公司,即母公司经营某类金融业务,通过控股兼营其他金融业务及工业、服务业等活动的控股公司。

---

① 选摘自 http://www.doc88.com/p-51596504791.html。

按照美国法律,银行持股公司是由银行所衍生,以银行为主体的控股公司,它既是银行又非银行,可从事如下12类金融业务:提供存贷款业务、信托业务、金融和投资咨询、租赁、证券投资、信用卡业务、外汇业务、金银买卖、代理保险、认购政府债券、消费信贷、发行银行支票。

到了20世纪80年代初,在储贷业出现危机的情况下,美国联邦储备委员会又准许银行持股公司在一定条件下收购储蓄机构,大大扩展了银行持股公司的业务范围,使之成为美国商业银行开展多样化金融业务的主要组织形式。而花旗银行的银行持股公司发展最为成功。

为了避开种种法规的限制,花旗银行于1968年在美国特拉华州成立了单一银行持股公司,以其作为花旗银行的母公司。花旗银行把自己的股票换成其控股公司即花旗公司的股票,而花旗公司资产的99%是花旗银行的资产。花旗公司当时拥有13个子公司,能提供多样化的金融业务。花旗公司与花旗银行的董事会成员是同一套人马,公司和银行是一个班子、两块牌子。也正是这种多样化的金融混业经营,使得花旗公司在1984年就成为美国最大的银行持股公司。

1998年4月,花旗公司与旅行者集团宣布合并,使花旗公司的金融混业经营更是锦上添花,两者合并后其总资产达7 000亿美元,净收入为500亿美元,营业收入为750亿美元,股东权益为440多亿美元,股票市值超过1 400亿美元,业务遍及世界100多个国家。可以说,由于花旗公司集多样化的金融业务于一身,客户到任何一个花旗集团的营业点都可能得到储蓄、信贷、证券、保险、信托、基金、财务咨询、资产管理等全能式的金融服务。也正因为面对着花旗公司的这种现实选择,使得美国争论了几十年的金融业是分业经营还是混业经营的问题画上了句号,使得统治了美国金融业近70年的《格拉斯斯蒂格尔法》寿终正寝。1999年11月,美国国会正式通过《金融现代化法案》,并在涉及银行持股公司组织结构的条款中,创立了"金融控股公司"这一新的法律范畴。同时,允许银行持股公司升格为金融控股公司,允许升格的或新成立的金融控股公司从事具有金融性质的任何业务,即银行、证券和保险业务,但其混业经营是通过分别来自不同业务的子公司来实现的,各子公司在法律和经营上是相对独立的公司。其意义就是以"内在防火墙"的方式达到分业监管和混业经营的目的,其竞争的综合优势格外明显。

问题:
(1) 在市场经济国家中,金融机构的发展趋势是什么?
(2) 发达国家金融机构体系对我国金融机构体系的建设有何启示?

2. 案例分析:海南发展银行的倒闭[①]

海南发展银行(以下简称海发行)于1995年在合并5家信托公司的基础上组建。这5家公司在1993年以前的海南房地产热中,已有大量资金积压在房地产上。从诞生之初,海发行就被赋予了化解金融风险的重任。之后,海发行又引入北方工业公司、中远集团等40余家岛外股东,筹集资金10.7亿元,由海南省控股。注册资本金为16.77亿元的海发行一开始就背负了44亿元的债务。

在当时普遍采用高息揽存的情况下,海发行迅速扩张。1997年底,海发行的资金规模

---

① http://yingyu.100xuexi.com/view/examdata/20091013/99867571-9E2D-4B1F-9C37-4C35D5172DD6.html

发展到106亿元。也就在当年,由城市信用社引发的海南金融问题第一次大规模显现。5月,海口市城市信用社主任陈琪作案潜逃,这一事件导致储户恐慌,并出现集中提款现象。随后,支付危机波及全省十几家城市信用社。

1997年12月兼并28家城市信用社的行动,被认为是海发行关闭的导火索。有种说法是,当时海南省为了挽救这些城市信用社,不顾股东大会的强烈反对,执意要求海发行实施兼并,将28家资不抵债的城市合作信用社收入旗下,并托管了5家被关闭的城市信用社。接管的城市信用社总资产为137亿元,总负债却为142亿元,而资产又几乎全是无人问津的房产。

接管之后,那些原以为取款无望的储户很快在海发行营业部的门口排起了长队,这成为当时海南的热门话题。由各种传闻引发的恐慌很快演变成挤兑风潮,海发行只能依靠中国人民银行的再贷款艰难度日。

1998年3月22日,中国人民银行在陆续给海发行提供了40亿元的再贷款后,决定不再给予资金支持。此时,海发行已无法清偿债务。其后,据说海南省政府也动用了7亿元资金企图挽回局面,但已是无力回天。1998年6月21日,为了防止支付危机进一步蔓延,国务院、中国人民银行决定关闭海发行,同时指定中国工商银行托管海发行的债权、债务。

海发行的关闭引起了强烈反应。新加坡、中国香港、中国澳门、中国台湾等国家和地区的报纸在事件发生的第二天就刊出了这条消息,国内报纸也陆续刊出了中国人民银行宣布关闭海发行的消息。这表明银行的倒闭与一般企业的破产不一样,它涉及的单位和人越多、影响越大。

关闭海发行后,海南的11家信托投资公司停业整顿,仅有的1家城市信用社也于2002年进入停业整顿。渣打银行和日本住友银行也于2002年撤出海南,而随着四大国有商业银行风险控制的逐步加强,这些银行的海南省级分行的贷款权限仅为5 000万元,比很多其他地方市一级分行的权限还小。

海南缺少融资,这是不争的事实,特别是中小企业。2004年度,海口中小企业银行贷款新增额只有1.42亿元,仅占海口各银行对外贷款总额的0.2%。海南目前有中小企业20万余家,但每年能够办理"贷款证"并通过年审的只有4 000余家,占全部中小企业总数的1/50。从银行贷不到钱,于是大家只好另谋出路,一位开典当行的朋友形容:"借钱的人真多,刚融到100万,不到一天就全贷出去了。"相对于这些对资金十分饥渴的中小企业而言,电力、石化、海航等集团融资的难度倒并不是很大。

"挽救"海发行仅有愿望是不够的,最终的决定权还取决于银监会的态度。从2004年初中国(海南)改革发展研究院上报"复活海发行"方案至今已经两年有余,而海发行被关闭到现在也已有8年,资源早已流失殆尽,此时复活海发行无异于重建一家新银行,加之海南整体经济环境仍不尽如人意,银监会必定顾虑重重。

问题:

海发行倒闭的根本原因和直接原因是什么?海发行倒闭对我们有什么启示?

第三章 中央银行及其业务

【学习目标】
1. 了解中央银行产生的原因,掌握中央银行的制度形式、机构设置、职能与作用。
2. 掌握中央银行负债业务的主要种类,掌握存款业务及货币发行的基本概念,了解货币发行的原则和准备制度。
3. 熟悉中央银行资产业务的主要种类,掌握再贴现和贷款业务的主要内容,了解中央银行公开市场业务的基本概念和意义。
4. 了解中央银行支付清算系统的构造,了解我国支付清算系统的发展现状。

第一节 中央银行概述

一、中央银行的产生与发展

现代银行出现后的一个相当长的时期,并没有中央银行。中央银行是在商业银行的基础上,随着商业银行的不断发展而逐步形成和发展的。中央银行制度的形成是商业银行发展的客观要求,中央银行产生于17世纪后半期,形成于19世纪初,资本主义各国开始普遍设立中央银行,到现在已有300多年的历史,在这一过程中,中央银行制度不断发展、完善。

在18—19世纪,随着西方国家工业革命的发展,社会生产力快速发展,资本主义商品经济迅速扩大,各国的货币经营业越来越普遍,而且日益有利可图。银行数量的增加虽然扩大了商品生产和商品流通,但也带来了一系列的问题,为了解决这些问题,中央银行应运而生。

第一,银行券的统一发行问题。在西方银行业发展初期,没有专门发行银行券的银行,许多商业银行除了办理存、放款和汇兑业务以外,都有权发行银行券。但许多小银行资金实力薄弱,发行的银行券往往不能兑现,造成了货币流通的混乱;同时,小银行的经营范围有限,其发行的银行券只能在狭小的范围内流通,给生产和流通造成很多困难。随着经济的发展、市场的扩大和银行机构数量的增加,银行券分散发行的弊端越来越显著,加上资本主义经济危机的频繁出现,资产阶级政府开始从货币制度上寻找原因,企图通过发行银行券来控制和挽救危机,这都在客观上要求在全国范围内由一个资金实力雄厚、享有较高信誉的大银行来集中进行货币的发行。

第二,信用的集中问题。随着资本主义的发展和商品流通的扩大,对贷款的要求不仅数量增多,而且期限延长。商业银行如果仅用自己吸收的存款来提供放款,远远不能满足社会经济发展的需要;如果将吸收的存款过多地提供贷款,又会削弱银行的清偿能力,使银行发生挤兑和破产的可能。为了解决商业银行经常出现的营运资金不足、头寸调度不灵等问题,有必要适当集中各家商业银行的一部分现金准备,在有的商业银行发生支付困难时,提供必要的周转资金。这在客观上要求有一个银行的最后贷款人,能够在商业银行发生困难时,给予贷款支持。

第三,票据清算问题。随着银行业的不断发展,银行机构开展的业务不断扩大,导致银行机构每天收受票据的数量也逐渐增多,各个银行之间的债权债务关系开始复杂化,由各个银行自行轧差进行当日结清显得非常困难——不仅异地结算矛盾很大,即便是同城结算也有问题。这就在客观上要求建立一个全国统一而有权威的、公正的清算中心为银行机构间提供支付清算服务。

第四,金融监管问题。商业银行是以盈利为目的的金融企业,它经营的是特殊的货币资金,与社会上千家万户有着密切的关系,如果商业银行在竞争中破产、倒闭就会引起社会经济的动荡。因此,客观上需要有一个代表政府意志的专门机构实施对银行业和金融市场的监督和管理,以保证金融业的健康发展。

中央银行正是为解决上述几个方面的客观要求而产生的。

> **提示:** **各国中央银行形成的途径**
> 综观世界各国中央银行的形成,大致有两条主要途径:一是由私人或国有商业银行逐渐演变而来的,英国的英格兰银行就是一个典型的例子;二是成立之时就为履行中央银行职责,20世纪以后建立的中央银行多是这种形式。

二、中央银行的制度形式

各国不同的社会制度、经济发展水平、金融业发展程度、历史习俗,决定了各国中央银行的制度形式不尽相同。总的说来,中央银行制度可大致归纳为四种不同的类型:

(一) 单一中央银行制

单一中央银行制是指在一个国家内只建立一家统一的中央银行,使之全面、纯粹地行使中央银行职能并领导全部金融事业的制度,在机构设置上一般采取总分行制。其特点是:权力集中,职能齐全,根据需要在全国各地建立分支机构。目前,世界上80%以上国家都采用这种体制,包括绝大多数发达国家和发展中国家,我国也是如此。

(二) 联邦中央银行制

联邦中央银行制是指在实行联邦制的国家中,中央银行的组成形式也采用联邦制,由中央和地方两级相对独立的中央银行机构共同完成中央银行职能。地方级中央银行虽然要接受中央级中央银行的监督管理,但其与中央银行并非总分行的关系,它们在各自的辖区中独立性很大。美国、德国、前南斯拉夫是实行这种体制的典型国家。就美国来看,全国划分为12个联邦储备区,每一区设立一家联邦储备银行,由设在首都华盛顿的联邦储备委员会领导,形成美国的中央银行体系——联邦储备体系。

(三) 跨国中央银行制

跨国中央银行制是指与一定的货币联盟相联系的,其跨国中央银行是参加货币联盟的所有国家共同的中央银行,发行统一的货币,并为成员国制定和实施金融政策。如西非货币联盟、中非货币联盟、东加勒比海货币管理局等所包括的一些经济欠发达国家均采用这种制度。

> **提示:** 　　　　　　　　**跨国中央银行制的成功实践**
>
> 欧洲中央银行的设立与发展是跨国中央银行制的成功实践。欧盟在1998年初步建立起欧洲跨国的中央银行——欧洲中央银行,它由欧洲中央银行及成员国中央银行两部分组成,并于1999年1月1日起在11个首批成员国内正式启动统一的欧洲货币——欧元(EURO)。欧盟的跨国中央银行制是建立在区域经济一体化基础之上的,以先进的金融制度为基础,旨在改造现行的国际货币体系,其建立和发展必将对世界金融演进产生深远的影响。

(四) 准中央银行制

实行这种制度的国家和地区,一般还没有或者不专门设立行使中央银行职能的银行,而是由政府授权一家大银行既行使中央银行职能,又经营一般商业银行业务,如中国香港的汇丰银行,以及1983年之前的中国人民银行;或者虽然建立了中央银行,但是只具有初级形式,如马尔代夫等国的中央银行。

三、中央银行的机构设置[①]

(一) 中央银行的管理机构

中央银行的管理机构是指对中央银行的货币政策、业务方针、人事任免、规章制度具有决策权、执行权、监督权的机构。因为各国国情各异,管理机构在这三方面权力职责范围方面存在着差别,据此,可将中央银行的管理机构划分为以下三种类型:

1. 最高决策机构和执行机构集中于理事会

属于这一类型的中央银行有英格兰银行、美国联邦储备体系、菲律宾中央银行、马来西亚中央银行等。例如,美国联邦储备体系设有联邦储备委员会,由7名理事组成,任期4年,每2年改派1人,总统有权指派其中2名理事分别担任主席和副主席。这个委员会负责制定货币政策并贯彻执行。这种管理机构类型决策层次少,权力比较集中,其优点是有利于政策间的衔接和一致,便于迅速决策和操作;其缺点在于决策、执行和监督之间的制衡机制不强。

2. 管理机构分为决策机构和执行机构

属于这一类型的国家有日本、德国、意大利等。例如,日本银行的决策机构是日本银行政策委员会,由7人组成,成员须经国会同意,由内阁任命,任期5年。委员长一般由日本银

[①] 摘自刘锡良、王志刚:《宏观金融管理分析——中央银行导论》,西南财经大学出版社1992年版,第89页。

行总裁担任。政策委员会决定日本银行业务的基本方针,如决定或变更贴现率或贷款利率、存款准备金比例等。日本银行的执行机构是日本银行理事会,理事会由正、副总裁和7名理事组成,分管各方面的工作。

3. 管理机构分为决策机构、执行机构和监督机构

属于这一类型的中央银行有法兰西银行、瑞士国家银行、荷兰银行、比利时国家银行等。在法国,国家信贷委员会是金融政策的决策机构,可向政府提出关于货币、储蓄或信贷等各方面的建议,是政府关于货币政策的咨询机构。该委员会的主席是财政经济部部长,副主席是法兰西银行总裁,由后者主持委员会的日常工作。执行机构是法兰西银行理事会,它由法兰西银行总裁、副总裁和10名理事组成,理事会全由内阁任命。银行管理委员会是法兰西银行的监督机构,它由5名委员组成,主席是法兰西银行总裁。该委员会的职责是监督注册以及银行和金融机构执行各项金融法令和法规。

第二种类型和第三种类型的管理机构,其决策、执行或监督的权能相对分离,从而有利于各项业务工作的专业化,但与之相应的是各项工作之间的衔接协调要差一些。

各国的中央银行管理机构虽然存在这样那样的差别,但有一个特点却是基本一致的,那就是地位超然,拥有相当的独立性,从而保证了中央银行政策的客观性、连续性。

(二) 中央银行的总分行设置

中央银行的机构设置分为总行职能机构的设置与分支机构的设置。

1. 中央银行总行职能机构的设置

各国中央银行总行的职能机构,都是在周密考虑了中央银行所担负的任务、职能、业务经营和金融管理监督的需要而设置起来的。一般来说,大部分国家的总行都设有行政办公机构、业务操作机构、金融管理机构、经济金融调研机构。

行政办公机构是指中央银行的运转的综合性非业务部门,它负责日常的行政管理、秘书、人事、后勤等方面的工作。如英格兰银行的公司服务部。

业务操作机构是指中央银行为执行货币政策及有关业务活动而设立的机构,主要负责办理货币发行、再贴现、再贷款、收受存款准备金、集中清算、发行债券等业务操作。如英格兰银行的印刷部、银行部和货币市场局。

金融管理监督机构是指中央银行贯彻执行金融政策,采取行政措施的机构,主要负责对金融机构的事前管理、事后检查,以及业务经营活动的督导。如英格兰银行的注册部和银行监督局。

经济金融调研机构是指中央银行的情报、参谋、顾问机构,主要负责有关经济金融资料和情报的收集、整理、统计、分析,对国民经济和发展情况进行研究,从而就金融政策向决策部门提出建议。如英格兰银行的经济研究局、金融统计局。

2. 中央银行总行的分支机构设置

中央银行的分支机构是指总行的派出机构。它们严格接受中央银行总行的领导,对于有效地推行总行制定的各项政策规定、实现宏观经济管理发挥着重要作用。总的来看,中央银行分支机构的设置可以分为以下两种类型。

第一,按经济的原则设置分支机构。即从实际经济需要出发,区别不同地区商品经济和信用制度发展的状况和特点,特别是金融事业的发展程度及其在全国的地位来设置分支机构。经济发展需要就设,不需要则不设;经济发达程度高、金融业务量大就设置大机构,反之就设小一点的机构。目前,多数国家中央银行的分支机构都是依照这一原则设置的。

第二，按行政的原则设置分支机构。即中央银行分支机构的地点、级别与政府机构的地点和级别一一对应。按这一原则设置中央银行分支机构的主要是一些社会主义国家和发展中国家。

四、中央银行的职能与作用

中央银行作为国家调节宏观经济、管理金融事业的特殊金融机构，它的职能与作用是由其性质决定的。

(一) 中央银行的职能

按我国国内常用的分类法，中央银行主要有以下职能：

1. 中央银行是发行的银行

发行的银行是指有权发行货币的银行。从中央银行产生和发展的历史看，独占货币发行权是其最先具有的职能，也是它区别于普通商业银行的根本标志。独占货币发行权，是中央银行发挥其职能作用的基础。

中央银行掌管货币发行的基本职能主要有以下三个方面：

第一，根据国民经济发展的客观需要，保持良好的货币供给弹性，使中央银行的货币供给与流通中的货币需求相吻合，为经济的稳定持续增长提供一个适宜的金融环境。

第二，掌握货币发行准备，从宏观经济角度控制信用规模，调节货币供应量。

第三，根据流通中的实际需要供应现金，满足社会对票币提取和支付的不同要求。

2. 中央银行是政府的银行

所谓政府的银行，是指中央银行代表政府贯彻执行财政金融政策，代为管理国家财政收支以及为政府提供各种金融服务。这主要通过以下几个方面得以体现：

第一，代理国库。政府的收入和支出都通过财政部在中央银行内开立的各种账户进行。

第二，代理政府金融事务。由中央银行出面利用发行国债的有偿形式以弥补政府开支不足；通过黄金、外汇储备的管理和买卖来稳定币值和汇率、调节国际收支等。

第三，对政府融通资金。包括直接给政府以贷款或透支，购买政府公债等。

第四，代表政府参加国际金融活动，进行金融事务的协调磋商等。

第五，在国内外经济金融活动中，充当政府顾问，提供经济、金融情报和决策建议。

3. 中央银行是银行的银行

所谓银行的银行，是指中央银行一般不同工商企业和个人，而只与商业银行和其他金融机构直接发生业务关系，在业务和政策上起着制约和领导的作用，同时也为商业银行和其他金融机构提供各种金融服务。这主要有以下几个方面：

首先，集中保管全国的存款准备金。按照法律规定，商业银行及有关金融机构必须向中央银行缴存一部分存款准备金，目的在于保证存款机构的清偿能力和为中央银行控制货币供应提供有效手段。

其次，为银行业提供信贷。中央银行主要通过再贴现和再抵押两条渠道来为其他金融机构融通资金，充当最后贷款人，加强了整个信用体系的弹性和清偿力。

再次，作为全国金融机构的资金清算中心。利用各商业银行都必须在其开户的优势开展资金往来的清算业务，一方面节约了清算费用，另一方面有利于中央银行及时全面了解、监督和控制商业银行的业务情况。

最后,主持各商业银行的外汇抛补业务。这一方面是中央银行向商业银行提供外汇资金的融资便利,另一方面也是中央银行监督国际收支、谋求外汇收支平衡的一条重要渠道。

(二) 中央银行在经济生活中的作用

中央银行在经济生活中的作用主要有以下几点:

(1) 现代经济发展的推动器。中央银行为经济发展提供最为关键的工具——货币,从而推动现代经济不断向前发展。

(2) 国家的宏观经济调控工具。中央银行不仅提供货币,而且还承担着为经济运行提供稳定的货币环境的职责。中央银行根据货币政策目标和经济发展状况,有效合理地安排货币发行,使货币供应量符合经济发展需要,实现社会总供给和总需求之间的平衡。

(3) 社会经济和金融运行的稳定器。作为"最后贷款人"和全国的资金清算中心,中央银行保障支付体系的顺畅运作,保障支付链条不因偶发事件的冲击而突然断裂以致引发系统性的金融危机。中央银行同其他金融监管部门一起对金融机构和金融市场进行管理,保持金融系统的健康和稳定。

(4) 国际交往和国际经济合作的桥梁。中央银行是各国政府对外金融交往的全权代表,是国际储备的管理者和外汇政策的制定者,是国际资金流动的调节者。

五、我国中央银行的组织机构

我国的中央银行是中国人民银行。在历史上,中国人民银行的制度形式有两个阶段。第一阶段是从1948年成立起至1983年底,该时期的中国人民银行既是金融管理机关,又是经营货币信贷业务的商业银行,属于复合的中央银行制度。第二阶段是从1984年以来,中国人民银行专门行使中央银行职能,不再兼办工商信贷和储蓄业务,由此,中国人民银行的制度形式也就转为单一的中央银行制。

提示: **中国人民银行的法律地位**

1995年3月18日,全国人民代表大会通过《中华人民共和国中国人民银行法》,首次以国家立法形式确立了中国人民银行作为中央银行的地位,标志着中央银行体制走向了法制化、规范化的轨道。2003年,根据党的十六届二中全会审议通过的《关于深化行政管理体制和机构改革的意见》和十届人大一次会议批准的国务院机构改革方案,中国人民银行对银行、金融资产管理公司、信托投资公司及其他存款类金融机构的监管职能被分离出来,并和中央金融工委的相关职能进行整合,成立了中国银行业监督管理委员会。同年12月27日,十届全国人民代表大会常务委员会第六次会议审议通过了《中华人民共和国中国人民银行法(修正案)》。

(一) 决策机构和执行机构

中国人民银行的管理机构分为决策机构和执行机构。理事会是中国人民银行的最高决策机构,由17名理事组成,包括中国人民银行的正、副行长,政府官员和少数顾问、专家。理事长由中国人民银行行长担任。理事会的主要任务包括:审议金融方针、政策问题;审议年度国家信贷计划、现金计划和外汇计划等有关重大问题;确定金融机构的设置、撤并和业务分工的原则;研究涉及金融全局的其他重要事项等。中国人民银行的最高执行机构是由行长、副行长以及主要部门负责人组成的行长办公会议。

(二) 职能、事业部门

在机构设置上,根据《中华人民共和国中国人民银行法(修正案)》所规定的中国人民银行的主要职责,中国人民银行内设18个职能部门,分别是:办公厅、条法司、货币政策司、金融市场司、金融稳定局、调查统计司、会计财务司、支付结算司、科技司、货币金银局(国务院反假货币联席工作会议办公室)、国库局、国际司、内审司、人事司、研究局、征信管理局、反洗钱局(保卫局)、金融消费权益保护局。它们大致可归纳为以下三类:

1. 调控部门

调控部门主要负责提出关于选择和运用各种货币政策工具、保持币值稳定的意见和建议并负责实施,研究、拟定和实施信贷政策、储蓄政策、利率政策等。如货币政策司等。

2. 条法调研、制定部门

条法调研、制定部门主要负责各种金融法规、条例的研究、制定,金融工作方针、政策的研究,中长期金融体制改革规划和方案的研究,金融、经济情况的统计、预测、调研等。如条法司、研究局、调查统计司等。

3. 业务部门

业务部门主要负责货币发行、金融管理、代理国库、资金清算等业务的执行与监督。如货币金银局、支付结算司、科技司、会计财务司、内审司等。

中国人民银行总行具体的职能机构设置情况如图3-1所示。

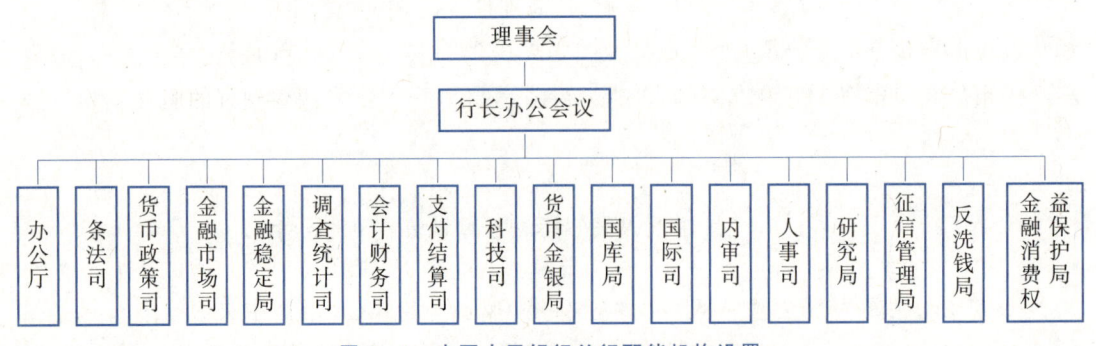

图3-1 中国人民银行总行职能机构设置

在中央银行分支机构的设置上,我国长期以来采用的是按行政区划设置的原则。这是与过去高度集中的经济管理体制相适应的,但随着经济改革的深入,特别是在1995年《中国人民银行法》实施后,人民银行的中央银行职能明显加强,这种按行政区划设置分支机构的管理体制的弊端在实践中逐步显露出来,表现在:一方面,不对称发展的地方经济对应于规模相当的分支机构,造成发达地区的分支机构任务繁重、人员资金紧缺,而落后地区分支机构人浮于事、资金闲置这种两极分化的局面,浪费了大量的人、财、物资源;另一方面,"有政府就有人民银行"这种状况为各级地方政府干预银行工作提供了便利条件,使中央银行不能正确履行独立执行货币政策和加强金融监管的职能。

1997年11月召开的全国金融工作会议明确指出,必须尽快改变中国人民银行分支机构按行政区划设置的状况,有计划、有步骤地撤销中国人民银行省级分行,在全国设置若干跨省、自治区、直辖市分行,重点加强对辖区内金融业的监督管理。1998年,按照中央金融工作会议的部署,对中国人民银行进行了管理体制改革,撤销省级分行,设立跨省区分行。从经济、金融发展的需要出发,将全国划分成 9 个大区,设立 9 家分行,作为中国人民银行的派出机构,在总行的直接领导下,在辖区内履行中央银行职能。各分行的管辖区域如表 3－1 所示。中国人民银行分行根据自身职能特点,设立 17 个职能处室,基本上与总行的机构设置一一对应。

表 3－1　中国人民银行九家分行管辖区域

分行名称	分行管辖省、自治区、直辖市
天津分行	天津、河北、山西、内蒙古
沈阳分行	辽宁、吉林、黑龙江
上海分行	上海、浙江、福建
南京分行	江苏、安徽
济南分行	山东、河南
武汉分行	江西、湖北、湖南
广州分行	广东、广西、海南
成都分行	四川、贵州、云南、西藏
西安分行	陕西、甘肃、青海、宁夏、新疆

注：除九大区域划分并设分行之外,中国人民银行还撤销北京分行和重庆分行,由总行直接设立营业管理部履行所在地中央银行职责。

这次中央银行分支机构设置上的改革是我国中央银行制度建设中的又一重大事件,它有利于中国人民银行充分发挥自身职能,为我国的经济、金融发展提供更好的服务。

第二节　中央银行的负债业务

一般来说,中央银行的业务可分为负债业务和资产业务两大类。中央银行的负债是指"社会各集团和个人在一定时点上持有的对中央银行的债权";中央银行的资产是指"中央银行在一定时点上所拥有的各种债权"。中央银行业务不是为了追求盈利,而是为了调节金融借以实现对金融活动的管理,即所谓的"用经济的办法管理经济"。中央银行的负债业务也就是其取得资金来源的业务,是形成资产业务的基础,主要有以下几种：货币发行业务、存款准备金业务、发行中央银行票据业务和其他负债业务。

一、货币发行业务

货币发行业务是指中央银行作为国家政府的代表向社会提供流通和支付手段的活动,是中央银行对货币持有者的一种负债,也是中央银行最重要的负债业务。因为中央银行是全国唯一合法的货币发行机构,所以流通中的货币是中央银行一项特殊的资金来源。

流通中的货币在社会上的存在形态表现为居民持有的现金、单位的库存现金以及银行业务库的现金。因为在信用或流通的条件下,流通中的货币均属于信用货币,中央银行发行的现金实际上是一种价值符号。所以流通中的货币对中央银行来说是一种债务,对持有者来说是一种债权。如果中央银行按经济发展和商品流通的需要以信用手段向社会发行货币,当持有者持币进行购买或支付时,这种债权关系也就可以自动得到清偿。可见,流通中的货币是中央银行通过货币发行方式代表国家向社会提供的流通和支付手段,同时也是筹集信贷资金的一种形式,这项负债是中央银行一项特有的、经常性的资金来源。

(一) 中央银行货币发行的原则

中央银行的货币发行必须遵循以下三个原则:

(1) 垄断发行的原则。是指货币发行权高度集中于中央银行。

(2) 有可靠的信用保证原则。是指货币发行要有一定的黄金或有价证券作为保证,即通过建立一定的发行准备制度,以保证中央银行的独立发行,该原则在西方被称为"消极原则"。

(3) 弹性原则。是指货币发行要具有高度的伸缩性和灵活性,不断适应社会经济状况变化的需要,使货币发行具有一定的操作空间,既要防止通货不足,又要避免通货过量,这在西方被称为"积极原则"。

(二) 中央银行货币发行的准备制度

货币发行准备制度是为约束货币发行规模、维护货币信用而制定的,要求货币发行者在发行货币时必须以某种金属或资产作为发行准备。在金属货币制度下,货币发行以法律规定的贵金属作为发行准备,在现代信用货币制度下,各国货币发行准备制度的内容比较复杂,一般包括现金准备和证券准备两大类。现金准备包括黄金准备、外汇准备等具有极强流动性的资产准备,证券准备包括国家债券准备、短期商业票据准备等有价证券准备。

1. 现金准备发行制

现金准备发行制是指中央银行发行货币100%以黄金和外汇等做准备的货币发行制度。

2. 证券保证准备制

证券保证准备制是指中央银行发行货币以短期商业票据、短期国库券和政府公债做准备的货币发行制度。

3. 现金准备弹性比例制

现金准备弹性比例制是指中央银行发行货币数量超过规定的现金准备比例时,国家对超过部分的发行征收超额发行税的货币发行制度。

4. 证券保证准备限额发行制

证券保证准备限额发行制是指中央银行发行货币在规定的发行限额内可全部用规定证券做发行准备,超过限额的发行必须以100%的现金作为发行准备的货币发行制度。

5. 比例准备制

比例准备制是指中央银行货币发行准备中现金与其他有价证券所占的比例确定,但各种准备资产的比例难以确定的货币发行制度。

6. 无准备制度

无准备制度是指中央银行发行货币并不要求持有一定的准备资产,即国家以行政法规形式规定中央银行货币发行的最高限额的货币发行制度。

(三) 人民币的发行业务及管理

中国人民银行对人民币的发行与管理实行高度集中统一和严格的计划管理。中国人民银行对人民币纸币和硬币的发行、流通、销毁、反假等方面做出了一系列政策规定,建立了一整套监督执行机制。它包括人民币发行基金管理、流通中人民币管理、人民币形象管理和反假币管理。

1. 人民币发行基金

人民币发行基金是中国人民银行人民币发行库保存的未进入流通的人民币。发行基金与现金是两个性质不同的概念，它们既有联系又有本质区别。两者之间的联系在于可以相互转化，在按制度规定的手续操作下，发行基金从发行库进入金融机构的业务库后成为现金；现金从业务库交存到发行库后又成为发行基金。两者的区别主要有三点：

(1) 性质不同。发行基金是中国人民银行供发行的准备基金，是未发行的货币；现金是国家以法律赋予强制流通的现实货币。

(2) 所有权不同。发行基金的所有权属于中国人民银行；现金的所有权属于有现金收入的社会各经济主体。

(3) 运动形式不同。发行基金是凭上级发行库签发的调拨命令而发生运动，没有调拨命令，任何单位和个人都无权动用；现金是根据持有人的需要，伴随着商品流通、劳务提供而流通的。

> **提示：** **人民币发行基金保管与调拨规定**
>
> 为保证货币发行工作的顺利进行，中国人民银行设立人民币发行库，在其分支机构设立分支库，以保管人民币发行基金。分支库调拨人民币发行基金，应当按照上级库的调拨命令办理。发行基金由设置发行库的各级人民银行保管，并由总行统一掌握。任何单位和个人不得违反规定动用发行基金，不得干扰、阻碍人民币发行基金的调拨。

2. 流通中人民币的管理

中央银行对流通中的人民币实行如下管理：

(1) 残损人民币的回收与销毁。残损人民币的流通影响国家法定货币的形象和人民群众的身体健康，影响市场交易和人民的利益，不利于识别货币的真伪，所以必须由中国人民银行负责回收和销毁。

(2) 禁止代币票券的发行和流通。代币票券是单位或个人发售，蕴含一定价值，代替人民币在一定环境中充当流通手段和支付手段，用于购物或消费的凭证。尽管代币票券不是假人民币，但代币票券的发行危害极大，必须予以禁止。

(3) 人民币出入境管理。人民币出入境经历了由禁止到逐步放开的过程。建国初期，我国禁止人民币出入境，从1954年起，我国对人民币出入境实行限额管理。随着经济的发展和改革开放的深入，人民币出入境限额逐步扩大。逐步放宽对人民币出入境的管理，符合客观形势，在不超过限额的情况下，携带人民币出入境无须申报，简化了海关手续，方便了绝大多数旅客的正常往来，有利于贸易发展。

3. 人民币形象管理

人民币形象管理主要是指采取一些积极的宣传措施和法律手段，教育和引导公民爱护人民币。爱护人民币是每个公民应尽的职责和义务。禁止故意毁损人民币，制作、仿制、买卖人民币图样，未经中国人民银行批准，在宣传品、出版物或者其他商品上使用人民币图样等损害人民币的行为。

4. 反假人民币管理

假人民币包括伪造的人民币和变造的人民币。假人民币的流通,损害了人民币法定货币的地位和良好信誉,妨碍了人民币的正常流通,损害了国家和广大人民的切身利益,因此,中央银行负有反假币的管理责任。

二、存款准备金业务

中央银行的存款主要来自商业银行缴纳的存款准备金,这是中央银行最大的存款项目。

(一) 存款准备金的构成

存款准备金是指商业银行以及一些金融机构为保证客户提取存款和资金清算需要而准备的在中央银行的货币资金,中央银行要求的存款准备金额占其存款或者负债总额的比例就是存款准备金率。商业银行的存款准备金,分为法定存款准备金和超额存款准备金两部分。目前各国一般都以法律的形式规定商业银行必须保留的最低数额的准备金,即法定存款准备金。存款准备金超过法定存款准备金的部分称为超额准备金。

中央银行集中的法定准备金和超额准备金两部分商业银行存款具有不同的性质:

第一,法定存款准备金是中央银行调控信用规模和货币供给量的政策手段;超额存款准备金是商业银行资产调整和信用创造的条件。

第二,法定存款准备金的大小主要取决于中央银行法定存款准备金比率的高低;超额存款准备金主要取决于商业银行资产结构的选择以及持有超额准备金的机会成本。

第三,法定存款准备金商业银行无权动用,其使用主动权在中央银行手中;超额存款准备金商业银行可以自由使用,其能动性不在中央银行而在商业银行手中。

(二) 存款准备金的作用

中央银行强制要求商业银行等金融机构按规定的比率上缴存款准备金,由此可以通过提高或者降低存款准备金比率来达到信用收缩或者扩张的目标。在此制度下,金融机构不能将吸收的存款全部用于发放贷款,必须保留一定的资金作为存款准备金,以备客户提款的需要,因此有利于保证金融机构对客户的正常支付。在现代银行制度下,存款准备金的目的不再局限于应付支取和防范挤兑,而演变成控制银行等金融机构体系信用创造能力和调整货币供应量的重要工具之一,是中央银行货币政策的重要工具,也是传统的三大货币政策工具之一。由于商业银行的信用扩张能力与中央银行投放的基础货币量存在着乘数关系,而乘数的大小则与存款准备金率成反比。因此,若中央银行采取紧缩政策,可提高法定存款准备金率,因为准备金率提高,货币乘数就变小,从而降低了整个商业银行体系创造信用、扩大信用规模的能力,其结果是社会的银根偏紧,货币供应量减少,利息率提高,投资及社会支出都相应缩减,最终起到收缩货币量和信贷量的效果。反之亦然。中央银行通过提高或降低法定存款准备金率,可以降低或提高支持既定规模基础货币的存款数量,导致货币供给收缩或扩张,从而影响宏观经济的运行。

(三) 中央银行存款的特殊性

中央银行的存款相较于商业银行的存款业务而言,具有以下几方面特殊性:

(1) 存款原则具有特殊性。中央银行的存款业务具有一定的强制性。

(2) 存款动机具有特殊性。中央银行吸收存款是出自金融宏观调控和监督管理的需要,即执行中央银行职能的需要。

(3) 存款对象具有特殊性。商业银行直接吸收社会个人、工商企业的存款,中央银行却不直接面对个人、工商企业,而是吸收商业银行、非银行金融机构、财政等政府部门的贷款。

(4) 存款当事人关系的特殊性。商业银行与存款当事人之间是一种纯粹的经济关系,而中央银行与存款当事人之间除经济关系之外,还有行政的管理关系。

(四) 中央银行存款的意义

中央银行存款业务的意义主要有以下几点:
(1) 有利于调控信贷规模和货币供应量。
(2) 有利于维护金融业的安全。
(3) 有利于资金的支付清算。商业银行、政府和其他部门把存款存入中央银行,既使中央银行成为全国资金清算中心,也有利于资金清算的顺利进行。
(4) 有利于政府的资金融通并保持货币稳定。

三、发行中央银行票据业务

中央银行票据是中央银行为调节商业银行超额准备金而向商业银行发行的短期债务凭证,其实质是中央银行债券。之所以叫"中央银行票据",是为了突出其短期性特点(从已发行的中央银行票据来看,期限最短的 3 个月,最长的也只有 3 年)。中央银行发行中央银行票据是中央银行调节基础货币的一项货币政策工具,是中央银行的一种主动负债,目的是为了调节商业银行超额准备金,减少商业银行可贷资金量。

> 提示:中央银行票据是目前中国人民银行公开市场操作的主要工具之一,它出现于 2002 年。在此之前,国债和金融债是中国人民银行公开市场操作的主要操作对象。

(一) 发行中央银行票据的目的

中央银行向商业银行发行中央银行票据的目的是:一方面,减少商业银行的超额准备金存款水平,将原本由商业银行持有、可以自由用于发放贷款的超额准备金存款,转变为仍由商业银行持有但却不能自由用于发放贷款的中央银行票据,吸收商业银行过多的可贷资金,以便进一步控制其信贷扩张能力。另一方面,以此作为公开市场操作的工具之一,中央银行票据的发行可以回笼基础货币,票据到期则体现为基础货币的投放,主要作用是调节货币供应量。

(二) 中央银行票据的交易方式

中央银行票据发行后可在银行间债券市场上市流通交易,交易方式有现券交易和回购。现券交易分为现券买断和现券卖断两种,前者为中央银行直接从二级市场买入有价证券,一次性地投放基础货币;后者为中央银行直接卖出有价证券,一次性地回笼基础货币。回购交易则分为正回购和逆回购两种:正回购是中央银行向一级交易商卖出有价证券,并约定在未来特定日期买回的交易行为;逆回购的操作方向则正好相反。现券卖断与正回购是中央银行从市场回收流动性的操作手段。

(三) 中央银行票据的货币政策效果

中央银行票据的发行,对于调控货币供应量、调节商业银行流动性水平、熨平货币市场波动和引导利率走势发挥了重大作用。

(1) 中央银行票据承担着调控货币供应量的职能。例如,在人民币升值预期等因素的影响下,外汇储备迅速增加使我国外汇占款大量增加。为了减少外汇占款增加对基础货币供给增长的负面影响,中央银行大量发行中央银行票据,发挥其冲销功能。

(2) 中央银行票据可以调节商业银行流动性水平,防止信贷过快增长。目前,在公开市场操作中,中央银行票据的认购主力是商业银行,定向中央银行票据更是主要面向资金面宽裕尤其是贷款增速过快的银行发行。

(3) 中央银行票据可以用来熨平货币市场波动。随着中国参与全球化程度的加深,投机资本对国内房地产等市场的投资将会影响国内经济,由此产生的经济波动需要灵活的货币政策工具来调节。因此,今后的货币政策将会以公开市场操作为主,中央银行票据在其中扮演了重要角色。

(4) 中央银行票据有助于形成市场基准利率。中央银行票据因其灵活性和主动性而成为货币市场的"风向标",引导银行间市场、交易所市场和相关债券市场形成相应期限的市场利率和收益率曲线,其一级市场收益率逐渐成为利率的定价基准。发行中央银行票据的直接效果是改变了基础货币量,这与法定准备金率类似,但比法定准备金灵活。一般来说,中央银行票据发行后可以在银行间债券市场上流通交易。当然,要充分发挥中央银行票据的功能,还必须做好与其他货币政策工具的组合。

(四) 中央银行票据的特点与局限性

中央银行票据不是一种立竿见影的货币政策工具,而是一种平缓的、不带冲击力的政策工具。中央银行票据的发行,能够在一个比较长的时间内平缓地让金融机构的信贷增长和经济增长达到预定目标。

当然,发行中央银行票据也给中央银行带来了一定的损失,因为中央银行票据是要付利息的,发行之后它有成本。但相对整个经济环境的改善来讲,这个成本仍然比较低。中央银行不是盈利性机构,也不是企业,它是政府在金融领域中发挥调控作用的部门,肩负的是确保宏观经济平稳运行的责任。因此,它的成本在于宏观经济成本。货币供应量增长对中央银行自身的收入有好处,但对宏观经济没好处;反之,进行宏观调控,可能对中央银行本身的财务状况改善无益,但却对整个宏观经济和金融状况的改善有很大好处。

(五) 中央银行票据的发行方式

国际上通行的中央银行票据发行方式主要有两种:一种是信用发行,另一种是外汇质押发行。信用发行是目前大多数中央银行所采用的发行方式;外汇质押发行的实质是外汇掉期,为一些小规模的开放经济体所采用(如中国香港金管局发行的外汇基金票据)。中国人民银行发行中央银行票据采用信用发行方式。

> **提示**:一般来说,中央银行会根据市场状况,交错发行 3 个月期、6 个月期、1 年期和 3 年期的中央银行票据,其中以 1 年期以内的短期品种为主。

四、其他负债业务

中央银行不能归属于货币发行、存款准备金和票据发行的其他负债业务统称为其他负债,其他负债主要包括资本业务、对外负债等。

(一) 资本业务

中央银行的资本业务是指中央银行筹集、维持和补充自有资本的业务。它与中央银行资本金的形成有关。

1. 中央银行的资本来源

中央银行的资本来源主要有四条途径：中央政府出资、地方政府或国有机构出资、私人银行或部门出资、成员国中央银行出资等。从中央银行资本所有权来看,目前有完全归政府所有的趋势,即使是资本属私人部门所有的中央银行,股东也无权干预和影响中央银行的货币政策和业务经营。无论其资本构成如何,中央银行实际上都是国家机构的重要组成部分,其管理监督权属于国家。

2. 中央银行的资本构成

中央银行的资本构成主要是由四个部分组成的：法定资本、留存收益、损失准备和重估储备。法定资本的具体数额通常会在一国中央银行法中有所规定；留存收益是中央银行业务盈利扣除股息和损失准备、重估准备拨付后的部分；损失准备包括一般损失准备和特殊损失准备；重估储备是为未实现的资产和负债重估后可能损失的拨备。由于有些国家规定留存收益全部上缴国家财政,而提取重估储备对一国中央银行的财务会计制度要求较高,因此不少国家中央银行资产负债表上的全部资本仅表现为法定资本和损失准备。我国也是如此,《中国人民银行法》(2003 版)第三十九条明确规定,中国人民银行的盈利按核定比例提取总准备金后全部上缴中央财政。

3. 中央银行资本业务的重要性

中央银行资本业务的重要性不能与一般金融机构相提并论,资本不是中央银行运营的基础,在技术上中央银行可以"零资本运作"。但在实际上,中央银行一般或多或少都持有一些资本,以此作为其运作中风险承担的最后防线。中央银行出现"负"资本时,会影响其货币政策的独立性。尤其是在面临危机时,维持中央银行"正"资本的法律承诺尤为重要。目前,中国人民银行运作中的全部损失由中央财政承担,这实质上做出了维持人民银行"正"资本的承诺,但并没有明确具体指标。

(二) 对外负债

中央银行的对外负债主要包括：从国外银行借款、对外国中央银行的负债、国际金融机构的贷款、在国外发行的中央银行债券等。

对外负债的目的主要有几个方面：

(1) 平衡国际收支。国际收支出现逆差时,为平衡国际收支,中央银行从国外银行和外国政府借款或从国际金融机构贷款。

(2) 维持本币汇率的既定水平。当外汇储备不足以干预外汇市场时,中央银行通过对外负债吸收外汇,增强干预外汇市场的能力。

(3) 应付货币危机或金融危机。

第三节　中央银行的资产业务

中央银行的资产是指中央银行在一定时点上所拥有的各种债权。中央银行的资产业务主要包括再贴现业务、贷款业务、公开市场业务、国际储备业务等。

一、再贴现业务

再贴现是指商业银行由于业务上的需要,将通过贴现业务所持有的尚未到期的商业票据向中央银行申请转让,中央银行以贴现的方式向商业银行融通资金的行为。该业务是中央银行调节资金、实现对国民经济宏观调控的一个重要手段,是中央银行履行"最后贷款人"职能的具体手段,也是提供基础货币的重要渠道。调整再贴现率是货币政策三大工具之一,中央银行是通过对再贴现率的调节,来影响商业银行借入资金的成本,刺激或抑制资金需求,实现对货币供应量的控制。

(一)再贴现与中央银行贷款的区别

从广义上讲,再贴现属于中央银行贷款的范畴。但两者之间还是存在一定的区别,具体体现在两个方面:

1. 利息支付时间不同

再贴现是商业银行预先向中央银行支付利息,而贷款业务是在归还本息时支付利息。

2. 本质和范围不同

再贴现本质上是中央银行向商业银行发放的抵押贷款,而中央银行贷款的范畴比再贴现广得多,不仅包括抵押贷款,还包括信用贷款。

(二)再贴现业务的一般规定

1. 开展对象

只有在中央银行开立了账户的商业银行等金融机构才能够成为再贴现业务的对象。

2. 再贴现业务的申请和审查

商业银行必须以已办理贴息的未到期的合法票据,即根据购销合同开具反映债权债务关系的票据申请再贴现。中央银行接受商业银行所提出的再贴现申请时,应审查票据的合理性和申请者的资金营运状况,确定是否符合再贴现的条件。

3. 再贴现金额的确定

确定再贴现金额的有关计算公式如下:

$$再贴现实付金额 = 票据面额 - 贴息额$$

$$贴息额 = 票据面额 \times 日贴现率 \times 未到期天数$$

$$日贴现率 = 年贴现率 \div 360 = 月贴现率 \div 30$$

4. 再贴现率的调整

再贴现利率不同于随市场资金供求状况变动的利率,它是一种官定利率,它是根据国家的信贷政策所规定的,在一定程度上反映着中央银行的政策意向。在通常情况下,再贴现率低于市场利率,使得再贴现具有某种"补贴"的性质。因此,银行在再贴现与市场贷款之间存在套利空间,银行具有无限地再贴现从而贷款的冲动。所以,中央银行通常通过规定再贴现票据品种和设定再贴现限额的方法来约束银行的再贴现行为。

再贴现率的变化通常被认为是中央银行货币政策意图变化的信号,即大家普遍预期随着再贴现率的调整,货币市场利率将随后发生相同方向的变化,从而利率结构、资产价格以及实体经济活动都将发生一系列相应的变化。再贴现率的变化在相当程度上会通过市场主体的预期及其相应的经济行为,自动地引起某些政策目标的实现,甚至不需要中央银行进行相应的政策操作。

5. 再贴现票据的规定

商业银行等存款机构向中央银行申请再贴现的票据,必须是确有商品交易为基础的真实票据。1994年,中国人民银行开始办理再贴现业务。此后,再贴现业务和票据市场有了较大的发展,再贴现政策的宏观调控作用明显增强,再贴现正逐渐成为中央银行融出资金的重要渠道。

6. 再贴现额度的规定

再贴现额度是中央银行对再贴现的金额数量。为强化货币政策与金融监管的配合,中央银行一般对商业银行的再贴现额度加以限制。再贴现意味着中央银行向商业银行贷款,从而增加了货币投放,直接增加货币供应量。直接控制再贴现规模在一定程度上反映了中央银行的政策意向,因而具有一种告示作用。提高再贴现额度,呈现扩张意向;反之,呈现紧缩意向。

7. 再贴现的收回

再贴现的票据到期时,中央银行通过票据交换和清算系统向承兑单位或承兑银行收回资金。而在再贴现的收回方式选择上,中央银行主要采取回购和委托收款的方式。

二、贷款业务

中央银行贷款(习惯上称作再贷款),是指中央银行为了实现货币政策目标而对金融机构、政府和其他对象发放的贷款,是中央银行调控基础货币的重要渠道。一般来说,中央银行贷款增加,是"银根"将有所放松的信号;反之,是"银根"将可能紧缩的信号。中央银行的再贷款业务充分体现了中央银行作为"最后贷款人"的职能,其意义在于中央银行通过向商业银行、其他金融机构及政府发放应急贷款,起到维护金融体系稳定与安全、抑制通货膨胀、执行货币政策,从而起到促进经济发展的作用。

(一) 中央银行贷款的对象

中央银行贷款按照贷款对象不同可以分为以下几类:

(1) 对商业银行的放款。这是最主要的种类,一般是短期的、采用政府证券或商业票据为担保的抵押贷款。

(2) 对财政部的放款。包括对财政部的正常借款;对财政部的透支;证券投资性放款。

(3) 其他放款。包括中央银行对外国银行和国际性金融机构的贷款。

(二) 对商业银行放款的形式

中央银行向商业银行发放贷款主要有以下三种形式:

1. 再贴现

再贴现是指商业银行以工商企业向其贴现的商业票据为抵押,向中央银行再贴现,取得所需的资金。这是最为广泛的一种做法。

2. 抵押贷款

抵押贷款是指商业银行以实物资产做抵押向中央银行借款。这种形式并不多见,因为对中央银行来说较为烦琐。

3. 信用放款

信用放款是指中央银行直接向申请贷款的商业银行放款,不需要抵押。这种形式一般表示中央银行对申请贷款的银行比较信任，申请贷款的商业银行在国内也具有一定的声誉和经营业绩。

（三）中央银行贷款的期限

按照期限不同，中央银行贷款可以分为以下几种：

(1) 年度性贷款。贷款期限一般为 1 年，最长不超过 2 年。

(2) 季节性贷款。各专业银行和其他金融机构因季节性支付增加而需向中央银行调剂的贷款，期限一般为 2 个月，最长不超过 4 个月。

(3) 日拆性贷款。这是专业银行和其他金融机构为调剂临时性资金不足而向中央银行申请的贷款，期限一般为 10 天，最长不超过 20 天。

(4) 再贴现。一般为 3 个月，最长不超过 6 个月。

（四）中央银行贷款的特征

中央银行贷款主要具有以下几个特征：

(1) 中央银行以短期贷款为主，一般不经营长期贷款业务，以防中央银行资产的高度流动性受到影响，从而妨碍其有效而灵活地调节和控制货币供应量。

(2) 中央银行发放贷款不以盈利为目的，而以实现货币政策为目的。

(3) 控制对财政的放款，以保持中央银行的相对独立性。

(4) 中央银行一般不直接对工商企业和个人发放贷款，集中精力发挥其最后贷款人的职能。

（五）中央银行贷款的作用

中央银行对商业银行的贷款，从货币流通的角度看，是投放了基础货币，直接影响社会货币流通量和信贷总规模。当中央银行增加对商业银行或其他金融机构的贷款时，商业银行在中央银行的存款或现金库存就会相应增加。商业银行以这些资金作为来源扩大向社会的放款，根据派生存款的原理，最终使社会货币流通量成倍扩大。反之，当中央银行减少其对商业银行的贷款时，就会使得商业银行的资金成倍地减少，从而迫使商业银行收缩信贷规模，减少对社会的货币供应，最终减少社会货币流通量。无论是发达国家还是发展中国家，中央银行对商业银行的贷款是中央银行实行宏观控制的重要手段之一。中央银行再贷款的作用主要是通过调整再贷款利率实现的。

(1) 中央银行通过调整再贷款利率，影响商业银行从中央银行取得信贷资金的成本和可使用额度，使货币供应量发生变化。

(2) 再贷款利率的调整是中央银行向商业银行和社会宣传货币政策变动的一种有效方法，它能产生预告效果，从而在某种程度上影响人们的预期。当中央银行提高再贷款利率时，表明中央银行对通货膨胀状况发出了警告，使厂商慎重从事进一步的投资扩张；当中央银行降低再贷款利率时，则表示在中央银行看来通货膨胀已经缓和，这样就会刺激投资和经济增长，在一定程度上起到调整产业结构和产品结构的作用。

（六）中国人民银行的再贷款业务

1. 申请条件

申请中国人民银行再贷款的金融机构必须具备三个条件：① 属于中国人民银行的贷款对象，即必须是在中国人民银行开户的商业银行和其他金融机构；② 信贷资金营运基本正常；③ 还款资金来源有保障。

2. 业务种类

中国人民银行贷款按照资金融通方式可以分为信用放款、抵押放款和票据再贴现;按照期限可以分为20天以内、3个月以内、6个月以内和1年期四个档次。

3. 审批权

根据《中国人民银行法》,用于调节商业银行流动性的支持性中央银行贷款的审批权属于中国人民银行。经总行授权,中国人民银行分行(营业管理部)可以依据有关规定审批、发放紧急贷款;为处置风险和涉及国家重大政策调整需要等特定用途和目的发放的"特种贷款"以及向特定的非银行金融机构发放的贷款必须经国务院批准或决定。

三、公开市场业务

中央银行的公开市场业务主要通过买卖证券的形式进行,主要买卖的证券种类是政府公债、国库券、金融债、中央银行票据以及其他市场性很高的有价证券。

(一) 公开市场业务的基础保障

从世界各国的经验来看,公开市场操作依赖于一个成熟的货币市场。货币市场被很多西方经济学家称为一国金融体系的核心机制。而成熟货币市场的一个重要标志是具有数量足够多的较高安全性、流动性、盈利性、替代性的短期金融工具,以满足筹资渠道多元化、投资选择多样化的需要,从而也便于中央银行的宏观调控。对于中国人民银行来说,受现有货币市场的规模、品种限制,其调控职能无法从容施展。因此,在推进银行改革、调整准备金制度的同时,除了中央银行票据以外,还应该全面发展包括国债、机构债、公司债、抵押贷款债、市政债等在内的债券市场,并继续开发新的品种。

(二) 公开市场业务的意义

(1) 调控基础货币,进而对整个宏观经济产生积极影响。与一般金融机构所从事的证券买卖不同,中央银行买卖证券的目的不是为了盈利,而是为了调节货币供应量。根据经济形势的发展,当中央银行认为需要收缩银根时,便卖出证券,相应地收回一部分基础货币,减少金融机构可用资金的数量;相反,当中央银行认为需要放松银根时,便买进证券,扩大基础货币供应,直接增加金融机构可用资金的数量。

(2) 配合准备金政策和再贴现政策,抵消过激的政策调整对金融和整个经济的影响。公开市场业务与其他货币政策工具相比,具有主动性、灵活性和时效性等特点。公开市场业务可以由中央银行充分控制其规模,中央银行有相当大的主动权;公开市场业务是灵活的,多买少卖,多卖少买都可以,对货币供应既可以进行"微调",也可以进行较大幅度的调整,具有较大的弹性;公开市场业务操作的时效性强,当中央银行发出购买或出售的意向时,交易立即可以执行,参加交易的金融机构的超额储备金相应发生变化。

(3) 缓解财政收支造成的不利影响。中央银行通过公开市场生产,可以配合积极财政政策的实施,减弱财政政策的"挤出效应"。所谓财政政策的"挤出效应",一般是指政府通过财政支出进行投资对非政府投资产生的抑制或削弱效应。

(4) 协助政府公债的发行与管理。中央银行以国债作为公开市场业务的操作对象,开展国债回购交易,向商业银行融出资金,而且,通过公开市场业务现券交易,在二级市场买进国债,有力地支持了国债发行。这使商业银行在中央银行的融资支持下,不需要通过紧缩对企业的贷款等其他资金运用就能进行国债投资,有利于保证全社会投资的稳定增加。

(三) 中国人民银行的公开市场操作

中国人民银行从 1999 年开始将公开市场操作作为货币政策日常操作的重要工具。中央银行票据则是中国人民银行公开市场操作的主要工具之一，它出现于 2002 年。在此之前，国债和金融债是主要操作对象。

1. 交易对象

从交易品种来看，中国人民银行公开市场业务的债券交易主要包括回购交易、现券交易和发行中央银行票据。回购交易分为正回购和逆回购两种，正回购为中国人民银行向一级交易商卖出有价证券，并约定在未来特定日期买回有价证券的交易行为，正回购为央行从市场收回流动性的操作，正回购到期则为央行向市场投放流动性的操作；逆回购为中国人民银行向一级交易商购买有价证券，并约定在未来特定日期将有价证券卖给一级交易商的交易行为，逆回购为央行向市场上投放流动性的操作，逆回购到期则为央行从市场收回流动性的操作。现券交易分为现券买断和现券卖断两种，前者为央行直接从二级市场买入债券，一次性地投放基础货币；后者为央行直接卖出持有债券，一次性地回笼基础货币。中央银行票据即中国人民银行发行的短期债券，央行通过发行央行票据可以回笼基础货币，央行票据到期则体现为投放基础货币。

2. 交易对手

中国人民银行公开市场操作的交易对手是公开市场上的交易商。中国人民银行从 1996 年开始建立公开市场业务一级交易商制度，选择了一批能够承担大额债券交易的商业银行作为公开市场业务的交易对象。2012 年度，通过中国人民银行评审，获得公开市场业务一级交易商资格的金融机构共有 49 家，包括银行、证券、保险等机构。

四、国际储备业务

国际储备包括外汇、黄金、在国际货币基金组织中的储备头寸、国际货币基金组织分配的尚未动用的特别提款权等。

(一) 中央银行经营国际储备业务的意义

当今世界各国间经济往来频繁，中央银行经营国际储备业务的意义主要有以下几点：

(1) 中央银行按纸币发行额和存款额保留一定比例的黄金和外汇储备，必要时可以增加商品进口以回笼货币，保持本国币值的稳定。

(2) 中央银行通过买进或抛售国际通货，可以平抑本外币之间的供求波动，稳定本国货币的汇率。

(3) 在国际收支发生逆差时，可以动用黄金、外汇储备来清偿外债，灵活调节国际收支。

(4) 国际清算的需要。各国经济往来产生的国与国之间的债权债务关系，需要国际通用的货币进行清算。

(二) 国际储备保管和经营中应注意的问题

各国中央银行在保管黄金外汇储备时，必须确定国际储备的数量和结构，实现规模适度、结构优化。

1. 国际储备管理的原则

(1) 储备资产的安全性。即储备资产本身价值稳定、存放可靠。

(2) 储备资产的流动性。即储备资产要容易变现，可以灵活调用和稳定地供给使用。

(3) 储备资产的盈利性。即储备资产在保值的基础上有较高的收益。

2. 国际储备管理的总体目标

国际储备管理的总体目标是服务于一国的宏观经济发展战略需要,即在国际储备资产的积累水平、构成配置和使用方式上,有利于经济的适度增长和国际收支的平衡。

3. 确定适度国际储备规模的参照指标

国际储备规模的参照指标主要有:国际储备与国民生产总值之比、国际储备与外债总额之比、国际储备与进口额之比(或国际储备能支付进口的月数)。

4. 确定适度国际储备规模应考虑的因素

一国国际储备规模是否适度应考虑的因素有:国际储备的需求、持有国际储备的成本、经济开放与对外贸易、对外资信与融资能力、金融市场的发育程度、外汇管制的宽严程度、汇率制度与外汇政策的选择、货币的国际地位以及应付各种因素对国际收支冲击的需要等。

(三)我国的国际储备管理

1. 我国国际储备的构成及管理概况

我国国际储备的构成主要有黄金储备、外汇储备、特别提款权和在 IMF 的储备头寸四种形式。其中,黄金、特别提款权和储备头寸在一定时期内是较为稳定的,因此,国际储备管理主要体现在对外汇的管理上。

我国自 20 世纪 70 年代末实行改革开放政策以来,人民银行有步骤地推进外汇体制改革。1994 年以前,先后经历了固定汇率制和双轨汇率制。1994 年开始汇率并轨,实行以市场供求为基础的、有管理的浮动汇率制度。并建立银行间外汇市场,央行直接在外汇市场上吞吐外汇。2005 年 7 月 21 日,不再盯住单一美元,开始实行以市场供求为基础、参考"一篮子"货币进行调节、有管理的汇率制度,形成更富弹性的汇率形成机制。

外汇储备的职能也发生变化,过去仅为单一的支付职能,现在更加重要的是稳定人民币汇率。

2. 我国外汇储备的主要来源

由于我国实行有管理的浮动汇率制,人民银行外汇储备主要来源于外币公开市场业务。由于我国实行结售汇制度,并核定商业银行的外汇头寸限额,这使得外汇流出入刚性地传导到外币公开市场上,直接表现为基础货币的投放(回笼)和银行超额储备的增加(减少)。

3. 我国外汇储备的管理

国家外汇管理局在中国人民银行领导下,在国际市场上直接经营其掌握的国家外汇储备。对外汇储备资产的经营遵循安全性、流动性、增值性的原则,以安全为第一要求,在保证外汇资金安全和流动性的基础上,达到有所增值。

我国外汇储备经营的具体目标有以下几个方面:

(1) 采取科学的管理和经营手段,保证中国人民银行调整外汇供求,平衡外汇市场等宏观控制目标的实现;

(2) 加强风险防范,确保外汇资金安全,保证外汇资金的及时调拨和运用;

(3) 建立科学的储备资产结构,提高储备经营水平,增加资产回报;

(4) 合理安排投资,有重点地支持国内建设项目。

第四节 中央银行的支付清算业务

中央银行的支付清算业务,对于整个社会经济生活的正常运行,具有十分重要的意义。

它有利于加速资金周转,提高银行工作效率,有利于中央银行掌握全社会的金融状况和资金运动趋势,进行宏观金融管理和监督。

一、支付清算系统构造

早在1996年4月正式启动国债公开市场操作之前的同年1月,中国人民银行成立了中央银行国债登记结算有限公司,同时建立由中央结算公司管理和维护的公开市场业务报价交易系统、资金支付系统、债券簿记系统三大基础系统。这三个系统紧密联系,一次完整的交易需要三个系统密切合作才能够完成。这三大系统与其他系统之间的关系如图3-2所示。

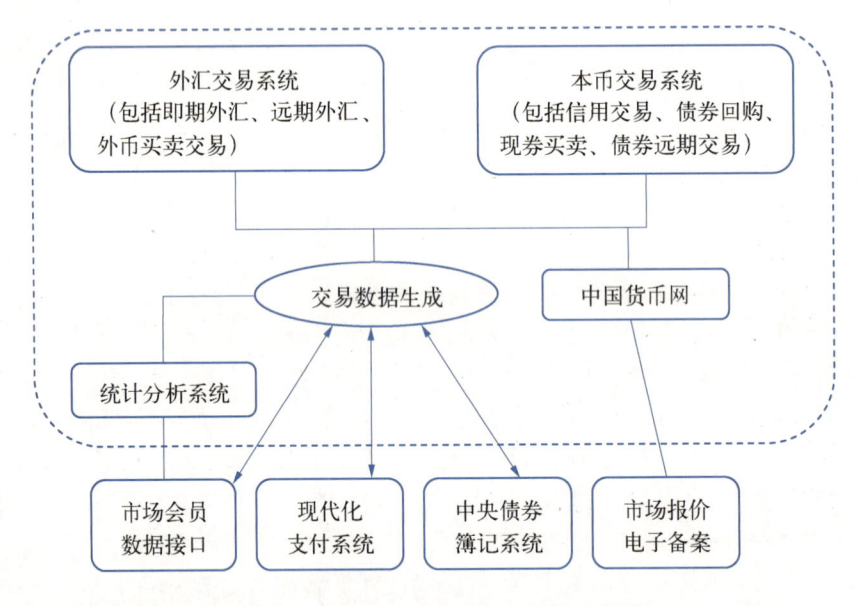

图 3-2 我国银行间交易系统框架结构[①]

在这三大系统中,簿记系统是基础性的债券登记和托管系统。中央银行重视并加强国债登记和托管系统的建设,建立并完善了相关制度。我国已建立了国债(记账式,下同)二级托管机制,金融机构以其一级法人为单位,将其自身和托管的债券以实名制方式在中央结算公司登记与托管,经柜台交易市场交易的国债(一般为个人投资者)由售出机构托管。可见,国债市场健康发展的基础和保障是建立以中央结算公司为运营和管理机构的全国性的债券处理系统,包括提供债券的登记、托管、支付和结算以及信息查询等服务,提高效率并降低风险,保证国债市场的健康有序。

第二个系统为公开市场交易中的债券等有价证券的报价与交易系统,我国中央银行债券综合处理系统如图3-3所示。它由全国银行间同业拆借中心负责运营和管理,用于债券等证券的发行、交易的招投标信息生成和传递、交易信息的集中与处理以及交易的达成等进行市场交易的硬件系统。1996年1月我国形成了全国统一的银行间同业拆借市场,开展公开市场操作后,进入这一系统进行公开市场交易。交易方式由原来的撮合交易发展到询价交易,实现了完全自动化,既提高了交易精度,又提高了交易效率。

[①] 选摘自中国人民银行:《2005年中国金融市场发展报告》,第77页。

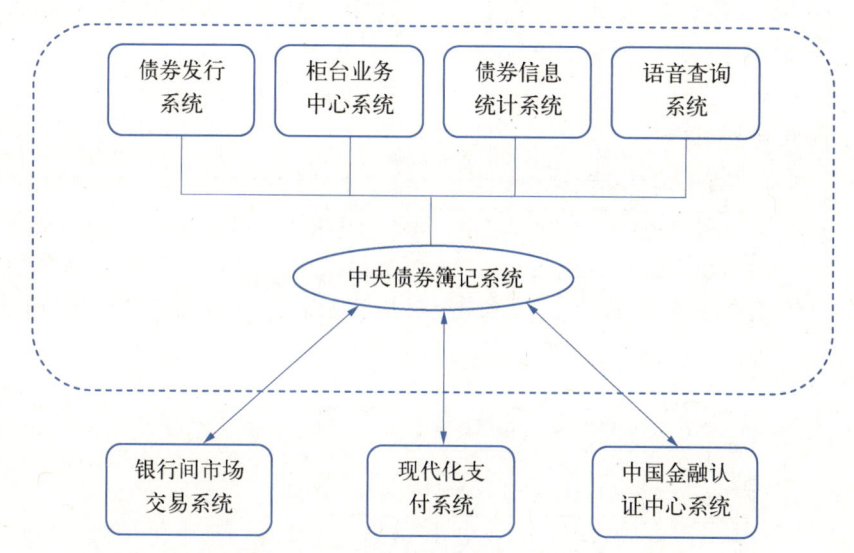

```
                    ┌─────────────────────────────────────────────────┐
                    │  ┌──────┐  ┌──────┐  ┌──────┐  ┌──────┐         │
                    │  │债券发行│  │柜台业务│  │债券信息│  │语音查询│         │
                    │  │ 系统 │  │中心系统│  │统计系统│  │ 系统 │         │
                    │  └───┬──┘  └───┬──┘  └───┬──┘  └───┬──┘         │
                    │      └─────────┴────┬────┴─────────┘             │
                    │            ┌────────────────┐                    │
                    │            │  中央债券簿记系统  │                    │
                    │            └────────────────┘                    │
                    └─────────────────────────────────────────────────┘
                         ↑              ↑              ↑
                    ┌─────────┐   ┌─────────┐   ┌─────────┐
                    │银行间市场 │   │ 现代化支 │   │中国金融认 │
                    │ 交易系统 │   │  付系统  │   │ 证中心系统 │
                    └─────────┘   └─────────┘   └─────────┘
```

注：虚线框内为中央债券综合业务系统。

图 3-3　我国中央银行债券综合处理系统[①]

支付系统是用以交易达成后证券和交易款项的交割的系统。支付系统的完善程度与交易效率也被认为是一个国家金融市场发达程度的重要标志之一。

> **提示**：2006 年 12 月 29 日，经中国人民银行批准，中国外汇交易中心建立了独立清算所。

我国的支付系统包括全国性的跨行支付系统、区域性的行际支付系统和各银行内部支付系统等多个子系统。中央银行一直非常重视支付系统建设并持续加大投入，构建了我国的现代化支付系统。目前，我国已基本形成以大额支付系统为核心、商业银行行内系统为基础、其他支付结算系统为补充的支付清算网络，支付清算体系的整体效率和安全程度大大提高。对中央银行和公开市场操作而言，建设高效、安全的行际间支付系统非常重要。随着 2005 年 6 月大额支付系统在全国的推广运用，我国完成了异地跨行支付清算从手工联行到电子联行，再到现代化支付系统的跨越式发展和历史性飞跃，实现跨行资金清算的零在途。

中国现代化支付系统(CNAPS)是中国人民银行按照我国支付清算需要，并利用现代计算机技术和通信网络自主开发建设的，能够高效、安全处理各银行办理的异地、同城各种支付业务及其资金清算和货币市场交易的资金清算的应用系统。它是各银行和货币市场的公共支付清算平台，是人民银行发挥其金融服务职能的重要的核心支持系统(中国人民银行)。中国现代化支付系统建有两级处理中心，即国家处理中心(NPC)和全国省会(首府)及深圳城市处理中心(CCPC)。现代化支付系统由大额支付系统(HVPS)和小额批量支付系统(HEPS)两个应用系统组成，如图 3-4 所示。

[①] 选摘自中国人民银行：《2005 年中国金融市场发展报告》，第 79 页。

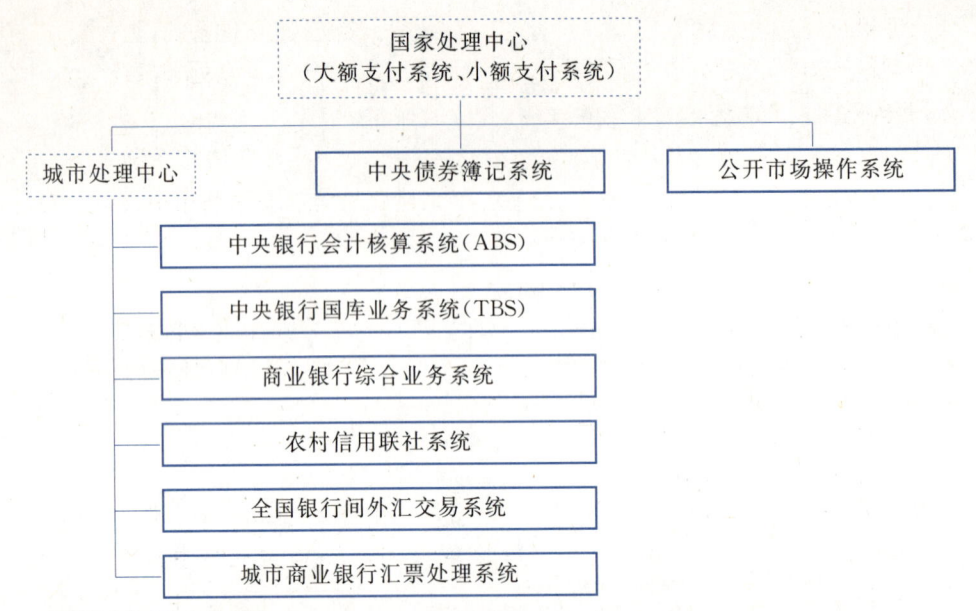

```
                    ┌─────────────────────────┐
                    │      国家处理中心          │
                    │(大额支付系统、小额支付系统)│
                    └─────────────────────────┘
                         │         │         │
        ┌────────────┐  ┌──────────────┐  ┌──────────────┐
        │ 城市处理中心 │  │ 中央债券簿记系统│  │ 公开市场操作系统│
        └────────────┘  └──────────────┘  └──────────────┘
             │
             ├── 中央银行会计核算系统(ABS)
             ├── 中央银行国库业务系统(TBS)
             ├── 商业银行综合业务系统
             ├── 农村信用联社系统
             ├── 全国银行间外汇交易系统
             └── 城市商业银行汇票处理系统
```

注：虚框部分为现代支付系统。

图 3-4 我国现代化支付系统结构[①]

为有效支持公开市场操作、债券发行及兑付、债券交易的资金清算，公开市场操作系统、债券发行系统、中央债券簿记系统在物理上通过一个接口与支付系统 NPC 连接，处理其交易的人民币资金清算。但是，随着公开市场操作内容的丰富和上述各项要求的提高，这三个相互独立的系统不能满足交易、债券支付和清算在数量和时间上的要求，也不能满足降低风险以及中央银行进行实时监控的要求。为此，中国人民银行吸收和借鉴国外先进经验和国际通行标准，于 2004 年在现代化支付系统设计中引入"实时全额结算"机制(RTGS)，并将支付系统与债券交易连接起来，实行券款对付(DVP)的结算方式；2005 年 10 月，又成功地将交易系统与簿记系统对接，实现了数据从询价到交易确认、债券交割与资金清算的直通式(STP)处理。至此，三大系统实现了以交易系统为中心的相互连接，这不但为获得市场信息、监测流动性、提高交易效率、降低交易风险提供了现代化的基础设施保证，而且提高了中央银行公开市场操作的有效性。

二、中央银行支付清算业务管理

中央银行支付清算系统既是支付清算体系的中枢，也是确保经济、金融正常运行的重要基础设施之一。

(一)中央银行的支付清算服务

1. 提供账户服务

在中央银行支付清算的实践活动中，中央银行一般作为银行间清算中介人，为商业银行提供清算账户，通过清算账户的设置和使用来实现银行间转账。

2. 运行与管理

支付系统除了提供账户服务以外，中央银行参与和组织行间清算的另一个重要手段是

[①] 选摘自中国人民银行：《2005 年中国金融市场发展报告》，第 81 页。

运行与管理银行间支付清算系统。一个稳定、有效、公众信任的支付系统，是社会所不可或缺的。中央银行运行的支付系统通常包括账户体系、通信网络和信息处理系统。

3. 为私营清算系统提供差额清算服务

许多国家和地区存在着多种形式的私营清算组织，而一些私营清算系统尚在实施差额清算，为了实现清算参加者间的债权债务抵销，很多清算机构都愿意利用中央银行提供的差额清算服务，通过账户进行差额头寸的转移划拨，完成最终清算。

4. 提供透支便利

中央银行不仅运行管理整个支付系统，还以提供信贷的方式保障支付系统的平稳运行。大额支付系统是中央银行提供信贷的重点，尤其是当大额支付系统所处理的支付指令为不可撤销的终局性支付指令时，中央银行的透支便利更为重要。

(二) 我国中央银行的支付清算业务

1. 发展现状

为了更好地发挥中央银行的职能作用，改进金融服务，促进社会主义市场经济发展，2000年10月中国人民银行决定加快中国现代化支付系统建设。2002年10月8日大额实时支付系统首先在北京、武汉投产试运行成功，标志着中国现代化支付系统建设取得了突破性进展。随后，按照"先大后小，边建边用"的原则分批在全国推广运行。2005年，大额支付系统继续建设推广，极大地加速了社会资金周转，促进了经济发展。

2. 存在的主要问题

中国现代化支付清算系统的建设已取得阶段性成果，具有我国特色的新的支付清算体系逐步形成，产生了显著的社会效益和经济效益。但是，在支付系统运行中还存在一些不容忽视的问题，主要表现在：

(1) 组织机构不够科学。中国现代化支付系统建有两级处理中心，即国家处理中心(C)和城市处理中心(CCPC)。国家处理中心设在人民银行总行，由清算总中心负责管理维护，城市处理中心设在各省(区)省会城市人民银行清算分中心，全省的支付业务都要经城市处理中心处理转发。因此，各省清算中心处在重要的节点位置。但是，各省清算中心定位一直不够明确，多数只是隶属于营业部的一个清算科或支付岗，对大额支付系统"业务集中到省"的工作造成管理、协调上的困难，无法真正落实"谁运行、谁管理"的原则，从而影响到系统的稳定运行。

(2) 运行管理机制相对滞后。大额支付系统运行以来，还未针对其业务处理特点及时制定完整的业务操作规程和系统维护办法，对参与大额支付系统的各参与者也缺乏相应的制度进行督促和制约，使得支付系统的运行管理存在漏洞。同时，由于体制和认识上的原因，只把城市处理中心当作一个孤立的系统，甚至把它混同于各参与网点，不利于清算中心与各参与机构建立长效的协调机制。

(3) 人员素质有待提高。中国现代化支付系统连接各银行机构和相关业务系统，支撑各种支付工具的应用，支持范围广，处理的业务种类多，是一个庞大而复杂的系统。但是，就目前体制及其他因素的影响，许多清算中心在人员配置方面不尽如人意，人员不够稳定，技术力量严重缺乏，有些城市的数据处理中心由于人员少、岗位调配不合理，出现一人多岗的现象——既是系统管理员又是系统操作员，同时还兼业务主管，集多种口令于一身，极易造成大额支付的系统运行风险。

三、中央银行支付清算业务的风险管理

(一) 风险种类

1. 信用风险

信用风险是支付过程中因一方无法履行债务带来的风险。信用风险的发生源于支付过程的一方陷入清偿力危机,即资不抵债。

2. 流动性风险

流动性风险是在支付过程中一方无法如期履行合同的风险。流动性风险与信用风险的区别在于违约方不一定是清偿力发生危机,而仅仅是在合同规定的时间内无法如期如数履行债务,但如果给予其足够的时间,该方可以通过变卖资产筹措相应资金满足清算的要求。

3. 系统风险

系统风险是指支付过程中一方无法履行债务合同造成其他各方陷入无法履约的困境。系统风险是支付系统构造中各国货币当局最为关注的问题,由于支付系统的运转直接支撑着一国金融市场的运作以及经济活动的进行,支付系统的中断必然造成整个金融市场秩序紊乱,经济活动停顿,使整个国家经济陷入危机。

4. 法律风险

法律风险是指由于缺乏支付法或法律的不完善,造成支付各方的权力与责任的不确定性,从而妨碍支付系统功能的正常发挥。

5. 非法风险

非法风险是指人为的非法活动如假冒、伪造、盗窃等。非法活动严重损害了人们对支付系统的信心,阻碍了经济活动的正常开展。

6. 操作风险

操作风险是指在现代支付系统运用的电子数据处理设备及通信系统出现技术性故障时使整个支付系统运行陷入瘫痪的潜在风险。

(二) 中央银行的风险管理措施

中央银行风险管理措施有以下几个方面:

(1) 支付系统岗位设置原则。系统管理员、系统维护员禁止兼任业务主管或操作员;业务主管禁止兼任操作员。

(2) 操作人员在接到用户标识后,应当立即登录系统。修改用户口令,用户口令仅限本人使用,不得外泄;操作人员禁止使用未经修改的口令进行业务操作。用户口令应当具有一定的复杂性,至少每季度更换一次。操作人员遗忘口令时,应当立即报告业务主管,由业务主管通知系统管理员重新设定,业务主管应记录备查。一个用户标识只能分配给一个操作人员,一个操作人员只能拥有唯一的用户标识。操作人员应当在规定权限内操作,禁止与业务无关的操作;当操作人员离开操作岗位时,应退出登录。城市处理中心和直接参与者在第一次登录支付系统后,应立即更换登录识别信息。识别信息应采用不易破解的字符串,并定期更换。

(3) 支付系统密押设备由清算总中心统一定制配发,由国家处理中心、城市处理中心和直接参与者指定专人配置、维护和保管。支付系统全国押密钥由中国人民银行业务主管部门负责管理;地方押密钥由中国人民银行当地分支行业务主管部门负责管理。国家处理中心根据中国人民银行业务主管部门的授权制作、分发全国押密钥卡;城市处理中心根据中国人民银行当地分支行业务主管部门的授权制作、分发地方押密钥卡。全国押密钥卡和地方

押密钥卡由业务主管设置和保管。国家处理中心、城市处理中心和直接参与者应当妥善保管密押设备和密钥卡。如有丢失，应当及时向中国人民银行业务主管部门报告。

（4）支付系统与其他业务系统的网络连接，应当采取防火墙等必要的技术隔离保护措施实现与互联网的物理隔离。支付系统病毒防范处理应当符合中国人民银行的规定，在支付系统上安装病毒处理程序，及时升级杀毒程序；对外来数据应当进行病毒检测；定期查毒，发现病毒立即处理，并逐级报备。

（5）禁止在生产和备份设备上进行开发和培训、使用非系统专用的存储介质和安装与系统运行无关的软件。禁止泄露计算机系统和网络系统的参数、配置信息和参与者的支付交易、账户信息。系统设备因故障需外送维修时，应当删除系统设备存储的数据。

（6）国家处理中心、城市处理中心和直接参与者在特殊情况下需要对后台业务数据进行变更操作时，须经业务主管部门授权并经本单位主管领导批准后，由至少两名系统维护员共同实施，并做好详细记录；事后由业务主管及时核对业务数据，并向业务主管部门和本单位主管领导报告。

内容结构图

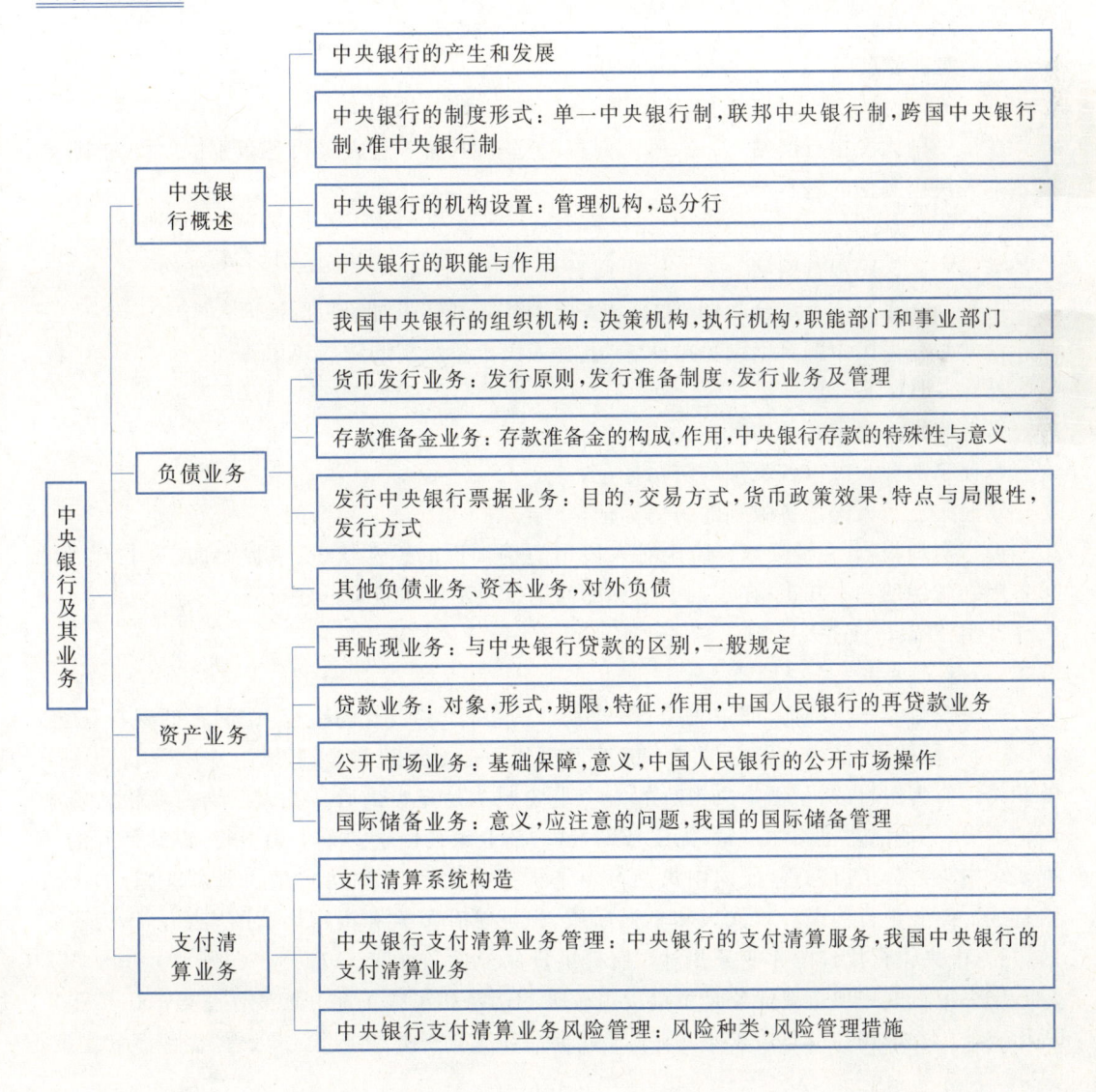

```
中央银行及其业务
├─ 中央银行概述
│   ├─ 中央银行的产生和发展
│   ├─ 中央银行的制度形式：单一中央银行制，联邦中央银行制，跨国中央银行制，准中央银行制
│   ├─ 中央银行的机构设置：管理机构，总分行
│   ├─ 中央银行的职能与作用
│   └─ 我国中央银行的组织机构：决策机构，执行机构，职能部门和事业部门
├─ 负债业务
│   ├─ 货币发行业务：发行原则，发行准备制度，发行业务及管理
│   ├─ 存款准备金业务：存款准备金的构成，作用，中央银行存款的特殊性与意义
│   ├─ 发行中央银行票据业务：目的，交易方式，货币政策效果，特点与局限性，发行方式
│   └─ 其他负债业务、资本业务，对外负债
├─ 资产业务
│   ├─ 再贴现业务：与中央银行贷款的区别，一般规定
│   ├─ 贷款业务：对象，形式，期限，特征，作用，中国人民银行的再贷款业务
│   ├─ 公开市场业务：基础保障，意义，中国人民银行的公开市场操作
│   └─ 国际储备业务：意义，应注意的问题，我国的国际储备管理
└─ 支付清算业务
    ├─ 支付清算系统构造
    ├─ 中央银行支付清算业务管理：中央银行的支付清算服务，我国中央银行的支付清算业务
    └─ 中央银行支付清算业务风险管理：风险种类，风险管理措施
```

重点概念

中央银行　中央银行制度　中央银行职能　存款准备金　中央银行票据　再贴现　再贷款　公开市场业务　支付清算业务

复习思考题

1. 中央银行的负债业务有哪些？
2. 中央银行的资产业务有哪些？
3. 试述中央银行票据发行的意义。

实训项目

1. 货币问题

（1）实训要点

掌握第四、第五套人民币的基本情况、各版样别、防伪标记；

登录中国人民银行网站——人民币网页浏览第四、第五套人民币各版别的防伪知识，掌握鉴别人民币真伪的基本方法。

（2）实训方式

登录中国人民银行网站——人民币网页；

由教师在多媒体上结合第四、第五套人民币各版别样张讲解防伪标记；

由学生在人民币网页上浏览第四、第五套人民币各版别的防伪知识。

（3）实训要求

掌握鉴别人民币真伪的基本方法；

掌握第四套人民币各版别的防伪标记；

掌握第五套人民币各版别的防伪标记；

编写实训报告（主要要求：谈谈对人民币防伪知识的感性认识；掌握第四、第五套人民币各版别防伪的基本知识；在实训中遇到的问题以及对本次实训的建议）。

2. 中央银行业务

（1）实训要点

中央银行有三大职能，即中央银行是"发行的银行"、"银行的银行"、"国家的银行"。其中，作为发行的银行，中央银行是唯一能够发行货币的金融机构，承担着一个国家货币发行的职责。作为银行的银行，中央银行的一个重要职能是充当最后贷款人。当商业银行资金周转不灵，其他同业也头寸过紧，无法帮助，这时商业银行便求助于中央银行，以其持有的票据要求中央银行予以贴现，或向中央银行申请抵押贷款，必要时可申请再贷款。因此，中央银行成为商业银行的最后贷款人和坚强后盾，保证了存款人和银行运营的安全。作为国家的银行，中央银行代理国库业务并对政府提供贷款。

中央银行的一项重要任务是负责货币政策的选择和实施。货币政策有三类：① 扩张性货币政策。一般在社会总需求不足，小于社会总供给时采取此政策。② 紧缩性货币政策。

一般在社会总需求严重膨胀时,为紧缩货币供应量,使社会供求平衡时采用此政策。③ 均衡性货币政策。当社会总需求与总供给基本平衡时,为保持原有的货币供应量与需求量间的大体平衡关系,采用此政策。

(2) 实训方法

到当地的中国人民银行了解中国人民银行开展的各项业务,包括负债业务、资产业务和清算业务等,深刻体会人民银行作为我国金融体系的核心所承担的特殊的职能。

(3) 实训要求

掌握中央银行业务的基本特点;

了解各业务之间的内在联系;

撰写实训报告(主要要求:谈谈对本次实训的体会,在实训中遇到的问题,重点描述某一项业务操作流程和应注意的问题)。

第四章　商业银行及其业务

【学习目标】
1. 了解商业银行的产生与发展,掌握商业银行的性质与职能。
2. 熟悉商业银行的分类、商业银行的业务分类及其相互关系。
3. 掌握商业银行资产负债业务、债券投资和现金资产管理等资产业务。
4. 掌握商业银行的中间业务和表外业务。
5. 了解商业银行中间业务和表外业务的联系和区别等。

第一节　商业银行概述

一、商业银行的产生和发展

(一) 商业银行的产生

商业银行的产生经历了从货币经营业到早期银行业,再到现代银行业的过程。

在商品流通过程中,由于不同国家和地区所使用的货币不同,所以在不同国家和地区的就产生了货币兑换的需要。于是,从普通商人中逐渐地分离出一部分商人,专门从事货币兑换业务,即把不同国家和地区的铸币兑换成金块或银块,或兑换成本国或本地区的铸币。后来这些商人又开始为各种普通商人办理货币保管业务,并受商人委托兼办货币收付、结算、汇兑等中间业务。由于不从事贷款等信用业务,所以它还不是银行业,只是早期银行的前身。

以工商业贷款为主要业务的现代意义上的商业银行,是随着资本主义生产关系的产生而出现的。随着18、19世纪产业革命在英国、法国等国的成功,资本主义制度得到确立。资本的本质是要获取尽可能高的利润,而利息率只能是平均利润率的一部分,所以新兴资产阶级普遍要求压低利息率,同时,资本主义经济工业化的过程需要资金雄厚的现代银行作为后盾,这使现代商业银行的出现产生了客观的基础。现代资本主义银行主要是通过两条途径产生的:一是旧的高利贷性质的早期银行转变而来的;二是按资本主义的原则建立股份制银行。1694年,英格兰银行作为世界上第一家股份制银行在英国成立,标志着现代商业银行的产生。

> **小资料**
>
> **我国商业银行的产生与发展历史**
>
> 我国历史上很早就有类似银行的金融机构了，最早可以追溯到魏晋南北朝时期有些寺院创办的"寺库"，利用寺庙积累的财产放贷。隋唐时期又出现较为进步的"质库"，专门经营借贷（典当）业务。我国金融机构的历史虽然悠久，但真正形成气候的还要算闻名遐迩的钱庄和票号了。清朝道光年间，山西的"西裕成"颜料庄总经理雷履泰创办了"日升昌"票号，专门做汇兑的买卖，这就是中国历史上第一家票号。后来"日升昌"又开始做吸收现金并发放贷款的生意，其业务已经类似于今天的银行了。在中国票号100余年的历史中，全国共有票号51家，其中，山西商人创办了43家，仅平遥就有22家，为全国之最。鸦片战争以后，现代银行在中国出现并逐渐发展。

（二）商业银行的发展

1. 英国式提供短期资金融通的银行

由于英国是世界上最早建立资本主义制度和现代股份制的国家，所以英国的资本市场比较发达。企业长期资金在发达的资本市场上很容易筹集到，没必要向银行申请贷款。而从银行来说，早期的商业银行处于金属货币制度下，银行的资金来源主要是流动性较大的活期存款，银行本身的信用创造能力有限。为了保证银行经营的安全，银行也不愿意提供长期贷款。这决定了英国商业银行是以提供短期商业性贷款为主的银行。在世界上的许多国家，尤其是资本市场发达国家，其商业银行的发展基本上都沿着英国式发展路径，以提供短期资金融通业务为主。

2. 德国式综合性银行

综合性银行除提供短期商业性贷款外，还提供长期贷款，甚至直接投资于企业股票与债券，为公司包销证券，参与企业的决策与发展，并成为向企业并购提供财务支持和财务咨询的投资银行。其优点是有利于银行开展全方位的业务经营活动，充分发挥商业银行在国民经济活动中的作用。缺点是会加大银行经营风险，对银行经营管理提出更高的要求。目前，不仅德国、瑞士、奥地利等少数国家仍一直坚持这一传统，而且美国、日本等国家的商业银行也开始向这种综合性银行发展。特别是在混业经营已成为金融业发展趋势的今天，越来越多国家的商业银行都朝着综合性银行的方向发展。

二、商业银行的性质与职能

（一）商业银行的性质

1. 商业银行是企业

与一般企业一样，商业银行也以追求利润、而且是利润最大化作为自己的经营目标，利润最大化是其经营与发展的基本前提和内在动力。

2. 商业银行是一种特殊的企业

（1）经营内容与一般企业不同。一般企业从事的是一般商品的生产和流通，而商业银行则是以金融资产和金融负债为经营对象，从事包括货币收付、借贷以及各种与货币有关的金融服务。

（2）资金来源与一般企业不同。与一般企业不同，商业银行的自有资本很少，主要依靠存款等借入资金从事经营，所以，一般企业经营的好坏只影响到这个企业的股东和相关当事人,而商业银行经营的好坏可能会影响到整个社会的稳定。因此,国家对商业银行的管理比对一般企业的管理要严格得多,管理的范围也要广泛得多。

3. 商业银行是一种特殊的金融企业

(1) 商业银行经营的目的是盈利。与中央银行相比,商业银行面向工商企业、公众、政府以及其他金融机构,从事金融业务的主要目的是盈利。而中央银行作为只向政府和金融机构提供服务的具有银行特征的政府机关,具有创造基础货币的功能,从事金融业务的目的不是为了盈利。

(2) 商业银行是"金融百货公司"。与其他金融机构相比,商业银行的业务范围比较广泛,可以提供所有的金融服务,并因此素有"金融百货公司"之称。而政策性银行、保险公司、证券公司、信托公司等都只提供一个方面或几个方面的金融服务。

(二) 商业银行的职能

1. 信用中介

信用中介是指商业银行在借贷之间充当中间人的角色,即商业银行运用信用方式将社会上各种闲散的资金集中起来,然后依据一定的原则,运用信用方式将这些资金再投向国民经济的各个部门和企业单位,满足经济发展对资金的各种需求。这是商业银行最基本的、也是最能反映其经营活动特征的职能。

2. 支付中介

支付中介是指商业银行在办理负债业务的基础上,通过代理客户支付货款和费用、兑付现金等,逐渐成为工商企业、社会团体和个人的货币保管人、出纳人和支付代理人。从前述的商业银行的产生过程可知,支付中介职能在逻辑上先于信用中介职能,因而也是商业银行最基本的职能之一。

3. 信用创造

在信用中介和支付中介职能的基础上,客观上又使商业银行具备了信用创造的职能。当一家商业银行吸引到一笔存款,按规定缴纳存款准备金后,可以把剩余的资金作为贷款贷给客户。客户收到贷款后,可能没有完全取走,在此情况下,它会成为银行新的资金来源,银行又可据此发放贷款。如果客户以转账形式支取,它又会成为另一家银行的资金来源,另一家银行扣除存款准备金后,再把剩余款项重新贷给客户。如此继续下去,最后在整个银行体系中就会形成数倍于原始存款的派生存款。在不断地创造派生存款的过程中,商业银行发挥着信用创造的职能。

4. 提供金融服务

各商业银行之间越来越激烈的业务竞争压力,促使商业银行不断地开拓服务领域。同时,随着工商企业业务经营环境的日益复杂化,企业也有这方面的需求。商业银行由于其联系面广、信息灵通,特别是电子计算机在银行业务中的广泛应用,使其具备了为客户提供多种金融服务的条件。商业银行为客户提供的金融服务种类繁多,且在不断创新。

三、我国商业银行的分类

(一) 五大国有控股银行

1. 中国工商银行股份有限公司

1983年国务院决定中国人民银行专门行使中央银行的职能,不再兼办工商信贷和储蓄业务。另行成立中国工商银行,承办原来由中国人民银行的工商信贷和储蓄业务。于是,中国工商银行在1984年1月1日在北京成立开业;各地的分行于1984—1986年间逐步成立。正式成立于1984年1月1日的中国工商银行,经过26年发展,总资产、总资本、核心资本、营业利润等多项指标都居国内业界第一位。2005年,中国工商银行完成了股份制改造,正式更名为"中国工商银行股份有限公司"(以下简称为"工商银行");2006年,工商银行成功在上海、香港两地同步发行上市。

2. 中国建设银行股份有限公司

中国建设银行成立于1954年10月1日。当时的行名为中国人民建设银行,1996年3月26日更名为中国建设银行。它经历了三个阶段:第一阶段是1954年至20世纪80年代,为国家财政拨款时期。第二阶段是20世纪80年代中期至1994年,为国家专业银行时期。第三阶段是1994年至今,为现代商业银行制度建设时期。2004年9月,建设银行进行股份制改革,由汇金公司、中国建投、宝钢集团、国家电网和长江电力共同发起设立股份公司,注册资本为1942.3025亿元。2005年10月,建设银行成功在香港联交所市场上市,成为国有商业银行中首家上市的银行。

3. 中国银行股份有限公司

中国银行的前身是中国第一家国家银行——户部银行。1906年,户部更名为度支部。1908年2月,户部银行改为大清银行,行使中央银行职能。到1911年,大清银行在全国各省省会和通商口岸设立分支机构35处,成为清末规模最大的银行。1912年后又改制为国民政府中央银行。1949年新中国成立后,人民政府接管了该行。1994年外汇管理体制改革,国家外汇由外汇管理局经营,中国银行由外汇外贸专业银行开始向国有商业银行转化。各外汇业务银行在外汇业务经营方面享有平等地位,中国银行正式结束了国家外汇专业管理,不再在外汇业务享有垄断地位。2004年8月26日,中国银行股份有限公司挂牌成立。2006年6月1日和7月5日,中国银行股份有限公司分别在香港联合交易所和上海证券交易所成功上市。

4. 中国农业银行股份有限公司

中国农业银行最初成立于1951年,1979年2月再次恢复成立后,成为在农村经济领域占主导地位的国有专业银行。1994年中国农业发展银行分设,1996年农村信用社与农业银行脱离行政隶属关系,中国农业银行开始向国有独资商业银行转变。2009年1月15日,中国农业银行完成工商变更登记手续,由国有独资商业银行整体改制为股份有限公司,并更名为"中国农业银行股份有限公司"。2010年7月15日和16日分别在上海证券交易所和香港联合交易所成功上市。

5. 交通银行股份有限公司

交通银行始建于1908年(清光绪三十四年)。中华民国成立后,交通银行受国民政府中央银行委托,与中国银行共同承担国库收支与发行兑换国币业务。1958年除香港分行仍继续营业外,交通银行国内业务分别并入当地中国人民银行和在交通银行基础上组建起来的中国人民建设银行(现称中国建设银行)。1987年4月1日,重新组建后的交通银行正式对外营业,成为中国第一家全国性的国有股份制商业银行,总行设在上海。2005年6月23日,其H股在香港联合交易所上市;2007年4月25日,在上海证券交易所发行A股,并于5月15日上市。

(二) 中小股份制商业银行

自 20 世纪 90 年代开始,我国陆续建立了多家中小股份制商业银行。包括中信银行(原中信实业银行)、光大银行、华夏银行、广东发展银行、平安银行、招商银行、上海浦东发展银行、兴业银行、中国民生银行、恒丰银行、浙商银行和渤海银行等。

(三) 城市商业银行

城市商业银行是中国银行业的重要组成和特殊群体,其前身是 20 世纪 80 年代设立的城市信用社,20 世纪 90 年代中期,中央以城市信用社为基础,组建城市商业银行。城市商业银行是在中国特殊历史条件下形成的,是中央金融主管部门整肃城市信用社、化解地方金融风险的产物。

(四) 农村金融机构

农村金融机构包括农村信用社、农村商业银行、农村合作银行、村镇银行和农村资金互助社。农村商业银行和农村合作银行是在合并农村信用社的基础上组建的,而村镇银行和农村资金互助社是 2007 年批准设立的新机构。

(五) 中国邮政储蓄银行

2006 年 12 月 31 日,经国务院同意,银监会正式批准中国邮政储蓄银行成立。2007 年 3 月 20 日,中国邮政储蓄银行挂牌。中国邮政储蓄银行的市场定位是,充分依托和发挥网络优势,完善城乡金融服务功能,以零售业务和中间业务为主,为城市社区和广大农村地区居民提供基础金融服务,与其他商业银行形成互补关系,支持社会主义新农村建设。

(六) 外资银行

按照《外资银行管理条例》,外商独资银行、中外合资银行按照银监会批准的业务范围,可以经营部分或者全部外汇业务和人民币业务;经中国人民银行批准,可以经营结汇、售汇业务。外国银行分行按照银监会批准的业务范围,可以经营部分或者全部外汇业务以及对除中国境内公民以外客户的人民币业务。据银监会统计,截至 2011 年 9 月末,外国银行在华已设立 39 家外资法人银行(下设 247 家分行及附属机构)、1 家外资财务公司、93 家外国银行分行和 207 家代表处。

第二节 商业银行的负债业务

一、存款业务

存款是指存款人基于对银行的信任而将资金存入银行,并可以随时或按约定时间支取款项的一种信用行为。存款是银行对存款人的负债,是银行最主要的资金来源。存款业务是银行的传统业务。商业银行存款业务的各种分类如表 4-1 所示。

> 提示:根据中国人民银行公布的截至 2013 年 9 月的统计数据,全部金融机构本外币各项存款余额约为 1 058 478.06 亿元人民币。其中,单位存款 525 817.13 亿元人民币,个人存款 466 004.21 亿元人民币,财政性存款 38 965.39 亿元人民币,临时性存款 2 160.1 亿元人民币,委托存款 221.57 亿元人民币,其他存款 25 309.58 亿元人民币。

表 4-1 存款业务分类

存款业务	人民币存款	个人存款	活期存款	
			定期存款	整存整取
				零存整取
				整存零取
				存本取息
			定活两便存款	
			个人通知存款	
			教育储蓄存款	
		单位存款	单位活期存款	基本存款账户
				一般存款账户
				临时存款账户
				专用存款账户
			单位定期存款	
			单位通知存款	
			单位协定存款	
			保证金存款	
		同业存款		
	外币存款	外汇储蓄存款	按存款客户类型分类	
		单位外汇存款		
		活期存款	按存期分类	
		定期存款		
		经常项目外汇账户	按账户种类分类	
		资本项目外汇账户		

提示：《中华人民共和国商业银行法》规定，办理储蓄业务，应当遵循"存款自愿、取款自由、存款有息、为存款人保密"的原则。国务院颁布的《个人存款账户实名制规定》规定，个人在金融机构开立个人存款账户时，应当出示本人身份证件，使用实名。

（一）个人存款业务

个人存款又称储蓄存款，是指居民个人将闲置不用的货币资金存入银行，并可以随时或按约定时间支取款项的一种信用行为，是银行对存款人的负债。

1. 活期存款

活期存款是指不规定存款期限，客户可以随时存取的存款。《中国人民银行关于人民币存贷款计结息问题的通知》（以下简称《通知》）中规定：从 2005 年 9 月 21 日起，我国对活期存款实行按季度结息，每季度末月的 20 日为结息日，次日付息。

2. 定期存款

定期存款是个人事先约定偿还期的存款，其利率视期限长短而定。根据不同的存取方式，定期存款分为四种，如表 4-2 所示，其中，整存整取最为常见，是定期存款的典型代表。

表 4-2 定期存款种类

存款种类	存款方式	取款方式	起存金额	存取类别	特点
整存整取	整笔存入	到期一次支取本息	50元	三个月、六个月、一年、二年、三年、五年	长期闲置资金
零存整取	每月存入固定金额	到期一次支取本息	5元	一年、三年、五年	利率低于整存整取定期存款，高于活期存款
整存零取	整笔存入	固定期限分期支取	1 000元	存款期分为一年、三年、五年；支取期分为一个月、三个月或半年一次	本金可全部提前支取，不可部分提前支取。利息于期满结清时支取。利率高于活期存款
存本取息	整笔存入	约定取息期，到期一次性支取本金、分期支取利息	5 000元	存款期分为一年、三年、五年；支取期分为一个月、三个月或半年一次	本金可全部提前支取，不可部分提前支取。取息日未到不得提前支取利息，取息日未取息，以后可随时取息，但不计复利

3. 其他种类的储蓄存款

除常见的活期存款和定期存款外，还有下列四种存款种类，如表 4-3 所示。

表 4-3 其他存款种类

存款种类	业务特点
定活两便储蓄	存期灵活：开户时不约定存期，一次存入本金，随时可以支取，银行根据客户存款的实际存期按规定计息。 利率优惠：利息高于活期储蓄
个人通知存款	开户时不约定存期，预先确定品种，支取时只要提前一定时间通知银行，约定支取日期及金额。目前，银行提供一天、七天通知储蓄存款两个品种。一般 5 万元起存
教育储蓄存款	父母为了子女接受非义务教育而存钱，分次存入，到期一次支取本金和利息 利率优惠：一年期、三年期教育储蓄按开户日同期同档次整存整取定期储蓄存款利率计息；六年期按开户日五年期整存整取定期储蓄存款利率计息 总额控制：教育储蓄起存金额为 50 元，本金合计最高限额为 2 万元 储户特定：在校小学四年级（含四年级）以上学生。如果需要申请助学贷款，金融机构优先解决 存期灵活：教育储蓄属于零存整取定期储蓄存款。存期分为一年、三年和六年。提前支取时必须全额支取
保证金存款	主要是指个人购汇保证金存款中，即商业银行向居民个人收存一定比例人民币作为居民购汇的取得外汇的保证金，以解决境内居民个人自费出国（境）留学需预交一定比例外汇保证金才能取得前往国家（地区）入境签证的特殊需要

(二)单位存款业务

单位存款又称对公存款,是指机关、团体、部队、企业、事业单位和其他组织以及个体工商户将货币资金存入银行,并可以随时或按约定时间支取款项的一种信用行为。按存款的支取方式不同,单位存款一般分为单位活期存款、单位定期存款、单位通知存款、单位协定存款和保证金存款等。

1. 单位活期存款

单位活期存款是指单位类客户在商业银行开立结算账户,办理不规定存期、可随时转账、存取的存款类型。单位活期存款账户又称为单位结算账户,包括基本存款账户、一般存款账户、专用存款账户和临时存款账户。

(1) 基本存款账户。基本存款账户简称基本户,是指存款人因办理日常转账结算和现金收付需要开立的银行结算账户。基本存款账户是存款人的主办账户,企业、事业单位等可以自主选择一家商业银行的营业场所开立一个办理日常转账结算和现金收付的基本账户,同一存款客户只能在商业银行开立一个基本存款账户。

(2) 一般存款账户。一般存款账户简称一般户,是指存款人因借款或其他结算需要,在基本存款账户开户银行以外的银行营业机构开立的银行结算账户。一般存款账户可以办理现金缴存,但不得办理现金支取。

(3) 专用存款账户。专用存款账户是指存款人对其特定用途的资金进行专项管理和使用而开立的银行结算账户。存款人以下特定用途的资金可以开立专用存款账户:基本建设资金,期货交易保证金,信托基金,金融机构存放同业资金,政策性房地产开发资金,单位银行卡备用金,住房基金,社会保障基金,收入汇缴资金和业务支出资金,党、团、工会设在单位的组织机构经费等。

(4) 临时存款账户。临时存款账户是指存款人因临时需要并在规定期限内使用而开立的银行结算账户。可以开立临时存款账户的情形包括:设立临时机构、异地临时经营活动、注册验资。该种账户的有效期最长不得超过两年。

2. 单位定期存款

单位定期存款是指单位类客户在商业银行办理的约定期限、整笔存入、到期一次性支取本息的存款类型。

3. 单位通知存款

单位通知存款是指单位客户在存入款项时不约定存期,支取时需提前通知商业银行,并约定支取存款日期和金额方能支取的存款类型。不论实际存期多长,按存款人提前通知的期限长短,可再分为一天通知存款和七天通知存款两个品种。

4. 单位协定存款

单位协定存款是指单位客户通过与商业银行签订合同的形式约定合同期限、确定结算账户需要保留的基本存款额度,对超过基本存款额度的存款按中国人民银行规定的上浮利率计付利息、对基本存款额度按活期存款利率付息的存款类型。

5. 保证金存款

保证金存款是指商业银行为保证客户在银行为客户对外出具具有结算功能的信用工具,或提供资金融通后按约履行相关义务,而与其约定将一定数量的资金存入特定账户所形成的存款类别。在客户违约后,商业银行有权直接扣划该账户中的存款,以最大限度地减少银行损失。单位保证金存款按照保证金担保的对象不同,可分为银行承兑汇票保证金、信用证保证金、黄金交易保证金、远期结售汇保证金四类。

(三) 人民币同业存款

同业存款,也称同业存放,全称是同业及其他金融机构存入款项,是指因支付清算和业务合作等的需要,由其他金融机构存放于商业银行的款项。同业存放属于商业银行的负债业务,与此相对应的概念是存放同业,即存放在其他商业银行的款项,属于商业银行的资产业务。

(四) 外币存款业务

外币存款业务与人民币存款业务除了存款币种和具体管理方式不同之外,有许多共同点:两种存款业务都是存款人将资金存入银行的信用行为,都可按存款期限分为活期存款和定期存款,按客户类型分为个人存款和单位存款等。许多银行提供"本外币一本通"之类的存款业务,实际上已将人民币账户与外币账户的界限淡化。

目前,我国境内银行开办的外币存款业务币种主要有美元、欧元、日元、港元、英镑、澳大利亚元、加拿大元、瑞士法郎和新加坡元。其他可自由兑换的外币,不能直接存入账户,需由存款人自由选择上述货币中的一种,按存入日的外汇牌价折算存入。

小资料

汇买价、钞买价、卖出价的区别

银行外汇牌价表中的现汇买入价/现钞买入价/现汇卖出价/现钞卖出价都是以银行为主体的表示方法。现汇是指可自由兑换的汇票、支票等外币票据,现钞是指具体的、实在的外国纸币、硬币。

现汇买入价(汇买价):银行买入外汇的价格。

现钞买入价(钞买价):银行买入外币现钞的价格。

现汇卖出价(汇卖价):银行卖出外汇的价格。

现钞卖出价(钞卖价):银行卖出外币现钞的价格。

中间价(基准价):中国人民银行授权外汇交易中心对外公布的当日外汇牌价。个人外汇买卖业务多本着钞变钞、汇变汇的原则。现钞不能随意兑换成现汇,否则需要支付一定的钞变汇手续费。而且现汇买入价和现钞买入价往往不同,因为银行买入现钞后需要对其按面额和版式进行分类、保管、运输到发钞国,或在不同网点之间调剂、运送,成本比买入现汇后只需进行会计处理要高得多,而且还有收进假钞的风险,因此,钞买价比汇买价要低。有些银行的卖出价却只有一个(即不分钞卖价、汇卖价),因为银行卖出时都是现汇,客户可以支付一定的汇兑手续费之后以现钞的形式取出,所以卖价只有一个。

二、其他负债业务

(一) 短期借入负债

1. 同业借款

同业借款是同业拆借和转贴现、转抵押的统称。

(1) 同业拆借。同业拆借是指金融机构(中央银行除外)之间为调剂资金头寸、支持日常性的资金周转而进行的短期借贷,是同业借款的主要形式,也是商业银行传统的、主要的短期借入负债业务。由于同业拆借一般是通过商业银行在中央银行的活期存款账户进行的，实际上是超额准备金的调剂，因此，又被称为中央银行基金，在美国则被称为联邦基金。目前，同业拆借市场不仅从最初的只对储备金头寸余缺进行调剂的市场逐步发展为商业银行弥补流动性不足和充分有效地运用资金的市场，成为协调流动性和盈利性关系的有效机制，而且同业拆借市场也是中央银行政策传递的渠道，用来控制货币和信贷的增长，实现经济的稳定增长。

(2) 转贴现。转贴现是指商业银行在二级金融市场上，向中央银行以外的其他金融机构卖出未到期的贴现票据以融通资金的行为。二级市场的投资人在票据到期之前还可以继续转手买卖，继续办理转贴现。转贴现的期限从转贴现之日起至票据到期日止，按实际天数计算。转贴现的利率由交易双方协商确定，也可以以贴现率为基础并参照再贴现率确定。

(3) 转抵押。转抵押是指商业银行在发生临时性资金短缺、资金周转不畅的情况下，以发放抵押贷款时借款客户提供的抵押品为抵押再次向中央银行以外的金融机构办理贷款以获得资金融通的行为，实质是商业银行把自己发放给客户的抵押贷款转让给其他同业，故称之为转抵押。

2. 向中央银行借款

作为"银行的银行"，中央银行的重要职能之一就是充当整个金融机构体系的最后贷款人，即当商业银行等金融机构在经营过程中出现头寸不足或资金周转不灵时，可以向中央银行申请借款。但商业银行向中央银行借款并不是随心所欲的。由于中央银行对商业银行的放款将构成具有成倍派生能力的基础货币，所以，各国中央银行都把对商业银行的放款作为宏观金融调控的重要手段。

商业银行向中央银行借款主要有再贴现和再贷款两条途径。再贴现是指商业银行将其从工商企业那里以贴现方式买进的未到期的商业票据再向中央银行进行贴现，也称间接借款。再贴现是中央银行三大传统的货币政策工具之一，中央银行通过调整再贴现利率、票据的质量、期限及种类等，可以影响商业银行的筹资成本，起到影响基础利率的作用。再贷款是指商业银行向中央银行的直接借款。再贷款又分为信用贷款和抵押贷款两种。

3. 回购协议

回购协议是指商业银行出售自己持有的流动性强、安全性高即高质量、低风险的有价证券或贷款等金融资产来获得即时可用资金的融资方式，但在出售资产的同时与资产的购买方签订一份协议，约定在一定期限后按约定价格购回所卖资产。在协议签订后，商业银行向资金供给者出售证券等金融资产、获得资金；在协议期满时，再做反方向交易，以资金购回证券等金融资产。相对于资金供给者而言，回购协议又称为"逆回购协议"或"反回购协议"，即资金供给者在签订协议时交割资金、买入证券等金融资产，而在合同期满时"再卖出"证券等金融资产换回资金。回购协议的实质是以有价证券等金融资产为抵押的一种短期融资。在我国，债券回购是商业银行短期借款的重要方式，包括质押式回购与买断式回购两种。

4. 欧洲短期信贷市场借款

商业银行还可以利用国际金融市场来获取所需的短期资金，特别是在当前经济全球化、国际金融市场一体化的进程中，这项短期借入负债的发展较为迅速。目前，最具规模、影响最大的国际金融市场是欧洲货币市场。欧洲货币市场是指集中于伦敦和其他国际金融中心的境外美元与其他境外货币的国际借贷市场,也称离岸金融市场。

(二) 长期借入负债

长期借入负债是指期限在一年以上的借入负债。商业银行长期借入负债一般采用发行金融债券的形式。金融债券有资本性金融债券、一般性金融债券和国际金融债券之分。

1. 资本性金融债券

资本性金融债券是指商业银行为补充资本而发行的期限较长、融资量较为稳定的债券。资本性金融债券是商业银行介于存款负债与股本之间的债务,它对商业银行收益与资产分配的要求权优于普通股和优先股,但次于商业银行的存款客户与其他债权人。《巴塞尔协议》将资本性金融债券划分在附属资本中。资本性金融债券主要包括资本票据、资本债券与次级债券等。资本票据是指那些期限较短、有大小不同面额的商业银行证券。该票据的期限一般为5~7年,可以在市场上出售,也可以向商业银行的客户出售。资本债券与次级债券则是期限较长、发行额度较大的债务证券。

2. 一般性金融债券

一般性金融债券是指商业银行为满足其长期贷款与投资需要而发行的金融债券,是商业银行发行金融债券的主要部分。一般性金融债券又可站在不同的角度、依据不同的标准做进一步的划分:① 按是否有担保,一般性金融债券可分为担保债券和信用债券。② 按利率是否浮动,一般性金融债券可分为固定利率债券和浮动利率债券。我国商业银行发行的一般性金融债券以固定利率债券为主,今后浮动利率债券的发行将成为趋势。③ 按付息方式,一般性金融债券可分为付息债券和一次性还本付息债券。

3. 国际金融债券

国际金融债券是指商业银行在国际金融市场上发行的以外币为面值的金融债券。从市场和货币的角度划分,国际金融债券主要有外国金融债券、欧洲金融债券和环球金融债券。外国金融债券是指商业银行在外国发行的以发行地所在国货币为面值的金融债券。欧洲金融债券是指商业银行在外国发行的以第三国货币为面值的金融债券。欧洲金融债券以美元为面值的较多。欧洲金融债券有以下三个特点:① 欧洲金融债券的发行人、发行地点和计价货币分别属于不同的国家。② 欧洲金融债券实际上是一种无国籍债券,它的发行不受任何国家的管辖,是一种完全自由的债券。欧洲金融债券可以同时在几个国家发行,多数国家对发行期限和数量没有限制,也不需要发行前的注册和信息披露手续。欧洲金融债券的出售通常是通过国际辛迪加承包后再进行分售。③ 欧洲金融债券市场有容量大、发行灵活、发行成本低、品种多、流动性高和利息不纳税等优点,是商业银行在国际资本市场上融资的一个重要途径。环球金融债券是指商业银行为筹措资金而在几个国家同时发行的债券,债券以一种或几种货币计价,各债券的筹资条件和利息基本相同。

我国商业银行所发行的金融债券,均是在全国银行间债券市场上发行和交易的。商业银行发行金融债券应具备以下条件:具有良好的公司治理机制;核心资本充足率不低于4%;最近三年连续盈利;贷款损失准备计提充足;风险监管指标符合监管机构的有关规定;最近三年没有重大违法、违规行为;中国人民银行要求的其他条件。但是,根据商业银行的申请,中国人民银行可以豁免前述个别条件。

第三节　商业银行的资产业务

一、贷款业务

贷款是指经批准可以经营贷款业务的金融机构对借款人提供的并按约定的利率和期限还本付息的货币资金。贷款是银行最主要的资产，是银行最主要的资金运用。贷款业务是指商业银行发放贷款相关的各项业务。

> **提示**：根据中国人民银行公布的截至2013年9月的统计数据，全部金融机构本外币贷款余额为749 908.09万亿元人民币。其中，境内贷款余额为734 809.51万亿元人民币，境外贷款余额为15 098.59万亿元人民币。

(一) 信用贷款

信用贷款是指商业银行仅凭借款人的信用、无须担保而发放的贷款。信用贷款具有以下三个特点：

(1) 以借款人的信用和未来的现金流量作为还款保证。由于信用贷款是仅凭借款人的信用发放的贷款，也就是说商业银行在发放贷款时，仅从借款人那里获得了一种还款承诺，而这种承诺能否兑现，还要取决于借款人未来的现金流量。

(2) 风险大、利率高。由于考察借款人的信用状况主要是看其既往的信用履历，而借款人未来的现金流量又具有很大的不确定性，因此，从理论上讲，信用贷款的风险最大。按照风险与收益对称原则，商业银行对信用贷款应当收取比其他贷款更高的利息，也可以要求借款人在商业银行保留一定比例的补偿余额，作为对商业银行所承担风险的一种补偿。但从实践中看，由于只有那些资信优良、生产经营稳定且利润丰厚、经济实力强并与商业银行关系密切的客户才能获得信用贷款，因此，信用贷款的风险并不大。

(3) 手续简便。由于商业银行发放信用贷款可以省去对担保品的选择、估价、管理和对保证人资格、信用、财务等方面的审查手续，因此，贷款过程的手续相对比较简便。

(二) 担保贷款

担保贷款是指商业银行发放的以特定的财产或借贷双方以外的第三人为担保的贷款。担保贷款由于有财产或第三者承诺作为还款保证，所以，贷款风险相对较小。但担保贷款手续复杂，并且在抵押物(质押物)的评估、保管、核保等方面需要花费费用，所以，贷款成本也较大。我国《担保法》中规定的担保方式主要有抵押、质押和保证三种，相应地，我国目前的担保贷款也包括抵押贷款、质押贷款和保证贷款三种。

(1) 抵押贷款是指商业银行以借款人的或借贷双方以外的第三人的不动产、动产或土地使用权为抵押物但却不转移借款人或第三人对抵押物的占有而发放的贷款，当借款人不能按期归还借款时，商业银行有权将抵押物出售，以所得补偿不能收回的贷款。抵押贷款是商业银行最常用的贷款方式。商业银行在发放抵押贷款时，应特别注意对抵押物的选择和鉴定。商业银行在选择抵押物时必须坚持以下四个原则：一是合法性原则。即贷款抵押物必须是法律允许设定抵押权的财产。因为只有法律允许设定抵押权的财产,才能最终履行抵押责任,保证贷款安全。二是易售性原则。即抵押物的市场需求相对稳定,一旦处理抵押物时,能够迅速出售,并且不必花费太多的处理费用。三是稳定性原则。即抵押物的价格和性能相对稳定,市场风险小,同时,也易于保管,不易变质。四是易测性原则。即抵押物的品质和价值易于测定。

根据我国《担保法》的规定,下列财产可以作为抵押物:① 抵押人所有的房屋和其他地上定着物;② 抵押人所有的机器、交通运输工具和其他财产;③ 抵押人有权依法处分的国有的土地使用权、房屋和其他地上定着物;④ 抵押人有权依法处分的国有的机器、交通运输工具和其他财产;⑤ 抵押人依法承包并经发包方同意抵押的荒山、荒沟、荒丘、荒滩等荒地的土地使用权;⑥ 依法可以抵押的其他财产。不能做抵押物的财产是:① 土地所有权;② 集体所有的土地使用权;③ 学校、幼儿园、医院等以公益为目的的事业单位、社会团体的教育设施、医疗卫生设施和其他社会公益设施;④ 所有权、使用权不明或者有争议的财产;⑤ 依法被查封、扣押、监管的财产。

(2) 质押贷款是指商业银行以借款人的或借贷双方以外的第三人的动产或权利证书为质押物并一般同时取得其占管权而发放的贷款,当借款人不能按期归还借款时,商业银行有权将质押物折价或者以拍卖、变卖质押物的价款优先受偿。可做质押的权利如下:① 汇票、支票、本票、债券、存款单、仓单、提单;② 依法可以转让的股票、股份;③ 依法可以转让的商标专用权,专利权、著作权中的财产权。商业银行对质押物应履行调查,严防虚假或已办理挂失的存单质押等,同时应妥善保管质押物。

(3) 保证贷款是指由借贷双方以外的第三人以书面保证的形式向贷款行承诺,当借款人不能按期偿还贷款时,由其代为偿付贷款本金和利息的第三人信用担保贷款。保证贷款是以保证人的信用或支付能力为担保的贷款,此种贷款的安全程度取决于借款人和保证人的信用、实力及经营状况。而要真正落实保证责任,避免出现空头担保现象,还需要在贷款过程中严格审核保证人的情况。保证人应是具有法人地位并有经济承保能力的经济实体、其他组织和公民。根据我国法律规定,国家机关(经国务院批准为使用外国政府或者国际经济组织贷款进行转贷的除外)、以公益为目的的事业单位、社会团体、企业法人的分支机构和职能部门(有法人书面授权者除外)等均不得作为保证人。

保证人的保证责任分为一般保证责任和连带保证责任。商业银行一般要求保证人承担连带保证责任。① 一般保证责任。一般保证责任是指当事人在保证合同中约定,债务人不能履行债务时,由保证人承担保证责任。一般保证的保证人与债权人未约定保证时间的,保证期间为主债务履行期届满之日起六个月。② 连带保证责任。连带保证责任是指当事人在保证合同中约定保证人与债务人对债务承担连带责任,即债务人在主合同规定的债务履行期届满时没有履行债务的,债权人可以要求债务人履行债务,也可以要求保证人在其保证范围内承担保证责任。连带责任保证的保证人与债权人未约定保证期间的,债权人有权自主债务履行期届满之日起六个月内要求保证人承担保证责任。

(三) 票据贴现

如前所述,票据贴现是指持票人为了取得资金而将自己持有的尚未到期的商业票据转让给商业银行,商业银行从票据面值中扣除自贴现日至票据到期日的利息后,将余额支付给持票人的一种票据买卖行为,其实质是商业银行向贴现客户发放的一种短期贷款。

贴现利息和实付贴现金额的计算公式及计算方法如下:

贴现利息＝贴现金额×贴现率×贴现期限(天数)

实付贴现金额＝贴现金额－贴现利息

票据贴现期限从贴现之日起至票据到期日止,一般控制在6个月以内,最长不超过9个月,利息算至到期的前一日。如承兑人在异地,贴现期限应另加3天的划款期。

例如,2013年4月17日,某公司持有一张面额为10 000元的票据去银行办理贴现,该票据50天后到期,银行的年贴现率为12%,该公司可以从银行得到多少现款？

实付贴现金额＝贴现金额×(1－贴现率×贴现期限)

＝10 000×(1－12%/365×50)＝9 835.6(元)

又如,2013年5月3日,某企业持未到期的银行承兑汇票向开户银行申请贴现,该银行承兑汇票的面额为20万元,汇票出票日是2013年4月7日,9月7日到期,经银行信贷部门审批同意贴现,假设月贴现率为4.2‰,计算贴现利息和实付贴现金额。

贴现期限＝票据的剩余期限＋划款期＝127＋3＝130(天)

贴现利息＝贴现金额×贴现率×贴现期限(天数)

＝200 000×(4.2‰÷30)×130＝3 640(元)

实付贴现金额＝贴现金额－贴现利息＝200 000－3 640＝196 360(元)

小资料

贷款五级分类

按贷款的质量或风险程度分类,贷款可分为正常贷款、关注贷款、次级贷款、可疑贷款和损失贷款五种。这种分类方法也称为贷款五级分类法,是国际上通行的一种贷款分类方法。中国加入世界贸易组织(WTO)以后,我国商业银行主动与国际惯例接轨,普遍采用这种贷款分类方法。

二、债券投资业务

随着金融市场的发展,债券市场近年来发展较快,市场创新不断,债券发行规模和债券余额均有较大幅度提高。根据中央结算公司公布的统计数据,2012年,债券市场共发行各类债券85 751.34亿元。其中,在中央结算公司登记新发债券1 421只,发行量共计58 658.44亿元;上海清算所登记新发债券1 475只,发行量共计24 498.57亿元;交易所发行公司债和中小企业私募债共计268只,发行量为2 594.33亿元。债券投资已成为商业银行的一种重要资产形式,我国部分商业银行的债券投资在总资产中的占比已经接近贷款所占比例。

(一)债券投资的目标

商业银行债券投资的目标,主要是平衡流动性和盈利性,并降低资产组合的风险,提高资本充足率。相对于贷款来说,债券的流动性要强得多;而相对于现金资产来说,债券的盈利性要高得多,因此,债券投资是平衡银行流动性和盈利性的优良工具。同时,由于债券投资的管理成本比较低,所投资债券中占主要部分的国债一般不需要缴纳所得税,因此,债投资能够增加银行的收益,实现提高盈利性的目标。由于债券投资容易分散、流动性强,而且银行所投资债券的发行人的信用级别一般较高,因此,商业银行进行债券投资,能够有效地降低银行资产组合的风险;同时,在计算充足率时,银行所投资高级别债券的风险权重较低,因此,在其他条件相同的情况下,减少贷款,增加债券投资,能有效提高银行的资本充足率。

(二) 债券的投资对象

商业银行债券投资的对象,与债券市场的发展密切相关。我国商业银行债券投资的对象主要包括:国债、地方政府债券、金融债券、中央银行票据、资产支持证券、企业债券和公司债券等。

1. 国债

国债是指国家为筹措资金而向投资者出具的书面借款凭证,承诺在一定的时期内按约定的条件,按期支付利息和到期归还本金。国债以国家信用为后盾,通常被认为没有信用风险,而且国债的二级市场非常发达,交易方便。

国债分为记账式国债和储蓄国债两种。记账式国债有交易所、银行间债券市场、商业银行柜台市场三个发行及流通渠道,二级市场非常发达,交易方便,是商业银行证券投资的主要对象。储蓄国债具有凭证式国债和储蓄国债(电子式)两个品种。凭证式国债是指国家不印制实物券面,而采用填制"中华人民共和国凭证式国债收款凭证"的方式,通过部分商业银行柜台,面向城乡居民个人和各类投资者发行的储蓄性国债;储蓄国债(电子式)是指财政部在中华人民共和国境内发行,通过试点银行面向个人投资者销售的,以电子方式记录债权的不可流通人民币债券。

2. 地方政府债券

地方政府债券是指地方政府根据信用原则、以承担还本付息责任为前提而筹集资金的债务工具,是指有财政收入的地方政府及地方公共机构发行的债券。地方政府债券一般用于交通、通信、住宅、教育、医院和污水处理系统等地方性公共设施的建设。地方政府债券一般采用由财政部统一代为发行和兑付的方式管理。

3. 中央银行票据

中央银行票据简称央行票据或央票,是指中国人民银行面向全国银行间债券市场成员发行的、期限一般在三年以内的中短期债券。中国人民银行于2003年第二季度开始发行中央银行票据。与财政部通过发行国债筹集资金的性质不同,中国人民银行发行票据的目的不是筹资,而是通过公开市场操作调节金融体系的流动性,是一种重要的货币政策手段。央行票据具有无风险、流动性高等特点,是商业银行债券投资的重要对象。

4. 金融债券

我国的金融债券是指依法在中华人民共和国境内设立的金融机构法人在全国银行间债券市场发行的、按约定还本付息的有价证券。主要包括:政策性金融债券,即由国家开发银行、中国进出口银行、中国农业发展银行三家政策性银行发行的债券;商业银行债券,包括商业银行普通债券、次级债券、可转换债券、混合资本债券等;其他金融债券,即企业集团财务公司及其他金融机构所发行的金融债券等。

5. 资产支持证券

资产支持证券是指资产证券化产生的资产。资产证券化是指把缺乏流动性,但具有未来现金流的资产汇集起来,通过结构性重组,将其转变为可以在金融市场上出售和流通的证券,据以融通资金的机制和过程。2005年12月15日,国家开发银行发行的开元信贷资产支持证券(简称开元证券)和中国建设银行发行的建元个人住房抵押贷款支持证券(简称建元证券)在银行间债券市场公开发行,标志着资产证券化业务正式进入中国大陆。我国资产支持证券只在全国银行间债券市场上发行和交易,其投资者仅限于银行间债券市场的参与者,因此,商业银行是其主要投资者。

6. 企业债券和公司债券

在国外,没有企业债和公司债的划分,统称为公司债。在我国,企业债券是按照《企业债券管理条例》规定发行与交易、由国家发展与改革委员会监督管理的债券,在实践中,其发债主体为中央政府部门所属机构、国有独资企业或国有控股企业。因此,它在很大程度上体现了政府信用。公司债券的管理机构为中国证券监督管理委员会,发债主体为按照《中华人民共和国公司法》(以下简称《公司法》)设立的公司法人,在实践中,其发行主体为上市公司,其信用保障是发债公司的资产质量、经营状况、盈利水平和持续盈利能力等。公司债券在证券登记结算公司统一登记托管,可申请在证券交易所上市交易,其信用风险一般高于企业债券。2008年4月15日起施行的《银行间债券市场非金融企业债务融资工具管理办法》进一步促进了企业债券在银行间债券市场的发行,企业债券和公司债券成为我国商业银行越来越重要的投资对象。

三、现金资产业务

现金资产,是指商业银行持有的库存现金以及与现金等同的可随时用于支付的银行资产。我国商业银行的现金资产主要包括三项:一是库存现金,二是存放中央银行款项,三是存放同业及其他金融机构款项。

库存现金是指商业银行保存在金库中的现钞和硬币。库存现金的主要作用是银行用来应付客户提现和银行本身的日常零星开支。因此,任何一家营业性的银行机构,为了保证对客户的支付,都必须保存一定数量的现金。但由于库存现金是一种非营利性资产,而且保存库存现金还需要花费银行大量的保卫费用,因此从经营的角度讲,库存现金不宜保存太多。库存现金的经营原则就是保持适度的规模。

存放中央银行款项,是指商业银行存放在中央银行的资金,即存款准备金。商业银行在中央银行存款由两部分构成:一是法定存款准备金,二是超额准备金。

存放同业及其他金融机构款项,是指商业银行存放在其他银行和非银行金融机构的存款。在其他银行保有存款的目的是在同业之间开展代理业务和结算收付。由于存放同业的存款属于活期存款性质,可以随时支用,因而属于银行现金资产的一部分。

第四节 商业银行的中间业务

一、商业银行中间业务的概念及特点

商业银行的中间业务是指商业银行在资产业务和负债业务的基础上,不运用自己的资金,而是凭借自身在机构、信誉、技术、设备及人员等多方面的优势,以中间人的身份替客户办理相关委托事项、提供相关金融服务并收取手续费的业务。其特点有以下几个方面:

(1) 以接受客户委托的方式开展业务活动。商业银行办理中间业务,通常是以接受客户委托的方式进行的,在客户需要的时候为其提供金融服务,从中收取一定的服务费。商业银行在这里扮演的只是一个中间人的角色,既不动用自身资金,也不承担非代理过程中的任何风险,同商业银行从事的贷款、购买政府和企业债券等自营业务是完全不同的。

(2) 风险较小。商业银行的中间业务是按照客户的要求办理的,具有委托代理的性质,一般不使用商业银行自身的资金,不会引起商业银行资产负债表的变化,因此,总体上风险比较小。

(3) 金融监管部门对其实施的管理较松。这主要是由于中间业务的风险较小。

(4) 收益主要来自手续费。商业银行在办理中间业务时,通常是以收取手续费的方式获得收益。手续费是商业银行在办理中间业务过程中所耗费的各种形式的劳动(包括物化劳动和活劳动)的补偿及合理收益。

(5) 发展的时间较长。如前所述,中间业务多是与商业银行的资产负债业务相伴而生、长期存在的。

二、中间业务的种类

(一) 结算类中间业务

结算类中间业务是指由商业银行为客户办理因债权债务关系引起的、与货币支付和资金划拨有关的收费业务。传统的结算方式是指"三票一汇",即汇票、本票、支票和汇款。在银行为国际贸易提供的支付结算及带有贸易融资功能的支付结算方式中,通常是采用信用证(见本章第五节)和托收。汇票、本票、支票已经在第一章介绍过,现只介绍托收。

托收是指委托人(收款人)向其账户所在银行(托收行)提交凭以收取款项的金融票据和商业单据,要求托收行通过其联行或代理行向付款人收取款项。托收属于商业信用,托收银行与代收银行对托收的款项能否收到不承担责任。根据所附单据的不同,托收分为光票托收和跟单托收。光票托收仅附金融单据,不附带发票、运输单据等,故称"光票";跟单托收则附有金融单据和发票等商业单据。

(二) 代理类中间业务

代理类中间业务是指商业银行接受客户委托、代为办理客户指定的经济事务、提供金融服务并收取一定费用的业务。

1. 代收代付业务

代收代付业务是指商业银行利用自身的结算便利,接受客户委托代为办理指定款项收付事宜的业务。代收代付业务主要包括代理各项公用事业收费、代理行政事业性收费和财政性收费、代发工资、代扣住房按揭消费贷款等。目前主要有委托收款和托收承付两类。

2. 代理银行业务

(1) 代理政策性银行业务。代理政策性银行业务是指商业银行受政策性银行的委托,对其自主发放的贷款代理结算,并对其账户资金进行监管的一种中间业务。主要解决政策性银行因服务网点设置的限制而无法办理业务的问题。目前,主要代理中国进出口银行和国家开发银行业务。代理政策性银行业务主要包括代理资金结算、代理现金支付、代理专项资金管理、代理贷款项目管理等业务。根据政策性银行的需求,现主要提供代理资金结算业务和代理专项资金管理业务。

(2) 代理中央银行业务。代理中央银行业务是指根据政策、法规应由中央银行承担,但由于机构设置、专业优势等方面的原因,由中央银行指定或委托商业银行承担的业务。代理中央银行业务主要包括代理财政性存款、代理国库、代理金银等业务。

(3) 代理商业银行业务。代理商业银行业务是指商业银行之间相互代理的业务。代理商业银行业务包括代理结算业务、代理外币清算业务、代理外币现钞业务等。其中,主要是代理结算业务,具体包括代理银行汇票业务和汇兑、委托收款、托收承付业务等其他结算业务。代理银行汇票业务最具典型性,其又可分为代理签发银行汇票和代理兑付银行汇票业务。

3. 代理证券业务

代理证券资金清算业务是指商业银行利用其电子汇兑系统、营业机构以及人力资源为证券公司总部及其下属营业部代理证券资金的清算、汇划等结算业务。代理证券资金清算业务主要包括:① 一级清算业务,即各证券公司总部以法人为单位与证券登记结算公司之间发生的资金往来业务;② 二级清算业务,即法人证券公司与下属证券营业部之间的证券资金汇划业务。

4. 代理保险业务

代理保险业务是指代理机构接受保险公司的委托,代其办理保险业务的经营活动。商业银行代理保险业务,既可以受托于个人或法人投保各险种的保险事宜,也可以作为保险公司的代表,与保险公司签订代理协议,是保险人委托代理银行办理保险业务的代理行为。代理银行依托自身的结算、网络等优势,结合所拥有的客户群体资源,为保险公司提供代理保险业务的服务。代理保险业务的种类主要包括代理人寿保险业务、代理财产保险业务、代理收取保费及支付保险金业务以及代理保险公司资金结算业务。

5. 其他代理业务

(1) 委托贷款业务。根据《贷款通则》的定义,委托贷款系指由政府部门、企事业单位及个人等委托人提供资金,由贷款人(即受托人)根据委托人确定的贷款对象、用途、金额、期限、利率等代为发放、监督使用并协助收回的贷款。贷款人(受托人)只收取手续费,不承担贷款风险。

(2) 代销开放式基金。开放式基金代销业务是指银行利用其网点柜台或电话银行、网上银行等销售渠道代理销售开放式基金产品的经营活动。银行向基金公司收取基金代销费用。投资者可以通过银行及时对开放式基金进行认购、申购及赎回。

(3) 代理国债买卖。银行客户可以通过银行营业网点购买、兑付、查询凭证式国债、储蓄国债(电子式)以及柜台记账式国债。

(三) 咨询顾问类中间业务

咨询顾问类中间业务是指商业银行依靠自身在信用、人才、信誉等方面的优势,收集和整理有关信息,并通过对这些信息以及银行和客户资金运动记录的分析,形成系统的资料和方案提供给客户,以满足其业务经营管理或发展需要的服务活动。

1. 理财顾问服务

理财顾问服务是指商业银行向客户提供财务分析与规划、投资建议、个人投资产品推介等专业化服务。银行在提供个人理财服务时,往往需要广泛利用各种金融产品和投资工具,综合分析和权衡各种产品和工具的风险、收益和流动性,实现客户资产的保值增值。具体来说,个人理财工具包括银行产品、证券产品、证券投资基金、金融衍生品、保险产品、信托产品和其他产品。银行将根据客户的经济状况、风险偏好、消费计划及其生命周期特点,为客户选择合适的金融产品和投资工具。

2. 项目评估

项目评估是指商业银行根据客户的要求,对拟投资项目建设的必要性、可行性及其成本、效益进行全面评审与估价,从而为客户的投资决策提供重要依据,同时也为商业银行的信贷业务提供决策依据。项目评估是降低投资风险、优化资源配置及提高投资效益的重要手段。

3. 企业信用等级评估

企业信用等级评估是指商业银行对企业的信用度进行评定的业务。企业信用等级评估须借助于一系列评估指标的测算和分析。评估的指标体系一般由偿债能力指标、负债能力指标、盈利能力指标、经营能力指标和周转能力指标几个部分组成。评定的级别从高到低有AAA、AA、A、BBB、BB、B、CCC、CC、C 九个等级。企业信用等级评估既是促进企业改善经营管理、提高经济效益的外部动力,也是商业银行信贷择优的前提。

4. 企业管理咨询

企业管理咨询是指商业银行根据企业的要求,委派专门人员在调查研究的基础上,运用科学的方法,对企业经营管理中存在的问题进行定性和定量分析,提出切合实际的改善企业经营管理状况的建议,并在实施过程中进行指导的业务。

(四) 信托业务

信托业务是指商业银行接受客户的委托,代为经营管理和处理指定的财产并收取手续费的业务。信托业务的主要当事人有委托人、受托人和受益人三个。委托人是指设定信托的人,即信托财产的所有人。具有完全民事行为能力的自然人、法人或者依法成立的其他组织均可成为委托人。委托人可以是一人,也可以是数人。受托人是指接受委托完成信托财产管理处理等事务的人。受托人必须是具有完全民事行为能力的自然人或法人。受益人是指享有信托受益权的人。受益人可以是自然人、法人或者依法成立的其他组织。委托人可以是受益人,受托人也可以是受益人,但受托人不得是同一信托的唯一受益人。

1. 证券投资信托

证券投资信托是指个人、企业或团体将投资资金委托给商业银行代为进行证券投资,最后将投资收益和本金归还给受益人的信托。

2. 动产或不动产信托

动产或不动产信托是指商业银行接受大型设备或财产所有者的委托,以融通资金为目的的信托。其收入主要是转让或出租动产或不动产的收入或租金。

3. 公益信托业务

公益信托业务是指个人或团体以发展公益事业为目的,将捐赠或募集的资金所形成的基金委托给商业银行代为投资和管理,并根据委托人的指令将收益支付给受益人的信托。

第五节 商业银行的表外业务

一、商业银行表外业务的含义及特点

(一) 表外业务的含义

表外业务(off-balance sheet activities)是指商业银行从事的,按通行的会计准则不列入银行资产负债表、不涉及资产负债表内金额的变动,但构成银行的或有资产和或有负债的交易活动。

根据巴塞尔委员会的分类标准,商业银行的表外业务有广义和狭义之分。狭义的表外业务是指商业银行所从事的,按照通行的会计准则不计入资产负债表内,不影响资产负债总额,但能改变当期损益及营运资金,从而提高商业银行资产报酬率的活动。这些业务虽不在资产负债表中反映,但由于和资产业务和负债业务关系密切,在一定条件下会转变成为资产业务或负债业务,因此需要在表外进行记载、反映、核算、控制和管理。这类业务活动主要包括贸易融通业务、金融保障业务、衍生产品业务。广义的表外业务包括所有不在资产负债表中反映的业务,包括金融服务类表外业务和狭义的表外业务,如结算、代理收付、代理发行股票、债券、发放股息、红利、债息、承销政府债券等各种代理业务等,这类业务又通常被称为中间业务。我们通常所讲的表外业务是指狭义的表外业务。

(二) 表外业务的特点

(1) 不运用或较少运用自己的资金。在大多数情况下,商业银行提供的是非资金的金融服务,较少或不运用自己的资金,而是利用自身特有的信誉、技术、人力资源为客户提供服务,提供规避金融风险的手段。当然,在一定的条件下约定的或有事件发生时,潜在的或有资产和或有负债就会变成现实的表内资产和负债。如贷款承诺,当商业银行向客户作了贷款承诺后,虽然不需要马上垫款,但为了能够随时满足客户的贷款要求,商业银行必须保持更多的流动资产,当客户提款时,商业银行得应客户的要求提供贷款,表外业务就转为表内业务。

(2) 以客户委托的方式开展业务,其交易活动不体现在资产负债表内。例如,金融衍生工具是未来的交易,按照现有的财务规则,在交易结束发生之前,交易双方的资产负债表中都不会记录这类交易的情况,因而,潜在的盈亏或风险都无法在财务报表中体现。

(3) 透明度低,不易监管。除了一部分的业务以注脚的形式注在资产负债表下以外,表外业务一般不反映在资产负债表上,这使得许多的业务不能在财务报表上得到真实的体现,监管部门和债权人等外部人员难以了解表外业务的风险情况,使得商业银行经营的透明度较低,从而给商业银行的经营带来很大的风险隐患。

(4) 金融杠杆性极高,盈亏数目巨大。这类业务是典型的保证金业务,以小搏大,杠杆性极强,业务资金的成本很低,高风险和高收益并存。

二、表外业务的种类

由于各国会计准则、监管规划、行业管理等方面的差异,银行业对表外业务的分类没有统一的标准。根据西方商业银行和《巴塞尔协议》的相关规定,可以将表外业务分为以下几类:

(一) 担保类业务

担保类业务是指商业银行以证人和保人的身份接受客户的委托,对国内外的企业提供信用担保服务的业务。担保的实质是一种支持商业交易中的第三者的银行业务,具体包括商业信用证、备用信用证和汇票承兑等。

1. 商业信用证

商业信用证(letter of credit,L/C)是国际结算的一种重要方式。信用证是有条件的银行担保,是开证行应买方(申请人)的要求和指示保证立即或将来某一时间内付给卖方(受益人)一笔款项。卖方(受益人)得到这笔钱的条件是向议付行提交信用证中规定的单据,如商业、运输、保险等单据。

信用证结算是目前国际结算中最完善、使用最普遍的一种结算方式,其业务操作流程如图 4-1 所示。

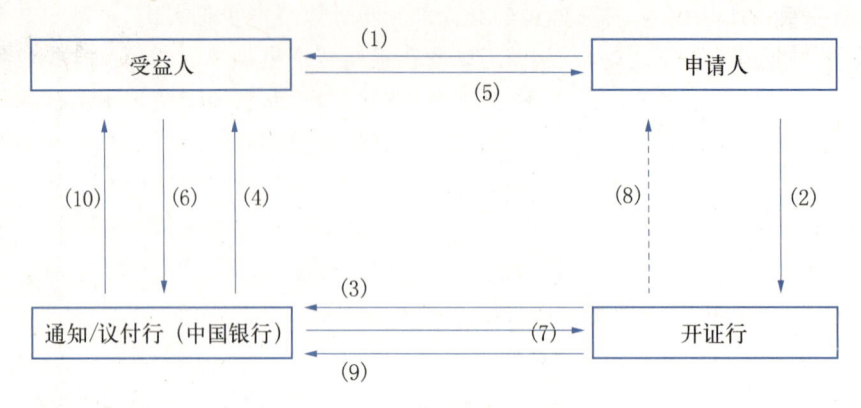

```
    受益人 ←──(1)──→ 申请人
         ←──(5)──→
    ↑ ↑ ↓           ↑     ↓
   (10)(6)(4)      (8)   (2)
    │ │ ↓           │     ↓
 通知/议付行(中国银行) ←(3)── 开证行
                    ──(7)→
                    ──(9)→
```

图 4-1 信用证结算业务流程

(1) 买卖双方签订贸易合同,并约定使用信用证支付。
(2) 买方通知当地商业银行(开证行)开立以卖方为受益人的信用证。
(3) 开证行开出信用证。
(4) 通知行通知卖方,信用证已开立。
(5) 卖方收到信用证,并确保其能履行信用证规定的条件后,即装运货物。
(6) 卖方将单据向指定商业银行提交。该银行可能是开证行,或是信用证内指定的付款、承兑或议付银行。
(7) 该银行按照信用证审核单据。如单据符合信用证规定,该商业银行将按信用证规定进行支付、承兑或议付,并将单据寄送开证行。
(8) 开证行联系申请人接受不符点(如有)。
(9) 开证行审核单据无误后,以事先约定的形式,对已按照信用证付款、承兑或议付的银行偿付。
(10) 受益人收款入账。

2. 备用信用证

备用信用证(standby letter of credit)是一种特殊形式的信用证,是指开证行根据开证申请人的请求,对申请人开立的承诺承担某种义务的凭证。开证行保证在开证申请人未能履行其应履行的义务时,受益人只要凭备用信用证的规定向开证行开具汇票,并随附开证申请人未履行义务的声明或证明文件,即可得到开证行偿付。

备用信用证具有以下性质:

(1) 不可撤销性(irrevocable)。除非在备用证中另有规定,或经对方当事人同意,开证人不得修改或撤销其在该备用信用证下的义务。
(2) 独立性(independence)。备用信用证下开证人义务的履行并不取决于:① 开证人从申请人那里获得偿付的权利和能力;② 受益人从申请人那里获得付款的权利;③ 备用证中对任何偿付协议或基础交易的援引;④ 开证人对任何偿付协议或基础交易的履约或违约的了解与否。
(3) 单据性(documentary)。开证人的义务要取决于单据的提示,以及对所要求单据的表面审查。

(4) 强制性(enforceable)。备用信用证在开立后即具有约束力,无论申请人是否授权开立,开证人是否收取了费用,或受益人是否收到或因信赖备用信用证或修改而采取了行动,它对开证行都是有强制性的。

备用信用证的四个法律性质相辅相成,共同造就了这一金融产品的优异特质。基于这些关键的法律性质,备用信用证融合了商业信用证和独立性担保的特长,在实践中体现出独特的功能优势。

小资料

商业信用证与备用信用证的区别

1. 一般商业信用证仅在受益人提交有关单据证明其已履行基础交易义务时,开证行才支付信用证项下的款项;备用信用证则是在受益人提供单据证明债务人未履行基础交易的义务时,开证行才支付信用证项下的款项。

2. 一般商业信用证是开证行按信用证的规定向受益人开出汇票及单据付款,因为这表明买卖双方的基础交易关系正常进行;备用信用证的开证行则不希望按信用证的规定向受益人开出的汇票及单据付款。

3. 一般商业信用证总是货物的进口方为开证申请人,以出口方为受益人;而备用信用证的开证申请人与受益人既可以是进口方,也可以是出口方。

3. 银行承兑汇票业务

银行承兑汇票(bank's acceptance bill)具体是指由公司、企业或个人开立的以银行为付款人并经付款银行承兑的远期汇票。票据承兑是商业银行一种传统的业务,商业银行在汇票上签章,承诺在汇票到期日支付汇票金额。向商业银行申请办理汇票承兑的是商业汇票的出票人,即签发汇票的企业或其他组织。经过商业银行承兑的商业汇票就成为银行承兑汇票,其付款人也是承兑人。商业银行向出票人(承兑申请人)按票面金额收取手续费。

银行承兑汇票结算程序如图4-2所示。

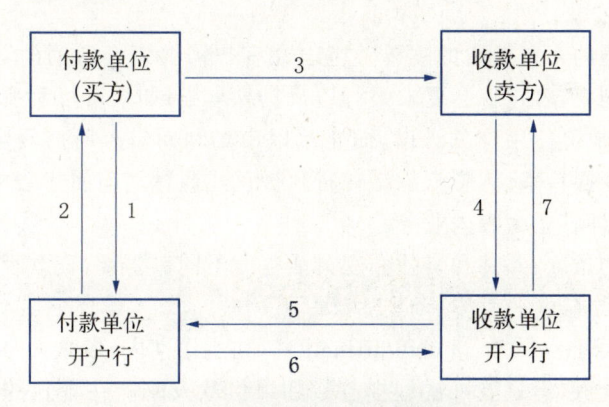

图4-2 银行承兑汇票结算程序

(1) 付款单位(出票人)向其开户行申请签发银行承兑汇票。
(2) 付款单位开户行将签发好的银行承兑汇票交付给付款单位(出票人)。
(3) 付款单位(出票人)将银行承兑汇票交收款单位(持票人)。

(4) 汇票到期,收款单位(持票人)将银行承兑汇票送交其开户行办理委托收款。

(5) 托收银行(持票人开户行)将银行承兑汇票和委托收款凭证传递给承兑银行(出票人开户行)。

(6) 承兑银行(出票人开户行)向托收行(持票人开户银行)划转汇票款项。

(7) 托收行(持票人开户银行)通知收款单位收款入账。

4. 银行保函

保函(letter of guarantee,L/G),是指银行、担保公司应申请人的请求,向第三方开立的一种书面信用担保凭证。它保证在申请人未能按双方协议履行其责任或义务时,由担保人代其履行一定金额、一定期限范围内的某种支付责任或经济赔偿责任。银行保函的担保人为开立银行。

保函的基本作用在于保证申请人去履行某种合约义务,并在一旦出现相反情况时,负责对受益人做出赔偿;或旨在保证受益人在其履行了合约义务后将肯定能得到其所应得的合同价款的权利。保函是一种关于款项支付的信誉承诺,也是一种货币支付保证书。

小资料

保函与信用证的异同比较

1. 信用证属于第一性的付款责任,保函属于第二性的付款责任。

2. 跟单信用证要求受益人提交的单据是包括运输单据在内的商业单据,而保函要求的单据实际上是受益人出具的关于委托人违约的声明或证明。

3. 如果委托人没有违约,保函的担保人就不必为承担赔偿责任而付款,而信用证的开证行则必须先行付款。

(二) 承诺类业务

承诺类业务是指商业银行在未来某一日期按照事先约定的条件向客户提供约定的信用业务。一般来说,承诺分为不可撤销承诺和可撤销承诺。商业银行开办的承诺业务有贷款承诺、票据发行便利、透支额度等。

1. 贷款承诺

贷款承诺是典型的含有期权的表外业务。在客户需要资金融通时,如果市场利率高于贷款承诺中规定的利率,客户就会要求银行履行贷款承诺;如果市场利率低于贷款承诺中规定的利率,客户就会放弃使用贷款承诺,而直接以市场利率借入所需资金。因此,客户拥有一个选择权。对商业银行来说,贷款承诺在贷款被正式履行之前属于表外业务,一旦履行了贷款承诺,这笔业务即转化为表内业务。

根据作出承诺的条款、条件和贷款额度灵活程度不同等要素,贷款承诺可以划分为以下不同的种类:

(1) 定期贷款承诺(term load commitment)。在承诺期内,借款人可以全部或部分使用银行所承诺之贷款金额,但只能一次性提款。如果借款人未能在规定的期限内使用承诺的全部资金,剩余的承诺金额就被银行自动取消,以促使借款人按计划拨款。

(2) 备用承诺(standby commitment)。备用承诺可以进一步细分为直接的备用承诺、递减的备用承诺和可转换的备用承诺。① 直接的备用承诺是指借款人可多次使用银行所承诺之贷款金额,并且剩余承诺在承诺期内仍然有效。不过一旦借款人开始偿还贷款,尽管承诺有效期尚未期满,已偿还的部分就不能被再次提用。② 递减的备用承诺规定承诺额度将定期递减,如果剩余未使用的承诺额度不足以扣减,银行可要求借款人提前偿还本金,以补足扣减的承诺金额。这种承诺意在鼓励借款人尽早提用或偿还贷款。③ 可转换的备用承诺是指银行规定一个承诺转换日期,在此之前,借款人可多次提取贷款,如果一直未用,那么在此日期以后,备用承诺将变成定期贷款承诺,即仅能提用一次。

(3) 循环承诺(revolving commitment)。循环承诺主要有直接的循环承诺、递减的循环承诺和转换的循环承诺三种形式:① 直接的循环承诺是指借款人在承诺有效期内可多次提用,并且可反复使用已偿还的贷款额度,只要贷款余额不超过承诺总额即可。② 递减的循环承诺是指在直接循环承诺的基础上附加承诺额度定期递减的规定,每隔一定时期扣减承诺金额。③ 转换的循环承诺是指在转换日前是直接的循环承诺,在转换日之后是定期贷款承诺,未提用的承诺额度失效。

2. 票据发行便利

票据发行便利(note insurance facilities,NIFs)是指商业银行同客户签订一项具有法律约束力的承诺,商业银行保证客户以自己的名义循环发行短期票据,商业银行则负责包销或提供没有销售出部分的等额贷款。根据这个承诺,客户可以在协议期限内用自己的名义以不高于利率的水平发行短期票据来筹集资金;商业银行承诺购买客户未能在市场上出售的票据或向客户提供等额银行贷款。票据发行便利在实质上是一种直接融资,是借款人与投资者之间的信用关系,商业银行充当包销商的角色。票据发行便利约定期限一般为3~5年,短期票据循环发行,期限从7天至一年不等,大部分为3个月或6个月。

票据发行便利的主要形式有:

(1) 循环包销便利(revolving underwriting facilities,RUFs)。循环包销便利是最早出现的票据发行便利。商业银行负责包销客户当期发行的短期票据,当某期票据无法全部销出时,商业银行需自行对客户提供所需资金,金额等于未能如期售出部分。

(2) 可转让的循环包销便利(transferable revolving underwriting facilities)。可转让的循环包销便利是指包销银行在协议有效期内,随时可以将其包销承诺的所有权利和义务转让给另一家机构。

(三) 金融衍生交易类业务

金融衍生交易类业务是指商业银行为满足客户保值或自身头寸管理等需要而进行的货币和利率的远期、掉期、期权等衍生交易业务。

1. 金融期货交易

金融期货是指以各种金融工具或金融商品作为标的物的期货交易方式,即金融期货交易是以脱离了实物形态的货币汇率、借贷利率、各种股票指数等作为交易对象的期货交易。

(1) 外汇期货(foreign exchange futures)。外汇期货是指约定在未来以确定的汇率交割某种外汇的标准化合约。商业银行可以为客户提供外汇期货的套期保值服务,若客户预计未来有一笔外汇收入,可通过商业银行在期货交易所卖出相同数额的同种外汇期货,即进行空头套期保值,消除该货币汇率下降带来的损失。若客户有将来对外支付外汇的义务,则应通过商业银行买进外汇期货进行多头套期保值,以便购买外汇时免受外汇汇率上升的不利影响。商业银行自身也可以直接参与外汇期货交易,以规避国际业务中的汇率风险。

(2) 利率期货(interest rate futures)。利率期货是指交易双方约定在未来某日以成交时确定的价格交收一定数量的与某种利率相关的金融债务商品。通常，利率期货的价格随着基础金融工具价格的波动而波动，如果市场利率上升，基础金融工具价格将下降，利率期货价格也会下降；如果市场利率下降，基础金融工具的价格会上升。由于利率期货的价格走向和利率变动相反，保值者可以采取与其现货市场交易相反的方向买卖利率期货的办法来规避利率波动的风险。金融证券的购买者或贷款者如果预期利率将要下降，可以进行多头套期保值交易，也就是买进相关利率期货，合约数量与投资或贷出的金额相当，当利率下降时，期货价格将上涨，这时再卖出相同数量的期货合约，以利率期货的收益弥补现货交易的损失；反之，未来的借款者或金融证券的卖出者如果预测利率上涨，就进行空头套期保值交易。

(3) 股票指数期货(stock index futures)。股票指数期货(简称股指期货)是指一种以股票价格指数作为标的物的金融期货合约。股市投资者在股票市场上面临的风险可分为两种。一种是股市的整体风险，又称为系统风险，即所有或大多数股票的价格一起波动的风险；另一种是个股风险，又称为非系统风险，即持有单个股票所面临的市场价格波动风险。通过投资组合，即同时购买多种风险不同的股票，可以较好地规避非系统风险，但不能有效地规避整个股市下跌所带来的系统风险。进入20世纪70年代之后，西方国家股票市场波动日益加剧，投资者规避股市系统风险的要求也越来越迫切。由于股票指数基本上能代表整个市场股票价格变动的趋势和幅度，人们开始尝试着将股票指数改造成一种可交易的期货合约并利用它对所有股票进行套期保值，规避系统风险，于是股指期货产生。通过股指期货，投资者可以对冲股价波动的系统风险，进行套期保值。如果股票组合的持有者要避免或减少股价的普遍下跌造成的损失，应卖出股指期货，所获利润可用于弥补持有的股票因行市下跌导致的损失；如果投资者想在将来购进汇票组合，又担心股价上涨，那么应买进股指期货，如获利则可弥补将来的购股损失。

小资料

期货交易与现货交易的区别

比较项	现货交易		期货交易
	即期交易	远期合同	
交易目的	取得实物	取得实物，或转让合同以获利	转移价格风险，或进行风险投资
交易对象	商品实物	非标准合同	标准化合同
交易方式	双方讨价还价	拍卖或双方协商	在期货交易所内公开竞价
履约问题	不担心	担心	不担心
转让	不可以	背书方式，不方便	对冲方式，十分方便
付款	交易额的100%	押金，占交易额的20%~30%	保证金，占交易额的5%~15%
交易场所	无限制	无限制	期货交易所
实物交割	一手交钱，一手交货	现在确定价格和交割方式，将来交割	实物交割仅占1%~2%，有固定的交割方式

2. 金融期权交易

金融期权是买卖特定金融商品的选择权利。具体来说，其购买者在向权利出售者支付一定费用后，就获得了能在规定期限内以某一特定价格向权利出售者买进或卖出一定数量的某种金融商品或金融期货合约的权利。金融期权是赋予其购买者在规定期限内按双方约定的价格购买或出售一定数量某种金融资产，如股票、外币、短期和长期国库券以及外币期货合约等的权利。金融期权的交易原理与期权的交易原理基本是相同的。

金融期权的种类极为丰富，下面着重介绍与银行风险管理密切相关的利率期权和外汇期权。① 利率期权。利率期权的基础资产是市场价格与利率关联变动的债务工具或这类作为工具的期货。若商业银行担心因利率下降减少某项投资的收益，或处于利率敏感性资金正缺口状态，应买入看涨期权，当利率真的下降时，基础金融资产的价格随之上涨，商业银行可以行使期权获利，以弥补现货市场的损失；若担心利率上调增加筹资成本或处于负缺口状态，商业银行可以买入看跌期权，当利率真的上升时，基础金融资产的价格随之下降，商业银行可以用期权交易的盈利来抵销现货头寸的损失。② 外汇期权是指买卖双方以外汇有关的基础金融工具为标的物所达成的协议，通常用于避免汇率风险。外汇期权的买方享有在合约有效期内或期满时以约定的汇率购买一定数额的某种外汇现货或期货的权利。在交易所内进行的交易叫做场内交易，之外进行的交易叫做场外交易。在通常状况下，场外交易规模比场内交易规模要大很多。

3. 远期利率协议

远期利率协议是指买卖双方商定将来一定时间段的协议利率，并制定一种参考利率，在将来清算日按规定的期限和本金数额由一方向另一方支付协议利率和参照利率之间的差额利息的贴现金额。远期利率协议是建立在双方对未来一段时间利率的预测存有差异的基础之上的。在这种协议下，交易双方约定从将来某一确定的日期开始在某一特定的时期内借贷一笔利率固定、数额确定、以具体货币表示的名义本金。远期利率协议的买方就是名义借款人，如果市场利率上升的话，他按协议上确定的利率支付利息，就避免了利率风险；但若市场利率下跌的话，他仍然必须按协议利率支付利息，就会受到损失。远期利率协议的卖方就是名义贷款人，他按照协议确定的利率收取利息，显然，若市场利率下跌，他将受益；若市场利率上升，他则受损。可见，远期利率协议是一种双方以降低收益为代价，通过预先固定远期利率水平来防范未来利率波动风险、稳定负债成本或实现资产保值的一种金融工具。

(1) 普通远期利率协议。普通远期利率协议是指交易的双方仅达成一个远期利率合同，它能在币种、期限、协议利率等方面因交易的需要而调整，是其他类型远期利率协议的基础。

(2) 对冲远期利率协议。对冲远期利率协议是指交易者同时买进和卖出一系列远期利率合同的组合，通常一个合同的到期日与另一个合同的起息日相同，但各个合同的协议利率不完全相同，此时远期利率协议充当了一种续短为长的连续式的套期保值工具。

(3) 合成的外汇远期利率协议。合成的外汇远期利率协议是指交易者同时达成与远期期限一致的远期利率协议和远期外汇交易。

4. 互换业务

(1) 利率互换(interest rate swaps)。利率互换是指双方将各自的债务利息成本，或是资产利息收入互相交换,两笔债务或资产以同种货币表示,具有相同的期限,但计息方式不同。利率互换一般有两种情况:一是固定利率与浮动利率互换,又称为息票利率互换;另一为两种不同的浮动利率互换。利率互换的基本功能之一是降低融资成本。由于不同信用级别的借款人之间可能存在资信比较利差,从而存在套利的机会,以使利率互换的双方降低融资成本。

(2) 货币互换(currency swap)。货币互换是指互换双方交换币种不同、计息方式相同或不同的一系列现金流的金融交易。货币互换包括期内的一系列利息交换和期末的本金交换,可以包括也可以不包括期初的本金交换。而大多数情况下,双方互换的不同币种的名义本金按即期汇率折算应当是相等或大体持平的。货币互换可以降低双方的融资成本,还可以用于规避利率风险。

5. 资产证券化

资产证券化(asset securitization)是一项以提高资产流动性和融资为目的的金融创新,是指将缺乏流动性但能够产生可预见的稳定现金流量的资产,通过一定的结构安排,重新分配风险与收益,再配以相应的信用担保和信用增级,最终以其为资产标的发行证券进行融资的技术和过程。

现在简单地举例说明资产证券化:

A:在未来能够产生现金流的资产

B:上述资产的原始所有者;信用等级太低,没有更好的融资途径

C:枢纽(受托机构)SPV

D:投资者

资产证券化过程可描述为:B把A转移给C,C以证券的方式销售给D。B低成本地(不用付息)拿到了现金;D在购买以后可能会获得投资回报;C获得了能产生可见现金流的优质资产。投资者D之所以可能获得收益,是因为A不是垃圾,而是被认定为在将来的日子里能够稳妥地变成钱的好东西。SPV是个中枢,主要是负责持有A并实现A与破产等麻烦隔离开来,并为投资者的利益说话做事。SPV进行资产组合,不同的A在信用评级或增级的基础上进行改良、组合、调整。目的是吸引投资者,为发行证券。过去有很多资产成功进行了证券化,如应收账款、汽车贷款等,现在出现了更多类型的资产,如电费应收款等。但核心是一样的,即这些资产必须能产生可预见的现金流。

在一个典型的资产证券化模式中,必然涉及三方当事人:一是原始资产的所有者,或称资产证券发起人,主要是商业银行、贷款公司或其他公司等;二是专门公司,主要是投资银行或资产管理公司;三是投资者,包括保险公司、商业银行、个人投资者等。发起人的职责是把将要证券化的资产,如信用卡贷款、汽车贷款、抵押的房地产等,按照不同的信用和收益特征,分类整理为一批批资产组合,交予或出售给专门公司;专门公司的职责是以这些资产的未来收益作为保证,发行资产支持的证券,以收回资金,交予发起人或补偿自己的购买成本,同时亲自对资产池进行管理、经营和处置,负责收取、记录由资产池所产生的现金收入,收回资产组合中的偿还本息,支付给投资者。于是,发起人收回了资产占用的本金,专门公司得到了利差或佣金,投资人得到了利息或股息,三方都能获得收益。证券资产化实际上是商业银行增加可支配资金来源的新思路。

内容结构图

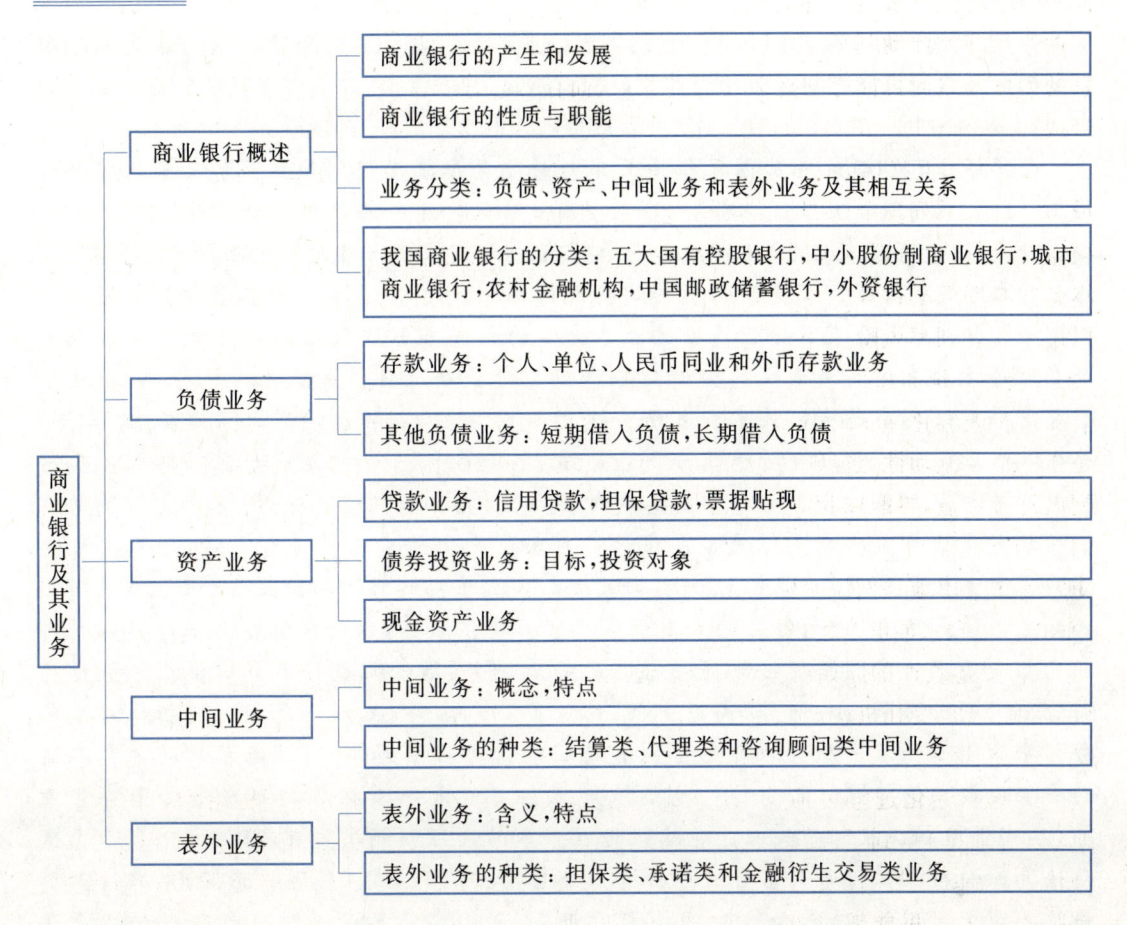

```
                    ┌── 商业银行的产生和发展
                    │
                    ├── 商业银行的性质与职能
         商业银行概述 ┤
                    ├── 业务分类：负债、资产、中间业务和表外业务及其相互关系
                    │
                    └── 我国商业银行的分类：五大国有控股银行，中小股份制商业银行，城市
                        商业银行，农村金融机构，中国邮政储蓄银行，外资银行

                    ┌── 存款业务：个人、单位、人民币同业和外币存款业务
商业          负债业务 ┤
银行                 └── 其他负债业务：短期借入负债，长期借入负债
及其
业务                 ┌── 贷款业务：信用贷款，担保贷款，票据贴现
             资产业务 ┼── 债券投资业务：目标，投资对象
                    └── 现金资产业务

                    ┌── 中间业务：概念，特点
             中间业务 ┤
                    └── 中间业务的种类：结算类、代理类和咨询顾问类中间业务

                    ┌── 表外业务：含义，特点
             表外业务 ┤
                    └── 表外业务的种类：担保类、承诺类和金融衍生交易类业务
```

重点概念

活期存款　定期存款　同业借款　回购协议　资本性金融债券　一般性金融债券　信用贷款　担保贷款　票据贴现　信托　中间业务　银行汇票　银行本票　表外业务　商业信用证　备用信用证　银行承兑汇票　贷款承诺　票据发行便利　金融期货　金融期权　利率互换　货币互换　资产证券化

复习思考题

1. 商业银行的职能有哪些？
2. 简述商业银行的负债业务。
3. 简述商业银行的资产业务。
4. 简述商业银行的中间业务。
5. 简述商业银行的表外业务。

实训项目

1. 请查阅资料比较我国和西方发达国家商业银行各业务的利润贡献率。结合数据，分析我国商业银行发展中间业务和表外业务的思路。

2. 案例分析：花旗银行在日本（世界最难进入的市场之一）的成功[①]

花旗银行在日本的成功很大程度上应归功于其融资部门。和数百家日本的贸易公司、制造商、保险公司建立了业务联系，这个商业化的融资机构首次在东京对客户推出24小时全天服务，营业额达10亿美元。花旗银行也是首批推出日元利率互换的银行之一，这也为在东京建立外汇交易市场奠定了稳固的基础。此外，花旗银行在货币期权交易方面也处于领先地位。花旗银行根据对客户提供的服务类别以及应用非传统还是传统的业务服务方式来对其新创设的金融业务进行划分。在进行传统业务的过程中，花旗银行总是辅以其特有的专门技术和其他分支的成功经验，以确保其在新的市场上占有一席之地。花旗银行的复合货币账户——简称"复合货币"——就是一个显著的例子。这一业务原为花旗银行在香港的分支机构所创，经过其日本机构修改后，适应了当地的需求。这种复合货币账户不但使客户在六种自由货币中随意选择进行存款，还可以代为客户保管黄金。此外，花旗银行在日本还推出其他一些创新的金融业务和服务，包括信函和电话通知账户，使用客户的本国语言为客户提供服务，以及根据客户多币种账户存款的收支情况自动调整授信额度等。近几年来，花旗银行又在日本市场推出了被称为"一揽子"的业务和一种叫作"高度安全"的业务，作为一种可以避免损失的担保存款业务。它除能确保客户原有的日元资金不因汇率变动而损失外，还可使客户的资金在运动中实现最大的价值。1990年，花旗银行又在当地进一步拓展其日元和外币存款业务，尽可能增加存款者的收入。花旗银行在日本的金融创新是没有局限性的，位于东京奥地麦齐的花旗银行弗莱格奇波分行有一个自动出纳系统，可随客户用英语、日语两种语言办理支付现钞、转账和接受存款等项业务，闭路电视显示屏遍布于分行的各个角落，随时向客户提供利率、汇率以及有关银行业务与服务方面的信息。花旗银行在日业务的30%是通过电话办理的。经过一年的调查，银行意识到，越来越多的客户愿意用打电话的方式代替直接到银行办理业务，于是开办了电话办理业务，并广泛地宣传客户可以免费使用长途电话来办理业务，这项业务吸引了大量的客户。同时，通过电话和信函手段办理业务使一年中到银行办理业务的人数减少了30%。客户愿意与超越传统营业方式的银行进行业务往来的愿望为花旗银行带来了不少益处。首先，它有利于花旗银行在整个日本市场推广其业务，寻觅新客户，而不像以前那样只在东京地区设立机构，拓展业务。其次，它使花旗银行以比传统银行网络更低廉的运营费用来吸引和服务于客户。

另外，花旗银行成功地将它应用于世界各地的信用卡业务的处理方式加以修改，介绍到日本以满足当地的需要，花旗银行因引入此项业务而迅速占有了大量的市场份额。在这一过程中，花旗银行充分利用了它所持有的现存和潜存客户的内部资料，并通过信函与这些客户建立联系，吸引新客户。花旗银行通过信函方式拓展业务取得的成功，很大程度上归功于其所占有的这些资料。这个被称为西蒂贝丝的资料管理系统，掌握着

[①] 资料来源：选摘自 http://www.guandang.com/doc/2518086.html。

那些潜在的客户的姓名、地址以及其他一些有价值的信息,有一半以上的日本家庭资料被纳入这一信息系统。由于这些资料的内容总是不断地根据客户对银行业务推广信函的最新反应加以修正,因而银行可以按照客户对某项业务的关切程度来建立他们的档案资料。通过这种方式,银行可以获得更多的客户信息并降低运营费用。花旗银行深入的市场调查也是其在日本业务不断拓展的关键。在他们进行的调查中,一些注意了解客户对开立账户手续的满意程度,另一些则调查客户对诸如电话服务中心所提供服务的满意程度,还有一些则试图了解为何有些客户停止使用他们的账户或仅仅保持低水平的收支业务。花旗银行还建立了所谓服务的"监视系统",这一系统既有助于更有效地实施内部管理,也可以确保提供更好的服务使客户满意。目前,总共有50多个这样的"监视系统"在进行工作,监视的项目包括诸如客户排队等待办理业务的时间长短,客户使用银行各种线路打入电话是否遇到麻烦,以及客户对银行提供账户说明是否及时地反映等。

问题:花旗银行在日本的成功经验对中国商业银行有何借鉴意义?

第五章 信托、租赁与保险业务

【学习目标】
1. 掌握信托的概念与职能，熟悉信托业务品种及操作流程。
2. 掌握租赁的概念与职能，熟悉租赁业务种类及操作流程。
3. 掌握保险的概念，熟悉保险的业务种类，了解常见保险产品的特点。

第一节 信托业务

一、信托业务概述

（一）信托的概念

1. 信托的定义

信托(trust)，是一种特殊的财产管理制度，也是一种特殊的法律行为。按其词义解释，就是信任和委托，"信"是"托"的基础和前提条件，"托"是"信"的表现形式和具体内容。按照我国信托法的规定，所谓信托，是指委托人基于对受托人的信任，将其财产权委托给受托人，由受托人按照委托人的意愿以自己的名义为受益人的利益或者特定目的，进行管理或者处分的行为。由此可见，信托是一种以信任为基础、以财产为中心、以委托为方式的财产管理制度，概括起来，信托就是"得人之信，受人之托，代人理财，履人之嘱"。

信托关系的构成，如图5-1所示。

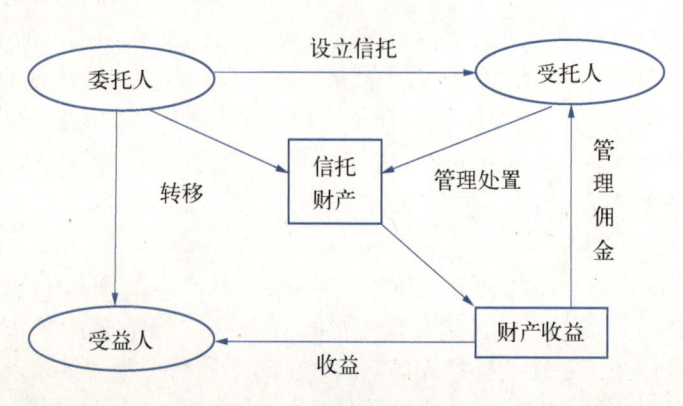

图5-1 信托关系的构成

小资料

信托的产生与发展

信托概念起源于古罗马法典中的"信托遗赠"。《罗马法》规定,在按照遗嘱划分财产时,可以把遗嘱直接或间接授予继承人,使继承人受益。现代信托起源于11世纪的英国"尤斯制度"。当时人们普遍信奉宗教,死后土地均捐赠给教会,触犯了君主利益。亨利三世在12世纪后半叶制定了《没收法》,为躲避限制,"尤斯制度"应运而生,转让人将土地转让给第三者接受人,接受人再将土地收入转给教会。这要求转让人与接受人之间必须相互信任,这是"信托"一词的起源。19世纪初,法人信托在美国出现,标志着现代信托产生。目前,在英美国家,信托几乎覆盖了社会生活的方方面面。

2. 信托关系的构成要素

信托关系的构成要素包括信托行为、信托目的、信托主体、信托客体、信托报酬和信托结束。

(1) 信托行为。是指以信托为目的的法律行为,或者说是合法地设定信托的行为。

(2) 信托目的。是指委托人通过信托行为所要达到的目的。信托目的必须合法,不得损害他人利益,能为受益人所接受,且能达到或实现。

(3) 信托主体。是指完成信托行为的行为主体,即委托人、受托人以及受益人。委托人是指为了一定的目的将其财产以信托的方式,委托给受托人经营的人;受托人是指接受信托财产,按约定的信托合同,对信托财产进行经营的人;受益人是指在信托中享有信托受益权的人。委托人应当是具有完全民事行为能力的自然人、法人或者依法成立的其他组织,受托人应当是具有完全民事行为能力的自然人、法人,受益人可以是自然人、法人或者依法成立的其他组织。委托人可以是受益人,也可以是同一信托的唯一受益人。受托人可以是受益人,但不得是同一信托的唯一受益人。

(4) 信托客体。是指信托关系的标的物,即委托人通过信托行为转移给受托人并由受托人按照信托目的进行管理或处分的财产。我国《信托法》第十四条规定:"受托人因承诺信托而取得的财产是信托财产。受托人因信托财产的管理运用、处分或者其他情形而取得的财产,也归入信托财产。"

(5) 信托报酬。是指受托人承办信托业务所取得的报酬,可以向受益人收取,可以从信托财产或信托收益中提取,还可以由委托人另外单独支付,收取额度可以是固定金额、固定比率或浮动比率。

(6) 信托结束。是指信托行为的终止。信托既不因委托人或受托人的死亡、丧失民事行为能力、依法解散、被依法撤销或者被宣告破产而终止,也不因受托人的辞任而终止。导致信托终止的事由包括:一是信托期限届满;二是信托目的已经实现或者不能实现;三是信托文件规定的终止事由发生;四是信托的存续违反信托目的;五是信托当事人协商同意;六是信托被撤销或被解除。当信托终止时,信托财产属于信托文件规定的人;未规定的,按以下顺序归属:受益人或其继承人、委托人或其继承人。

3. 信托业务的特点

(1) 信托财产的权利主体和利益主体相分离,信托财产具备独立性。一是信托财产与委托人未设立信托的其他财产相区别。设立信托后,委托人死亡或者依法解散、被依法撤销、被宣告破产时,委托人是唯一受益人的,信托终止,信托财产作为其遗产或者清算财产;委托人不是唯一受益人的,信托存续,信托财产不作为其遗产或者清算财产。二是信托财产与属于受托人所有的财产(以下简称固有财产)相区别,不得归入受托人的固有财产或者成为固有财产的一部分,受托人死亡或者依法解散、被依法撤销、被宣告破产而终止,信托财产不属于其遗产或者清算财产。

(2) 信托经营方式灵活多样,适应性强。与其他信用活动相比,信托具有很强的灵活性,主要体现在:一是委托人范围广泛,可以是个人、企业或社会团体。二是信托财产的形式多样,可以是有形的,也可以是无形的,只要委托人拥有这种财产的产权,可以计算价值,且不与法律相抵触,都可以采用信托的方式委托受托人管理。三是信托目的多样性,委托人可以有不同的目的,可要求监护,可仅仅保护自己的财产,也可以财产增值为目的。四是信托设计灵活,当事人可通过信托文件进行灵活多变的设计,实现多样化的利益分配要求。五是运用方式多样化,信托业务既可以投资也可以贷款,信托财产既可以出租也可以出售,信托机构既可以与客户建立信托关系,也可以建立代理关系。

(3) 信托管理具有融通资金的性质。信托的基础是信用,与银行信用、商业信用类似,信托作为一种独立的信用方式,可以调剂社会资金余缺。委托人的信托财产多为长期可以运用的资金或财产,通过受托人转移给社会上缺乏资金的主体使用。信托体现了委托人向社会经济主体的直接授信,是一种融通长期资金的直接信用形式。

(4) 受托人不承担损失风险。信托财产的损益与受托人无必然的直接关系,信托收益和风险的承担主体不是受托人,而是受益人。

> **想一想**:信托,顾名思义是指基于信任的一种委托,那么,信托是不是就是委托呢?

4. 信托与委托的关系

信托是一种特殊形式的委托,然而其与委托代理又有着较大的区别。

信托与委托代理的区别如表5-1所示。

表5-1 信托与委托代理的区别

区别项目	信托	委托代理
当事人	多方当事人,包括委托人、受托人、受益人等。受益人可以是委托人本人,也可以是第三人	双方当事人,即委托人(被代理人)和受托人(代理人)。受益人通常就是委托人本人
财产所有权的变化	信托财产所有权发生转移,从委托人转移给受托人	财产所有权不发生转移,始终由委托人掌握
财产处置权限的大小	受托人全权管理和处置信托财产	代理人的权限以被代理人的授权为限
财产的控制监督	只受法律和行政上的监督,不受委托人和受益人的监督	受被代理人的监督
责任的轻重	受托人接受信托后,以自己的名义与第三人发生法律关系,受托人应对委托人负责	代理人以被代理人的名义与第三人发生法律关系,所有权利、义务归被代理人所有,代理人不承担责任

续表

区别项目	信　托	委托代理
当事人之间关系的存续	委托人不能随意撤回信托，委托人或受托人死亡，不影响信托的存续，原受托人死亡，信托财产可由新受托人继承	代理关系的存续可因被代理人或代理人一方的死亡而消灭，除非出现一些特殊情况，如代理人不知被代理人死亡等
期限的稳定性	信托期限有较好的稳定性	期限稳定性相对较差

(二) 信托的职能

1. 信托的基本职能

信托的财产管理职能是信托的基本职能，即在信任的基础上，接受社会各经济实体的委托，对其财产进行各种形式的管理和处理。它具备以下几个特点：

(1) 管理内容的广泛性。信托的财产管理泛指对一切财产的管理、处理和运用，不单指企业财产，还包括对国家、个人、法人、团体等的各类有形财产及无形财产的管理和处理。

(2) 管理目的的特定性。信托机构受托对信托财产进行管理和处理，其特定目的是为了受益人的利益，而不是为了受托人的利益。

(3) 管理行为的责任性。信托机构受托对信托财产进行管理和处理时，如果发生损失，只要符合信托合同的有关规定，信托机构可以不承担此种损失。但如果是由于信托机构的重大过失而招致的损失，信托机构要承担对委托人的赔偿责任。

(4) 管理方法的限制性。受托人虽然得到委托人的授信，接受了财产所有权的转移，但受托人如何管理和处理信托财产，只能按照信托的目的来进行，受托人不能按自己的需要随意使用信托财产。

2. 信托的派生职能

信托的派生职能是在信托固有的基本职能基础上发展起来的，归根结底，是伴随着信托的财产管理的发展而产生的。

(1) 金融职能。信托公司通过代人管理和经营信托财产，使信托财产保值增值。由于大多数信托财产表现为货币的形态，通过信托资金的运用，信托公司为客户融通了资金，派生出其金融职能。并非所有信托业务都能发挥融资作用，只有在信托财产或收益表现为资金，且受益权能够流通转让时，这种融资作用才能发挥。信托业的金融职能与银行业的金融职能有着本质区别，银行与存款人之间是一种纯粹的债权债务关系，而信托业的金融职能是以其财产管理职能为基础的，它不可能单独存在，作为妥善管理的方式，信托业者可以将信托资金用以投资和贷款等，由此发挥了其信用中介的金融职能。

(2) 沟通和协调经济关系职能。信托业务具有多边经济关系，受托人作为委托人与受益人的中介，是天然的横向经济联系的桥梁和纽带。它主要包含如下几个方面：见证职能、担保职能、代理职能、咨询职能、监督职能。通过信托业务的办理，受托人可以与经营各方建立相互信任关系，为经营者提供可靠的经济信息，为委托人的财产寻找投资场所，从而加强了横向经济联系和沟通，促进了地区之间的物资和资金交流，也推进了跨国经济技术协作。

(3) 社会投资职能。该职能是指信托机构开展信托业务从而参与社会投资行为所产生的职能，它可以通过信托投资业务和证券投资业务得以体现。西方信托机构的大部分业务是从事各种有价证券的管理和应用,随着我国股份制改革的推进,这一投资方式也变得越来越重要。

(4) 为社会公益事业服务的职能。该职能是指信托业可以为欲捐款者或资助社会公益事业的委托人服务,以实现其特定目的的功能。从各国实践看,从事社会公益活动的组织形态主要有两种:一是法人形态;二是信托形态,即公益信托。公益信托是由信托机构对所捐助或募集的资金的管理和运用,这不但保证了资金的安全,而且能增加资金的收益,有利于公益事业规模的扩大;或者不动用公益基金的本金,只用其所增加的收益来达到或满足公益事业所需资金,这样做可以使社会公益事业不断地发展下去。

二、信托业务种类及流程

(一) 信托业务种类

按照不同的标准可以进行信托业务可以分成不同的种类。

1. 自由信托和法定信托

按照信托关系建立的法律基础不同,信托业务可分为自由信托和法定信托。

自由信托又称任意信托,是指委托人依照信托法规,按自己的意愿自由协商而设立的,即这种信托的成立完全以各方当事人的自由意思表示为依据,不受外力干预。又因其意思表示订定在文件上,也称为"明示信托",包括契约信托和遗嘱信托两种。

法定信托是指由司法机关依其权力指派确定信托关系人而建立的信托关系,包括鉴定信托和强制信托两种。鉴定信托是指信托关系的形成无明确的信托文件为依据,而由司法机关从现实情况推定当事人之间的信托关系的效力而建立的信托;强制信托是指不考虑信托关系人的意愿,由司法机关依据公平正义的观念,按照法律政策强制性建立的信托。

2. 资金信托、财产信托、有价证券信托和金钱债权信托

按照信托财产性质不同,可分为资金信托、财产信托、有价证券信托和金钱债权信托。

资金信托又称"金钱信托",是指委托人基于对受托人(通常指信托投资公司)的信任,将自己合法拥有的资金委托给受托人,由受托人按委托人的意愿以自己的名义,为受益人的利益或特定目的管理、运用和处分资金的行为。在我国,资金信托分为单一资金信托和集合资金信托。

财产信托是指委托人将自己的动产、不动产(房产、地产)以及版权、知识产权等非货币形式的财产、财产权,委托给受托人(通常指信托投资公司)按照约定的条件和目的进行管理或者处分的行为。

有价证券信托是指将有价证券作为信托财产转移给受托人,由受托人代为管理运用。

金钱债权信托是指以各种金钱债权作为信托财产的信托业务,金钱债权要求他人在一定期限内支付一定金额的权利。

3. 个人信托、法人信托、个人与法人通用信托以及共同信托

按委托人主体地位的不同,可分为个人信托、法人信托、个人与法人通用信托以及共同信托。

个人信托是指以个人为服务对象的信托业务,其委托者是个人,受益者也是个人。一般可分为生前信托和身后信托。

法人信托称"公司信托"、"团体信托",是指以一个组织体为委托人的信托,这一组织包

括营利法人团体(如公司、合作社等)和公益法人团体(如学术、宗教和慈善团体等)。

个人与法人通用信托是指设立信托的委托人有个人也有法人的信托业务。

共同信托是指由数个委托人共同提出设立信托,信托财产为几个人所共有的信托业务。

4. 自益信托、他益信托和宣示信托

按照委托人与受益人的关系划分,可分为自益信托、他益信托和宣示信托。

自益信托是指委托人以自己为唯一受益人而设立的信托,即委托人和受益人是同一人。自益信托是私益信托。

他益信托是指委托人设定信托的目的是为第三者的收益的一种信托,被指定的第三者可以表示同意也可以拒绝接受,有时亦可采取默认方式。

宣示信托又称宣言信托,是指财产所有人以宣布自己为该项财产受托人的方式而设定的信托。该项财产一经宣告受托就成为信托财产,财产并不转移但须与原有其他财产分别进行保管。宣示信托只有在他益信托,以委托人以外的他人为受益人的场合才能成立。

5. 私益信托和公益信托

按照受益对象和信托目的划分,可分为私益信托和公益信托。

私益信托是指委托人为自己、亲属、朋友或者其他特定个人的利益而设立的信托。私益信托可以是自益信托,也可以是他益信托。私益信托是信托业务中的主要部分,信托投资公司通过运用信托手段为受益人谋取信托收益。

公益信托是指委托人为了不特定的社会公众的利益或者社会公众利益而设立的信托。公益信托只能是他益信托,设立公益信托不得有确定的受益人,只能以社会公众或者一定范围内的社会公众作为受益人,并且必须得到税务机关或者公益事业管理机构的批准或者许可。

6. 民事信托和商事信托

按照信托事项的法律立场不同,可分为民事信托和商事信托。

民事信托是指以民法为依据建立的信托,是属于民法范围内的信托业务。

商事信托是指以商法为依据建立的信托,是属于商法范围内的信托业务。商法是指国民经济管理和社会经济组织以及部分公民在经营活动中所发生的经济关系必须遵循的法律规范的总称。

7. 担保信托、管理信托和处理信托

按照对信托财产的处理方式的不同,可分为担保信托、管理信托和处理信托。

担保信托是指确保信托财产的安全,保护受益人的合法权益为目的,对信托财产不加以运用。

管理信托是指以保护信托财产完整与现状为前提的信托业务。

处理信托是指改变信托财产的性质、原状以实现财产增值的信托业务。

8. 单一信托和集合信托

按委托人数量不同,可分为单一信托和集合信托

单一信托是指受托人接受单个委托人的委托,单独管理和运用信托财产的方式。

集合信托是指受托人把多个委托人交付的信托财产(动产或不动产或知识产权,等等)加以集合地管理、运用或处分的方式。集合资金信托是指受托人(一般为信托投资公司)接受两个(含)以上委托人委托,依据委托人确定的管理方式或由受托人代为确定的管理方式管理和运用信托资金的信托。

9. 国内信托和国际信托

按信托涉及的地理区域不同,可分为国内信托和国际信托。

国内信托是指信托业务所涉及的范围限于一国境内,或者说信托财产的运用只限于一国的范围之内。

国际信托是指信托业务所涉及的事项已超出了一国的范围,引起了信托财产在国与国之间的运用。

目前,中国信托业界未对信托业务品种分类进行统一规范,比较正式的分类是 2007 年 3 月 1 日起施行的由中国银行业监督管理委员会公布的《信托公司管理办法》第十六条规定"信托公司可以申请经营下列部分或者全部本外币业务:资金信托、动产信托、不动产信托、有价证券信托、其他财产或财产权信托,作为投资基金或投资基金管理公司的发起人从事投资基金业务,经营企业资产的重组、并购及项目融资、公司理财、财务顾问等业务,受托经营国务院有关部门批准的证券承销业务,办理居间、咨询、资信调查等业务,代为保管及保险箱业务,法律法规规定或人民银行业监督管理委员会批准的其他业务。"由此,我国信托机构目前办理的信托业务大致可分为以下四大类:

(1)资金信托业务。是指以货币资金为信托标的与信托财产的信托。

(2)财产信托业务。包括动产信托、不动产信托、有价证券信托与其他财产或财产权信托。

(3)投行信托业务。包括投资基金、并购重组、公司理财、证券承销等业务。

(4)其他类信托业务。包括代理、咨询、担保等业务。

(二)常见信托业务的流程

根据我国《信托公司管理办法》的规定,目前市场上常见的信托业务主要包括资金信托、财产及财产权信托和证券投资基金信托,其业务流程分别如下:

1. 资金信托业务流程

资金信托以资金为信托财产,其信托标的物为货币资金,信托终了须对受益人以资金形式给付。具体流程如图 5-2 所示。

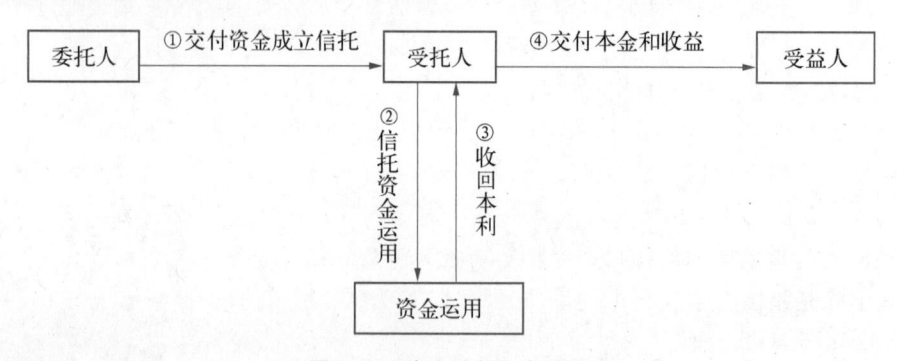

图 5-2 资金信托业务流程

(1)委托人委托。委托人为了达到特定目的,寻找信托机构(受托人),委托其管理和处分财产。

(2)信托机构接受委托。信托机构(受托人)接受委托,协助委托人根据资金、期限和要求选择信托业务品种。

(3)签订合同,信托设立。委托人、信托公司签订资金信托合同,并足额交付信托资金,受托人开具《资金信托凭证》。

(4) 信托机构管理信托财产。按照资金信托合同条款约定,信托机构对信托资金进行合理运用、管理和处置。

(5) 收益核算与分配。信托期满,信托机构对所管理资金进行信托收益核算,编制业务报告,并予以告知和公告,双方按资金信托合同的约定分配信托收益。

(6) 信托合同终止,全部业务资料归档保管。

2. 财产信托业务流程

财产信托以动产或不动产为信托财产,其信托标的物为动产或不动产的实物形态的信托业务。按照管理运用方式不同,可将财产信托分为管理型、处理型和管理处理型。管理型指对信托财产进行保存、利用和改良;处理型指对信托财产所有权进行变更;管理处理型指对信托财产先管理,后处理。下面以管理处理型不动产信托为例,介绍财产信托业务的大致流程。具体流程如图 5-3 所示。

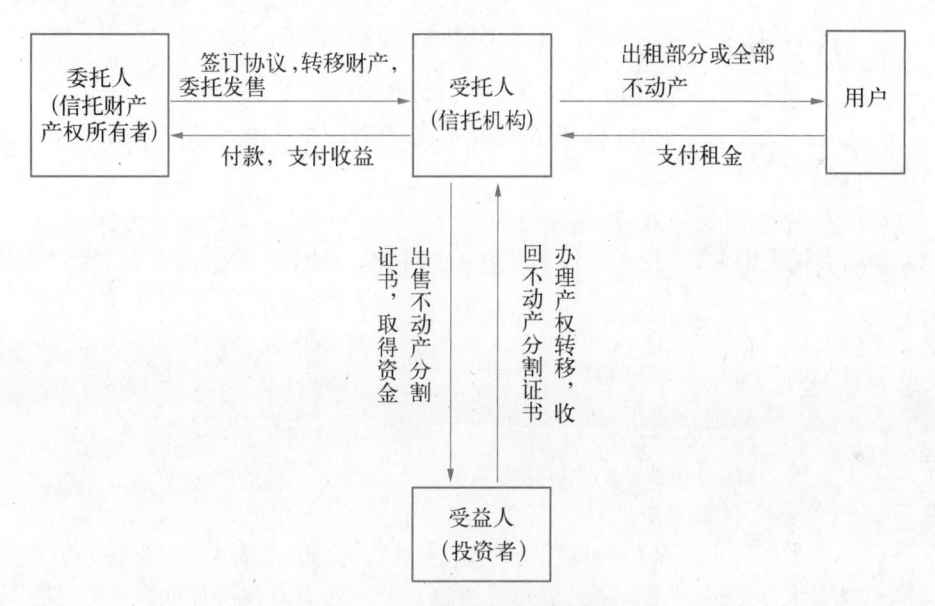

图 5-3 不动产信托业务流程

(1) 委托人、受托人双方经过磋商签订《不动产信托协议书》,委托人向受托人提供信托财产并办理所有权转移手续,委托发售信托产品。

(2) 受托人代委托人向社会投资者出售"不动产分割证书",以取得资金。

(3) 受托人按照委托人意愿向用户部分或全部出租不动产。

(4) 用户向受托人支付租金。

(5) 信托期满,受托人向受益人办理产权转移手续,收回"不动产分割证书"。

(6) 受托人向委托人支付收益。

3. 财产权信托业务流程

财产权信托以财产权为信托财产,其信托标的物为财产权利,主要指知识产权、特许经营权、专有技术等。按照信托管理运用方式划分,可分为管理型、处理型和管理处理型。现以管理处理型财产权信托业务为例,介绍财产权信托业务的流程。具体流程如图 5-4 所示。

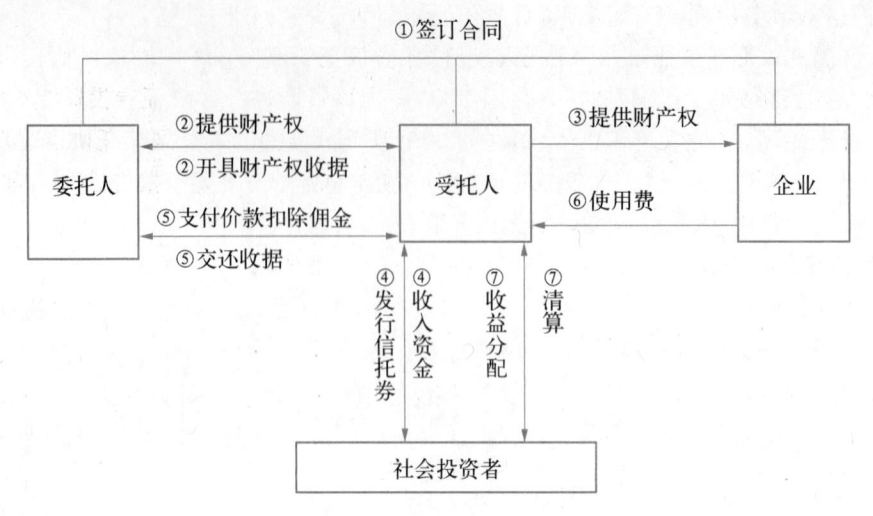

图 5-4　财产权信托业务流程

(1) 委托人、受托人、企业(使用人)三方签订信托合同。

(2) 委托人向受托人提供合同规定的完整有效的财产权文件,并办理过户手续,受托人开具财产权收据证明。

(3) 受托人向企业(使用人)授权使用信托财产。

(4) 根据委托人需求,受托人向监管机构报告,经审核后向社会投资者发行"信托有价证券"。

(5) 受托人将"信托有价证券"发行收入资金付清与委托人合同中约定的款项,并收回财产权收据证明。

(6) 企业(使用人)按合同约定分期交纳财产权使用费,直至合同期满。

(7) 受托人对"信托有价证券"进行清算。

4. 证券投资基金信托业务流程

证券投资基金信托以资金作为信托财产,以资金作为信托标的物,由受托人管理运用资金进行证券投资组合,分散风险,谋求信托财产收益最大化。具体流程如图5-5所示。

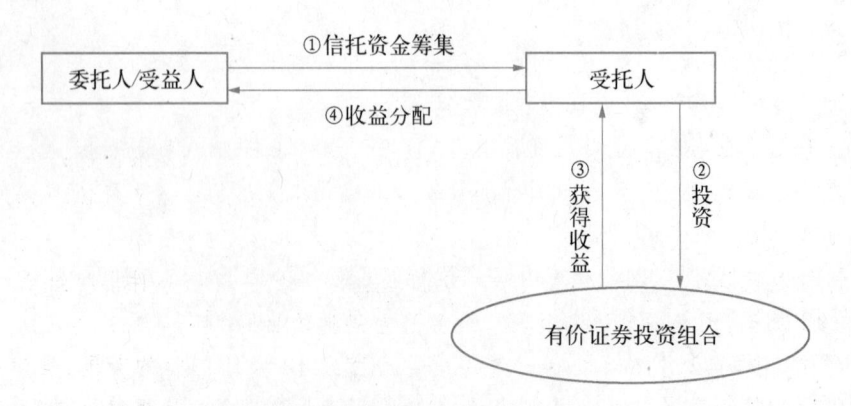

图 5-5　证券投资基金信托业务流程

证券投资基金信托业务具体做法是:

(1) 受托人制订证券投资基金信托计划书,向信托监管部门报告。

(2) 受托人向客户公布信托投资计划书,募集信托资金。

(3) 委托人交付信托资金后,受托人发给"证券信托凭证"。

(4) 受托人将募集到的信托资金存入专户,使用该资金进行有价证券投资。

(5) 信托期间,受托人定期报告该信托财产的管理收益情况,根据信托协议规定进行期中分配;信托期满,受托人对信托财产进行收益核算,编制并公布业务报告。

(6) 依据信托收益分配方案进行收益分配,完成清盘。

(7) 信托关系终止,全部业务资料存档保管。

第二节 租赁业务

一、租赁业务概述

(一) 租赁的概念

租赁(leasing),区别于融通资金,是一种融通实物的行为,本章所指的金融租赁(finance leasing)常被称为融资租赁。

1. 租赁的定义

根据国际统一私法协会关于《国际融资租赁公约》的规定,融资租赁交易是指出租人根据承租人的请求及提供的规格,与供货人订立一项供货合同,基于此合同,出租人取得工厂、资本货物或其他设备后,与承租人订立一项租赁合同,以承租人支付租金为条件授予承租人使用设备的权利,这是对融资租赁基本方式的定义。我国财政部颁布的《企业会计准则第21号——租赁(2006)》第五条对"融资租赁"做了界定:"融资租赁,是指实质上转移了资产所有权有关的全部风险和报酬的租赁。其所有权最终可能转移,也可能不转移",第六条进一步明确了应当认定为融资租赁的具体标准。

综上所述,我们认为融资租赁是一种以融物方式融通资金的交易模式,是指出租人与承租人达成租赁意向,由承租人按自己的意愿选择租赁物件及供货人,由出租人提供资金向承租人选定的供货人购买租赁物件,再将该租赁物件出租给承租人使用,承租人向出租人支付租金并承担风险。

小资料

租赁的发展阶段

租赁是一种古老的经济现象和信用方式,在历史上经历了三个发展阶段:

(1) 古代租赁阶段。在公元前2000年前,古巴比伦地区就出现了租赁货物,租赁双方未固定契约和报酬,仅仅是交换使用物品。

(2) 传统租赁阶段。出租人将自己拥有的财富,按一定的契约条件出租给承租人使用,以充分利用现有资源,并实现以物的形式达到资金融通的目的。

(3) 现代租赁阶段。现代租赁的萌芽最早出现在19世纪中叶的英国,当时被称为租购。1952年,叙恩·费尔德在美国创建了第一家租赁公司——美国租赁公司(后更名为美国国际租赁公司)。

中国的现代租赁业开始于20世纪80年代的改革开放,是在荣毅仁的积极倡导下,由中信公司在中国首创的。

2. 租赁的构成要素

融资租赁的构成要素包括出租人、承租人、供货人、租赁合同和供货合同。具体的租赁关系如图 5-6 所示。

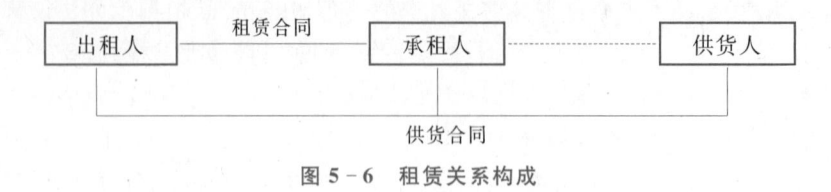

图 5-6 租赁关系构成

(1) 出租人是指付款购买租赁物件，拥有租赁物件的所有权，以收取租金为条件，将该物件的使用权转让给他人的一方。

(2) 承租人是指以支付租金为条件，从出租人手中获得租赁物件使用权的一方。

(3) 供货人是指将租赁物件销售给出租人的一方，通常为承租人所要求的能提供租赁物件的一方。

(4) 租赁合同是指出租人与承租人签订的合同，合同中约定租期、租金以及设备的维修保养等情况，并约定租赁期满的处置方式，如留购、续租或退还。

(5) 供货合同是指出租人、承租人与供货人共同签订的合同，其与租赁合同缺一不可。

3. 租赁的特点

融资租赁的特点包括以下几个方面：

(1) 不可撤销。融资租赁是一种不可解约的租赁，一般在基本租期内双方均无权撤销合同。

(2) 租期较长。融资租赁租赁期较长，多以租赁物件使用期为限，直到租赁物残值为零。

(3) 分期支付租金。在基本租期内，租赁物件只租给一个用户使用，承租人分期向出租人支付租金，租金累计额一般包括价款、利息及租赁公司的手续费。

(4) 承租人承担使用租赁物件的风险。一般由承租人负责设备的选择、保险、保养和维修等，出租人仅负责垫付货款，购进承租人所需的租赁物件，并按期出租。

(5) 租赁合同与供货合同缺一不可。出租人、承租人和供货人构成了融资租赁的主体，三者缺一不可，由租赁合同和供货合同连接三者的关系。

4. 融资租赁与分期付款的区别

由于融资租赁的承租人从出租人处直接拿回租赁物件，并分期支付租金，形式上与分期付款类似，但实质上与分期付款不同，具体区别如下：

(1) 所有权不同。分期付款是一种买卖交易，买者不仅获得了物件的使用权，还获得所有权。而融资租赁则是一种租赁行为，尽管承租人实际上承担了由租赁物引起的成本与风险，但从法律上讲，租赁物的所有权归出租人所有。

(2) 会计处理上有所不同。融资租赁中租赁物所有权属出租人所有，因此，作为出租人资产纳入其资产负债表中，并对租赁物摊提折旧，承租人将租赁费用计入生产成本。而分期付款购买的物品归买主所有，因而列入买方的资产负债表并由买方负责摊提折旧。

(3) 税务待遇上有区别。融资租赁中，出租人可将摊提的折旧从应计收入中扣除，承租人可将摊提的折旧费从应纳税收入中扣除；而分期付款交易中，买方可将摊提的折旧费从应纳税收入中扣除，还能将所花费的利息成本从应纳税收入中扣除，此外，购买某些固定资产在某些西方国家还能享受投资免税优惠。

(4) 期限不同。分期付款的付款期限往往低于交易物品的经济寿命期限,而融资租赁的租赁期限则往往和租赁物品的经济寿命相当。因此,同样的物品采用融资租赁方式较采用分期付款方式所获得的信贷期限要长。

(5) 融通的资金比例不同。分期付款不是全额信贷,买方通常要即期支付贷款的一部分;而融资租赁则是一种全额信贷,它对租赁物价款的全部甚至运输、保险、安装等附加费用都提供资金融通。虽然融资租赁通常也要在租赁开始时支付一定的保证金,但这笔费用一般较分期付款交易所需的即期付款额要少得多(在进出口贸易中买方至少需现款支付15%的贷款)。因此,同样一件物品,采用融资租赁方式提供的信贷总额一般比分期付款交易方式所能够提供的要大。

(6) 付款时间不同。分期付款的付款时间一般在每期期末,在付款前通常有宽限期,而融资租赁一般没有宽限期,租金支付通常在每期期初,租赁开始即支付租金。

(7) 期满处理不同。分期付款期满后,款项付清,买方拥有了所交易的物品,并对其可任意处理。而融资租赁期满时租赁物通常留有残值,承租人一般不能对租赁物任意处理,需办理交换手续或购买等手续。

(二) 租赁的功能和作用

1. 融资租赁的功能

随着业务的不断发展,融资租赁的功能已从简单的融资功能扩展为全方位的金融功能,具体包括以下四个方面:

(1) 融资功能。这是融资租赁最基本的功能。从现代租赁业发展的起源来看,是企业(承租人)在扩大再生产时购置设备但资金不够,所以通过向厂家(供货人)租赁设备而解决这一难题,后来成立专门公司(出租人)开展融资租赁业务。因此,融资租赁业务最早的功能是融资功能,在融资业务继续向前发展过程中,承租人还可通过租赁公司采用国际通行的售后回租的方式,将现有的有效资产变现,解决流动资金短缺、投资股本不足或者筹措并购资金。在欧美资本市场,信贷贷款、债券、融资租赁、票据是债权融资的主要形式。近年来,由于融资租赁不仅可以在货币市场筹措资金,而且可以在资本市场吸收直接投资,融资租赁交易额大有超过债券和信贷贷款的趋势。

(2) 促销功能。这是融资租赁最具特色、最本质的功能。对供货人(厂家)来说,租赁公司是一种营销载体,融资租赁为供货人(厂家)提供的不仅是一种金融服务,还是一种营销方式。特别是对于那些生产销售售价高、技术性强、无形损耗快或利用率不高设备的供货人(厂家),融资租赁能较大地提高促成率即促进销售成交。

(3) 促进投资的功能。租赁公司可作为一个平台,通过吸收股东投资或者在货币市场、资本市场采取借贷、拆借、发债、上市等融资手段吸收社会投资,资金充裕后,可大力发展租赁业务,从而减少银行直接对企业的固定资产贷款,增加资产的流动性,减少银行信贷风险,其实是对银行信贷的一种补充,增加社会资金进入投资的通道。政府也可以根据国家产业政策,利用资金、信用、政府采购的杠杆作用,通过租赁公司筹措更多的资金,扩大财政政策的效率,加大国家对基础设施建设和支柱产业的投资力度。从融资租赁业务发展来看,它既可将国民储蓄转化为投资,又可筹措国外资金并在筹资的过程中与国外的先进技术与设备联系起来,形成独特的优势。

(4) 资产管理的功能。资产管理功能是融资租赁发展到高级阶段的产物,也是租赁市场竞争日趋激烈的结果。它主要包括两个方面：一是租赁公司将租赁债权或租赁资产证券化，二是租赁公司以风险租赁的方式直接参与租赁资产的管理与运作。

总之，现代租赁业的功能从单一发展到多样化，从简单的融资手段发展到综合性的资本功能。以促销功能为基础和出发点，发展融资功能，加强租赁的资产管理和资本运作，从而达到扩大投资、刺激内需的作用，这正是现代租赁业富有生命力和在世界范围内迅速发展的原因。

小资料

我国从事融资租赁业务的公司

我国从事融资租赁业务的公司分为三类：金融租赁公司、外商投资融资租赁公司和内资试点融资租赁公司，其中，金融租赁公司由银监会监管，后两者由商务部监管。截至2010年6月底，金融租赁公司的总资产为1 736亿元，净利润达到25亿元，业务专注于航运、航空、基础设施等大型设备租赁领域。

2. 融资租赁的作用

融资租赁业务使企业增加一种融资渠道，对业务发展有较大的帮助，具体表现在以下几个方面：

（1）操作简捷，资金用途灵活，还款方式灵活。融资租赁的操作流程比银行贷款简单、快捷，融资款项能一次性到位，且不监管资金用途，便于企业自主安排；租赁业务可根据企业的现金流设计多种租金偿还方式，包括等额或不等额还款方式，按月、按季、按半年支付等，并可以使用年金法或等本金法等各种计算方法。

（2）帮助企业盘活流动资金。企业可选择售后回租方式，在不影响设备使用的前提下向融资租赁公司进行约定年限的自有设备产权有条件转让，从而快速获得一笔流动资金。

（3）帮助企业调整债务结构。目前，企业多数的债务为银行短期授信，不利于企业用于长期投资及项目，融资租赁可以有效调节短期债务与长期债务结构，支持企业的可持续发展。

（4）便于母公司或关联方资金注入。如果某企业有资金需求，而其控股母公司或关联方有剩余资金，则可通过融资租赁公司，以委托租赁的方式，将该资金用于该企业，并享受租赁所带来的益处。

（5）属于表外融资，不影响企业的流动比率和负债比率。如果企业采用经营租赁的方式取得设备，该设备将不体现在固定资产科目，每期所支付的租赁费也不会体现在负债中，而是直接记入费用类科目。

（6）可享受加速折旧。国家税务总局1996年4月7日以财工字〔1996〕41号文发布的《关于促进企业技术进步有关财务税收问题的通知》第四条第3款规定："企业技术改造采取融资租赁方式租入的机器设备，折旧年限可按租赁期限和国家规定的折旧年限孰短的原则确定"，"本通知适用于国有、集体工业企业"，企业可以自行选择享受或不享受加速折旧。

（7）可合理避税。企业采用经营租赁的方式，可以将每期的应付租金直接记入费用科目，直接抵扣税前所得，从而降低所得税支出。

（8）可合理规避有关固定资产投资指标的限制。国家政策或上级单位对企业的固定资产投资往往管制较严格，并且需要经过一系列的审批程序，利用租赁业务可以合理规避有关固定资产投资指标的限制。

二、租赁业务种类及流程

（一）租赁业务的种类

按照发展阶段融资租赁可分为传统的和创新的融资租赁。传统的融资租赁即直接租赁，是融资租赁的主要形式。创新的融资租赁是国外融资租赁较发达的国家所开发出来的新业务方式，主要包括杠杆租赁、转租赁、售后回租、收益百分比租赁、风险租赁等。据统计，在美国的租赁总额中，直接租赁占45%，杠杆租赁占40%，在日本和德国的租凭总额中，杠杆租赁也发展很快。

1. 直接租赁

直接租赁是一种最简单、最普遍的租赁方式，在融资租赁业发展初期基本上都采用这种方式。承租人选择需购买的设备，出租人负责向供货人采购付款，并将设备租给承租人使用，租赁期间，承租人支付租金，租赁期满，设备的所有权转移给承租人。直接租赁一般要固定期限、固定每期租金等，手续简便、省时省力，能够满足承租人的紧急需求。

2. 转租赁

转租赁是指租赁公司先以第一承租人的身份向供货人（第一出租人）租进其用户所需要的设备，然后再以第二出租人的身份把设备租给最终用户即承租人使用的租赁方式。转租赁多发生于跨国租赁业务中，由出租人从另一家租赁公司租进设备，然后转租给承租人使用。转租赁业务中租赁公司承担了两种角色，角色一是向第一出租人租入设备的第一承租人，角色二是以出租人身份向承租人提供租赁业务。在该业务中，第二出租人可以不动用自己的资金而通过发挥类似于租赁经纪人的作用而获利，并能分享第一出租人所在国家的税收优惠。

3. 回租租赁

回租租赁简称为回租，行业惯称为"售后回租"，是指由承租人首先将自己的设备出售给出租人，再由出租人（租赁公司）将设备出租给承租人使用的租赁方式。回租租赁业务是承租人和供货人为同一人的融资租赁方式。通过回租可以满足企业改善财务状况、盘活存量资产的需求，并可与租赁公司共同分享政府的投资减税优惠政策，以较低的租金取得继续使用设备的权利。回租强调了租赁的融资功能。

4. 杠杆租赁

杠杆租赁的做法类似于银团贷款，是融资租赁的一种特殊形式，是指一种专门做大型租赁项目的有税收好处的融资租赁。杠杆租赁主要是由一家租赁公司牵头做主干公司，为一个超大型的租赁项目融资。一般租赁公司出项目总金额20%的资金，其余部分的资金来源主要是吸收银行和社会闲散资金。杠杆租赁用"以二搏八"的杠杆方式为租赁项目筹措巨额资金，以便100%利用低税的好处。其余做法与融资租赁基本相同，只不过合同的复杂程度因涉及面广而增大。由于可最大限度地享受税收好处，操作规范，综合效益好，租金回收安全，费用低，杠杆租赁一般用于飞机、轮船、大型通信设备和成套设备的融资租赁。

5. 委托租赁

委托租赁是指委托人基于对受托人的信任，将其合法所有的、不被禁止或限制流通的、适合于租赁的财产进行委托,由出租人按委托人的意愿以自己的名义,为受托人的利益或特定目的,以租赁的方式运用和处分的行为。

6. 收益百分化租赁

收益百分化租赁是指一种把租赁收益和设备使用收益联系起来的租赁方式,承租人向出租人缴纳一定的基本金后,其余的租金是按承租人营业收入的一定比例支付租金,出租人实际参与了承租人的经营活动。

7. 风险租赁

风险租赁是指在成熟的租赁市场上出租人以租赁债权和股权投资方式将设备出租给特定的承租人,出租人获得租金和股东权益收益的一种租赁交易。风险租赁的本质是出租人以承租人的部分股东权益收益作为租金的一种租赁方式。

(二)租赁业务的流程

1. 传统融资租赁的一般流程

直接租赁是传统融资租赁的主要形式,可用于企业的设备更新和购置,涉及的主体包括承租人、供货人(租赁物供应商)和出租人(融资租赁公司)。具体流程如图5-7所示。

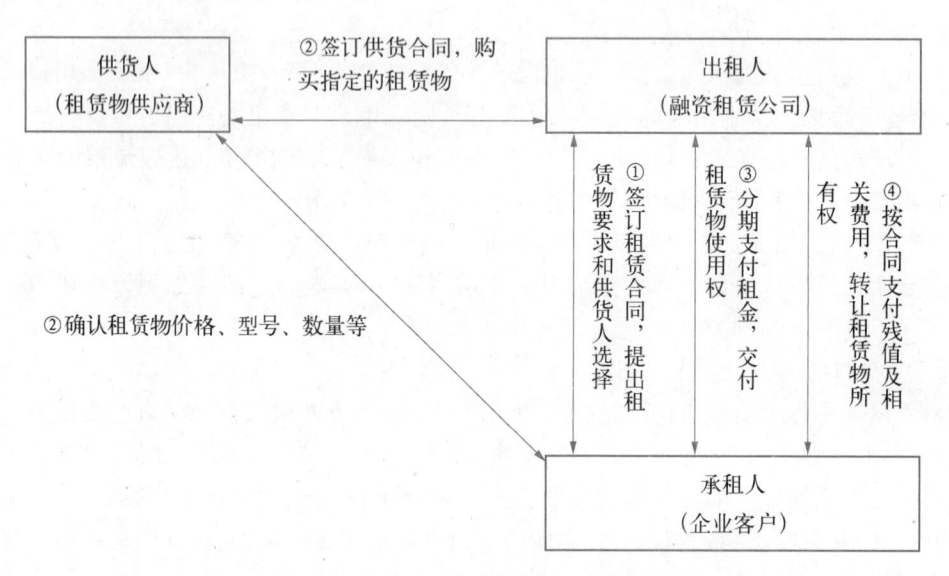

图5-7 直接租赁的一般流程

2. 创新融资租赁的一般流程

转租赁和回租租赁是创新融资租赁的主要形式,与传统融资租赁相比,构成要素基本相同,但租赁形式有所创新。

(1)转租赁。在转租赁业务中,有两个出租人即第一出租人和第二出租人,由第一出租人向供货人购买设备,后出租给承租人,承租人作为第二出租人,继续将设备出租给最终的承租人。租赁物的所有权掌握在第一出租人手中,租赁物的使用权交由最终承租人。具体流程如图5-8所示。

(2)回租租赁。回租租赁是承租人和供货人为同一人的特殊租赁形式,这种租赁形式在注重资金使用效率的经济环境下得到越来越广泛的运用,可以盘活企业现有固定资产,使企业有较多资金保持流动状态。具体流程如图5-9所示。

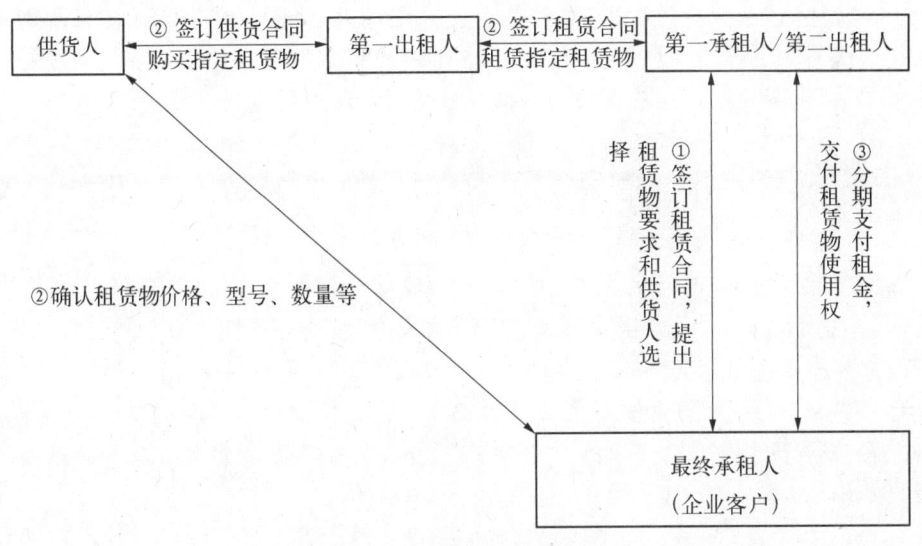

图 5-8 转租赁的一般流程

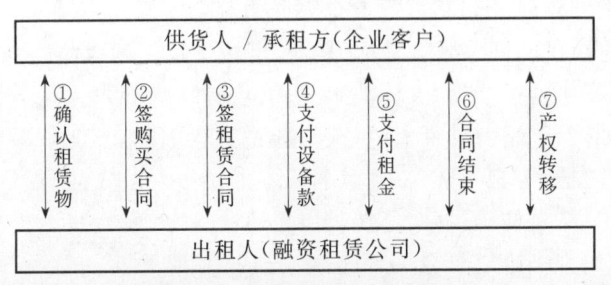

图 5-9 回租租凭的一般流程

第三节 保险业务

一、保险业务概述

自然灾害和意外事故是人类生活中有可能发生、也有可能不发生的或然风险。保险是人们转移风险、补偿损失的最佳手段。

(一) 保险的概念

"保险"在日常生活中出现频率很高,一般是指办事稳妥或有把握的意思。但本书中所述的保险,英文为 insurance,是一个外来词,有其特定的内容和深刻的含义。

1. 保险的定义

保险是指通过合同的形式,运用商业化的经营原则,由保险经营者向投保人收取保险费,建立保险基金,当发生保险责任范围内的事故时或保险条件实现时,保险人对财产的损失进行补偿、对人身伤亡或年老丧失劳动能力时给付的一种经济保障制度。

一般可从经济和法律两个角度来理解保险。从经济角度讲,保险是分摊灾害事故的一种经济方法,保险把具有同样危险威胁的人和单位组织起来,根据保险费率收取保险费,建立保险基金,以补偿财产损失或对人身事件给付保险金。因此,保险对现实生活中面临的危险给予了经济保障;从法律角度讲,保险是一种合同行为,合同双方当事人的权利和义务按照合同或法律的规定履行,投保人向保险人缴纳保险费,以取得向保险人要求补偿损失的权利,保险人则承担按规定补偿被保险人的损失或给付保险金的责任。

小资料

保险的产生

在古代中国,历代王朝都非常重视积谷备荒,春秋时期孔子"耕三余一"的思想体现了保险的思想;在古巴比伦,国王曾下令僧侣、法官及村长等对他们所辖境内的居民收取赋金,用以救济遭受火灾及其他天灾的人们;在古埃及,石匠行业中自发建立一种互助基金组织,向每一成员收取会费以支付个别成员死亡后的丧葬费或受伤后的医疗费;在古罗马,军队中的士兵组织,也以收取会费作为士兵阵亡后对战死士兵的丧葬费和对其遗属的抚恤金。以上是保险的原始形态。

2. 保险的要素

现代商业保险的要素主要包括以下五个方面内容:

(1) 可保风险的存在。可保风险是指保险人可接受承保的风险,须具备以下条件:一是偶然性,即风险既有发生的可能性,又无法事先确定何时、何地发生,也无法确定其是否会有损失及损失的程度如何;二是意外性,即风险不能是意料中的,不能是必定要发生的,如一些已经处于风险状态的财产等是不能保的,且风险不能是被保险人故意行为所造成的;三是纯粹性,即所承保风险只能是纯粹风险,不能是投机风险;四是发生重大损失的可能性,即风险一旦发生,可能给人们带来难以承受的经济损失或长时期的不良影响;五是可测性,即风险发生的概率和损失率是可以计算的。

(2) 大量同质风险的集合与分散。保险的过程,既是风险的集合过程,又是风险的分散过程。保险风险的集合与分散应具备两个前提条件:一是风险的大量性,这是基于风险分散的技术要求,也是概率论和大数法则原理在保险经营中得以运用的条件;二是风险的同质性,是指风险单位在种类、品质、性能、价值等方面大体相近。

(3) 保险费率的厘定。在厘定保险费率时需要坚持适度、合理与公平的原则,适度是指应能足以抵补一切可能发生的损失以及有关的营业费用,合理是指不能获得过多或超额利润,公平是指被保险人的风险状况应与其承担的费率相当。此外,保险费率的厘定还应以完备的统计资料为基础,运用科学的计算方法。

(4) 保险基金的建立。保险基金是指用以补偿或给付因自然灾害、意外事故和人体自然规律所致的经济损失和人身损害的专项货币基金,保险基本职能的实现是建立在具有一定规模的保险基金基础之上的。

(5) 保险合同的订立。保险合同是保险双方当事人履行各自权利与义务的依据,是体现保险经济关系存在的形式。保险人、被保险人以及保险责任的确立均依赖于保险合同的订立。

3. 保险的特征

保险的特征主要体现在经济性、商品性、互助性、法律性和科学性五个方面。经济性是指保险是一种经济保障活动,其目的在于通过保险补偿或给付而实现经济保障;商品性是指保险反映的是一种等价交换的经济关系,具备一般商品的交易性质;互助性是指保险是大多数人为发生保险事故的少数人进行的一种经济互助行为;法律性是指保险是一种合同行为,双方当事人以合同约定各自享有权利及承担的义务;科学性是指保险是一种处理风险的科学有效措施。

(二)保险的职能

保险的职能分为基本职能和派生职能,基本职能是保险在一切经济条件下均具有的职能,派生职能是随着社会的发展而从基本职能中逐渐衍生出来的。

1. 基本职能

分摊损失和补偿损失构成了保险的基本职能。分摊损失是补偿损失的手段,补偿损失是保险的最终目的。面临共同风险的单位和个人作为投保人向保险人缴纳保险费,保险人成立一笔保险资金,用于风险发生后对投保人的赔付或给付,实现空间上和时间上的共同分摊损失。从空间上看,是将少数投保人的损失平均分摊给全体投保人来承担;从时间上看,是通过预收损失分担金,对未来实际发生的损失进行的补偿,这种补偿可以是对灾害事故所致的经济损失,也可以是约定支付的保险金,还可以是补偿被保险人依法应承担的对第三方的经济赔偿责任等。

2. 派生职能

保险的派生职能主要包括融通资金和社会管理。

融通资金是指保险人将保险资金中的闲置部分参与社会资金的融通。由于保险保费收入与赔付支出之间存在时间差,保险人收取的保险费与赔付支出之间存在数量差,使得保险人手中随时具备一笔闲置资金,为了实现保险资金的增值与保值,保险人将对保险资金进行运用,让其重新投入到社会再生产的过程。

社会管理是随着保险基金规模的增大而出现的,主要体现在以下四个方面:一是社会保障管理方面,保险作为社会保障体系的有效组成部分,在完善社会保障体系方面发挥着重要作用,是社会保障的很好的补充;二是社会风险管理方面,保险人积累了大量有关风险灾害资料、数据,储备了大量风险管理专家,可为整个社会提供数据和智力支持与风险管理专业服务;三是社会关系管理方面,灾害事故往往涉及多个经济主体,保险的参与可减少社会摩擦,起到"社会润滑剂"的作用;四是社会信用管理方面,保险坚守最大诚信原则,其产品以信用为基础,以法律作保障,保险合同履行的过程实际上就为社会信用体系的建立和管理提供了大量重要的信息来源,实现社会信息资源的共享,有助于推动社会信用制度建设。

(三)保险的基本原则

1. 最大诚信原则

保险双方当事人在签订和履行保险合同时必须以最大的诚意履行自己的义务,互不欺骗和隐瞒,遵守合同的认定与承诺,主要体现在告知、保证和弃权与禁止反言三个方面:

(1)告知。一是保险人的告知义务,即保险人应该对保险合同的内容即术语、目的进行明确说明;二是投保人的如实告知义务,即投保人应该对保险标的的状况如实告知。

(2)保证。保险人要求投保人或被保险人对某一事项的作为或不作为,某种事态的存在或不存在作出许诺。保证较明确的一种是保险合同上有明确规定的保证,如盗窃险中保证安装防盗门、人身保险中驾驶车辆必须有有效的驾驶证;不需明确的保证称为默示保证,如海上保险中,投保人默示保证适航能力、不改变航道、航行的合法性等。

(3)弃权与禁止反言。弃权是当事人放弃在合同中的某种权利。例如,投保人明确告知保险人保险标的的危险程度足以影响承保,保险人却保持沉默并收取了保险费,这时构成保险人放弃了拒保权;再如,保险事故发生时,受益人在合同规定的期限不索赔,构成受益人放弃主张保险金的权利。禁止反言指既然已经放弃某种权利,就不得再主张该权利。例如上面第一个例子,保险人不能在承保后,再向投保人主张拒保的权利。

2. 保险利益原则

保险利益原则是保险的基本原则,它的本质内容是指投保人以不具有保险利益的标的投保,保险人可单方面宣布合同无效;保险标的发生保险责任事故,被保险人不得因保险而获得不属于保险利益限度内的额外利益。我国《保险法》明确规定:"投保人对保险标的应当具有保险利益。"同条第2款规定:"投保人对保险标的不具有保险利益的,保险合同无效。"

3. 补偿原则

补偿原则是指保险标的发生在保险责任范围内的损失,通过保险赔偿,使被保险人恢复到受灾前的经济原状,但不能因损失而获得额外收益。补偿以保险责任范围内损失的发生为前提,即有损失有补偿,无损失则无补偿,补偿以实际损失为限,即以投保人恢复到受损前的经济状态为限。

代位追偿原则是损失补偿原则的派生原则,指在财产保险中,保险标的发生保险事故造成推定全损,或者保险标的由于第三者责任导致的损失,保险人按照合同约定进行赔偿责任后,依法取得对保险标的的所有权或对保险标的的损失负有责任的第三者的追偿权。代位追偿原则适用于财产保险,不适用于人身保险。

4. 近因原则

近因原则是指判断风险事故与保险标的损失之间的因果关系,从而确定保险赔偿责任的一项基本原则。近因是指在风险和损失之间,导致损失的最直接、最有效、起决定作用的原因,而不是指时间上或空间上最接近的原因。在风险与保险标的损失关系中,如果近因属于被保风险,保险人应负赔偿责任;如属除外风险或未保风险,保险人不负赔偿责任。例如,某人投保了综合意外险,某日,过马路被汽车撞倒,造成伤残并住院治疗,在治疗过程中却因急性心肌梗死而死亡。在以上案例中,虽然被保险人在该保险公司购买综合意外险,但由于其死亡的近因是急性心肌梗死,属未保风险,因此保险公司不负赔偿责任。

二、保险业务的种类和常见保险产品

(一) 保险业务的种类

(1) 按照保险性质划分,保险可分为商业保险、社会保险和政策保险。商业保险是指保险公司根据保险合同约定,向投保人收取保险费,对于合同约定的发生造成的财产损失承担赔偿责任;或当被保险人死亡、伤残、疾病或者达到合同约定的年龄、期限时承担给付保险金责任的一种合同行为。社会保险是指国家通过立法强制实行的,由劳动者、企业或社区、以及国家三方共同筹资,建立保险基金,对劳动者因年老、工伤、疾病、生育、残废、失业、死亡等原因丧失劳动能力或暂时失去工作时,给予劳动者本人或供养直系亲属物质帮助的一种社会保障制度。政策保险是指为了体现一定的国家政策,如产业政策、国际贸易政策,国家通常会以国家财政为后盾,举办一些不以营利为目的的保险。政策保险由国家投资设立的公司经营,或由国家委托商业保险公司代办。这些保险所承保的风险一般损失程度较高,但出于种种考虑而收取较低的保险费,若经营者发生经营亏损,国家财政给予补偿。常见的政策性保险有出口信用保险和农业保险等。

(2) 按照立法形式划分,保险可分为人身保险和财产保险。人身保险是指以人的寿命和身体为保险标的的一种保险。投保人按照保单约定向保险人缴纳保险费,当被保险人在合同期限内发生死亡、伤残、疾病等保险事故或达到合同约定年龄、期限时,由保险人按照合同约定承担给付保险金责任。根据保障范围的不同,人身保险可分为人寿保险、意外伤害保险和健康保险。财产保险是指以财产及其相关利益为保险标的,对保险事故发生导致的财产损失,以金钱或实物进行补偿的一种保险。财产保险有广义与狭义之分,广义的财产保险包括财产损失保险、责任保险、保证保险等,狭义的财产保险是以有形的物质财富及其相关利益为保险标的的一种保险,包括火灾保险、海上保险、汽车保险、航空保险、利润损失保险、农业保险等。此处的财产保险指广义的财产保险。

(3) 按照实施方式划分,保险可分为自愿保险和强制保险。自愿保险也称任意保险,是指保险双方当事人通过签订保险合同,或是由需要保险保障的人自愿组合而实施的一种保险。强制保险又称法定保险,是国家对一定群体对象以法律、法令或条例规定其必须投保的一种保险。强制保险的保险关系不是产生于投保人与保险人之间的合同行为,而是产生于国家或政府的法律效力。

(4) 按照保险标的划分,保险可分为财产保险、责任保险、信用保证保险和人身保险。此处的财产保险,是指狭义的财产保险。责任保险是指以被保险人依法应负的民事损害赔偿责任或经过特别约定的合同责任为保险标的的一种保险,包括公众责任保险、产品责任保险、职业责任保险和雇主责任保险。信用保证保险是以信用风险作为保险标的的保险,是一种具有担保性质的保险。当债权人作为投保人向保险人投保债务人的信用风险时就是信用保险,当债务人作为投保人向保险人投保自己的信用风险时就是保证保险。

(5) 按照承包方式划分,保险可分为原保险、再保险、复合保险、重复保险和共同保险。原保险是相对于再保险而言的,是指投保人与保险人直接签订保险合同而建立保险关系的一种保险。再保险又称分保,是指保险人在原保险合同的基础上,通过签订合同的方式,将其所承担的保险责任向其他保险人进行保险的行为。复合保险是指投保人以保险利益的全部或部分,分别向数个保险人投保相同种类保险,签订数个保险合同,其保险金额总和不超过保险价值的一种保险。重复保险是指投保人以同一保险标的、同一保险利益、同一风险事故分别与数个保险人订立保险合同的一种保险。重复保险与复合保险的区别在于,其保险金额的总和超过保险价值。共同保险是指投保人与两个以上保险人之间就同一保险利益、同一风险共同缔结保险合同的一种保险。

(二) 我国常见的保险产品

按照我国《保险法》的规定,保险分为人身保险和财产保险。因此,这里只介绍目前市场上常见的人身保险产品和财产保险产品。

1. 常见的人身保险产品

(1) 定期寿险。定期寿险是指以被保险人在规定期限内发生死亡事故为前提而由保险人负责给付保险金的人寿保险,期限分为1年、5年、10年、20年、至65岁、至70岁等。

其特点是:定期寿险属于纯保障类产品,保险成本较低;不具备储蓄性,即若被保险人在保险期限届满仍然生存,则不能得到保险金的给付,且已交纳的保险费不再退还;可以没有现金价值,即无退保金;适合家庭中的主要经济来源者,特别是家庭的唯一收入来源者。

定期保险有以下种类：① 定额定期寿险。保险金额在整个保险期间内保持不变，保费也通常保持不变。② 递减定期寿险。保险金额在整个保险期间内逐步递减，如抵押贷款保障保险和家庭收入保险，保费也通常递减。③ 递增定期寿险。保险金额在整个保险期间内逐步递增，递增方式可以是按约定金额或比例递增，也可以是按生活费用指数递增。下面给出定期寿险产品的示例与分析。

产品示例一：某公司幸福定期保险（A）（部分内容）。

"第二条　保险期间

本保险为定期保险，保险期间由投保人和本公司约定并于保险单上载明。本公司所承担的保险责任自本公司同意承保、收取首期保险费并签发保险单的次日零时开始，至本合同约定终止时止。

第四条　保险责任

在本合同保险责任有效期内，本公司承担下列保险责任：被保险人于本合同生效日起一年内因疾病身故，本公司按保险金额的10%给付'身故保险金'，并无息返还所交保险费，保险责任终止。被保险人因意外伤害事故身故或于本合同生效日起一年后因疾病身故，本公司按保险金额给付'身故保险金'，保险责任终止。"

从以上示例可以看出，该款定期寿险产品的保险合同中明确了保险期间和保险责任，定期寿险产品的保险责任以发生死亡事故为前提，当死亡事故在保险合同生效日起一年内时，仅给付10%的身故保险金。

产品示例二：某公司定期保险（部分内容）。

"第十七条　可转换权益

在本合同有效期间内，投保人可于本合同生效满二年后任一年的生效对应日将本合同转换为本公司当时认可的终身保险、两全保险或养老保险合同而无须核保，但其保险金额最高不超过本合同的保险金额，且被保险人年满四十五周岁的生效对应日以后不再享有此项权益。

转换后的新合同将于转换日开始生效，本公司将按本合同原核保等级、转换之日被保险人的年龄及新合同的费率计算保险费。"

从以上示例可以看出，定期寿险的保险条款中有可转换条款（convertibility），该条款可以将定期寿险转换为带有现金价值的其他人寿保险，转换时无须提供可保证明，转换限制通常为年龄或期限限制。

可转换选择相当于一个"买入期权"，含有可转换条款的保单保费略高于同类不可转换的保单。除此以外，定期寿险还有可续保条款（renewability），是指在定期寿险期限届满前可以选择续保，无须提供可保证明，续保保费逐期递增，通常对续保有年龄限制，且续保保险金额和期限等于或少于原有保单。含有可续保条款的保单保费略高于同类不可续保的保单，高出部分相当于期权费。

（2）终身寿险。终身寿险是指终身提供死亡或全残保障的保险，通常以均衡费率而非自然费率形式缴纳保费。其特点是：提供终身保险保障，保费固定不变；保单有现金价值，保险费相对较高；缴费年限一定，可以是10年、20年，缴费期满后不用再交保费，保障额度随现金值的增加而增加；同一份保单，缴费期限不同，保单的现金价值不同。

终身保险按照缴费期限的不同可分为三类：一是连续缴费终身寿险（普通寿险），缴费期限由投保开始至死亡时止；二是限期缴费终身寿险，限期是指限定缴费期限可以是5

年、10年、20年等,或直接限定最高缴费年龄;三是趸缴终身寿险,是指一次性缴清全部保费。

下面是某公司祥福终身保险产品示例(部分内容)。

"第 X 条　保险期间终身保险的保险期间为终身。本公司所承担的保险责任自本公司同意承保、收取首期保险费并签发保险单的次日零时开始,至本合同约定终止时止。

第 Y 条　保险责任

在本合同保险责任有效期内,本公司承担下列保险责任:被保险人于本合同生效日起一年内因疾病身故,本公司按保险金额的10%给付'身故保险金',并无息返还所交保险费,保险责任终止。被保险人因意外伤害事故身故或于本合同生效日起一年后因疾病身故,本公司按保险金额给付'身故保险金',保险责任终止。"

从上示例可以看出,终身保险的保险期限为终身,不同于定期寿险有固定的期限,保险责任与定期寿险基本相同,另外,终身寿险有现金价值,而定期寿险一般无现金价值。

(3) 两全寿险。两全寿险是指无论被保险人在保险期间内死亡,或活至保单期满,都要支付保险金的保险产品,其实质相当于"定期寿险+储蓄",目前市场上的许多寿险产品均具备两全寿险的性质。

两全寿险的特点是:承保责任全面,保险费率最高,所缴保费中,既有保障的因素,又有储蓄的因素,且储蓄因素占比较高。

下面是某公司福瑞两全保险产品示例(部分内容)。

"第四条　保险期间

保险期间分5年、10年、15年、20年四种,投保人可选择其中一种作为本合同的保险期间,但保险期满时被保险人的年龄不得超过七十周岁。

第五条　保险责任

在本合同有效期间内,本公司负以下保险责任:一、被保险人生存至保险期满的生效对应日,本公司按保险单载明的保险金额给付满期保险金,本合同终止。二、被保险人身故,本公司按保险单载明的保险金额给付身故保险金,本合同终止。"

从以上示例可以看出,两全寿险既保生存又保死亡,保生存是指生存至保险期满可获得满期保险金,保死亡指保险人身故,其受益人可获得身故保险金。

(4) 分红寿险。分红寿险是指保险公司将其实际经营成果优于定价假设的盈余,按一定比例向保单持有人进行分配的人寿保险产品。根据保监会规定,每一个会计年度保险公司应将不低于当年全部可分配盈余的70%分配给保单持有人。

分红寿险是一种储蓄型保险产品,获得保险公司的年度分红是保单持有人的购买目的,但分红率是浮动的,没有保障的。红利来源于死差益、利差益和费差益,红利领取方式分为现金领取、累积生息、抵缴保费和缴清增额保险。

投保分红寿险需注意以下三方面问题:第一,分红保险的分红率是浮动的,保险公司分红险的最低利率是2.5%,低于当时现行的银行存款利率;第二,保单保本的先决条件是持有该保单一定年限,若提早解约,特别是在保单生效后三五年内就提前退保,那很可能就会亏本;第三,关于分红率的问题,每年的分红率是浮动的,且无法保证,要根据当年保险公司的年度分红总收入确定,因此,每年的分红可能会很高,可能超过存款利率,但也有可能分红为零。

(5) 投资连结寿险。投资连结寿险是指包含保险保障功能并至少在一个投资账户拥有一定资产价值的人身保险,属于一种储蓄型寿险产品。其特点是:保险账户分为保障和投资账户;死亡保险金的大小与投资账户的投资表现直接相关;通常设有多个不同特点的投资账户供投保人选择,如稳健型、成长型等;投资账户是独立的(本身与保险公司其他账户分离,而且不同投资账户之间也相互分离)。

下面是某公司世纪理财投资连结保险产品示例(部分内容)。

"第二条 保险责任

在本合同有效期内,本公司承担下列保险责任:

一、身故保险金

被保险人在保险期间内身故,本公司根据本合同项下的投资单位价值总额或者保险金额,取两者中金额较大者,给付身故保险金,本合同终止。

本合同项下的投资单位价值总额根据本公司收到被保险人死亡证明书后的下一个资产评估日的投资单位卖出价和本合同项下的投资单位数计算。"

从以上示例可以看出,在投资连结保险中,身故保险金的大小与投资账户的投资表现直接相关,应选取投资单位价值总额和保险金额中的较大者。

(6)意外伤害保险。意外伤害保险是指以被保险人因遭受意外伤害造成死亡、残废为给付保险金条件的人身保险业务。意外伤害包括意外和伤害两层含义,意外伤害保险中所称意外伤害是指在被保险人没有预见到或违背被保险人意愿的情况下,突然发生的外来致害物对被保险人的身体明显、剧烈地侵害的客观事实。其特点有两个方面:一是保险公司承担保险责任的必要条件是被保险人在保险期限内遭受了意外伤害,被保险人死亡或伤残,意外伤害是导致被保险人死亡或残废的直接原因或近因;二是身故保险金按保险金额给付,残疾保险金按残疾程度百分率计算给付金额。

意外伤害保险可根据不同分类标准进行分类:一是按保险责任分类,可分为意外伤害死亡残废保险、意外伤害医疗保险和意外伤害停工保险;二是按投保动因分类,可分为自愿意外伤害保险和强制意外伤害保险;三是按保险危险分类,可分为普通意外伤害保险和特定意外伤害保险;四是按保险期限分类,可分为一年期意外伤害保险、极短期意外伤害保险和多年期意外伤害保险。

下面是某公司某意外伤害保险产品示例(部分内容)。

"第XX条 保险责任:

(1)意外残疾保险金

被保险人在保障期内遭遇意外伤害事故而导致身体残疾,按基本保险金额的10%～100%给付意外残疾保险金(《人身保险残疾程度与保险金给付比例表》七级三十四项)。

(2)意外身故保险金

被保险人在保障期内遭遇意外伤害事故而导致身故,按基本保险金额给付意外身故保险金(如已有意外残疾保险金给付,则需扣除已给付部分)。

(3)公共交通意外伤害额外保险金

被保险人以乘客身份持有效客票乘坐商业运营的客运民航班机、水陆客运公共交通工具期间发生意外,在给付上述意外身故保险金或意外残疾保险金后,再按同等金额给付公共交通意外伤害额外保险金。

责任免除:

因下列情形之一,导致保险事故的,我们不承担给付保险金的责任:

(1) 投保人对被保险人的故意杀害、故意伤害；

(2) 被保险人故意自伤、故意犯罪、抗拒依法采取的刑事强制措施；

(3) 被保险人自杀，但被保险人自杀时为无民事行为能力人的除外；

(4) 被保险人醉酒，主动吸食或注射毒品；

(5) 被保险人酒后驾驶、无有效驾驶证驾驶，或驾驶无有效行驶证的机动车；

(6) 被保险人因妊娠（含宫外孕）、流产、分娩（含剖宫产）导致的伤害；

(7) 被保险人从事潜水、跳伞、攀岩、蹦极、驾驶滑翔机或滑翔伞、探险、摔跤、武术比赛、特技表演、赛马、赛车等高风险运动；

(8) 被保险人违反承运人关于安全乘坐的规定；

(9) 战争、军事冲突、暴乱或武装叛乱；

(10) 核爆炸、核辐射或核污染。"

从以上示例可以看出，意外伤害保险的保险金分为意外残疾保险金和意外身故保险金，其中残疾保险金根据残疾程度按比例给付；意外伤害保险通常会有针对公共交通工具的额外保险金；意外伤害保险条款中对于责任免除有明确的规定。

2. 常见的财产保险

家庭财产保险是财产保险中最常见的品种。

(1) 含义。家庭财产保险（简称家财险）是以居民室内的有形财产为保险标的的保险，由保险人为居民或家庭遭受的财产损失提供及时的经济补偿。凡存放、坐落在保险单列明的地址，属于被保险人自有的家庭财产，都可以向保险人投保家庭财产保险。

(2) 特点。一是保险期限可长可短；二是保险金额根据保险财产的实际价值确定，并将财产项目分别列明；三是保险费依照保险人规定的家庭财产保险费率计算，被保险人应当在起保当天一次缴清保险费。

(3) 种类。根据被保险人的不同需要，家庭财产保险可以分为普通家庭财产保险（保险期限为1年期）、定期还本家庭财产保险（保险期限为1年期、3年期和5年期）。

下面是某公司家庭财产保险事例：XX家庭财产综合保险条款（部分内容）。

"第一章 可保财产

第一条 凡是存放在本保险单上载明的地点，属于被保险人所有的下列家庭财产均可作为保险标的，由投保人向保险人办理投保手续。

……

第二章 不保财产

第二条 下列财产不在保险财产范围之内：

……

第三章 保险期限

第三条 保险期限分为一年、三年、五年期，长效还本保险为一年至八年有效。自办理投保手续并交纳保险费次日零时起到规定期满日的二十四时止。

第四章 保险金额

第四条 由被保险人根据保险财产的实际价值自行确定，并且按照保险单上规定的保险财产项目分别列明。

第五章 保险费

第五条 本保险分为非还本及还本保险两种形式，由投保人自愿选择，被保险人应当在投保时依照收费标准一次缴清保险费。收费标准请详见附表。

第六章　保险责任

第六条　保险人仅对由于下列原因造成保险财产的经济损失负赔偿责任：

……

第七章　除外责任

……

家庭财产险附加盗窃险条款

本保险为家产财产险附加险，只有在投保人投保了家庭财产险的基础上，经保险人同意，才能投保家庭财产附加盗窃险，其保险金额以不超过投保人投保的家庭财产险的保险金额为限。

此经投保人（或被保险人）与保险人双方约定：本保险单承保的家庭按照以下规定附加盗窃保险。

……

本附加险的其他未尽事宜按照家庭财产保险条款规定办理。"

从以上示例可以看出，投保人在投保家庭财产保险时，关于保险期限，可根据需要选择长期或短期；财产保险适用补偿性原则，因此要合理确定保险价值与保险金额，赔款时的分摊原则为共保分摊，即不足额投保则按投保比例赔付，重复投保则按各投保单的保险金额进行分摊，总赔付额不得高于保险价值；此外，家庭财产保险中还可附加其他条款如盗窃险条款等。

内容结构图

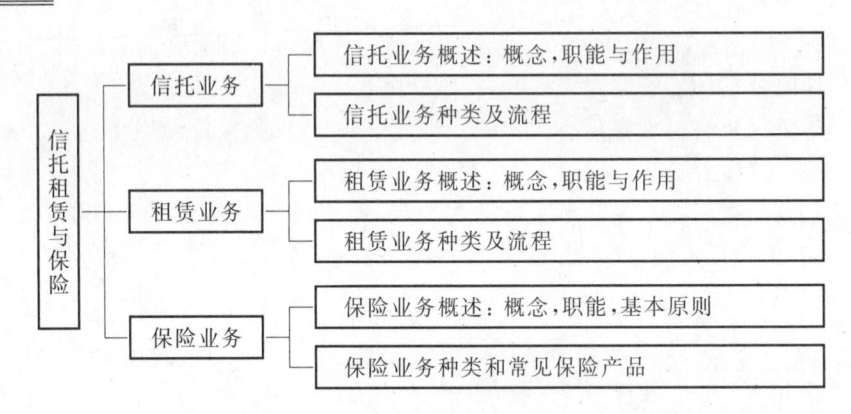

```
                    ┌─ 信托业务 ─┬─ 信托业务概述：概念，职能与作用
                    │           └─ 信托业务种类及流程
信托租赁与保险 ─────┼─ 租赁业务 ─┬─ 租赁业务概述：概念，职能与作用
                    │           └─ 租赁业务种类及流程
                    └─ 保险业务 ─┬─ 保险业务概述：概念，职能，基本原则
                                └─ 保险业务种类和常见保险产品
```

重点概念

信托　资金信托　财产信托　有价证券信托　个人信托　法人信托　共同信托　自益信托　宣示信托　公益信托　民事信托　商事信托　担保信托　集合信托　直接租赁　转租赁　售后回租　杠杆租赁　融资租赁　保险　人身保险　财产保险　强制保险　信用保证保险　再保险　定值保险　超额保险

复习思考题

1. 信托与委托代理有什么联系和区别？
2. 创新的融资租赁包括哪些业务品种？各有哪些特点？
3. 人身保险产品主要包括哪几类？其中常见的人身保险产品有哪些？各有什么特点？

实训项目

1. 信托实训项目

登录第一信托网，在该网站寻找到一个正在发行的信托产品，阅读该信托产品的相关介绍并认真分析，寻找出该信托的信托目的、信托主体和信托客体，分析该信托应属于本章中介绍的哪种类型的信托，并参照教材中的信托业务流程图，将该信托的流程图简要画出来。

2. 保险实训项目

（1）人身保险产品营销

王女士，35岁，想购买一款兼具保险、储蓄、投资功能的保险产品，请选择合适的保险产品向王女士介绍。

（2）人身保险理赔案例分析

2010年8月，王先生投保了一份终身寿险，保险金额为30万，被保险人为王先生本人，受益人为王先生妻子。2012年3月，王先生经医院诊断为突发性精神分裂症，治疗期间，病情进一步恶化，最终自杀身亡。事发之后，王先生妻子以保险合同中列明"被保险人因疾病而身故，保险人给付死亡保险金"为由向保险公司提出给付死亡保险金的索赔要求，而保险公司根据保险法规定，认为王先生是自杀身亡，且自杀行为发生在订立合同之后的两年之内，因此，拒绝了王先生妻子的索赔要求，只同意退还保单的现金价值。

问题：保险公司的处理是否合理？请说明理由。

第六章 国际金融

【学习目标】
1. 掌握外汇的概念和具体内容，掌握外汇汇率概念、标价方法及分类。
2. 掌握国际收支的主要内容与国际收支的调节措施，了解国际不平衡的原因。
3. 了解国际金融机构及区域性国际金融机构及其宗旨。
4. 掌握各种国际融资方式。

第一节 外汇与外汇汇率

一、外汇的概念、分类及其作用

（一）外汇的概念

外汇原意是指外国货币，现在通常是指以外币表示的用于国际结算的支付手段。它是国际上通用的"国际汇兑"（foreign exchange）一词的同义语。

外汇具有动态的和静态的两种含义。外汇的动态含义是指把一个国家的货币兑换成另一个国家的货币，借以清偿国际间债权债务关系和完成国际间的资本流动的专门性的经营活动。它所包括的具体内容有：

(1) 在国际结算中支付工具、信用工具的创造、买卖及其价格的确定和影响其变动的各种因素；

(2) 在国际经济活动中资金的供应、调拨和汇兑的种类和方法；

(3) 把一个国家的货币兑换成另一个国家的货币及其流动的技术；

(4) 关于外汇市场汇率的稳定和干预的行为和方法。

外汇的静态含义是指以外币表示的支付手段，用于国家之间的结算。国际货币基金组织对外汇的概念曾做如下解释："外汇是货币行政当局（中央银行、货币机构、外汇平准基金组织及财政部）以银行存款、财政部库存、长短期政府证券等形式所保有的在国际收支逆差时可以使用的债权。"

从我国情况看，根据2008年新修订的《中华人民共和国外汇管理条例》第三条规定，外汇是指下列以外币表示的可以用作国际清偿的支付手段和资产：① 外币现钞，包括纸币、铸币；② 外币支付凭证或者支付工具，包括票据、银行存款凭证、银行卡等；③ 外币有价证券，包括债券、股票等;④ 特别提款权(SDR);⑤ 其他外汇资产。

> **小资料**
>
> **特别提款权**
>
> 特别提款权(special drawing right)是国际货币基金组织(IMF)于1969年9月正式决定创造的无形货币。它作为会员国的账面资产,是会员国普通提款权以外的提款权利,故称特别提款权。特别提款权价格由四种货币分配不同的权重确定,国际货币基金组织定期对权重进行调整。目前的权重为美元占41.9%;欧元占37.4%;英镑占11.3%;日元占9.4%,于2011年1月1日起实施。

从上述解释可以看出,凡是称为外汇的,都必须具有如下特征:第一,以外币表示的资产;第二,可以兑换成其他形式的资产或支付工具。

(二) 外汇的分类

外汇可以从不同的角度进行分类,其主要分类有:

(1) 按是否可以自由兑换可分为自由外汇与记账外汇。自由外汇系指在国际金融市场上可以自由买卖,在国际结算中广泛使用,并能不受限制地兑换成其他国家货币或者可以向第三者办理支付的外国货币及其支付手段。目前,属于自由外汇范围且使用最广泛的货币是美元、英镑、瑞士法郎、日元、港币、加拿大元等。用这种可自由兑换货币结算的进出口贸易叫作现汇贸易。

记账外汇是指不经货币发行国批准,不能自由兑换成其他货币,或者对第三者进行支付的外汇。记账外汇是在两国政府间签订的支付协定规定使用的外汇。记账外汇可以是本国货币或对方国货币或第三国的货币,所以又称为双边外汇。用记账外汇结算的进出口贸易称为协定贸易。

(2) 按照外汇来源和用途分类可分为贸易外汇和非贸易外汇。

贸易外汇是指一国出口贸易收入的外汇和进口贸易支出的外汇,以及与进出口贸易有关的从属费用外汇。

非贸易外汇是指进出口贸易以外所收支的各项外汇。

(3) 按照外汇管理的对象可分为居民外汇和非居民外汇,单位外汇和个人外汇。

(三) 外汇的作用

外汇是伴随着国际贸易和国际经济技术合作与交流的发展而产生的。在国际经济交往活动中,外汇是不可缺少的工具,对促进国际间经济贸易以及政治文化交流,起着重要的作用。

(1) 外汇是国际清偿债权债务的支付手段,对扩大国际信用范围和国际资金融通的规模以及促进国际经济贸易的发展都有着重要作用。

(2) 作为一种支付手段和信用,外汇对调剂国际间的资金余缺,促进国际投资的发展起着重要作用。

(3) 外汇可以使各国的购买力互相转移,促进国际间商品流通和货币流通,对扩大国际经济技术分工与合作起着促进作用。

(4) 作为一种储备资产,外汇是一国的国际收支的最终平衡手段。外汇储备资产的多少,不仅影响一国的国际收支,而且影响本国货币对外国货币的比值,进而影响本国商品的出口竞争力。

二、外汇汇率

(一) 外汇汇率的概念及其标价方法

外汇汇率是指一个国家的货币折算成另一个国家货币的比率。也就是说,它是在两国货币之间用一国货币单位所表示的另一国货币单位的价格。简言之,汇率就是两种不同货币之间的比价。

确定两种不同货币之间的比价,先要确定以哪个国家的货币作为标准。由于标准不同,所以产生了不同的外汇汇率标价方法。

1. 直接标价法

这种标价法又称应付标价法,是指以一定单位的外国货币为标准,来计算应付多少本国货币。在直接标价法下,外国货币数额是固定不变的,折合本国货币的数额随着外国货币或本国货币的币值变化而变化。目前,国际上绝大多数国家都采用直接标价法,我国外汇牌价也采用此法。

在直接标价法下,如果汇率上升,则本国货币对外国货币的汇价降低,外国货币对本国货币的汇价上涨;反之,如果汇率下降,则本国货币对外国货币的汇价上涨,外国货币对本国货币的汇价降低。

2. 间接标价法

这种标价法又称应收标价法,是指以一定单位的本国货币为标准,折算为一定数额的外国货币来计算应收多少外国货币。在间接标价法下,本国货币的数额固定不变,汇价涨跌都以相对的外国货币数额的变化来表示。一定单位的本国货币折算的外国货币数量越多,说明本国货币汇率上涨,即本国货币币值上升或外国货币币值下降。反之,一定单位本国货币折算的外国货币数量越少,说明本国货币汇率下跌,即本国货币币值下降或外国货币币值上升。目前,世界上只有美国、英国、澳大利亚等少数国家采用间接标价法。

汇率两种标价方法的对币值升降变化恰好相反,所以,在引用某种货币的汇率和说明其汇率高低涨落时,通常需要明确其采用的标价方法。

3. 美元标价法

美元标价法又称纽约标价法,是指以一定单位的美元为标准来计算应兑换多少其他货币的汇率表示方法。在纽约国际金融市场上,美元标价法除对英镑用直接标价外,对其他外国货币用间接标价法标价。美元标价法由美国在1978年9月1日制定并执行,目前是国际金融市场上通行的标价法。采用美元标价法的原因主要有:① 美元是国际金融市场的主导货币,许多商品如石油、咖啡、黄金等都是以美元标价并进行结算,外汇市场上各种货币的交易中美元占有很大的份额。② 采用美元标价法可以简化外汇银行和外汇交易商的报价。在美元标价法下,基准货币是美元,标价货币是其他国家或地区的货币。

(二) 外汇汇率的种类

外汇汇率的种类很多,根据其用途不同,可以分为如下几种:

(1) 按制定汇率的不同方法划分,可分为基本汇率和套算汇率。基本汇率是指本国货币与某特定外国货币的汇率。外国货币种类很多,各国都有其不同的货币制度。在制定汇率时,必须选择某一国货币作为主要对象,这种货币又叫关键货币,用本国货币与这种货币的实际价值对比所得到的汇率就是基本汇率。目前,大多数国家选择的关键货币是美元。套算汇率是根据基本汇率套算出来的本国货币与外国货币的比价。

(2) 按银行买卖外汇的汇率划分可分为买入汇率、卖出汇率和中间汇率。买入汇率也称买入价,是银行向同业银行或客户买入外汇时所使用的汇率。卖出汇率也称卖出价,是银行向同业银行或客户卖出外汇时所使用的汇率。中间汇率亦称中间价,即买入汇率与卖出汇率的平均数。媒体报道汇率时如不加说明,通常指的是中间汇率。

买入、卖出外汇都是从银行角度出发的,买入汇率较低,卖出汇率较高。银行通过外汇买卖从中赚取差额,作为一种业务收益。

(3) 按外汇管理的宽严程度划分,可分为官方汇率和市场汇率。官方汇率是指一个国家官方公布的汇率。官方汇率原则上根据本国货币同其他国家货币的法定含金量之比确定,如果一国货币没有法定含金量,则由两国物价水平的对比来确定。官方汇率比较稳定,只有在政府当局宣布其货币法定升值或贬值时才变动。市场汇率是指在外汇市场进行外汇交易的实际汇率。在严格实施外汇管制的国家里,市场汇率多为黑市交易中的非法汇率。但在外汇管制较松的国家里,市场汇率是合法汇率。

(4) 按银行汇款方式划分,分为电汇汇率、票汇汇率、信汇汇率。电汇汇率是指银行在售出外汇的当天,即以电报委托其国外分行或代理行,将汇款付给收款人的一种汇率。这种方式,由于银行不能利用资金,所以汇率最高。电汇汇率是两国货币的真实比价的反映,一般被看作标准汇率。各国公布的外汇牌价,除另有规定外,一般都是电汇汇率。汇票汇率是银行卖出外汇时,开立一张指定外国银行作为付款人的汇票交给汇款人,由汇款人携带或邮寄国外收款人的汇兑方式所使用的汇率。信汇汇率是卖出外汇的银行用信函通知国外分支行或代理行付给外汇的汇率。

(5) 按外汇买卖交割的期限划分,可分为即期汇率和远期汇率。即期汇率是外汇买卖双方成交后,当时或于两个营业日内付款、实际交割的汇率。外汇市场汇率和官方外汇牌价未注明"远期"字样者,都是即期汇率。远期汇率是在未来一定时期进行交割,而事先由买卖双方签订合同,达成协议的汇率。

(6) 按国际汇率制度的不同划分,可分为固定汇率和浮动汇率。固定汇率是一个国家的货币对其他国家的货币规定比价是固定的,只能在一定幅度内波动。浮动汇率是指一国货币对外国货币的比价,依据外汇市场的供求变化而自由涨落的汇率。实行浮动汇率制的国家,往往根据各自政策的需要,对汇率变动进行干预或施加影响。

(7) 按一国的汇率管理政策划分,可以分为单一汇率和复汇率。

单一汇率是指一国货币对另一国货币的兑换,只有一个汇率,各种对外收支都按一个汇率结算。复汇率又称多种汇率,是指一国货币对另一国货币的兑换,规定有两个或两个以上的汇率。复汇率是在外汇管制下的一种特殊的汇率制度。

(三) 汇率变动对经济的影响

外汇汇率的水平综合反映了一国经济活动的情况,其稳定与否直接影响一国的对外贸易和国际收支状况。所以,汇率对国民经济的发展有着重要的影响。

(1) 汇率对一国的对外贸易有重大影响。汇率稳定有助于进出口贸易成本的匡计和核算利润,促进生产与对外贸易发展。汇率不稳,经常出现较大幅度的波动,影响货币作为价值标准的功能,从而使得企业以外汇结算的进出口贸易、投资和债权债务的价值产生波动,增加外汇风险,影响对外贸易发展。

（2）汇率变动可以对进出口贸易有限制和促进的作用。一般来说，在其他条件不变的情况下，一国货币的对外汇汇率水平提高或上升，意味着以该国货币表示的进口商品价格下降，而以外币表示的本国出口商品的价格上升。商品价格的相对变化使本国对进口商品的需求增加，外国对本国出口商品的需求减少，不利于该国商品的出口，而有利于进口；反之，一国货币的外汇汇率水平较低或下降，则不利于该国商品进口，而有利于出口。

汇率变动对服务项目也产生影响。汇率变动对服务项目的影响分为直接影响和间接影响。直接影响是指汇率对服务项目价格的影响，其影响的过程与结果与对货物贸易的影响相同。本币汇率上升，外国使用本国的服务相应减少；本币汇率下降，外国使用本国的服务相应增加。间接影响是指由于汇率变动对货物贸易的影响，从而对服务项目产生影响。当本币汇率下降时，出口增加，从而刺激运输、通信、保险以及商务旅游收入的增加；当本币汇率上升时，出口减少，将导致服务项目收入的减少。

（3）汇率变动会影响一国的资本移动。资本国际间流动的目的是为了获得较高的收益和保值。汇率的变动对以某一货币表示的资产价值和收益产生较大的影响，因而影响到资本的流向。当以本币表示的外币汇率上涨，本币价值下降时，为了防止货币贬值产生损失，本国资本常常逃往国外，特别是存在银行的国际短期资本或其他投资也会被调往外国以防损失。这不仅引起国内投资规模的缩减，也会导致对外支出增加，从而使国际收支状况恶化。相反，本币价值上涨，则意味着以该国货币表示的各种资产价值的增加，短期资本为了保值而流入该国。

（4）汇率变动直接或间接地影响国内物价水平。汇率上涨或下跌，不仅直接引起进口商品价格涨落，而且影响国内产品的成本，引起物价上涨或下降，进一步加剧和减少本国的通货膨胀，从而对国民经济各部门产生影响。汇率对国内物价水平产生何种程度的影响，取决于该国产品结构及其进出口商品的价格需求弹性、国内生产力水平等。

（5）汇率变动对国内就业水平和国民收入水平的影响。汇率变动影响一个国家商品出口数量，从而对国内总需求产生影响，进而改变该国国内的国民收入水平和就业水平。一国货币汇率下降，使该国出口增加，进口减少，导致国内需求上升，促进经济增长，从而使国民收入水平和就业水平提高。一国货币汇率上升，会使该国商品出口减少，进口增加，使国内总需求减少，抑制经济增长，导致国民收入水平和就业水平降低。

三、汇率制度

（一）汇率制度的概念

汇率制度又称汇率安排（exchange rate arrangement），是指一国货币当局对本国汇率变动的基本方式所做的一系列安排或规定。传统上，按照汇率变动的幅度，汇率制度被分为两大类型：固定汇率制度和浮动汇率制度。

固定汇率制度是指汇率的制定以货币的含金量为基础，形成汇率之间的固定比值。它是货币当局把本国货币对其他货币的汇率加以基本固定，波动幅度限制在一定的范围之内，保证汇率的稳定。浮动汇率制度是指汇率完全由市场的供求决定，政府不加任何干预的汇率制度。鉴于各国对浮动汇率的管理方式和宽松程度不一样，该制度又有诸多分类。按政府是否干预，可以分为自由浮动和管理浮动。按浮动形式，可以分为单独浮动和联合浮动。

按被盯住的货币不同,可分为盯住单一货币浮动以及盯住合成货币浮动。

国际汇率制度经历了从固定汇率制度到浮动汇率制度的转变过程。

1880—1914 年的 35 年间,主要西方国家通行金本位制,汇率是两个国家货币含金量的比(即金平价),属于固定汇率制度。第二次世界大战以后,布雷顿森林体系(Bretoo Woods system)下的固定汇率制度,规定了各国必须遵守的汇率制度以及解决各国国际收支不平衡的措施,确定了以美元为中心的国际货币体系。1973 年 2 月,欧洲国家及其他主要资本主义国家纷纷退出固定汇率制。自 20 世纪 80 年代以来,选择具有更加灵活性的汇率制度的国家(地区)不断增加,国际汇率制度呈现弹性化趋势,国际汇率制度打破了以往固定、浮动汇率制的两分法,出现了多样化的国际汇率制度的格局。

小资料

布雷顿森林货币体系

布雷顿森林货币体系是指第二次世界大战以后以美元为中心的国际货币体系。其主要内容包括:① 美元与黄金挂钩,确认 1944 年 1 月美国规定的 35 美元一盎司的黄金官价,每一美元的含金量为 0.888 671 克黄金。各国政府或中央银行可按美元与黄金的比价用美元向美国兑换黄金。② 其他国家货币与美元挂钩。其他国家政府规定各自货币的含金量,通过含金量的比例确定同美元的汇率。③ 实行可调整的固定汇率,各国货币对美元汇率在法定汇率上下各 1% 的幅度内波动。④ 各国货币兑换性与国际支付结算原则。⑤ 确定国际储备资产,使美元成为各国外汇储备中最主要的国际储备货币。⑥ 国际收支的调节。

(二) 人民币汇率制度

改革开放以来,我国对汇率制度进行了改革。1979—1993 年底的 13 年间,我国先后经历了官方汇率与贸易外汇内部结算价、官方汇率与外汇调剂价格并存的汇率双轨制时期。1994 年 1 月 1 日,人民币官方汇率与外汇调剂价格正式并轨,实行"以市场供求为基础、单一的有管理的浮动汇率"制度,促进了我国对外贸易和经济增长。

自 2005 年 7 月 21 日起,我国开始实行以市场供求为基础、参考"一篮子货币"进行调节、有管理的浮动汇率制度。本次汇率机制改革包括以下三个方面:

1. 汇率调控的方式

人民币汇率不再盯住单一美元,而是参照"一篮子货币",根据市场供求关系来进行浮动。"一篮子货币"是指按照我国对外经济发展的实际情况,选择若干种主要货币,赋予相应的权重,组成一个货币篮子。同时,根据国内外经济金融形势,对人民币汇率进行管理和调节,维持人民币汇率在合理均衡水平上的基本稳定。

2. 中间价的确定和日浮动区间

中国人民银行于每个工作日闭市后公布当日银行间外汇市场美元等交易货币对人民币汇率的收盘价,作为下一个工作日该货币对人民币交易的中间价格。

3. 起始汇率的调整

2005 年 7 月 21 日 19 时,美元对人民币交易价格调整为 1 美元兑 8.11 元人民币,作为次日银行间外汇市场上外汇指定银行之间交易的中间价,外汇指定银行可自此时起调整对客户的挂牌汇价。

第二节 国际收支

一、国际收支的概念

国际收支是指一个国家对其他国家或地区,由于贸易、非贸易及资本往来引起的国际间的货币收支。国际收支具体表现为一定时期内反映国际经济交易的一种统计表,它所涉及的内容相当广泛,几乎包括一国对外经济、金融的全部内容。它不仅反映一国的对外经济、贸易、金融活动水平和国际融资能力,而且反映该国的经济发展水平、经济实力和竞争能力。因此,国际收支既是一国对外经济贸易关系的缩影,又是一国在国际经济中所处的地位及其增长变化的反映。

一个国家的国际收支状况通常并不是完全平衡的。如果从国外收进的款项大于对国外付出的款项,则表明国际收支出现顺差;如果从国外收进的款项小于对国外付出的款项,意味着国际收支出现逆差。国际收支要求相对平衡,长期的国际收支顺差对经济发展会有不利影响,它会造成国内通货膨胀。因为在国际收支长期顺差的情况下,外汇储备增加,而中央银行收购外汇则要投放相应货币,增加货币供应量,从而引起货币流通不稳定。如果国际收支长期出现逆差,则会影响该国的黄金和外汇储备,因为国际收支逆差部分,需用黄金和外汇支付。这样会影响该国的国际支付能力,影响经济增长;同时,还会造成外汇汇价上升,本币汇价下跌,导致本币对内贬值,不利于币值稳定。

二、国际收支平衡表及其主要内容

(一) 国际收支平衡表

一个国家的国际收支状况是通过其国际收支平衡表来反映的。国际收支平衡表是指一个国家在一定时期(如一年、一季)所有由对外政治、经济、文化活动而引起的货币收支的对比表。

在国际收支平衡表中,按照复式记账的形式,一切收入项目都列为贷方,一切支出项目都列为借方。国际收入与支出包括资本流出和资本流入。资本流出是指本国资本流到外国,也就是本国的资本输出。这种资本流出项目包括:本国在外国的资产增加;本国对外国的负债减少;外国在本国的资产减少;外国对本国的负债增加。资本流出是付出本国货币或外汇,属于支付项目,应记入本国国际收支平衡表的借方或用"一"号表示。

资本流入是指外国资本流入本国,也就是本国的资本输入。这种资本流入项目包括:外国在本国的资产增加;外国对本国的负债减少;本国在外国的资产减少;本国对外国的负债增加。资本流入是收入本国货币或外汇,属于收入项目,应记入本国国际收支平衡表的贷方或用"+"号表示。

当某项国际收支出现顺差时,在顺差前冠以"+"号;当某项国际收支出现逆差时,在逆差前冠以"一"号。

(二) 国际收支平衡表的主要内容

国际收支平衡表的内容比较广泛,大多数国家把这些内容区分为经常项目、资本项目和平衡项目三大类,每项又包括一些具体内容。

1. 经常项目

这是本国与外国之间经常发生的,并且在整个国际收支中占主要地位的国际收支项目,它分为贸易收支、劳务收支和转移收支三项内容。

(1) 贸易收支。又称有形贸易收支,包括进口和出口贸易收支。贸易收支是国际收支中最重要的项目。按国际货币基金组织规定,进出口商品价格都应按离岸价(FOB)计算。

(2) 劳务收支。又称无形贸易收支,包括运输、保险、旅游等各种服务收入和支出以及投资收益、其他劳务(广告、专利)等。

(3) 转移收支。即资金在国际间发生转移而产生的货币收支。这种转移是单方面的,通常又称为单方面转移的收支。根据转移的对象不同,此项目又可分为政府转移收支和私人转移收支两大类。属于政府转移收支的主要包括政府间的无偿援助、战争赔款、捐款等;属于私人转移收支的则有侨汇、奖金和捐款等。

2. 资本和金融项目

资本和金融项目是指对资产所有权在国际间流动行为所进行的记录,反映居民和非居民间资本或金融资产的转移。包括资本项目和金融项目两个部分。

(1) 资本项目。包括资本转移和非生产、非金融资产的收买或出售。资本转移已在经常转移部分进行了说明。非生产、非金融资产的收买或出售是指各种无形资产如专利、版权、商标、经销权以及租赁和其他可转让合同的交易。

(2) 金融项目。包括直接投资、证券投资、其他投资和储备资产四个部分。它反映资本输出和输入的总额。金融项目表示债权、债务在国际间的移动,它在国际收支项目中占有重要地位。金融项目一般分为长期资本和短期资本两类。

① 长期资本。即一年以上和未规定期限的资本。按金融活动参与的主体不同可分为政府长期资本流动和私人长期资本流动。政府长期资本流动主要包括政府间贷款、政府投资和国际金融机构的借款等;私人长期资本流动主要包括私人直接投资、私人证券投资和私人贷款等。

按投融资对象划分,长期资本流动可分为直接投资、证券投资和国际信贷三种方式。

第一,直接投资是指一国政府、企业或私人对另一国厂矿等企业进行全部或部分的投资,取得对该厂矿等企业的全部或部分控制权。对外直接投资又分为创办新企业、购买外国企业股票达到一定比例以及以投资利润进行再投资几种形式:

创办新企业,包括开办新厂或开设分支机构、附属机构、子公司,同别国资本或多国资本结合,创办合营企业;并购现有的外国企业或跨国公司等。投资形式可以是货币资本、机器设备或土地建筑物等。

购买外国企业股票达到一定比例指拥有对该国企业相应比例的股权,达到控股目的。

以投资利润进行再投资指本国投资者把投资国外所获利润的一部分或全部,在外国的原企业或其他企业进行再投资,以及购买外国企业或房地产等,也属于直接投资。

第二,国际证券投资又称间接投资,是指在国际证券市场上,购买外国政府发行的债券或外国企业发行的中长期债券、股票所进行的投资。买入证券,是资本输出;发行证券,则是资本流入。

第三,国际贷款包括国际金融机构贷款、政府援助贷款和其他贷款。

国际金融机构贷款,包括世界性和区域性国际金融机构两种贷款。前者如国际货币基金组织、世界银行及其附属机构对会员国所提供的各种贷款;后者如欧盟、亚洲开发银行等对本地区会员国(地区)的贷款。

政府援助贷款属于双边性贷款,一般由贷款国政府或政府机构以优惠利率对外国政府提供经济建设或指定用途的贷款。如日本国际协力银行贷款、美国的国际开发署贷款等都属于政府援助贷款。

其他贷款是指上述形式以外的其他国际性贷款,如出口信贷、租赁信贷、补偿贸易信贷以及银行双边信贷等。

② 短期资本流动。短期资本流动是指一年或一年以下的货币资金、财务资金和信贷资金的流动。短期流动主要是通过各种信用工具来进行的。这些信用工具包括政府短期债券、可转让银行定期定单、银行票据、商业票据以及银行活期存款凭证等。短期资本流动可分为以下几种:

第一,贸易资金流动。贸易资金在短期资本流动中占有重要地位。这是因为国际间的进出口贸易往来的资金融通和资金结算,经常地、大量地引起国际短期资本的流动。各国出口贸易资金的结算,导致出口国或代收国的资本流入;各国进口贸易资金的结算,则导致进口国或代付国的资本流出。

第二,银行资金调拨。它是指各国经营外汇业务的银行,由于外汇业务和牟取利润的需要,经常不断地进行短期外汇资金的拆进与拆出,国际间银行同业往来的收付和结算等所形成的短期资本流动。

第三,保值性流动。它是指为转移或减轻汇率波动风险,而采取套汇、掉期、套期保值等措施所形成的短期资本流动。

第四,投机性流动。它是指各种投机者利用国际市场行市的涨落差异和对变动趋势的推测进行投机,以取得预期利润为目的资金流动。

第五,安全性流动。它是指由于国内政局动荡或国内经济情况恶化以及外汇管制进一步加强等所形成的资本逃避。

3. 净差错和遗漏

国际收支账户的借方总额和贷方总额应该相等,但在实际中并非如此。由于不同账户的统计资料来源不一、记录时间不同以及一些人为因素(如虚报出口)等原因,会造成国际收支账户出现净的借方或贷方余额,这就需要人为地设立一个平衡账户——错误和遗漏账户,在数量上与该余额相等而方向相反与之相抵销。具体办法是:经常账户、资本金融账户和储备与相关项目三个账户的贷方出现余额,则在净差额与遗漏项下的借方列出相应的数字;以上三个账户的借方出现余额,则在净差额与遗漏项下的贷方列出相等的数字。由此可见,该项目是用于解决因资料和统计方面错误与遗漏所造成的不平衡而设置的项目。

4. 总差额

总差额是指经常账户差额、资本金融账户差额和净差错与遗漏项目的总和,是目前广泛使用的概念,通常表述的国际收支为顺差或逆差就是针对总差额而言的。

5. 储备及相关项目

这里指记录中央银行或财政部门等官方政府机构的国际交易活动。储备资产包括货币性黄金、特别提款权、在国际货币基金组织(IMF)的储备头寸、外汇储备等。

(1) 在国际货币基金组织的储备头寸(reserve position in the fund)。也称普通提款权(general drawing rights)。一国在国际货币基金组织的储备头寸包括:会员国向其认缴份额中25%的黄金或可兑换货币部分;国际货币基金组织为满足会员国借款需要而使用掉的本国货币;国际货币基金组织向该国借款的净额,也构成该会员国对其债权。

(2)特别提款权。特别提款权作为国际货币组织创设的一种货币记账单位,由国际货币基金组织按照各成员国在该组织中所缴纳的基金份额进行分配。现其价值由美元、欧元、英镑、日元四种主要货币的市场汇率共同决定。成员国的特别提款权可作为国际储备,也可用来向其他成员国购买外汇,解决收支逆差。国际货币基金组织根据成员国的份额按比例分配特别提款权,增加成员国的国际流通手段。特别提款权不能直接作为国际收支手段(即不能直接用于贸易和非贸易结算),只是在国际货币基金组织开立的"特别提款权账户"上的一种记账的储备资产。

(3)官方储备。即国家金融管理当局(中央银行、其他官方机构)所持有的储备资产,主要包括黄金储备和外汇储备。黄金储备(gold reserve)是指一国货币当局持有的,用以平衡国际收支,维持或影响汇率水平,作为金融资产持有的黄金。它对促进国民经济稳定增长、抑制通货膨胀、提高国际资信等起着重要作用。外汇储备是指一国货币当局所持有的可兑换货币和以其表示的支付手段和流动性资产。外汇储备是一个国家国际清偿力的重要组成部分,对于平衡国际收支、稳定汇率有重要影响。

储备及相关项目往往是出于对冲私人部门国际交易影响的目的而发生,也被称作平衡项目,制表时单独列示。需要注意的是,从记账方法上,储备与相关项目是反向记录,增加记入借方,减少则记入贷方。

为进一步了解及分析国际收支的内容,现将我国2012年国际收支平衡表提供给读者,如表6-1所示。

表6-1 中国2012年国际收支平衡表　　　　　　单位:亿美元

项　　　目	行次	差　额	贷方	借方
一、经常项目	1	1 931	24 599	22 668
A.货物和服务	2	2 318	22 483	20 165
1.货物	3	3 216	20 569	17 353
2.服务	4	−897	1 914	2 812
2.1 运输	5	−469	389	859
2.2 旅游	6	−519	500	1 020
2.3 通信服务	7	1	18	16
2.4 建筑服务	8	86	122	36
2.5 保险服务	9	−173	33	206
2.6 金融服务	10	0	19	19
2.7 计算机和信息服务	11	106	145	38
2.8 专有权利使用费和特许费	12	−167	10	177

续 表

项　　　目	行次	差　额	贷　方	借　方
2.9　咨询	13	134	334	200
2.10　广告、宣传	14	20	48	28
2.11　电影、音像	15	−4	1	6
2.12　其他商业服务	16	89	284	196
2.13　别处未提及的政府服务	17	−1	10	10
B. 收益	18	−421	1 604	2 026
1. 职工报酬	19	153	171	18
2. 投资收益	20	−574	1 434	2 008
C. 经常转移	21	34	512	477
1. 各级政府	22	−31	9	40
2. 其他部门	23	65	503	438
二、资本和金融项目	24	−168	13 783	13 951
A. 资本项目	25	43	45	3
B. 金融项目	26	−211	13 738	13 949
1. 直接投资	27	1 911	3 079	1 168
1.1　我国在外直接投资	28	−624	234	857
1.2　外国在华直接投资	29	2 535	2 845	311
2. 证券投资	30	478	829	352
2.1　资产	31	−64	237	301
2.1.1　股本证券	32	20	120	100
2.1.2　债务证券	33	−84	117	201
2.1.2.1　（中）长期债券	34	−49	110	159
2.1.2.2　货币市场工具	35	−35	7	42
2.2　负债	36	542	593	51
2.2.1　股本证券	37	299	348	49
2.2.2　债务证券	38	243	244	2
2.2.2.1　（中）长期债券	39	173	175	2
2.2.2.2　货币市场工具	40	70	70	0
3. 其他投资	41	−2 600	9 829	12 429
3.1　资产	42	−2 316	1 402	3 718
3.1.1　贸易信贷	43	−618	4	622
长期	44	−12	0	12

续表

项　　　目	行次	差　额	贷　方	借　方
短期	45	-606	4	610
3.1.2　贷款	46	-653	244	897
长期	47	-568	0	568
短期	48	-85	243	329
3.1.3　货币和存款	49	-1 047	1 027	2 074
3.1.4　其他资产	50	3	127	125
长期	51	-100	0	100
短期	52	103	127	25
3.2　负债	53	-284	8 428	8 712
3.2.1　贸易信贷	54	423	503	80
长期	55	7	9	1
短期	56	416	494	78
3.2.2　贷款	57	-168	6 480	6 648
长期	58	102	543	440
短期	59	-270	5 937	6 207
3.2.3　货币和存款	60	-594	1 339	1 933
3.2.4　其他负债	61	54	106	51
长期	62	47	47	1
短期	63	8	58	50
三、储备资产	64	-966	136	1 101
3.1　货币黄金	65	0	0	0
3.2　特别提款权	66	5	7	2
3.3　在基金组织的储备头寸	67	16	16	0
3.4　外汇	68	-987	112	1 099
3.5　其他债权	69	0	0	0
四、净误差与遗漏	70	-798	0	798

三、国际收支失衡及其调节

(一) 国际收支失衡的概念

国际收支失衡,既指特定项目的逆差,又指它们的顺差。自主性交易是否平衡,是衡量国际收支长期性平衡的一个重要标志。自主性交易是指那些基于交易者自身的利益或其他的考虑而独立发生的交易,主要包括经常项目和资本与金融项目中的交易。如货物和劳务的输出入、直接投资、长期资本流出入、侨民汇款和赠予等。与其相对应的概念是补偿性交易,是指在自主性交易出现缺口或差额时进行的弥补性交易。在各国政策制定者的心目中,特别重视国际收支逆差,认为只有逆差才是国际收支的失衡,这是因为顺差不会对国内经济立即产生或带来不良影响,而且顺差的调节要比逆差的调节容易得多。

国际收支失衡分为动态失衡和静态失衡。静态失衡是指在一个时点上一国国际收支总体存在一定的逆差。动态失衡则是指一定时期内一国国际收支总体出现的逆差,反映一国在整个经济发展过程中对外经济实力动态的变化。

(二) 国际收支失衡的原因

国际收支失衡的原因是多种多样的。主要的原因可以分为以下几种:

1. 周期性失衡

周期性失衡是指在经济周期各个阶段由于经济波动所引起的国际收支的失衡。一般来说,当一国经济萧条时,往往出现竞相出口的现象,而进口需求下降,会使国际收支出现顺差;相反,当一国经济高涨时,进口需求急剧增加,往往导致国际收支逆差。

2. 货币性失衡

货币性失衡是指一国货币增长速度、商品成本和物价水平与其他国家相比发生较大差别而引起的国际收支失衡。一国在一定时期和一定汇率水平下,货币增长速度过快,以致商品成本和物价水平相对高于其他国家,则该国商品输出将受到抑制,商品输入有利可图,最后导致国际收支发生逆差;反之,如果通货紧缩,则有利于出口,而不利于进口,使国际收支得到改善或者出现顺差。

3. 所得性失衡

所得性失衡是指一国的国民所得或国民收入随着国民经济发展而发生较大变化所引起的国际收支的失衡。一般来说,国民收入增加,商品、劳务的进口也就增加,捐赠、旅游等非贸易支出也随之增加,从而可能使国际收支出现逆差;反之,如果国民收入减少,购买力下降,引起物价下跌,有利于出口,并使进口减少,可能使国际收支出现顺差。

4. 结构性失衡

结构性失衡是指在国际分工和贸易格局发生变化的条件下,一国的经济结构的变化所引起的国际收支的失衡。当一国现行的生产结构不能适应变化的形势时,出口可能受阻,会使国际收支出现逆差;相反,如果积极调整经济结构,加快技术进步,适应世界市场形势变化,提高产业竞争能力,就会增加出口,出现国际收支顺差。

(三) 国际收支失衡的调节

国际收支出现失衡是经常的,当发生失衡时,特别是出现长期的、持续的、巨额的顺差或逆差时,应采取适当的措施进行调节,以防止国际收支失衡对国内经济产生不利影响。

1. 建立外汇平衡基金

为调节国际收支的短期性不平衡,西方主要国家一般设立外汇平准基金。外汇平准基金(stabilization fund)又称干预基金(intervention fund),是指政府通过特定的机构以法定方式建立的基金。运用外汇平衡基金对外汇市场进行逆向操作,可避免汇率大幅度波动,以达到稳定外汇市场的目的。其具体做法是:国家中央银行在外汇市场上通过买卖外汇来调整外汇的供需。当外汇需求超过供给时,出售外汇以增加外汇供应;反之,外汇供给超过需求时,就买进外汇。通过外汇售出与买进,使汇率维持在固定的水平上。

利用外汇平衡基金,仅能解决国际收支的短期性逆差,而不能解决长期性逆差。因此,实施这种政策必须具备两个基本条件:第一,必须保有必要的外汇储备;第二,必须具备实施公开市场业务的有效条件。

2. 调整汇率

当一国国际收支出现货币性不平衡时,需要通过调整汇率的方式进行调节。即当一国国际收支严重逆差时采取货币贬值,顺差时实行货币升值。在固定汇率制下,国际货币基金组织规定:会员国只有在国际收支基本不平衡的情况下,才允许调整汇率。在浮动汇率制度下,各国政府通过对外汇市场的干预使汇率维持在符合本国利益的水平上。

3. 调整利率

在许多国家,利率的变动是影响国际收支变化的一个重要因素。在没有外汇管制的情况下,各国长期利率会趋于一致,但短期利率水平不尽相同。短期利率的变动会产生短期资本流动。当一国短期利率水平相对高于其他国家时,则产生短期资本流入;当一国的短期利率偏低时,则促进本国资本流出。资本流入增加,流出减少,可以调节国际收支逆差;反之,外资流入减少,流出增加,可以调节国际收支顺差。

4. 直接管制措施

采取直接管制措施在调节或改善国际收支方面可以收到迅速而明显的效果。直接管制措施分为贸易管制、外汇管制和关税管制。这些管制措施都具有鼓励出口或抑制进口的作用。管制措施是世界各国广泛采用的调节国际收支、维护本国权益的重要手段。

5. 利用外资

改善国际收支从根本上讲,应大力发展经济,增加出口,在一定程度上压缩进口,并努力增加非贸易外汇收入,即从改善国际收支经常项目入手。商品和劳务的改善,需要大量引进先进技术和设备,有效地利用外资。

6. 国际金融经济合作

国际金融合作包含两个方面内容:一是通过国际金融机构提供为缓解其国际收支逆差所必需的信贷资金,使国际收支失衡问题及时得到解决;二是通过区域性特定范围经济机构的建立,促进国际间商品自由流动,从而起到改善和调节国际收支的作用。

第三节 国际金融机构

国际金融机构既是国际经济和金融合作及协调的组织,也是国际资金融通和资本往来的中心。国际金融机构包括全球性国际货币金融机构和地区性国际金融机构两大类。

一、全球性国际货币金融机构

(一) 国际清算银行(Bank for International Settlement)

1. 国际清算银行的成立

国际清算银行由英国、法国、意大利、德国、比利时、日本六国中央银行以及美国的摩根银行、纽约花旗银行和芝加哥花旗银行三家商业银行,于1930年5月根据海牙国际协议在瑞士的巴塞尔成立的,总部设在瑞士巴塞尔。刚建立时只有7个成员国,现成员国已发展至

45个。

2. 国际清算银行的宗旨

国际清算银行创办之初的目的是处理第一次世界大战后的德国战争赔款和债务问题以及推动中央银行间的合作。目前,国际清算银行的宗旨是:促进各国中央银行之间的合作并为国际金融业务提供新的便利,根据有关当时各方签订的协定,在金融清算方面充当受托人或代理人。

3. 国际清算银行组织机构

国际清算银行组织机构由股东大会、董事会和管理当局组成。国际清算银行的最高权力机关为股东大会,股东大会每年6月份在巴塞尔召开一次,只有各成员国中央银行的代表参加表决。选票按有关银行认购的股份比例分配,而不管在选举的当时掌握多少股票。股东大会通过年度决算、资产负债表和损益计算书、利润分配办法和接纳新成员国等重大事项的决议。董事会是国际清算银行的经营管理机构,由13名董事组成。比利时、德国、法国、英国、意大利和美国的中央银行行长是董事会的担任董事,这6个国家可以各自任命1名本国工商和金融界的代表作为董事,此外董事会可以2/3的多数通过选举出其他董事,但最多不超过9人。董事会设主席1名,副主席若干名,每月召开一次例会,审议银行日常业务工作。董事会下设银行部、货币经济部、秘书处,董事会根据主席建议任命1名总经理和1名副总经理,就银行的业务经营向银行负责。

4. 国际清算银行的主要业务

国际清算银行的主要业务有:既可为自己,又可为中央银行购买、出售、交换和储存黄金;为各成员国中央银行提供贷款和接受他们的贷款;为各成员国中央银行办理和重办期票,收买或出售期票以及其他优等短期债券;既可靠自己,也可以靠各成员国中央银行收受展品出售(外汇和有价证券股票除外);接受各成员国中央银行往来资金和存款;作为被委托人接受政府的存款或根据董事会的决议,接受其他资金。不得发行提示付款银行券、承兑汇票、为各国政府提供贷款(购买国家公债例外);对任何一个企业有监督权;对由于抵偿银行的债务而归于银行的不动产,在没有更合适的价格被变卖之前,掌管这些不动产。

我国是国际清算银行的成员。1984年12月11日,中国人民银行开始建立与国际清算银行正式的业务往来关系。1996年,中国人民银行认缴了股本金,成为该行的持股成员之一。

(二) 国际货币基金组织(International Monetary Fund,IMF)

国际货币基金组织是联合国专门机构之一,它是根据1944年7月在美国布雷顿森林举行的联合国货币金融会议所拟定的《国际货币基金协定》,于1945年12月27日成立的政府间的国际经济组织,该组织有会员国188个,总部设在华盛顿。

国际货币基金组织的资金主要来源于各成员国认缴的份额。该份额由基金组织根据成员国的国民收入、黄金和外汇储备、进出口贸易额以及出口占国民收入比重等几项经济指标计算,并经与成员国协商确定。成员国份额的25%以可兑换货币或特别提款权缴纳,75%以本国货币存入本国的中央银行,基金组织需要时可随时动用,成员国的份额越大,所享有的表决权越大。具体计算方法为:每个成员国享有基本表决权250票,此外每10万特别提款权增加1票。

> **提示：** 　　　　　　　　中国与国际货币基金组织的关系
> 　　中国是国际货币基金组织创始国之一。1980年4月17日，国际货币基金组织正式恢复中国的代表权。1991年，该组织在北京设立常驻代表处。中国当时在该组织中的份额为80.901亿特别提款权，占总份额的4%。2010年11月6日，国际货币基金组织执行董事会通过改革方案，中国份额占比计划从4%升至6.39%。

国际货币基金组织的宗旨是稳定国际汇兑，消除妨碍世界贸易的外汇管制，在货币问题上促进国际合作，并且通过短期贷款，解决成员国国际收支暂时不平衡时的外汇资金需要。

(三) 世界银行集团(World Bank Group)

世界银行集团包括国际复兴开发银行、国际开发协会和国际金融公司、多边投资担保机构和国际争端解决中心。

1. 国际复兴开发银行(the International Bank for Reconstruction and Development)

国际复兴开发银行是根据《国际货币基金组织协定》，于1945年12月与国际货币基金组织同时成立的。国际复兴开发银行从1947年11月15日起成为联合国的一个专门机构，现有成员国188个，总部设在华盛顿。

国际复兴开发银行的宗旨是：对生产性投资提供便利，协助会员国经济复兴、生产和资源开发；促进私人对外投资；鼓励国际投资，开发会员国生产资源，促进国际贸易长期均衡发展，维持国际收支平衡；配合国际贷款，提供信贷保证。

世界银行的资金主要来源于各成员国缴纳的股金和通过发行债券等形式向国际金融市场借款，并通过出售银行部分贷款和依靠银行净收入获得补充资金。世界银行的主要任务是向发展中成员国提供长期贷款，主要面向政府即由政府担保的项目贷款，资助它们兴建某些建设周期长、利润低又为该国经济和社会发展必需的建设项目。

2. 国际开发协会(International Development Association)

国际开发协会是世界银行的附属机构。1960年9月24日在美国华盛顿正式成立，总部设在华盛顿。成员国分为两类，一类主要为资金捐助国，另一类是为资金接受国。

协会资金来源于：成员国入股；世界银行每年从盈利中拨给协会一定数额资金；部分成员国捐助的补充资金。补充资金是该协会最主要的资金来源，一般以三年为一期，由第一类成员国和第二类成员国捐助。

3. 国际金融公司(International Finance Corporation)

国际金融公司是1956年7月24日成立的世界银行的附属机构。国际金融公司虽附属于世界银行，但其资金与世界银行是分开的，是独立的法人。国际金融公司的宗旨是：辅助世界银行，通过贷款或投资入股的方式，向成员国中不发达国家的资金困难的私营企业提供资金。

4. 多边投资担保机构(Multilateral Investment Guarantee Agency)

多边投资担保机构于1988年成立。其宗旨是通过向投资者和借款人提供政治风险担保，帮助发展中国家吸引外国直接投资，提高人民生活水平，减少贫困。业务活动有：① 对向发展中会员国提供投资的合格的外国投资者提供担保，而不致遭受非商业性风险损失；② 对会员国提供技术援助服务，帮助发展中会员国最大限度地吸引外国直接投资。

5. 国际投资争端解决中心（International Centre for Settlement of Investment Disputes）

国际投资争端解决中心于1966年成立。其宗旨是为解决会员国和外国投资者之间争端提供便利，促进投资者与东道国之间的互相信任，从而鼓励国际私人资本向发展中国家流动。

从世界银行与中国的关系看，1981年世界银行向中国提供第一笔贷款，用于支持中国的大学发展项目。中国于1999年7月1日从（向世界上最贫困的发展中国家提供无息贷款的）国际开发协会毕业，现在仅从国际复兴开发银行贷款。世界银行在2002—2004年三个财政年度对中国的贷款额度在30亿美元左右，用于大约30个项目。自1981年世界银行向中国提供第一笔贷款以来，截至2011年6月30日，世界银行对中国的贷款总承诺额累计超过491.5亿美元，共支持了337个发展项目。

二、地区性国际金融机构

在地区性国际金融机构中，亚洲、非洲、拉丁美洲的国际开发银行具有一定的代表性，是全球性国际金融机构的补充。

（一）亚洲开发银行（Asian Development Bank）

亚洲开发银行是日本于1963年3月在联合国亚洲及远东经济委员会会议上倡议，于1966年11月成立。该行是亚洲地区发达国家和发展中国家和地区以及其他国家出资的政府间国际金融组织，总部设在菲律宾首都马尼拉。亚行在成立之初只有33个成员，如今成员数量已增至67个，其中48个成员来自亚太地区。

亚洲开发银行的宗旨是，组织吸收亚太地区官方和民间的资金，为本地区发展中国家和地区的经济发展、资源开发利用、扩大对外贸易、农业生产、基础建设等提供资金技术援助，以及与联合国有关部门进行联合贷款或投资活动等。

日本和美国同为亚行最大股东，各持有15.571%的股份和拥有12.756%的投票权。中国于1986年2月17日，经亚行理事会通过决议，成为亚行成员国。同年3月10日正式成为亚行成员。中国是亚行第三大股东国，持股6.429%，拥有5.442%的投票权。1986年，中国政府指定中国人民银行为中国对亚行的官方联系机构和亚行在中国的保管银行，负责中国与亚行的联系及保管亚行所持有的人民币和在中国的其他资产。自中国加入亚洲开发银行以来，与其开展广泛的合作，合作项目从最初的几个已发展到2013年的90多个。

亚行的资金来源主要是各成员国的认股，其余是向国际资本市场的借款和发行债券。

（二）非洲开发银行（African Development Bank，ADB）

非洲开发银行是非洲地区的国家联合兴办的政府间互助性质的国际金融机构。该行在联合国经济委员会支持下于1964年9月成立，1966年7月开始营业。该行成员国共有53个非洲国家及24个非洲区外国家。每个成员国按其人口、国民生产总值、对外贸易、财政收支等情况，认缴股金作为该行的资本。总部设在科特迪瓦的经济中心阿比让。2002年，因科特迪瓦政局不稳，临时搬迁至突尼斯至今。

非洲开发银行的宗旨是：为成员国的经济和社会发展提供资金，使成员国在物资上自给，协助非洲大陆制定发展的总体战略和各成员国的发展计划，以便达到非洲经济一体化。

非洲开发银行分为普通资金来源和特别资金来源。普通资金来源为：核定资本认缴额,最初为 2.5 亿非洲开发银行记账单位,每记账单位价值 0.888 671 克纯金,核定资本分为 2.5 万股,每股 1 万记账单位;自行筹措资金;用实收资本或筹措资金发放贷款所获的还款资金;依据该行待缴资本发放贷款或提供担保所获的收入;不构成该行特别资金来源的其他资金和收入。

特别资金来源为捐赠的特别资金和受托管理资金;为特别资金筹措的专款;从任意成员国筹借的该国货币贷款,用途是从贷款国购买商品与劳务,以完成另一成员国境内的工程项目;用特别基金发放贷款或提供担保所获偿还资金;用上述任何一项特别基金或资金从事营业活动获得的收入;可用作特别基金的其他资金来源。

中国于 1985 年 5 月加入非洲开发银行。截至 2006 年底,中国在非行持股 24 230 股,占总股份的 1.117%。

(三) 泛美开发银行(Inter-American Development Bank)

泛美开发银行是根据 1959 年 4 月美国和拉丁美洲国家签订的关于建立泛美开发银行的协定,于 1960 年 10 月 1 日成立。该行是拉丁美洲国家和其他西方国家联合兴办的政府间国际金融组织,总部设在美国的华盛顿。创始成员国是美洲国家组织的 21 个国家,包括 20 个拉美国家和美国。

泛美开发银行的宗旨是:组织吸收拉丁美洲内外的资金,为拉美成员国经济和社会发展项目提供贷款,促进拉丁美洲经济和社会的发展,该行设有"拉美一体化会协会",负责开展有关拉美地区经济一体化进程的学术交流、技术培训和咨询等服务。

泛美开发银行法定资本最初为 10 亿美元,包括普通资本和特种业务基金。后因美洲以外国家先后加入该组织,银行法定资本逐渐增加,又分为三种:普通资本,由美洲国家认缴;区际资本,由美洲和美洲以外成员国共同认缴;特种业务基金。此外,有的国家还把一些资金交给泛美开发银行使用。它还通过发行债券在国际金融市场筹借资金,并同各国际金融组织保持密切联系。

泛美开发银行的贷款主要有普通业务贷款和特种业务基金贷款两种。普通业务贷款的对象是政府和公、私机构的经济项目,期限一般为 10～25 年,还款时须用所贷货币偿还。特种业务基金贷款是条件较宽、利率较低、期限较长的贷款,期限多为 10～30 年,可全部或部分用本国货币偿还。此外,还有社会进步信托基金贷款,用于资助拉美国家的社会发展和低收入地区的住房建筑、卫生设施、土地和乡村开发、高等教育和训练等方面。

2009 年 1 月 12 日,中国正式加入泛美开发银行集团。

第四节 国际融资方式

一、外国政府贷款

(一) 外国政府贷款及种类

外国政府贷款是指一国政府对另一个建有外交关系的国家,为发展经济、政治和外交关系,支援该国经济建设和增进双方协作利益,对该政府或其所属机构所提供的双边经济援助性质的优惠性贷款。外国政府贷款的资金主要来源于贷款国财政预算的支出项目。

外国政府贷款的种类可分为项目贷款和采购贷款。项目贷款旨在协助借款国发展生产建设和基础设施建设，以促进其国民经济增长。采购贷款旨在协助借款国按照协议规定方式，按时采购规定的资本货物、技术设备、物资材料等。外国政府贷款的利率属于优惠利率，分为无息贷款和低息贷款。贷款期限一般是中长期，从10年期到最长30年期。

（二）我国项目单位申请外国政府贷款程序

（1）申请列入利用外国政府贷款项目规划。项目单位将拟借用政府外债的项目通过所在地发改委逐级上报至省级发改委，并提交列入政府外债备选项目规划的申请书；省级发改委收到项目申请书，并征求财政厅意见后，报国家发改委。

国家发改委下达政府外债贷款备选项目规划（有效期1年），并逐级下达至项目所在地发改委。

（2）下达政府外债贷款项目备选项目规划（有效期1年）。国家发改委审核，按季向省级发改委和行业部门下达政府外债备选项目规划，抄送财政部，省一级发改委通知项目单位和财政厅。列入备选项目规划的项目有效期为1年。

（3）申请利用政府外债贷款项目。项目单位逐级向财政部门提交借用贷款的项目申请书；省级行业部门直接向财政厅申请；经财政厅评审符合要求的项目，由财政厅上报财政部，抄送省级发改委，提交利用外贷申请书、项目评审意见书。

（4）财政部下达备选项目清单。财政部将符合要求的项目，纳入项目备选清单，按季向省级财政部门、中央项目单位、转贷银行下达备选项目清单，财政厅抄送发改委。备选项目清单有效期为1年。

（5）办理项目审批核准或备案手续。对经省级发改委审批、核准、备案的项目，财政部适时对外谈判，并将国外评估反馈的意见通知财政厅。项目单位向省级发改委办理项目审批或备案手续。

（6）财政部对外谈判，外方批准项目。对经国家发改委审批、核准、备案的项目，财政部适时对外谈判，并将国外评估反馈意见通知财政厅，抄送国家发改委。财政厅将有关意见抄送发改委。

（7）提交资金申请报告和批复资金报告（有效期2年）。财政部通知财政厅外方无异议的项目，项目单位应逐级向发改委提供资金申请报告。资金申请报告由国家发改委批准以后，下达省级发改委，并抄送财政部，通报财政厅。

（8）转贷银行对外签署贷款协议。采购公司办理招标采购，财政部门办理相关手续。财政厅直接或授权地市财政部门监督借款人选定采购代理公司；确定转贷银行开展转贷前期工作；财政厅办理相关债务确认手续。

二、国际金融机构贷款

国际金融机构贷款主要包括国际货币基金组织、世界银行以及亚洲开发银行的贷款等。

（一）国际货币基金组织的主要贷款

国际货币基金组织的主要贷款业务是，在会员国发生国际收支暂时不平衡时，以认购外汇的方式，对会员国提供短期信贷。会员国取得贷款的多少，一般是根据会员国在基金组织缴纳的份额多少确定。其贷款方式主要有以下几种：

1. 普通贷款

普通贷款是指解决成员国一般收支逆差的短期贷款。其累计最高额度为成员国缴纳份额的125%，贷款期为3～5年。成员国借用25%以内部分，不需要特别批准，只付0.5%的手续费；借用25%～50%的部分，只需提出克服国际收支困难的计划，即可获得贷款，利率为3%，加收0.5%的手续费；借用50%～125%部分，则需提出内容广泛的稳定财政金融计划、拟采取的措施和经济指标的要求。

2. 中期贷款

成员国由于生产、贸易、价格等方面的结构失调，或由于经济增长缓慢而造成的严重国际收支困难，可得到较长期的资金援助。其贷款最高额度为缴纳份额的140%，期限为4～8年，利率逐年增加。

3. 特别贷款

初级产品出口国在出口收入下降而发生国际收支困难时，可向基金组织申请出口波动补偿贷款。其数额可达成员国份额的100%，期限为3～5年。此外，基金组织还可以向成员国提供缓冲库存贷款。

4. 补充贷款

此项贷款主要用于补充普通贷款之不足，解决成员国巨额和持续的国际收支逆差问题。贷款最高额度可达成员国份额的140%，期限为3.5～7年。

国际货币基金组织贷款的重要特点是贷款的用途限于解决会员国国际收支不平衡，并且只能用于贸易的经常项目支付，而不能用于项目建设。在1982年我国出现外贸逆差时，国际货币基金组织曾向我国提供9.3亿美元信用贷款，之后随着我国国际收支状况逐步好转已提前还清。

(二) 世界银行的贷款

世界银行的贷款对象为会员国政府及政府担保的公私机构，其贷款范围包括农业、能源、交通运输、矿业、金融机构、城市发展、教育、卫生，以及结构调整贷款等。贷款期为15～20年不等，宽限期为3～5年。世界银行贷款条件不很优惠，俗称"硬贷款"。国际开发协会是世界银行发行贷款的窗口，即专门向低收入国家(人均GNP低于885美元)提供用以促进其经济发展的无息优惠贷款。对这种贷款的使用部分收0.75%的手续费，未使用部分收0.5%的承诺费。还款期一般为35～40年，内含宽限期10年，主要为项目贷款。由于它所提供的贷款比国际复兴与开发银行更优惠，因此将其贷款称为"软贷款"。国际金融公司贷款不需要政府担保，期限一般为7～15年，利率为中等，以中等企业为主要投资对象。世界银行的贷款程序如下：

1. 项目的选定

世界银行对项目的选定主要采取以下几种方式：① 与借款国开展各个方面的经济调研工作；② 制定贷款原则，明确贷款方向；③ 与借款国商讨贷款计划；④ 派出项目鉴定团。

2. 项目的准备

在项目准备阶段，世界银行要派出由各方面专家组成的代表团，与借款国一起正式开展项目利用贷款的准备工作。项目准备工作一般由借款国承担直接和主要责任。

3. 项目的评估

项目评估由世界银行自己来完成，评估的内容包括技术、经济、财务、机构、社会和环境五个方面。

4. 项目的谈判

由世界银行和借款国双方商定谈判时间,再由世界银行邀请借款国派出代表团到华盛顿进行谈判。双方一般就贷款协议和项目协定两个法律文件的条款进行确认,并就有关技术问题展开讨论。

5. 项目的执行

借款国和项目受益人要对贷款协定和项目协定进行正式确认。在此基础上,世界银行管理部门根据贷款计划,将所谈项目提交世界银行执行董事会批准。项目获批准后,世界银行和借款国在协议上正式签字。协议经正式签字后,借款国方面就可办理有关的法律证明手续并将生效所需的法律文件送世界银行进行审查。手续齐备后,世界银行宣布贷款协议正式生效,项目进入执行阶段。

6. 项目后评价

在一个项目贷款的账户关闭后的一定时间内,世界银行要对该项目进行总结,即项目后评价。通过对完工项目执行清款,进行回顾,总结项目前几个周期过程中得出的经验和教训,评价项目预期受益的实现程度。

(三) 亚洲开发银行贷款

1. 主要贷款方式

(1) 项目贷款。即为某个具体的项目提供融资。亚行经营的原则主要是为具体的项目提供资金。目前,我国的绝大多数贷款都属于这种贷款。

(2) 规划贷款。是一种旨在帮助借款人进行政策调整、改革的贷款,以政策对话为基础,具有很强的政策性。

(3) 行业贷款。也称部门贷款,是指一种以行业政策对话为基础,为该行业一揽子项目提供贷款的贷款方式。

(4) 中间金融机构转贷款。也称中间转贷,是指亚行通过中间金融机构向中小企业提供贷款的一种贷款方式,目的是促进亚太地区私营企业的发展。

(5) 私营部门贷款和股本投资。即向私营部门提供的无政府担保的贷款和股本投资。

(6) 技术援助贷款。即用于项目可行性研究、工程设计等,是亚行贷款的一个重要特色。

此外,亚行还有打捆项目贷款、救灾贷款、联合融资和担保等贷款方式。

2. 贷款种类

亚行贷款包括普通业务和特种业务。普通贷款也称硬贷款,贷款对象为收入水平较高的发展中国家。期限一般为10~30年,利率一般为浮动利率,每半年调整一次。特种贷款也称为软贷款,贷款对象为最穷的发展中国家,各成员国分为A、B、C三组。期限一般为32~40年,不收取利息,但要征收1%的手续费。普通贷款占亚行贷款的70%,主要用于帮助成员国提高其经济发展水平。特种贷款是亚行的优惠贷款,只借给那些GNP和还款能力较低的发展中成员。目前,我国使用亚行贷款,主要使用普通贷款。虽然我国符合亚行特种贷款条件,但由于亚行特种贷款资金来源有限,实际上目前只能贷给最穷的发展中国家。

3. 贷款程序

国内程序包括贷款规划、项目建议书、可行性研究报告、资金申请报告等阶段。国外程序包括项目识别、项目准备、项目评估、贷款谈判等阶段。使用亚洲开发银行贷款的程序与世界银行贷款的程序大体相同。

三、国际银行信贷

(一) 出口信贷

出口信贷主要是指一国为支持和扩大本国商品出口和加强国际竞争能力,以对本国的出口给予利息贴补,并提供信贷担保的方法,鼓励本国的银行对本国出口商或外国进口商或进口商银行提供利率较低的贷款,以解决本国出口商资金周转困难,或满足国外进口商对本国出口商支付货款需要的一种融资方式。出口信贷主要有卖方信贷和买方信贷两类。

1. 卖方信贷

卖方信贷是出口方银行向出口商提供的贷款,即外贸中通常使用的延期付款方式。卖方信贷是在大型成套设备贸易中,为使进口商能以延期付款的方式购买设备,由出口方银行向出口商提供的中长期信贷。其业务程序与做法如下:

(1) 进出口双方签订出售大型成套设备的合同。进口商要预先支付 10%~15% 的定金。

(2) 出口商凭据双方签订的延期付款合同向出口信贷机构申请中长期出口贷款。贷款金额为设备总价款的 80%~85%。

(3) 进口商分期偿还贷款及有关利息、费用后,根据贷款协议,出口商再用以偿还银行贷款。

2. 买方信贷

买方信贷是指出口国的出口信贷机构或商业银行向进口商或进口商的银行提供的信贷。以我国为例,其业务程序如下:

(1) 出口商和进口商双方签订商务合同,合同金额不少于 200 万美元。

(2) 中国进出口银行和借款人签订贷款协议,贷款金额不高于商务合同金额的 85%,船舶项目不高于 80%。

(3) 视项目情况要求担保人提供担保或采取综合担保措施保证,要求投保出口信用险或政治险。

(4) 借款人预付款金额不能低于商务合同总金额的 15%,船舶项目不低于 20%。

(5) 出口商根据合同规定发放货物。

(6) 中国进出口银行依据贷款协议的相关规定发放贷款。

(7) 借款人根据贷款协议每半年偿还贷款本息及费用一次。

出口信贷提供的贷款只限于购买提供贷款国的出口商品。自 1978 年以来,我国先后同英国、法国、意大利、德国、加拿大、澳大利亚、瑞典、挪威、阿根廷等国家的中央银行、出口信贷银行或商业银行签订了出口信贷总协议。

> 提示:我国办理出口信贷的政策性银行是中国进出口银行,但其他银行也可办理出口信贷,例如,中国银行出口买方与卖方信贷,中国建设银行买方信贷,中国工商银行出口信贷,中信银行出口买方与卖方信贷,中信银行进口买方信贷,招商银行买方信贷卖方付息业务及卖方信贷买方付息业务,上海浦东发展银行代理中国进出口银行出口卖方信贷,广东发展银行出口买方与卖方信贷,等等。

（二）国际商业银行贷款

国际商业银行贷款是借款人为支持某一项目,向国际资金市场的外国银行商借的贷款。这种贷款与进出口项目没有联系,也不限定用途,利率由市场资金供求关系决定。按贷款期限长短,可分为短期信贷、中期信贷和长期信贷三种。

1. 短期信贷

短期信贷通常是指借贷期限在 1 年以下的贷款。短期资金市场一般称为货币市场,短期贷款多为 1~7 天及 1~3 个月,少数为 6 个月或 1 年。这种信贷可分为银行与银行间的信贷和银行对非银行客户(公司企业、政府机构等)的信贷,银行之间的信贷称为银行同业拆借,贷款完全凭银行间同业信用商借,不用签订贷款协议。银行可通过电话、电传承交,事后以书面确认。同业拆放期限从 1 天到 6 个月不等,超过 6 个月的很少。每笔交易额在 10 亿美元以下,典型的银行间的交易为每笔 1 000 万美元左右。银行对非银行客户的交易很少。

2. 中期信贷

中期信贷是指 1 年以上、5 年以下的贷款。这种贷款是由借贷双方银行签订贷款协议。由于贷款期限长、金额大,有时贷款银行要求借款人所属国家的政府提供担保。中期贷款利率比短期贷款利率高,一般要在市场利率的基础上再加一定的附加利率。

3. 长期信贷

长期信贷是指 5 年以上的贷款,通常由数家银行组成银团共同贷给某一客户。银团贷款的当事人,一方面是借款人(如银行、政府、公司、企业等),另一方面是参加银团的各家银行(包括牵头行、经理行、代理行等)。

在国际金融市场上,借款人筹措中、长期资金,除支付利息外,还要支付各种费用。费用的多少视信贷资金状况、信贷金额和信贷期限的不同而异。银行中、长期信贷费用,主要有管理费、代理费、承诺费和杂费几种。

四、国际证券融资

（一）发行债券

1. 国际债券

发行国际债券是国际市场上筹集中、长期资金所广泛采用的重要方式之一。国际债券是指一国政府机构、金融机构或工商企业为筹集资金而向外国投资者发行的可自由流转的债权、债务凭证。

国际债券在整体上可分为外国债券(foreign bond)和欧洲债券(euro bond)两大类。外国债券是指由债券发行人在某一外国的市场以该国货币标价发行,并在该国证券市场交易的国际债券。如中国银行在日本发行并在东京交易所上市的武士债券,在美国发行并上市的扬基债券等均属此类债券。欧洲债券是指债券发行人以债券面值货币所在国以外的国际货币发行(通常同时在几个国家发售)的国际债券。根据欧洲债券的面值货币不同,它又可进一步分为欧洲美元债券、欧洲英镑债券、亚洲美元债券、亚洲英镑债券等。

2. 外国债券的发行程序

外国政府到东道国证券市场发行外国债券,应按以下程序进行：

（1）去东道国证券交易委员会注册,按照规定填写清楚注册登记表。

（2）进行外国债券的评级。由专门的评级机构对发行者的偿还能力做出充分估价,对债券的信誉评级,可作为投资者购买债券的参考。

(3) 准备有关文件,如注册登记表、财务代理人协议、包销人协议、销售集团协议及债券所附的契约条款等。

(4) 正式在债券市场上发行债券。

3. 欧洲债券的发行程序

欧洲债券市场是一个批发性的市场,凡能进入该市场筹款的筹款者,必须有很高的资信。欧洲债券的发行者在取得发行该种债券的资格和做好相应准备后,需要做以下发行工作:

(1) 选定牵头的银行,牵头银行应该由资金雄厚、经验丰富、信誉卓著的大银行来担任。

(2) 发行人通过牵头银行向发行地国家政府表明发行债券的意向,争得该国政府许可。

(3) 在牵头银行的帮助下,发行人申请债券信用评级。

(4) 牵头银行组织经理银行承购集团,每个经理银行都须负有认购并推销一部分债券的责任。

(5) 签订债券发行合同。由牵头的经理银行作代表与债券发行人签订债券包销和认购总合同,层层下包。

(6) 进行必要的广告宣传。利用广告的轰动效应吸引投资者,尽快地完成债券的发行工作。

(二) 国际股权融资

国际股权融资就是发行境外股票融资,是指企业通过直接或间接途径向国际投资者发行股票,并在国内外上市进行交易。通过国际股权融资,企业可以获得永久可用而不必偿还的外债资本。在国际上发行股票并上市,提高了企业在国际市场上的知名度,从而有助于提高企业的竞争力。

目前,我国企业进行国际股票融资的主要方式有:发行 B 股、H 股和 N 股并上市等。

1. 境内上市外资股

境内上市外资股是指发行人通过承销人对境外投资者发行然后在发行人所在国的证券交易所上市的股票(通常以私募方式)。我国的证券法规将依此类结构募集的股份称为"境内上市外资股",通常称为"B 股"。

2. 境外上市外资股

境外上市外资股是指发行人通过国际承销人在境外募集,并在境外的公开发售地的证券交易所直接上市的股票。此类募股通常采取公开发售与配售相结合的方式。我国的证券法规将依此类股份称为"境外上市外资股",我国"H 股"、"N 股"、"S 股"等均属于境外上市外资股。

3. 存托凭证(depositary receipt,DR)

存托凭证又称"存股证",是指由一国存托银行向该国投资者发行的一种代表其他国家公司证券所有权的可流转证券,是为方便证券跨国交易和结算而创制的原基础证券的衍生工具。存托凭证所代替的基础证券通常为其他国家公司的普通股股票,但目前已扩展于优先股和债券,实践中最常见的存托凭证主要为美国存托凭证(ADR)及欧洲存托凭证(EDR)。我国目前已在境外上市的上海石化、上海二纺机、马鞍山钢铁等公司均采取 ADR 形式在境外上市。

五、吸收国际直接投资

(一) 国际直接投资的主要形式

1. 合资经营

合资经营又称股权式合营,它是由外国公司企业和其他经济组织或个人,按照平等互利原则,经东道国政府批准,在东道国境内,同其公司、企业或其他经济组织共同经营的形式。其特点是:双方合营者共同商定投资比例,共同投资,共同经营,共担风险,共负盈亏;双方可以设备、现金、场地使用权、厂房、工业产权等作为投资股份,并按照各自投资份额分配收益。

2. 合作经营

合作经营又称契约式合营,是指对合作双方的责任、权利、义务,由双方通过协议、合同加以规定。协议、合同需经东道国政府批准,受有关法律的保护和管辖。合作经营由东道国合作者提供土地、自然资源、劳动力、劳动服务和现有可用的房屋、设备和设施等,由外国合作者提供资金、技术、重要设备、材料等。双方根据合作条件,制定产品分成、收入分配或确定利润分配的比例。合作经营企业与合资经营企业的主要区别在于:合作经营不一定用货币计算股权,也不一定按股权比例分配收益,而是按照协议的投资方式和分配比例来分配收益。

3. 外商独资经营

外商独自在东道国境内投资办厂,从事生产经营活动称为外商独资经营。这种方式的优点是上马快,东道国除在外商独资经营企业筹建方面给予支持和协助外,不承担任何风险。缺点是既不能学到对方的关键技术和管理经验,也不能利用外商的国外销售渠道。这种方式一般适用于东道国迫切需要,技术设备力量暂时不足,而国外对有关技术又不愿转让的项目。

(二) 我国设立外商投资企业的程序

中外合资、合作、外资企业设立,大体可分为前期准备、审批注册、办理各种登记三个阶段。具体有选择投资合作者、签订合作意向书、审批项目建议书、申请企业名称、审批可行性报告、审批合同及章程、领取企业批准证书、工商注册登记等。

六、国际项目融资

国际项目融资是以境内建设项目的名义在境外筹措资金,并以项目自身的收入资金流量、自身的资产与权益,承担偿还责任的融资方式。国际项目融资的形式多种多样,主要有BOT方式、ABS融资方式和融资租赁方式等。

(一) BOT方式

1. BOT方式

BOT是英文build-operate-transfer的缩写,即建设—经营—转让,是政府将一个基础设施项目的特许权授予承包商(一般为国际财团),承包商在特许期内负责项目设计、融资、建设和运营,并回收成本,偿还债务、赚取利润,特许期结束后将项目所有权移交政府。实质上,BOT方式是政府与承包商合作经营基础设施项目的一种特殊运作模式,在我国又叫"特许权融资方式"。BOT项目均是有关市政、交通、电力、通信、环保等大型资本及技术密集型项目。

2. BOT演化的其他形式

在实际运作过程中,BOT有许多变形。

(1) BOO(build-own-operate),即:建设—拥有—经营。项目一旦建成,项目公司对其拥有所有权,当地政府只是购买项目服务。

(2) BOOT(build-own-operate-transfer),即建设—拥有—经营—转让。项目公司对所建项目设施拥有所有权并负责经营,经过一定期限后,再将该项目移交给政府。

(3) BLT(build-lease-transfer),即建设—租赁—转让。项目完工后一定期限内出租给第三者,以租赁分期付款方式收回工程投资和运营收益,以后再行将所有权转让给政府。

(4) BTO(build-transfer-operate),即建设—转让—经营。项目的公共性很强,不宜让私营企业在运营期间享有所有权,须在项目完工后转让所有权,其后再由项目公司进行维护经营。

(5) ROT(rehabilitate-operate-transfer),即修复—经营—转让。项目在使用后,发现损毁,项目设施的所有人进行修复,恢复整顿—经营—转让。

(6) DBFO(design-build-finance-operate),即设计—建设—融资—经营。

(7) BT(build-transfer),即建设—转让。

(8) BOOST(build-own-operate-subsidy-transfer),即建设—拥有—经营—补贴—转让。

(9) ROMT(rehabilitate-operate-maintain-transfer),即修复—经营—维修—转让。

(10) ROO(rehabilitate-own-operate),即修复—拥有—经营。

(11) BST(Build-Subsidy-Transfer),即建设—补贴—移交。政府分期购买服务。

3. BOT 运作过程

BOT 运作有七个阶段:① 项目的确定与拟定,确定一个运用 BOT 方式建设的项目,撰写邀请书邀请投标者提交具体的设计、建设和融资方案;② 招标;③ 挑选中标者,挑选的依据包括价格、可靠性、经验、项目效益等因素;④ 项目开发;⑤ 项目建设;⑥ 项目运营;⑦ 项目的移交。

BOT 方式在我国最早的实践,是 1984 年由香港合和集团与广东省政府部门签订的承建广东沙角 B 电厂的协议,随后由原国家计委在制订"八五"引进外资计划中正式提出。自 1993 年以来,国家开始研究规范化使用 BOT 方式,并着手制定有关管理办法及法律文件。实施的项目有:北京京通高速公路、上海延安东路越江复线隧道工程、广西来宾电厂 B 厂,等等。

(二) ABS 融资方式

ABS 是英文 asset-backed security 的缩写,即资产支持的证券化之意。它以项目所属的资产为基础,以项目资产可以带来预期收益为保证,通过在资本市场发行债券来募集资金的一种证券化融资方式。

ABS 融资方式的运作过程分为六个主要阶段。

第一阶段:组建项目融资专门公司。项目主办人需组建项目融资专门公司,一般称为信托投资公司或信用担保公司,是一个独立的法律实体。

第二阶段:寻求资信评估机构。由国际上具有权威性的资信评估机构,经过对项目的可行性研究与论证,依据对项目资产未来收益的预测,给予项目融资专门公司 AA 级或 AAA 级信用等级。

第三阶段:项目主办人(筹资者)转让项目未来收益权。项目主办人在特许期内将按合同要求将项目筹资、建设、经营、债务偿还等全权转让给项目融资专门公司。

第四阶段:项目融资专门公司发行债券筹集项目建设资金。

第五阶段:项目融资专门公司组织项目建设、项目经营并用项目收益偿还债务本息。

第六阶段:特许期满,项目融资专门公司按合同规定无偿转让项目资产,项目主办人获得项目所有权。

（三）国际融资租赁

1. 国际租赁

国际租赁是指以金融与实物相结合的信贷方式，即出租人通过国外厂商购买承租人需要的设备。根据双方签订的租约，承租人向出租人缴纳租金而获得设备使用权的一种商业行为。世界各国的大银行或大型企业都设有租赁公司，专门经营租赁业务。承租人向租赁公司租用所需的生产设备，只需按期交付租金，租赁期限一般为3～5年，大型设备可长达20～30年。租赁期间，设备产权属于租赁公司。目前，世界上设备销售20%是通过融资租赁来完成的，美国的市场渗透率是30%，德国的市场渗透率是18%，日本的市场渗透率是8%，而我国是3%。

2. 国际融资租赁的方式

同国内租赁方式类似，国际租赁方式主要有衡平租赁（杠杆租赁）、回租租赁（再租赁）、转租赁、直接租赁等方式。

3. 国际融资租赁程序

国际融资租赁的工作主要包括设备与供货商选定、融资租赁结构与有关文件协商、供货协议与租赁协议签署、交货与租赁协议履行等几部分内容。

内容结构图

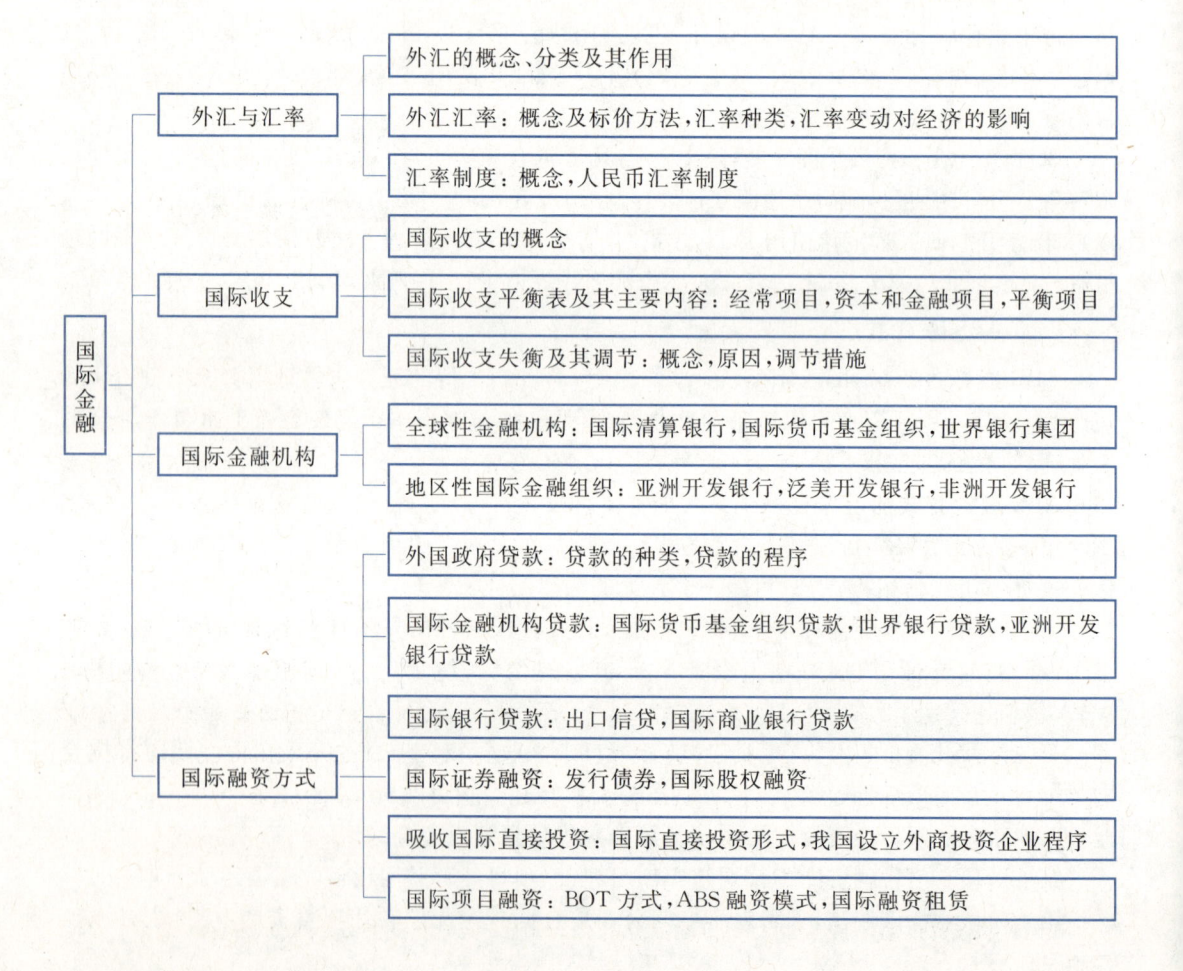

国际金融
- 外汇与汇率
  - 外汇的概念、分类及其作用
  - 外汇汇率：概念及标价方法，汇率种类，汇率变动对经济的影响
  - 汇率制度：概念，人民币汇率制度
- 国际收支
  - 国际收支的概念
  - 国际收支平衡表及其主要内容：经常项目，资本和金融项目，平衡项目
  - 国际收支失衡及其调节：概念，原因，调节措施
- 国际金融机构
  - 全球性金融机构：国际清算银行，国际货币基金组织，世界银行集团
  - 地区性国际金融组织：亚洲开发银行，泛美开发银行，非洲开发银行
- 国际融资方式
  - 外国政府贷款：贷款的种类，贷款的程序
  - 国际金融机构贷款：国际货币基金组织贷款，世界银行贷款，亚洲开发银行贷款
  - 国际银行贷款：出口信贷，国际商业银行贷款
  - 国际证券融资：发行债券，国际股权融资
  - 吸收国际直接投资：国际直接投资形式，我国设立外商投资企业程序
  - 国际项目融资：BOT方式，ABS融资模式，国际融资租赁

重点概念

外汇　特别提款权　汇率　浮动汇率　国际收支　外汇平衡基金　出口信贷　买方信贷　卖方信贷　外国债券　欧洲债券　合资经营　合作经营　BOT　ABS　存托凭证　国际租赁

复习思考题

1. 外汇的概念和主要内容是什么？
2. 汇率变动对经济有何影响？
3. 国际收支平衡表的主要内容包括哪些？
4. 国际收支的调节措施有哪些？
5. 国际融资有哪些主要方式？

实训项目

1. 案例分析：美国量化宽松（quantitative easing，QE）货币政策[①]

（一）QE1

QE1 启动：2008 年 11 月 25 日，美联储宣布，将购买政府支持企业（GSE）房利美、房地美、联邦住房贷款银行与房地产有关的直接债务，还将购买由两房、联邦政府国民抵押贷款协会（Ginnie Mae）所担保的抵押贷款支持证券（MBS）。

QE1 扩大（第一轮宽松正式启动）：2009 年 3 月 18 日，机构抵押贷款支持证券 2009 年的采购额最高增至 1.25 万亿美元，机构债的采购额最高增至 2 000 亿美元。此外，为促进私有信贷市场状况的改善，美联储还决定在未来六个月中最高再购买 3 000 亿美元的较长期国债证券。

QE1 结束：2010 年 4 月 28 日，美联储在利率会议后发表的声明中未再提及购买机构抵押贷款支持证券和机构债的问题。这标志着美联储的首轮定量宽松政策正式结束。加上 2009 年 3 月至当年秋天结束前所购买的 3 000 亿美元较长期国债证券，美联储在首轮定量宽松政策的执行期间共购买了 1.725 万亿美元资产，这就是说，首轮定量宽松总计为金融系统及市场提供了 1.725 万亿美元流动性。

（二）QE2

QE2 推出：自 2010 年 4 月份起，美国的经济数据开始令人失望，经济复苏步履蹒跚。2010 年 8 月，美联储主席伯南克酝酿推出 QE2。2010 年 11 月 3 日，美联储在结束为期两天的利率会议后宣布，启动第二轮定量宽松计划，总计将采购 6 000 亿美元的资产。与此同时，联储宣布维持 0～0.25% 的基准利率区间不变。联邦公开市场委员会（FOMC）会后发表的政策声明显示，美联储将在 2011 年第二季度前采购 6 000 亿美元的债券，每个月的采购额约为 750 亿美元，以进一步刺激美国经济复苏。

---

① 选摘自贾致远：《量化宽松货币政策分析》，http://www.hai9999.com/yinghaiyanjiu/29-263.html，2013-03-25。

QE2 结束：2011年6月22日，美联储宣布，将按照计划在6月底结束去年推出的QE2，并维持将到期的国债本金进行再投资即购买美国国债的政策。随着美联储6月30日向美国财政部购买了49.09亿美元于2016年12月31日—2018年6月30日到期的国债之后，QE2 正式宣布结束。

QE2 影响：QE2 实施环境不同于QE1，当时美国GDP增速为-4.9%，10年期国债平均收益率为3.5%；而目前GDP增速为2.5%，10年期国债平均收益率仅为2.8%，QE2对拉低长期利率水平的边际效应有限。另外，QE1当时有财政刺激的有效配合，而由于民主党在国会选举上失利，加上美国已经面临流动性陷阱，缺乏财政积极配合的QE2能否独挽狂澜，前景并不乐观。

由于美国国内有效需求不足，QE2新增流动性没有迅速进入实体经济，而是流入国内外的金融市场。借助美元的地位，很大一部分流动性以热钱方式涌入新兴经济体，推动通胀飙升，并催生资产泡沫。

同时，QE2导致的美元贬值实际稀释了美国债务，使美国国债的持有国面临汇兑损失。更危险的是，当未来美联储回收流动性时，大量热钱将迅速撤出新兴市场回归美国，直接戳破新兴市场的资产泡沫，由此引发的金融动荡很可能伤害新兴经济体的增长。

(三) QE3

自2010年6月底，美国的经济数据例如就业数据等已经接近崩溃，复苏无望，美联储为应对无法预期中的危机而不得已展开又一次的量化宽松：QE3或是隐性的。美国人或许认为是欧洲希腊债违约可能把美国经济再度拖入衰退，其实性质在于美国本身的货币滥发导致其国际信用降低，大量债券的发行，致使合约履行能力大打折扣，债务违约已成为可能性。

美国的印钞刺激"无法停止"，隐性坏账的再次暴露，将是引爆美元泡沫的导火索，经济在"美元毒品"的刺激下再次反复，而后又趋向于衰退，美元体系已无法支持美国长期以来的过度透支。当前，美国政府寄希望于把这个风险转嫁出去，或是让其他国家不断加息，抑制通胀，再加息，反复通胀，人民币等货币不断升值，其一定程度也是美元崩溃的表现。

当然，美国还可能采取更为匪夷所思的想法——"战争思维"，它可以开动全球最强大的军事机器，挑起争端，搅乱世界，各种经济秩序将不复存在，而它有可能通过它的再一次强大，建立一种有利于它的新秩序，建立又一次美元霸权。

问题：

(1) 什么是量化宽松的货币政策？

(2) 试分析美国量化宽松的货币政策对我国对外贸易和利用外资的影响。

(3) 讨论我国如何应对美国量化宽松货币政策的影响。

2. 查询资料，讨论问题

查询我国近10年的外商直接投资(foreign direct investment，FDI)数据，分析FDI总量及结构变化的原因，在此基础上讨论我国今后如何更有效地利用外资。

第七章 货币供给与货币需求

【学习目标】
1. 理解货币供给的基本含义,掌握我国货币划分的层次。
2. 掌握货币供给机制。
3. 理解货币需求的基本含义,了解货币需求理论的发展脉络,理解货币需求的决定与影响因素。
4. 掌握货币均衡及其转换过程。

第一节 货币供给

一、货币供给的含义及其计量

(一) 货币供给与货币供给量

货币供给又称作货币供应,是指货币发行主体(银行)通过其业务活动向生产和流通领域货币需求方提供货币的经济性行为。它是一个动态的流量概念,其数量表现形式即为货币供给量。

货币供给量是一个静态存量概念,是指在某一个时点上,一个国家各经济主体(包括居民个人、企事业单位和政府部门等)持有的,由发行者(银行系统)所提供的货币总量。它包括现金和存款货币两个主要的部分。其中,现金是由中央银行供给的,存款货币是由金融机构供给的。

货币供给主要研究由谁来提供货币、提供什么货币、怎样提供货币和提供多少货币等问题,理解货币供给与货币供给量的含义可从以下几个方面入手:

1. 货币供给的主体

货币供给的主体是指货币的供给者。在人类社会发展的历史长河中,经历过不同的社会时期,在不同社会时期有不同的货币制度,不同的货币体制下有着不同的货币供应主体。例如,在金币本位制下,几乎所有拥有货币金属的主体都可以成为货币的供应者;随着中央银行的出现,货币则由国家授权给中央银行统一组织发行。

2. 货币供给的客体

货币供给客体是指货币供给主体(发行者)向社会供应的货币。不同的货币体制下有着不同的货币供应客体,不同国家供应的币种也不一样。例如,在信用货币制度下,发行者可以提供多层次的货币类型,既可以有现金,也可以有存款,还可以有其他形式的货币。

3. 货币的供给过程

由于货币供给是一个十分复杂的过程,在现代信用货币制度下,既有现金,又有存款,都是通过银行的信用活动形成的。在货币供给的过程中,商业银行和中央银行分别发挥着不同的作用。货币供给过程可以描述为:中央银行向商业银行提供基础货币,商业银行通过信贷活动放大地向社会提供货币。通过长期研究,经济学家总结了一个国际通用的货币供给公式:

$$Ms = B \cdot k$$

其中,Ms 表示货币供给量;B 表示基础货币;k 表示货币乘数。

公式的经济学意义为货币供给量可以写成基础货币与货币乘数的乘积。

4. 我国现阶段货币供给量层次的划分

M_0 = 流通中的现金,即在银行体系以外流通的现金;

$M_1 = M_0$ + 企事业单位活期存款 + 农村存款,即狭义货币供应量;

$M_2 = M_1$ + 企事业单位定期存款 + 居民个人储蓄存款 + 外币存款 + 信托其他类存款,即广义货币供应量;

$M_3 = M_2$ + 金融债券 + 商业票据 + 大额可转让定期存单 + 商业票据等。

其中,M_2 减 M_1 是准货币,M_3 是根据金融工具的不断创新而设置的。

M_1 反映着经济中的现实购买力;M_2 不仅反映现实的购买力,还反映潜在的购买力。若 M_1 增速较快,则消费和终端市场活跃;若 M_2 增速较快,则投资和中间市场活跃。中央银行和各商业银行可以据此判定货币政策。M_2 过高而 M_1 过低,表明投资过热、需求不旺,有危机风险;M_1 过高而 M_2 过低,表明需求强劲、投资不足,有涨价风险。

小资料

西方各国货币层次的划分[①]

1. 美国对货币层次的划分

M_1 = 通货 + 活期存款 + 其他支票存款;

$M_2 = M_1$ + 小额定期存款 + 储蓄存款 + 货币市场存款账户 + 货币市场基金份额(非机构所有) + 隔日回购协议 + 隔日欧洲美元 + 合并调整;

$M_3 = M_2$ + 大面额定期存款 + 货币市场基金份额(机构所有) + 定期回购协议定期欧洲美元 + 合并调整;

$L = M_3$ + 短期财政部证券 + 商业票据 + 储蓄债券 + 银行承兑票据。

2. 欧盟对货币层次的划分

狭义货币 = M_1 = 流通中现金 + 隔夜存款;

中间货币 = $M_2 = M_1$ + 期限为两年以下的定期存款 + 通知期限三个月以内的通知存款;

广义货币 = $M_3 = M_2$ + 回购协议 + 货币市场基金(MMF) + 货币市场票据 + 期限为两年

---

① 选摘自 http://www.chinavalue.net/wiki/showcontent.aspx?titleid=247282。

以内的债券。

3. 日本对货币层次的划分

M_1＝现金＋活期存款；

$M_2+CD=M_1$＋准货币＋可转让存单；

$M_3+CD=M_2+CD$＋邮政、农协、渔协、信用合作和劳动金库的存款，以及货币信托和贷方信托存款。

此外，还有广义流动性等于"M_3+CD"加回购协议债券、金融债券、国家债券、投资信托和外国债券。

4. 国际货币基金组织的货币划分

M_0＝流通与银行体系外的现金通货；

$M_1=M_0$＋商业银行活期存款＋邮政汇划资金＋国库接受的私人活期存款；

$M_2=M_1$＋储蓄存款＋定期存款＋政府短期债券。

（二）基础货币

基础货币也称为货币基数或强力货币，因其具有使货币供给量成倍放大或收缩的能力，故又称作高能货币。基础货币一旦流入商业银行系统，就会增强银行信用创造能力。所以，对于基础货币的概念可以从基础货币的来源和运用两个方面来加以理解。一方面，从其来源来看，它是货币当局的负债，是由货币当局投放并直接控制的那部分货币，它只是货币供给量的一部分而不是全部。另一方面，从其运用来看，它由两部分构成，一是商业银行的存款准备金，包括商业银行的库存现金和在中央银行的法定存款准备金与超额准备金；二是公众所持有的现金，即通常所说的"通货"，这两部分都是中央银行对社会公众的负债。

所以，基础货币可以用公式表示为：

$$B = C + R$$

其中，C 表示流通于商业银行体系外的现金；R 表示商业银行的存款准备金。

既然基础货币由现金和存款准备金两部分构成，能够引起现金或者存款准备金变化的因素都能够引起基础货币的增减变化，所以，基础货币的变化取决于以下五个因素：

（1）中央银行对商业银行等金融机构债权的变动。这是影响基础货币的最主要因素。一般来说，债权的增加，意味着中央银行对商业银行再贴现或再贷款的资产增加，同时也说明通过商业银行注入流通市场的现金增加，从而引起基础货币的增加，这必然引起商业银行超额准备金增加，使得货币供给量扩大。相反，如果中央银行对金融机构的债权减少，引起流通中的现金减少，基础货币紧缩，从而使货币供应量大幅收缩。

（2）利率因素。利率的大小是由中央银行确定的。在一般情况下，如果存款利率太高，社会上较多的资金就会流向银行，使得流通市场中的现金量减少，从而引起基础货币的减少。反之，如果存款利率太低，银行中较多的资金就会流向市场，使得流通市场中的现金量增多，从而引起基础货币的增大。

（3）汇率因素。外汇及黄金的购买，是中央银行用基础货币来收购的。一般情况下，若中央银行不把稳定汇率作为政策目标的话，则对通过该项资产业务投放的基础货币有较大的主动权。否则，中央银行就会因为要维持汇率的稳定而被动进入外汇市场进行干预，以平抑汇率,这样外汇市场的供求状况对中央银行的外汇占款有很大影响,使通过该渠道投放的基础货币数量具有相当的被动性。

(4) 对政府债权净额。中央银行对政府债权净额增加通常由以下两条渠道形成:一是直接认购政府债券;二是贷款给财政以弥补财政赤字。无论哪条渠道都意味着中央银行通过财政部门把基础货币注入了流通领域,增大流通市场的现金量,从而来影响货币供给量。

(5) 其他项目(净额)。这主要是指固定资产的增减变化以及中央银行在资金清算过程中应收应付款的增减变化,它们都会对基础货币量产生影响。

由于基础货币具有流通性强、能产生数倍于其自身的货币、易被中央银行所控制等特征,各国的中央银行都高度重视基础货币的投放量。中央银行的投放渠道有:① 直接发行通货;② 对商业银行等金融机构的再贷款和再贴现;③ 变动黄金、外汇等储备资产;④ 实行公开市场业务等货币政策。基础货币的变动如表7-1所示。

表7-1 基础货币的变动

序号	基础货币增加的措施	基础货币减少的措施
1	中央银行在公开市场上买进有价证券	中央银行在公开市场上卖出有价证券
2	中央银行收购黄金、外汇	外国存款
3	国家财政出现赤字	政府存款
4	中央银行对商业银行再贴现或再贷款	中央银行的其他负债
5	财政部发行通货	政府持有的通货
6	中央银行的应收款项	

因此,基础货币的变化会对货币供给产生着重要影响。在货币乘数一定时,若基础货币增加,货币供给量将成倍地扩张,市场商品价格上涨,生产扩大,经济繁荣。反之,若基础货币减少,则货币供给量将成倍地缩减,市场商品价格下跌,生产减少,经济紧缩。由于基础货币能为货币当局所直接控制,因此,在货币乘数不变的条件下,货币当局即可通过控制基础货币来控制整个货币供给量。

(三) 货币乘数

所谓基础货币乘数,简称货币乘数,是指基础货币每增加或减少一个单位所引起的货币供给额增加或减少的倍数。它是商业银行存款创造过程中存款总额与原始存款之比,反映了货币供给量与基础货币之间的倍数关系。在基础货币一定的条件下,货币乘数与货币供给量成正比。

货币乘数的变化会引起货币供给量按乘数倍数扩张与收缩。银行提供的货币和贷款会通过存款、贷款等经济活动产生出来,而基础货币可以由中央银行通过现金发行和货币政策来实现对基础货币的控制。货币乘数的大小决定了货币供给扩张能力的大小。而影响货币乘数的因素很多,主要有以下五种因素:

1. 活期存款的法定准备金比率

活期存款的法定准备金率是由中央银行直接决定,活期存款的法定准备金率越高,货币乘数越小;反之,货币乘数越大。

2. 定期存款的法定准备金比率

定期存款的法定准备金率也是由中央银行直接决定,定期存款的法定准备金率越高,货币乘数越小;反之,货币乘数越大。

3. 超额准备金比率

超额准备金率是指商业银行保有的超过法定准备金的准备金与存款总额之比。超额准备金的存在可以减少银行创造派生存款的能力。因此,超额准备金率越高,货币乘数越小;反之,货币乘数越大。

4. 现金比率

流通中的现金与商业银行活期存款的比率,称为现金比率。在商业银行活期存款一定的条件下,现金比率与流通中的现金呈正相关性。只要能够影响现金货币的因素,都可以影响现金比率。现金比率与货币乘数呈负相关性,即现金比率的变化反向作用于货币供给量的变动,现金比率越高,说明商业银行活期存款减少,退出存款的货币扩张到流通中的现金量越大,因而减少了银行的可贷款资金量,制约了存款派生功能,货币乘数越小;反之,货币乘数越大。

5. 定期存款与活期存款比率

各个国家的中央银行对商业银行存款的不同种类规定了不同的法定准备金率,通常定期存款的法定准备金率低于活期存款的法定准备金率。这样,定期存款与活期存款间的比率变化会引起实际中平均法定准备金率的变化。

货币乘数的大小主要由上述五种比率因素影响,以上各因素都对货币乘数呈负相关性。而影响我国货币乘数的因素除了上述五个因素之外,还有财政性存款、信贷计划管理、社会公众行为三个特殊因素。

财政性存款主要是指财政金库款项和政府财政拨给机关单位的经费以及其他特种公款等,是各级财政部门代表本级政府掌管和支配的一种财政资产。包括国库存款和其他财政存款。国库存款是指在国库的预算资金(含一般预算和基金预算)存款。其他财政存款是指未列入国库存款的各项财政在专业银行的预算资金存款以及部分由财政部指定存入专业银行的专用基金存款等。

信贷计划管理是指中央银行通过信贷计划的分层次编制和管理,以此控制社会信贷规模和货币供应量的一种管理方法。信贷计划是我国国民经济计划的一个重要组成部分。长期以来,我国存在着对银行的信贷计划管理,但在不同的历史阶段,适应各时期管理体制的不同特点,信贷资金管理的具体内容也在不断地变化。曾经实行过的有统收统支的信贷资金管理体制、存贷挂钩差额包干的信贷资金管理体制以及实贷实存的信贷资金管理体制。国家综合信贷计划分为三个层次:第一层次是国家综合信贷计划,由中央银行统一编制和管理;第二层次是中国人民银行信贷计划,由中国人民银行编制和管理;第三层次是专业银行信贷计划,由各专业银行编制和管理。

社会公众是银行体系之外的企业、个人和政府部门。社会公众的商品生产和流通以及货币收支活动是存款创造的基础。

二、货币供给机制

在当代经济条件下,货币供给机制是由两个层次构成的货币供给形成系统:一个层次是商业银行创造存款货币;另一个层次是中央银行提供基础货币及对货币供给量的控制。

(一) 货币供给模型

简单的货币供给模型是假设银行只开设活期存款账户,社会公众不持有通货,社会交易通过银行支票进行,银行不支持超额准备金,则社会上的货币供应量为:

$$M_1 = D_1 = \frac{1}{r_d} \times B = K_1 \times B$$

在给出上面的公式推导过程前,先给出两个基本的概念——原始存款和派生存款。

1. 原始存款

原始存款是指商业银行接受的客户以现金方式存入的存款和中央银行对商业银行的再贴现或再贷款而形成的准备金存款。这部分存款不会引起货币供给总量的变化,仅仅是流通中的现金变成了银行的活期存款:存款的增加正好抵销了流通中现金的减少。原始存款来源于中央银行通过购买证券、外汇和黄金以及贴现贷款等渠道投放的基础货币。商业银行的准备金以两种具体形式存在:① 商业银行持有的应付日常业务需要的库存现金;② 商业银行在中央银行的存款。对于商业银行来说,活期存款是其负债业务的重要内容,也是从事贷款等资产业务活动的基础,而且是原始存款的主要来源。

2. 派生存款

派生存款是原始存款的对称,是指由商业银行发放贷款、办理贴现或投资等业务活动而创造出的存款。派生存款产生的过程,就是商业银行吸收存款、发放贷款,形成新的存款额,最终导致银行体系存款总量增加的过程。

原始存款与派生存款相对称,是商业银行存款的重要组成部分。原始存款是指客户以现金形式存入银行的直接存款。商业银行获得原始存款后,除按法定存款准备金比率保留一部分作为法定准备金以外,其余部分可用于放款或购买证券。通过对原始存款的吸收和放贷,商业银行系统又可创造出数倍于原始存款的派生存款。原始存款是商业银行扩张信用的基础。中央银行通过规定法定存款准备金比率来控制这部分存款,以达到调节信贷规模和控制货币供应量的目的。

下面以存款发放贷款为例,说明派生存款的形成过程。

为了简单,我们假设如下情形:① 银行客户将其一切收入均存入商业银行体系,且不支取现金或归还贷款。② 存款准备金由商业银行的库存现金及其在中央银行的存款组成。③ 法定存款准备金率为20%,即银行收到存款后,把存款总额的20%留作法定存款准备金,剩余的80%可以去放贷,其他因素暂不考虑。假如A企业将5万元现金存入商业银行A,使得A银行存款增加了5万元,A银行将这笔存款的20%即1万元留作法定存款准备金,剩余的4万元再贷款给B企业。B企业将4万元存入其所开户的B银行,这时,B银行的存款也增加了4万元,若B银行再将其中3.2万元(已留法定存款准备金0.8万元)贷款给C企业。C企业又把3.2万元存入其开户的C银行,则C银行的存款又增加了3.2万元,以此类推,银行和企业之间不断地贷款、存款,就由最初A企业存入A银行的5万元存款,通过发放贷款,创造出B银行4万元和C银行的3.2万元的存款增加,并可依次扩展下去,创造出数倍的存款。这种现象包含了派生存款的基本原理,即商业银行以原始存款为依据发放贷款,贷款又形成了新的存款。商业银行派生存款的创造过程如表7-2所示。

表7-2 商业银行派生存款的创造过程　　　　　　　（单位:万元）

银行名称	支票账户存款额(T_i) $T_i = Q_i \cdot r_d$	银行发放贷款额(C_i) $C_i = Q_i \cdot (1-r_d)$	银行准备金额(R_i) $R_i = Q_i \cdot r_d$
A银行	5	4	1
B银行	4	3.2	0.8
C银行	3.2	2.56	0.64
D银行	2.56	2.048	0.512
E银行	2.048	1.638 4	0.409 6
……	……	……	……
5家银行合计	16.808	13.446 4	3.361 6
其他银行合计	8.192	6.553 6	1.638 4
整个银行系统合计	25	20	5

其中,Q_i表示每个银行的存款额;r_d表示法定存款准备率。

表7-2说明,A银行原始存款增加5万元,在20%的准备率的约束条件下,逐渐缩减派生存款的规模,直至最后一家银行发生派生存款为止。这样,最初增加的5万元原始存款,通过商业银行发放贷款,便可创造出20万元的派生存款,整个银行系统存款总额为25万元。若以Q代表经过派生的存款总额,r_d代表法定存款准备金率,这一过程可以用公式表示为:

$$Q = 5 + 5(1-r_d) + 5(1-r_d)^2 + 5(1-r_d)^3 + 5(1-r_d)^4 + \cdots\cdots$$
$$= 5[1 + (1-r_d) + (1-r_d)^2 + (1-r_d)^3 + (1-r_d)^4 + \cdots\cdots]$$

因为中括号里面是一个公比小于1的等比数列求和,所以,根据等比数列的性质,设基础货币为Q_0,则有$Q = Q_0 / r_d$。

如把上面表格举例代入公式,得:

$$存款总额\ Q = 5/20\% = 25(万元)$$
$$派生存款 = 25 - 5 = 20(万元)$$

通常把存款总额相对于原始存款的扩张倍数称为商业银行存款派生倍数,又称存款货币乘数。若以K表示存款货币乘数,依据上例得:

$$K = \frac{Q}{Q_0}$$

根据上例,$r_d = 20\%$,$K = 5$;若$r_d = 50\%$,$K = 2$。因此,法定存款准备金率越高,商业银行创造存款货币的能力越弱;法定存款准备金率越低,商业银行创造存款货币的能力越强。

> **想一想**:影响商业银行创造存款货币的因素是不是只与银行的法定存款准备金率有关?若还有其他影响因素,根据前面所学知识,能否再列举出一些影响商业银行创造存款货币的因素?

3. 商业银行创造派生存款的约束因素

商业银行具有创造派生存款的能力,但派生存款的扩张又不是无限度的,派生存款的总

量取决于原始存款(即例中的 Q)和派生倍数(K),而派生倍数的大小又受以下诸多因素的制约:

(1) 法定存款准备率(r_d)。法定存款准备金率是指法律规定的商业银行准备金与商业银行吸收存款的比率。商业银行吸收的存款不能全部放贷出去,必须按照法定比率留存一部分作为随时应付存款人提款的准备金。一般在其他条件不变的情况下,存款准备金率越高,派生存款的扩张倍数就越小,两者之间呈现一种减函数关系。法定存款准备金率是派生存款的主要制约因素,也是中央银行的主要货币政策工具之一。

(2) 现金漏损率(c)。现金漏损率也称提现率或现金比率,是指客户从银行提取或多或少的现金,从而使一部分现金流出银行系统,出现所谓的现金漏损。现金漏损与存款总额之比称为现金漏损率。由于现金外流,银行存款用于放贷部分的资金减少,因此也就削弱了商业银行活期存款的派生能力。现金漏损率对派生存款扩张倍数的限制与存款准备金率一样,即现金漏损率越高,派生存款就越少。

(3) 超额准备率(e)。银行在实际经营中所提留的准备金,不可能恰好等于法定准备金,为了应付存款的变现和机动放款的需要,事实上银行实际持有的存款准备金超过法定准备金的准备金叫作超额准备金,国内习惯于称其为备付金。超额准备金与存款总额的比例是超额准备率。显然,超额准备金和法定准备金一样,也相应减少了银行创造派生存款的能力。

(4) 定期存款准备金(r_t)。企业等经济主体既持有活期存款,也持有定期存款。银行对定期存款也要按一定的准备率提留准备金。对于定期存款的法定准备金率(r_t),往往不同于活期存款的法定准备金率(r_d),而且定期存款(D_t)同活期存款总额(D)之间也会保持一定的比例关系。

考虑以上四点对活期存款派生倍数的影响,派生倍数的公式应加以修正,即:

$$M = \frac{1}{r_d + c + e + r_t} \cdot B = K \cdot B$$

$$K = \frac{1}{r_d + c + e + r_t}$$

式中,M 为派生存款总量;K 为货币乘数;B 为一定时期的基础货币。

(二) 中央银行与货币供给

中央银行对货币供给的影响主要体现在货币乘数和基础货币上。

1. 货币乘数变动与货币供给

(1) 央行通过调整 r_d(支票存款法定准备金率)和 r_t(非交易存款法定准备金率),影响货币乘数的分母。如果准备金率水平提高,使得货币乘数降低,就会冻结商业银行一部分流动性。这部分资金无法参与货币创造,降低货币供给;如果准备金率水平下调,货币乘数增大,商业银行会获得一部分流动性可以用于信贷放款,从而增加货币供给。

(2) 央行通过调整再贴现率可以为市场利率的形成产生影响,从而通过市场利率的变化对商业银行流动性的机会成本进行影响,最终会影响到商业银行的超额准备金率。具体的机制是:当再贴现率提高,市场利率在此引导下提高,增加银行资金的机会成本,从而降低超额准备金率,降低货币乘数分母,增大货币乘数,增加货币供给。

2. 基础货币数量变化与货币供给

(1) 央行通过再贴现、再贷款的投放数量，影响基础货币的增减。当央行向商业银行注入流动性，增大贴现窗口放款，这就直接增加了基础货币的投放，使得这一部分新增的高能货币能够通过货币创造机制形成货币供给。相反，就会回收基础货币，减少货币供给。

(2) 央行通过公开市场业务，通过在债券市场上进行买卖国债、进行国债回购交易、发行特别国债、发行央行票据等方式吞吐基础货币，从而影响货币供给的增减。

(三) 商业银行与货币供给

在二级银行制度下，商业银行是货币供给形式体系中的一个重要层次，也是整个货币运行的最主要的载体。商业银行对货币供给的影响主要体现在其对超额准备金率的调整，从而影响到货币乘数的分母。商业银行对于超额准备金率的考虑主要在于对其成本和收益的权衡上。

1. 超额准备金的成本

该成本是指将其贷放出去或投资于有价证券的收益。当市场利率上升，信贷投放的收益率上升，则其机会成本增大；当有价证券收益向好，其投资的资本利得也会增加，机会成本也会增大。

2. 超额准备金的收益

该收益是指为避免因流动性不足而产生的损失。这取决于流动性不足的损失数量的大小、流动性不足的概率，以及从其他渠道补充流动性的可能性。

(1) 损失数量的大小取决于在流动性计划中预期的现金资产的支出规模。

(2) 流动性不足的概率取决于预期支出的不确定性或波动范围。

(3) 其他渠道补充流动性的成本包括再贴现再贷款、同业拆借、证券回购、资产出售、贷款催还或贷款出售、货币市场借款等，如果这些渠道借入的成本较低，时间较短，流动性的损失就小。

综上所述，超额准备金率与市场利率负相关、资本市场收益负相关、流动性不足的损失正相关。

(四) 非银行公众与货币供给

非银行公众对货币供给的影响主要在于对现金漏损率、非交易存款的储蓄倾向的调整，从而影响货币乘数的分母(实质上是 M_0、M_1、M_2 的比较)。

1. 流通中现金与支票存款的比率

该比率的大小决定于公众对于其财富的资产持有形式的选择。主要取决于财富总量及该种资产形式的财富弹性、资产的相对预期报酬率、资产的相对风险以及资产的流动性四大因素。

(1) 财富总量以及财富弹性。财富总量增长，现金和支票存款都会增加，但两者的财富弹性有区别。现金的财富弹性小于支票存款，从而使得随着财富的增长，现金比支票存款比率下降。

(2) 资产的预期相对报酬率。现金的预期报酬率为零，支票存款的预期报酬率在于支票存款利率和银行服务的质量。当交易结算电子化程度提高、支票存款利率上升、银行服务质量提高，该比率就会下降。

2. 相对于其他资产预期报酬率的变化的敏感性

一般认为,支票存款的敏感性较强,因此当证券收益增加时,现金、支票存款都会减少,但支票存款的减少会快一些,使比率上升。

(1) 相对风险。现金是最安全的资产,而支票存款存在银行倒闭的风险。当经济动荡,发生银行挤兑,则会加大现金资产的持有,增加现金漏损率。

(2) 流动性。即现金和支票存款充当交易媒介的便利性。这取决于公众所处的金融环境的基础设施的覆盖、运行效率以及人们的结算习惯等。

3. 非交易存款与支票存款的比率(实际上是 M_1、M_2 的比较)

(1) 财富总量以及财富弹性。非交易存款的财富弹性大于交易存款。

(2) 预期收益率。一方面是两者的相对报酬率,另一方面是两者对其他资产相对报酬率的敏感程度。非交易存款的其他资产的敏感程度更高,而交易存款为满足固定的交易需求有一定的稳定性。

第二节 货币需求

一、货币需求与货币需求理论

(一) 货币需求与货币需求量

当代社会一切经济活动都离不开货币这个特殊的商品。因为社会各个部门都需要持有一定的货币作为交换的媒介、购买商品、支付费用、偿还债务、从事投资或保存财富等,所以便产生了对货币的需求。

货币需求是指社会各部门(包括企业、事业单位、政府和个人)在既定的国民收入范围内,能够或愿意以货币形式持有而形成的对货币的需要。可以从下面两个方面加以理解货币需求的概念:一是有欲望但是没有能力取得货币不能构成需求;二是有能力而没有欲望也不能构成需求。这种需求是出自于需求者的实际经济能力,而不是出自于主观心理要求。因而货币需求是一个存量的概念,它考察的是在特定的时间和空间范围内,社会各部门在其拥有的全部资产中愿意以货币形式持有的数量或份额,是一种能力与愿望的统一。在现实生活中,货币需求既包括对现金的需求,也包括对存款货币的需求;既包括对执行流通手段和支付手段职能的货币需求,也包括对执行贮藏手段职能的货币需求。

货币需求量是指在一特定的时间和空间范围内(某年某国),社会各个部门(企业、事业单位、政府和个人)在既定的社会经济和技术条件下对货币需要持有的总量,又称货币必要量。货币需要量是一个内生变量,形成于国民经济运行系统内部。它属于存量指标,可在一定时期内的若干时点上加以预测和把握。货币需要量具有替代性特征,在信用和金融市场比较发达的条件下,如有价证券等金融资产都具有迅速变为现金的能力,由此可以作为第二准备来替代现金需求,替代性的大小取决于金融资产的流动性、收益性和风险性等因素。

国民经济发展水平是决定货币需要量的主要因素,通常已经由货币媒介的最终产品和劳务的总价值即国民生产总值(GNP)来表示,也有学者以国民财富总值作为决定货币需要量的主要因素,但由于国民生产总值可视为国民财富总值在某一利率下的贴现值,所以在统计学意义上两者意义接近。除了经济发展水平外,不同的经济结构(农、轻、重比例,三大产业的比例等)和经济周期(繁荣阶段、停滞阶段或衰退阶段)也对货币需要量产生不同的要求。

> **想一想**：国民生产总值(GNP)与国内生产总值(GDP)虽然都可以表示最终产品的价值,但却是两个不同的概念,试想它们有没有区别与联系?

(二) 货币需求的分类

1. 微观货币需求和宏观货币需求

微观货币需求是从微观角度考察的货币需求,是指一个社会经济单位(家庭或个人)在既定的收入水平、利率水平等其他经济条件下所持有的货币量。宏观货币需求是从宏观角度考察的货币需求,是指以宏观经济发展目标为出发点,分析国民经济运行总体对货币的需求,即考虑一个国家在一定时期内为满足经济发展和商品流通所必需的货币总量,这种货币量既能够满足各方面的需要,又不至于引发通货膨胀。

两者的区别在于：前者的出发点是某一经济主体的经济行为,有助于进一步认识货币的职能,对短期货币需求的分析起到重要作用；后者的出发点则是整个经济运行,有利于货币政策当局制定货币政策,为一国政府在特定时期内经济发展做出贡献,同时能在一定程度上使社会总需求与总供给保持平衡。

货币需求作为一种十分复杂的经济现象,它几乎涉及国民经济的各个方面。所以,在对货币需求进行分析时,应将宏观分析与微观分析相结合,而不能厚此薄彼或者相互代替。

2. 主观货币需求与客观货币需求

主观货币需求是指一个人、一个家庭或者一个企业单位,在主观上希望拥有多少货币,是一种对货币占有的欲望。这里的一个人、一个家庭或者一个企业单位或者政府等我们统称为经济主体,他们为了自身的发展而占有一定货币。货币作为一般等价物具有与一切商品交换的能力,主观货币需求在数量上是无限的,这种需求因不同的人而不同,因此说主观货币需求是一种无效的货币需求。某人梦想有10亿美元的资产,但是他真的有吗?没有。这只是一种欲望,因此是一种无效的货币需求。而客观货币需求是指个人、单位或国家在一定时期内有支付能力的有效需求。在实际生活中,这两种类型的货币需求都是存在的,客观货币需求是经济理论研究的主要对象,但是不能忽略对主观货币需求的研究。因为主观的货币需求在量上是无限制的,是一种无约束性的无效货币需求,它有助于货币当局制定和实施货币政策。

3. 名义货币需求和实际货币需求

名义货币需求是指按照现行价格计算,社会各个部门在不考虑币值变动所引起价格变动时的货币需求,即用货币单位来表示的货币数量,如美元、欧元和英镑等。在实际的经济运行过程中,它直接受制于中央银行的货币供给,即名义货币需求是由中央银行的货币供给来决定的。而实际货币需求是指根据不变价格计算,扣除价格变动因素的影响反映一定数量的货币购买力的真实的货币需求,是由商品流通本身所引起的货币需求,它等于名义货币需求除以物价水平。名义货币需求与物价成正比,而实际货币需求与物价无关,它是随着实际收入的变化而变化的,它们之间的根本区别在于是否剔除了物价变动的影响。前者是指按当前价格计算的货币需要量,它以货币单位(如"元")来表示。后者剔除物价的影响,以货币实际对应的社会资源即商品和劳务来表示。两者的关系是：将名义货币需要量以具有代表性的物价指数(如GNP平减指数)平减后,可得实际货币需要量。因此,后者也可解释为按某一基期的不变价格计算的货币需要量。

在现实经济中,经济的发展有时会超出人们的预料,通货膨胀或通货紧缩并没有销声匿迹,因此,这里不仅要重视名义的货币需求,也要研究实际的货币需求,有时,对实际货币需求的研究会更有意义。

(三) 货币需求理论

1. 马克思的货币需求理论

马克思的货币需求理论是通过货币流通规律展示出来的。马克思在《资本论》第一卷中对货币流通规律进行的考察认为,货币流通是为商品流通服务的,符合商品流通客观需要的货币量就是货币必要量,即客观的货币需求量。根据马克思揭示的货币流通规律,一定时期内的货币必要量由商品价格的高低、商品总量的多少和货币流通速度三个因素决定。在货币自身价值一定的情况下,流通中需要的货币量与待实现的商品价格总额成正比,与单位货币的流通速度成反比。用公式表述为:

$$货币必要量 = \frac{待实现的商品价格总额}{单位货币流通速度}$$

即有:

$$M = \frac{PQ}{V}$$

其中,P 表示商品的价格水平;Q 表示流通中的商品数量;V 表示货币流通速度;M 表示货币必要量。

由于马克思的货币必要量模型建立在货币流通基础上,因此,对该模型的理解必须注意以下几个问题:

(1) 货币必要量理论强调待交换的商品价值决定价格,货币数量不影响价格水平。这是因为金本位制下铸币可以自由地进入和退出流通,从而自发地调节商品流通对货币的需要量,因而商品价格不会大幅波动。而不兑现的信用货币流通使货币供应量失去自动适应货币必要量的性能,流通中货币量与货币必要量经常存在差异,必然引起商品价格的变动。马克思在上述货币必要量规律的基础上提出了纸币流通规律,指出在纸币流通下,单位纸币所代表的金属货币量等于流通中所需的金融货币量除以流通中的纸币总额。用公式表示为:

$$单位纸币所代表的金属货币量 = \frac{流通中所需金属货币量}{流通中的纸币总额}$$

在这个公式中,可以明显看出货币供应量对货币币值从而对物价产生影响。在货币需求不变的条件下,如果纸币供应量增加,则有币值下降和物价上升的变化。

(2) 货币必要量规律及模式提供了对货币需求进行理论分析的思路。但是在直接运用时,各因素在实践中很难准确测算。

(3) 货币必要量公式反映的仅仅是货币的交易需求。

马克思的研究方法和他揭示的基本原理(商品流通决定货币流通),为我们探索现代货币需求问题提供了理论基础,对我们了解商品流通与货币流通的内在联系,研究货币需求理论,具有重要的指导意义。

2. 费雪现金交易数量说

20世纪初,美国耶鲁大学教授欧文·费雪在他1911年出版的颇具影响的《货币购买力》

一书中,对古典数量论提出了最清晰的阐述,第一次系统地论述了货币数量论。费雪试图考察货币总量 M(货币供给)与整个经济生产出来的最终产品和劳务支出总量 $P \times Y$ 之间的联系。其中,P 代表价格水平,Y 代表总产出(总支出 $P \times Y$ 也称为名义总收入或名义 GDP)。表示 M 与 P、Y 之间关系的概念被称为货币流通速度(简称流速),即货币周转率,也就是每 1 元钱用来购买经济中最终产品和劳务总量的平均次数。流速 V 可以更精确地定义为总支出 $P \times Y$ 除以货币数量 M,即:

$$V = PY/M$$

将上式两边乘以 M 就得到交易方程式,也被称为费雪方程式。它揭示了名义收入和货币数量与流通速度之间的关系。即:

$$MV = PY$$

其中,M 表示货币供给量,为自变量;

V 表示货币平均流通速度,可视为常数;

Y 表示充分就业下总产出,可视为常数;

P 表示价格指数,因变量;

PY 表示该时期内商品和劳务交易的总价值。

从方程式看,交易双方是恒等的关系,即右方交易总额等于左方货币总值。P 的取值决定于 M、V、Y 这三个变量的相互作用。不过费雪分析,货币流通速度 V 是由经济中影响个人交易方式的制度决定的。由于经济中的制度和技术特征只有在较长时间里才会对流通速度产生轻微影响,而制度因素变化是缓慢的,因而在短期内货币流通速度相当稳定,因而可视为常数;包括费雪在内的古典经济学家认为工资和价格是完全有弹性的,在充分就业条件下,在正常年份整个经济生产出来的总产出 Y 总是维持在一个固定的数值,变动很小,故在短期内也可认为方程式中的 Y 不变。既然 V、Y 都是常量,所以,P 的值就取决于 M 数量的变化。在此基础上费雪还对货币需求的决定因素进行了分析。将交易方程式的两边同时除以 V,将公式改写为:

$$M = \frac{1}{V} \cdot PY$$

这个公式表明,货币需求仅为 PY 的函数,利率对货币需求没有影响。

3. 剑桥学派的现金余额说

费雪方程式没有考虑微观主体动机对货币需求的影响,许多经济学家认为这是一个缺陷。以阿尔弗雷德·马歇尔和 A.C.庇古为代表的英国剑桥大学的一批古典经济学家也在研究同样的问题,剑桥学派的经济学家不仅仅将交易水平和影响人们交易方式的制度作为研究货币需求的关键性决定因素,还探讨了在不同环境中人们愿意持有的货币数量。同时,也不排斥利率对货币需求的影响。1917 年,他们在英国《经济学家》季刊上发表了《货币的价值》一文,提出了剑桥方程式。他们认为,处于经济体系中的个人对货币的需求,实质是选择以怎样的方式保持自己资产的问题。决定人们持有货币多少的,有个人的财富水平、利率变动以及持有货币可能拥有的便利等诸多因素。但是,在其他条件不变的情况下,对每个人来说,名义货币需求与名义收入水平之间保持着一个较稳定的比例关系。对整体经济体系来说,也是如此。

因此有:

$$M_d = K \cdot Y_n = K \cdot PY$$

其中,Y 表示总收入;P 表示价格水平;K 表示以货币形式保有的财富占有名义总收入的比例；M_d表示名义货币需求。

这就是有名的剑桥方程式。该等式看起来与费雪方程式一样，将 K 看作为常量并同意费雪的货币数量决定名义收入的观点，但该理论却允许个人选择愿意持有的货币数量，认为其他资产的回报率和预期回报率发生变化，K 在短期内也可能改变。

再比较费雪方程式与剑桥方程式：前者为 $M = \frac{1}{V} \cdot PY$，后者为 $M_d = K \cdot PY$。很容易误认为费雪方程式与剑桥方程式是两个意义大体相同的模型。实际上，两个方程式存在着显著的差异。主要有以下几点：

第一，对货币需求分析的侧重点不同。费雪方程式强调的是货币的交易手段功能，把货币需求与支出流量联系在一起，重视货币支出的数量和速度；而剑桥方程式则重视货币为一种资产的功能，是从用货币形式保有资产存量的角度考虑货币需求，重视这个存量占收入的比例。所以，费雪方程式又被称为交易说，而剑桥方程式则被称为现金余额说。

第二，费雪的交易方程式重视影响交易的金融制度支付过程，忽视人的作用；剑桥方程式则重视保有货币的成本与保有货币的满足程度的比较，重视人的意识及其对经济形势的判断力。

第三，两个方程式所强调的货币需求决定因素有所不同。费雪方程式用货币数量的变动来解释价格；反之，在交易商品量给定和价格水平给定时，也能在既定的货币流通速度下得出一定的货币需求结论。费雪的交易方程式没有区分真实货币需求与名义货币需求，因此，交易次数、交易数量及价格水准的变动都能影响货币需求量。而剑桥方程式则是从微观角度进行分析的产物，认为微观主体要在保有货币的利弊因素权衡中决定货币需求。而剑桥方程式中的货币需求是真实货币需求，不受价格水平变动的影响，价格水准的变动只影响名义货币需求量。

第四，费雪的交易方程式没有对货币供给与货币需求所起的作用做明显的区分；而剑桥方程式则对货币供给和货币需求同样重视，并以此作为决定价格水平的分析基础，使货币价值的决定与商品供求决定规律相吻合。

两者相同之处有：① 基本结论相同（都认为货币只是一种交易媒介，因此，货币数量的变动将导致一般物价水平同方向、等比例地变动）；② 方程式的实质相同（V 与 K 互为倒数，流量与存量可相互转化）。

4. 凯恩斯的货币需求理论

凯恩斯早期曾是剑桥学派的重要代表人物。1936 年，凯恩斯出版其学术专著《就业、利息和货币通论》，该书系统地提出了货币需求理论，即著名的流动性偏好论，形成了凯恩斯学派。

凯恩斯货币需求理论认为，货币比起其他资产来说，具有更充分的流动性和灵活性，而且货币需求是人们愿意保持货币，而不愿意持有其他能产生利息但不容易变现的资产的一种心理倾向。因此，需求货币的过程实质上是流动性偏好。人们对货币的偏好，也就是对货币的需求，起因于三个动机：交易动机、预防动机和投机动机。

（1）交易动机。即为进行日常交易而产生的持有货币的愿望。在现代社会中，任何经济主体为了完成交易，都必须拥有一定数量的货币，这就是货币的交易需求。这一货币需求的数量主要决定于收入的多少，是国民收入的增函数。即：

$$M_1 = L_1(Y)$$

其中，L_1 表示货币的交易需求；Y 表示名义国民收入。

（2）预防动机。即为应付紧急情况而产生的持有货币的愿望。如个人和家庭为应付失业、患病等意料不到的需求；企业预防不时之需，即为应付突然发生的意外支出和不失去意料之外的有利的购买机会等，人们出于预防需要必须经常地保持一定数量的用于不时之需的货币，这就是货币的预防需求。这一货币需求也主要取决于收入的数量，也是国民收入的增函数。

（3）投机动机。即人们对市场利率变化的预期需要持有货币以满足人们从中获利的目的。所谓货币的投机需求，实际上是指人们对闲置货币余额的需求。也就是说，投机动机的货币需求是将货币作为一种资产而持有，而不是作为一种交易媒介而持有。人们之所以持有闲置的货币余额，是为了在利率变动中进行债券的投机，以获取利润。投机动机的货币需求是利率的减函数，即：

$$M_2 = L_2(r)$$

其中，M_2 表示投机性货币需求；r 表示市场利率。

交易动机产生的货币交易需求与预防动机产生的货币预防需求都与货币的流通手段职能有关，统称为交易性货币需求，它与国民收入成正比，是国民收入的增函数；由投机动机产生的货币的投机需求与利率水平成反比，是利率的减函数。货币需求总量即是由交易性货币需求与投机性货币需求组成。即：

$$M = M_1 + M_2 = L_1(Y) + L_2(r)$$

其中，M 表示总货币需求；M_1 表示交易货币需求；M_2 表示投机货币需求；Y 表示国民收入；r 表示市场利率。

因为债券的价格和市场的利率成负相关，所以，当利率水平较低、债券价格较高时，人们会预期利率水平不再下降、债券价格不再上升，此时，货币的投资需求就会达到无穷大，即无论再怎么增加货币供给，都不会在市场上流通，因为有很多人需要货币，必然被先得到的人们储存起来，这种现象被称为"流动偏好陷阱"或"凯恩斯陷阱"，也说明了政府不可能无限制地通过增加货币供给来降低利率。凯恩斯陷阱如图 7-1 所示。

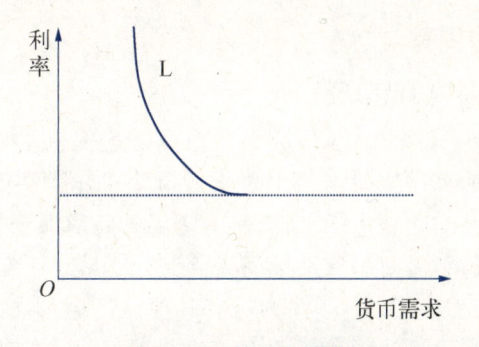

图 7-1 凯恩斯陷阱

凯恩斯的货币需求理论认为，货币总需求等于交易性货币需求与投机性货币需求之和，货币需求的变动主要受国民收入和利率水平的影响，其最大的创新是认为投机性需求和利率呈反比关系。

5. 弗里德曼的货币需求理论

20 世纪 50 年代，以美国的米尔顿·弗里德曼为核心的货币主义流派倡导现代货币数量论,认为货币供应量的变动既影响物价总水平的变动,也影响总产量或国民收入的变动。1956年,弗里德曼发表《货币数量论——一个重新表述》一文,以货币需求理论的形式,提出了新货币数量说。根据弗里德曼的分析,决定货币的需求量大小有以下四个关键因素:

(1) 恒久性收入。恒久性收入是指一个人在较长时期的平均收入而不是当前的收入水平(即过去、现在乃至将来较长时期中的平均收入水平)。弗里德曼认为,当前收入不能反映财富水平,人们的恒久性收入是影响货币需求量的重要变量。恒久性收入越高,货币需求越大,即货币需求与收入成正比。

(2) 人力财富与非人力财富的比例。弗里德曼认为,货币需求不仅决定于总财富,而且还受到财富结构的影响。总财富是由人力财富和非人力财富构成的,人力财富和非人力财富在为其所有者带来收入方面有着不同的稳定性。一般来说,人力财富转化为非人力财富,将受到经济形势、经济环境和制度方面的限制。因此,人力财富与非人力财富在总财富中所占的比例,将在一定程度上影响货币需求。一般来说,人力财富在总财富中所占的比例越大,货币需求相对就越多。

(3) 持有货币的收益与机会成本。持有货币的收益率可用银行存款利率表示,它与货币需求成正比;持有货币的机会成本主要有各种有价证券的收益率,它与货币需求成反比。

(4) 其他因素。除了上述因素之外,弗里德曼认为还有其他很多因素对货币需求产生一定的影响。如有人的因素、技术因素、制度因素及心理因素等。

在以上分析的基础上,弗里德曼提出货币需求函数如下:

$$\frac{M_d}{P} = f(Y, w, r_m, r_b, r_e, \frac{1}{P} \cdot \frac{dp}{dt}, u)$$

其中,M_d 表示名义货币需求量;P 表示物价水平;r_b 表示债券的预期收益率;r_e 表示股票的预期收益率;r_m 表示货币本身的预期收益率;$1/P$ 表示物价水平的预期变动率,也就是实物资产的预期收益率;w 表示非人力财富占总财富的比例;Y 表示名义恒久性收入;u 表示影响货币需求的其他因素。

二、决定货币需求量的因素

(一) 社会商品和劳动力的供给量

货币的首要职能是价值尺度职能,该职能为商品交换提供了价值计量的依据。在合理的经济运行中,社会商品的总供给量与货币供给量应呈正比例关系。社会商品的供给量越大,就需要有较大的劳动力与之相适应,则流通中所需要的货币量就越多;反之,社会商品和劳动力供给量越少,则流通中需要的货币量也就越少。

(二) 收入状况

在经济社会中,各微观经济主体的收入最初都是以货币形式获得的,支出也都是以货币形式支付。收入状况是制约货币需求的重要因素。在其他条件一定的情况下,货币需求与收入的数量呈正相关变动。收入越高,说明社会财富增多,支出也就会相应扩大,社会也就需要更多的货币量来交换商品、劳务等。因此,收入与货币需求呈同方向变动。

(三) 一般物价水平

在经济运行过程中,在社会商品和劳务可供量一定的前提下,并假设货币的流通速度不变时,一般物价水平就决定了流通中货币的需求量。在一般情况下,一般物价水平越高,流通中所需的货币量就越多;反之,则越少。即在其他经济条件不变的情况下,一般物价水平与货币需求呈正比例关系。

(四) 信用状况

在信用制度下,一个国家信用的发达状况与货币需求呈负相关变动。信用制度和信用工具越发达,货币需求就越少;反之,货币需求就越多。主要原因是:信用越发达,在结算中转账结算所占比重就越大,货币需求就越少;信用制度越发达,债务债权相互抵销的概率就越大,货币需求量就会减少。

(五) 利率

利率的变动与货币需求量之间的关系是反方向的。一般来说,利率越高,个人、企业等经济主体的货币需求将减少;利率越低,货币需求则增多。

(六) 金融资产收益率

金融资产收益率是指债券的利息率或股票的收益率。在经济比较发达的国家或地区,人们往往有投资性货币需求,即以营利为目的、以资产选择为内容的货币需求。当金融资产收益率明显高于存款利率时,人们当然愿意购买有价证券,因而便会增加投机性货币需求;反之,则会减少投机性货币需求。

(七) 货币流通速度

货币流通速度是指一定时期内货币的转手次数。假定用来交易的商品与劳务总量不变,货币流通速度加快,就会减少现实的货币总需求;反之,货币流通速度越慢,则现实中货币需求量必然增加。因此,货币流通速度与货币总需求呈反向变动关系。

(八) 经济主体对价格和利润的预期

当企业对利润预期很高时,其往往有较高的交易性货币需求,因此,两者呈同方向变动。当居民对价格预期较高时,其往往会增加即期消费,减少储蓄,居民的货币需求增加。因此,两者呈反向变动。

(九) 其他因素

这些因素主要包括:居民的地域分布、民族风俗、生活习惯、文化传统、金融机构的技术手段和服务质量、国家的政治形势等对货币需求有一定的影响。

> 想一想:一个人的价值追求、信仰等会不会影响到货币需求?

第三节 货币均衡

一、货币均衡与失衡

货币均衡是指某一时间市场上货币供给与货币需求基本相适应的货币流通状态。货币均衡是一个动态的概念,是一个由均衡到失衡,再由失衡回到均衡的不断运动的过程。从这一时间点来看,市场比较繁荣,物价趋于稳定,社会再生产中的物质替换和价值补偿都能正常、顺利地实现。货币均衡要求货币的供求相等,即 $M_s = M_d$。我们可以从以下几个方面来理解货币均衡:

(1) 货币均衡只是一种临时状态,是指货币供给与货币需求的基本相适应,而不是指货币供给与货币需求的数量上绝对相等,它可以偏离某种现有的状态。

(2) 货币均衡是一个动态过程。它并不要求在某一个时点上货币的供给与货币的需求完全相适应,它可以短期内出现货币供求不一致状态,或者上下变动,偏离中心变化,但在长期内,货币供给与货币需求是基本上相互适应的。

(3) 货币均衡在一定程度上反映了一个国家的国民经济平衡状况。在现代商品经济条件下,货币不仅是商品交换的媒介,而且是国民经济发展的内在动力。货币收入的运动、流向制约或反映着社会生产的全过程,货币收支把整个经济过程有机地联系在一起,在一定时期内一个国家的国民经济状况必然要通过货币的均衡状况来反映。

相反,如果货币的供给和货币的需求不相等,即 $M_s \neq M_d$,我们称之为货币的非均衡,也称为货币失衡。这就存在着两种可能,一种是 $M_s > M_d$,称之为通货膨胀;另一种是 $M_s < M_d$,称之为通货紧缩。从而给出货币失衡的定义,即货币失衡是指在货币流通过程中,货币供给偏离货币需求,从而使两者之间出现不相适应的货币流通状态。其基本存在条件可以表示为:$M_s \neq M_d$。因此,货币均衡的实现具有相对性。

二、货币供求均衡与社会总供求平衡

在现代商品经济条件下,任何性质的需求,都表现为有货币支付能力的需求。任何需求的实现,都必须支付货币,如果没有出现货币的支付,没有发生实际的购买行为,社会最基本的消费需求和高层次的投资需要就不能够实现。因此,在一定时期内,社会的货币收支流量就构成了当期的社会总需求。社会总需求的变动,则取决于货币持有者的资产偏好和行为,即货币持有者的资产选择行为。一般来说,货币供给量的变动能够在很大程度上引起社会总需求的变动。当货币供应量增加时,人们期望持有的货币量就会增加,但是持有货币量的意愿增强,人们不是利用增加的货币量来增大消费或者投资,而是全部储存起来,不参与到市场流通领域,这样就不会对社会总需求产生影响。因为这些增加的货币量并没有形成现实的追加购买支出,所以对商品市场和资本市场都没有直接的影响。如果货币供应量增加以后,人们不是将这些增加的货币用于储存,而是用于增加消费或者购买投资品,参与货币的流通,从而增加了社会总需求中的投资支出,会直接影响到市场的供求状况。

从形式上看,货币均衡不过是货币供求相互平衡的一种货币流通状态,但从实质上看,则是社会总供求平衡的一种反映。货币均衡有两个层次的均衡:① 货币市场上的局部均衡;② 整体市场上的一般均衡。其均衡变化如图7-2表示。

图7-2包括了几层含义:一是商品的供给决定了一定时期的货币需求。因为在商品货币经济条件下,任何商品都需要货币来表现或衡量其价值量的大小,并通过与货币的交换实现其价值。因此,有多少商品供给,必然就需要相应货币量与之对应。二是货币的需求决定了货币的供给。就货币的供求关系而言,客观经济过程的货币需求是基本的前提条件,货币的供给必须以货币的需求为基础,中央银行控制货币供应量的目的,就是要使货币供应与货币需求相适应,以维持货币的均衡。三是货币的供给形成对商品的需求,因为任何需求都是有货币支付能力的需求,只有通过货币的支付,需求才得以实现,因此,在货币周转速度不变

```
市场供应 S ────────────→ D


              │                    │
              │                    │
              │                    │
              │                    │
              │                    │
              │                    │
              ↓                    ↓
货币供应 Mₐ ─────────────── Mₛ
```

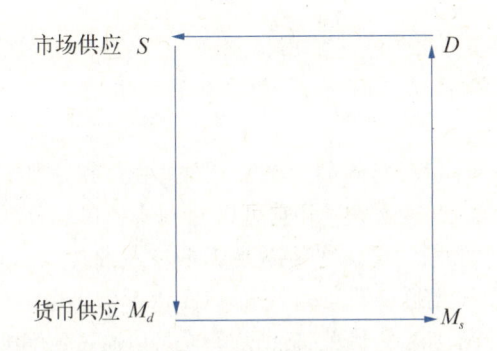

图 7-2　货币供应与市场供应的均衡变化

的情况下，一定时期的货币供给水平，实际上就决定了当期的社会需求水平。四是商品的需求必须与商品的供应保持平衡，这是宏观经济平衡的出发点和落脚点。

当货币的供给大于需求时，会造成通货膨胀，即物价上升，预期的货币短缺增加，名义国民收入增加，而实际国民收入增加受阻，或增幅下降。在这种情况下，人们往往不再继续把货币储存起来，而是急于将手中的货币（金钱）换成商品或者进行投资，以防止其贬值。这时，市场上投资热情高涨，货币流通加快，短期内社会总需求提高，但是又由于社会总需求根本没有变化，所以这种提高只是短暂的，不可能持久，只是一种表象，或者说是一种泡沫。

相反，当货币的供给小于需求时，物价将下降，预期的货币短缺消失，企业库存增加，商品销售不畅，国民收入下降，经济处于停滞状态。这时人们将抑制消费欲望和投资需求，更倾向于将钱储蓄起来，等待其增值。市场上投资热情不高，货币流通缓慢。这时社会总供求的量将减少，经济发展也将受到抑制。

从上面分析可知，货币供给量与社会总需求是紧密相连但又有严格区别的两个概念，其区别如下：

（1）货币供给量与社会总需求量两者在本质上是有区别的。货币供给量是一个存量的概念，是一个时点的货币量，是一种静态；而社会总需求量是一个流量的概念，是一定时期内货币的流通量，不包含储存起来的货币。此外，在货币供给量中，既含有潜在货币，也含有流动性货币，而社会总需求只能是流通性的货币。

（2）货币供给量变动与社会总需求量的变动，在数量上也是不一致的。货币供给量变动以后，既能够引起市场上流通中的货币量变动，也能够引起货币流通速度变动。社会总需求量是由流通性货币及其流通速度两部分决定的，而货币供给量则是由流通性货币与潜在性货币两部分构成的。因此，一定量的货币供给增加以后是否会引起社会总需求量增加以及增加的幅度为多大，则主要取决于以下两个因素：其一是货币供给量中潜在性货币与流通性货币的比例；其二是货币流通速度的变化情况。一般来说，流通性货币所占的比重大，流通速度加快，社会总需求也增加。所以，货币供给量的变动与社会总需求的变动，在量上往往是不相同的。

（3）货币供给量变动与社会总需求量的变动在时间上也是不一致的。米尔顿·弗里德曼根据美国的实际情况研究表明，货币供给量变动以后，一般要经过 6～9 个月的时间，才会引起社会总需求的变动，而引起实际经济的变动，则需 18 个月左右的时间。从我国的实际情况看，近几年的实践也表明，货币供给量的变动与社会总需求的变动，在时间上也是有差别的。

三、货币均衡的实现机制

在当今市场经济中，一切经济活动都必须借助于货币的运动，社会需求都表现为拥有货币支付能力的需求,即需求都必须通过货币来实现,以此达到货币均衡的条件。市场经济条件下,货币均衡的实现有赖于三个条件:① 健全的利率机制;② 发达的金融市场;③ 有效的中央银行调控机制。

在完全市场经济条件下,货币均衡最主要的实现机制是利率机制,即中央银行通过调整利率水平来控制货币量的流通,从而影响货币供给。除利率机制之外,还有以下四个因素可以影响货币均衡:① 中央银行的调控手段;② 国家财政收支状况;③ 生产部门结构是否合理;④ 国际收支是否基本平衡。在市场经济条件下,利率不仅是货币供求也是是否均衡的重要信号,而且对货币供求也具有明显的调节功能。因此,货币均衡便可以通过利率机制的作用来实现。

就货币供给来说,当市场利率升高时,一方面社会公众会把闲置的钱存在银行,减小因持币机会成本加大而造成的风险损失,这样就使现金比率缩小,货币乘数加大,货币供给增加;另一方面,银行因贷款收益增加而减少超额准备来扩大贷款规模,这样就使超额准备金率下降,货币乘数变大,货币供给增加。所以,利率与货币供给量之间存在着同方向变动关系。就货币需求来说,当市场利率升高时,人们的持币机会成本加大,必然导致人们对金融生息资产需求的增加和对货币需求的减少。所以,利率同货币需求之间存在反方向变动关系。当货币市场上出现均衡利率水平时,货币供给与货币需求相等,货币均衡状态便得以实现。当市场均衡利率变化时,货币供给与货币需求也会随之变化,最终在新的均衡货币量上实现新的货币均衡。

四、通货膨胀

货币供给和货币需求之间,是一种相互制约、相互影响的关系,一方的变动会引起另一方的相应变动。当货币供给小于货币需求时,如果不增加货币供应,经济运行中的货币需求得不到满足,致使社会的总需求减少,生产下滑,总供给减少。由于商品供给的减少,致使货币需求量减少,最终使货币供求在一个较低的国民收入水平上得以均衡。如果中央银行采取放松即增加货币供应的方针,以满足经济运行对货币的需求,从而导致社会的投资需求和消费需求增加,促使生产持续发展,货币供求在一个较高的水平上会得以均衡。当货币的供给大于货币需求时,典型的情况是通货膨胀。

(一)通货膨胀的概念

通货膨胀是指由于货币供给过多而引起货币贬值、物价普遍上涨的货币现象。具体表现为:物价上升,预期的货币短缺增加,名义国民收入增加,而实际国民收入增加受阻,或增幅下降。在这种情况下,人们往往不再继续把货币储存起来,而是急于将手中的货币(金钱)换成商品或者进行投资,以防止其贬值。这样,市场上投资热情高涨,货币流通加快,使得短期内社会总需求升高。

通货膨胀对经济发展产生众多不利影响:① 破坏社会再生产的正常进行,使生产性投资减少,不利于生产的长期稳定发展;② 打破了原有的平衡,使正常的流通受阻,制造或加剧供给与需求之间的矛盾;③ 改变了原有收入和财富占有的比例;④ 减少了消费者的购买力。

(二)通货膨胀的分类

1. 需求拉上型通货膨胀、成本推动型通货膨胀、结构失调型通货膨胀

按通货膨胀的原因可划分为:需求拉上型通货膨胀、成本推动型通货膨胀和结构失调

型通货膨胀。

需求拉上型通货膨胀又称超额需求通货膨胀,是指由于社会总需求过度增加,超过社会总供给所引起的一般价格水平持续显著的上涨。在达到充分就业的情况下,即达到实际产量的极限之后,总需求任何一点的增加,都会引起价格水平的明显提高。这种通货膨胀被认为是"过多的货币追逐过少的商品"。当产量低于充分就业的水平时,需求的增加导致以下两种可能的结果:① 产量提高但价格水平不变。由于瓶颈现象,有效需求的增加引起产量增加,同时又引起物价上涨,出现半通货膨胀。② 当产量达到充分就业以后,由于生产能力的制约,总需求增长不再引起产量的增加,而只能使物价水平按同一比例增长,出现真正的通货膨胀。

成本推动型通货膨胀又称成本通货膨胀或供给通货膨胀,是指由于生产成本提高所引起的一般价格水平持续和显著的上涨。根据成本提高的原因不同又可以分为工资推进型通货膨胀和利润推进型通货膨胀。工资推动型通货膨胀,是指不完全竞争的劳动市场造成的过高工资所导致的一般价格水平的上涨。利润推进型通货膨胀是指寡头企业和垄断企业为保持利润水平不变的情况下依靠其垄断市场的力量,运用价格上涨的手段来抵销成本的增加(或者为追求更大利润,以成本增加作为借口提高商品价格),从而导致价格总水平上升。

结构失调型通货膨胀是指在假定社会总供给与总需求不变的情况下,由于国民经济部门结构或比例结构失调而引起的通货膨胀。在社会总需求不变的情况下,由于需求的组成部分发生结构性变化,需求增加的部门或地区的物价和工资上涨,需求减少的部门和地区的工资和物价由于刚性而没有相应地下跌,从而造成物价总水平的上涨而形成的通货膨胀。

2. 公开型通货膨胀和隐蔽型通货膨胀

按市场机制的作用,通货膨胀划分为:公开型通货膨胀和隐蔽型通货膨胀。

公开型通货膨胀是指完全通过一般物价水平上涨形式反映出来的通货膨胀。在这种类型的通货膨胀过程中,物价总水平明显、直接地上涨,通货膨胀率就等于物价上涨率。

隐蔽型通货膨胀是指物价水平的上涨并没有完全通过公开的物价指数上涨表现出来。由于价格被政府管制而不能或不能完全、充分地上涨,在现行价格水平及相应的购买力条件下,就会出现商品普遍短缺、有价无货、凭票证供应、黑市猖獗等现象。

3. 低通货膨胀、温和型通货膨胀和恶性通货膨胀

按通货膨胀的严重程度划分为:低通货膨胀、温和型通货膨胀和恶性通货膨胀。

低通货膨胀是指通货膨胀率小于2%的通货膨胀。此时价格上涨缓慢且可以预测,物价相对来说比较稳定,人们对货币比较信任。

温和型通货膨胀是指通货膨胀率介于2%~5%的通货膨胀。这种通货膨胀局面一旦形成并稳固下来,便会出现严重的经济扭曲。

恶性通货膨胀是指通货膨胀率大于20%的通货膨胀。货币几乎无固定价值,物价时刻在增长,其灾难性的影响使市场经济完全不存在。

(三) 通货膨胀原因

造成通货膨胀的最直接原因是货币供应过多。常见的通货膨胀的深层原因主要有以下几个方面:

1. 直接原因

不论何种类型的通货膨胀,其直接原因只有一个,即货币供应过多。用过多的货币供应量与既定的商品和劳务量相对应,必然导致货币贬值、物价上涨,出现通货膨胀。

2. 深层原因

主要有:① 需求拉上。即由于经济运行中总需求过度增加,超过了既定价格水平下商品和劳务等方面的供给而引发通货膨胀。② 成本推动。即由于提高工资或市场垄断力量提高生产要素价格致使生产成本增加而引发通货膨胀。其中,由于提高工资而引致的生产成本增加又称工资推动,由于生产要素价格垄断而导致的生产成本增加又称利润推动。③ 结构失调。即由于一国的部门结构、产业结构等国民经济结构失调而引发通货膨胀。④ 供给不足。即在社会总需求不变的情况下,社会总供给相对不足而引起通货膨胀。"文革"期间我国发生的隐蔽型通货膨胀很大一部分原因即是社会生产力遭到严重破坏,商品供给严重匮乏所致。⑤ 预期不当。即在持续通货膨胀情况下,由于人们对通货膨胀预期不当(对未来通货膨胀的走势过于悲观)而引起更严重的通货膨胀。⑥ 体制因素。由于体制不完善而引起的通货膨胀。

以上是通货膨胀的几种主要成因。应该注意的是,对于某一次具体的通货膨胀,其成因往往不是单一的,而是多种原因综合在一起导致的,因此需要综合全面的分析。

(四) 治理通货膨胀的措施

通货膨胀对经济发展有诸多不利影响,对社会再生产的顺利进行有破坏性作用,因此,一旦发生了通货膨胀,必须下决心及时治理。

1. 控制货币供应量

由于通货膨胀形成的直接原因是货币供应过多,因此,治理通货膨胀的一个最基本的对策就是控制货币供应量,减少货币的发行,稳定币值以稳定物价,将货币供应量控制在与客观需求量相适应的水平上。

2. 调节和控制社会总需求

治理通货膨胀仅仅控制货币供应量是不够的,还必须根据各次通货膨胀的深层原因对症下药。对于需求拉上型通货膨胀,调节和控制社会总需求是关键。各国对于社会总需求的调节和控制,主要是通过制定和实施正确的财政政策和货币政策来实现的。在财政政策方面,主要是大力压缩财政支出,努力增加财政收入,坚持收支平衡,不搞赤字财政。在货币政策方面,主要采取紧缩信贷、控制货币投放、减少货币供应总量的措施。采用财政政策和货币政策相配合,综合治理通货膨胀,两条很重要的途径是:控制固定资产投资规模和控制消费过快增长,以此来实现控制社会总需求的目的。

3. 增加商品的有效供给,调整经济结构

治理通货膨胀必须从两个方面同时入手:一方面控制总需求;另一方面增加总供给。若一味控制总需求而不着力于增加总供给,将影响经济增长,只能在低水平上实现均衡,最终可能因加大了治理通货膨胀的代价而前功尽弃。因此,在控制需求的同时,还必须增加商品的有效供给。一般来说,增加有效供给的主要手段是降低成本,减少消耗,提高经济效益,提高投入产出的比例,同时,调整产业和产品结构,支持短缺商品的生产。

总之,通货膨胀是一个十分复杂的经济现象,其产生的原因并不是由一个方面造成的,而是社会经济活动中的各个方面或许都可能引起通货膨胀,这就需要有针对性地根据不同的原因采取不同的治理对策。

五、通货紧缩

货币供给的变动会引起货币需求的变动,当货币供给小于货币需求时,如果不增加货币供应,经济运行中的货币需求得不到满足,致使社会的总需求减少,生产下滑,总供给减少,市场上流通货币减少,人们的货币所得减少,购买力下降,致使物价下跌,造成通货紧缩。

(一) 通货紧缩的概念

通货紧缩是通货膨胀的对应称呼,描述的也是与通货膨胀完全相反的货币经济现象,它是指由于货币供给不足而引起货币升值、物价普遍持续下跌的货币现象。

长期以来,通货紧缩的危害往往被人们轻视,并认为它远远小于通货膨胀对经济的威胁。然而,通货紧缩的历史教训和曾经出现过的全球性通货紧缩的严峻现实迫使人们认识到,通货紧缩与通货膨胀一样,会对经济发展造成严重危害。通货紧缩的危害有:① 经济增长率下降,加速经济衰退;② 经济放缓,失业增加;③ 破坏信用关系;④ 影响社会消费和投资,导致社会财富缩水;⑤ 加重银行不良资产,引发银行危机。

(二) 通货紧缩的分类

(1) 按通货紧缩持续的时间分为长期性通货紧缩和短期性通货紧缩。

(2) 按通货紧缩和经济增长的关系分为伴随经济增长率减缓的通货紧缩和伴随经济增长率上升的通货紧缩。

(3) 按通货紧缩和货币政策的关系分为货币紧缩政策情况下的通货紧缩、货币扩张政策情况下的通货紧缩和中性货币政策情况下的通货紧缩。

(三) 通货紧缩的原因

通货紧缩的直接原因是货币供给不足。尽管不同国家在不同时期发生通货紧缩的具体原因各不相同,但仍可概括出能够引起通货紧缩的原因:

1. 紧缩性的货币财政政策

如果一国采取紧缩性的货币财政政策,降低货币供应量,削减公共开支,减少转移支付,就会使商品市场和货币市场出现失衡,出现"过多的商品追求过少的货币",从而引起政策紧缩性的通货紧缩。

2. 经济周期的变化

当经济到达繁荣的高峰阶段,会由于生产能力大量过剩,商品供过于求,出现物价的持续下降,引发周期性的通货紧缩。

3. 投资和消费的有效需求不足

当人们预期实际利率进一步下降,经济形势继续不佳时,投资和消费需求都会减少,而总需求的减少会使物价下跌,形成需求拉下性的通货紧缩。

4. 新技术的采用和劳动生产率的提高

由于技术进步以及新技术在生产上的广泛应用,会大幅度地提高劳动生产率,降低生产成本,导致商品价格的下降,从而出现成本压低性的通货紧缩。

此外,利率、汇率的变化也对货币的供给量有影响,供给量不足从而引起通货紧缩。

(四) 治理通货紧缩的措施

由于通货紧缩形成的原因比较复杂,并非由单一的某个方面的原因引起,而是由多种因素共同作用形成的混合性通货紧缩,因此治理的难度甚至比通货膨胀还要大,必须根据不同国家不同时期的具体情况进行认真研究,才能找到有针对性的治理措施。下面提出治理通货紧缩的一般措施,包括以下两个方面:

1. 实行扩张性的货币政策

通货紧缩既然是一种货币现象,那么治理通货紧缩,也就必须采取扩张性的货币政策,增加货币供给,以满足社会对货币的需求。增加货币供给的方式不外乎从基础货币和货币乘数两个方面着手。中央银行可以充分利用自己掌握的货币政策工具,影响和引导商业银行及社会公众的预期和行为。在通货紧缩时期,一般要降低中央银行的再贴现率和法定存款准备金率,从社会主体手中买进政府债券,同时采用一切可能的方法,鼓励商业银行扩张信用,从而增加货币供给。

2. 加大改革,充分发挥市场机制作用

市场经济是在全社会范围内由市场配置资源的经济,市场经济不是万能的,但实践证明它是最优的,政府干预市场,政府对"市场缺陷"的矫正,使得市场短缺与无效供给并存,以及直接导致政府部门的腐败,效率低下,等等。所以,政府对市场的干预必须限制在一定的范围,受到约束,否则,对经济的破坏作用是巨大的。因此,要想尽快走出通货紧缩的困境,必须加大改革力度,充分发挥市场机制的作用,使其真正发挥促进经济发展的关键作用,完善市场经济所需要的科技、教育、住房、卫生、医疗、社会保障制度。

此外,收入政策也可在治理通货紧缩时发挥一定作用,但需要掌握好政策实施的力度。

六、中央银行对货币供求的调节

中央银行总是针对具体的货币供求状况来进行调节。一般来说,货币供求状况可能有以下几种情况:

(1) 货币供求均衡,社会总供求也处于均衡状态。此时,社会物价稳定,生产发展,资源得到有效的利用。这是一种较为理想的状态。这种情况下,中央银行应采取一种中立的货币政策。供应多少货币,完全由经济过程中的各种力量决定,中央银行不必从外部施与调节。

(2) 货币供给不足。客观的货币需求得不到满足,整个经济必然会处于萎缩或萧条状态,资源大量闲置,企业开工不足,社会经济的发展因需求不足而受阻。这种情况下,中央银行就应采取一种扩张性的货币政策,增加货币供应,降低市场利率,刺激社会总需求的增加,从而促进生产的恢复和发展,促使货币的供求保持其均衡。

(3) 货币供给量过多。超过货币需求量,整个经济必然会处于过度膨胀的状态,生产发展很快,各种投资急剧增加,市场商品物资供应不足,太多的货币追逐太少的商品,物价上涨。这时中央银行就应采取一种紧缩的政策,缩减货币供应量,提高市场利率,抑制社会的总需求的增加,从而使物价趋于稳定,社会的货币供应与货币需求趋于均衡。

(4) 货币供给与货币需求构成不相适应。一些经济部门由于需求不足,商品积压,一些商品不能顺利实现其价值和使用价值,生产停滞。而另一些经济部门则需求过度,商品供不应求,价格上涨,生产发展速度很慢。这表明整个经济结构失调,发展畸形。这时,中央银行的货币政策应有松有紧、松紧搭配,通过调整货币供给的构成和流向,改变这种供求结构不相适应的状况,促使供求结构趋于协调,以促进整个经济的协调发展。

内容结构图

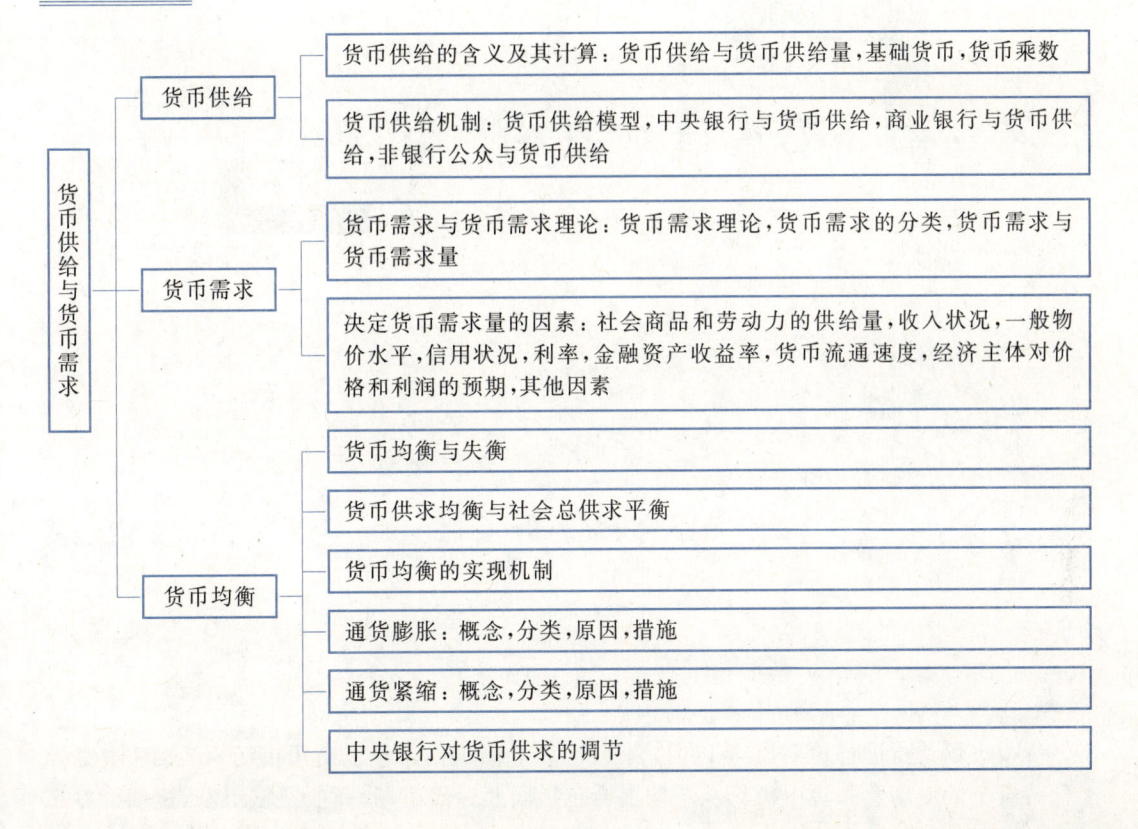

```
货币供给与货币需求
├── 货币供给
│   ├── 货币供给的含义及其计算：货币供给与货币供给量，基础货币，货币乘数
│   └── 货币供给机制：货币供给模型，中央银行与货币供给，商业银行与货币供给，非银行公众与货币供给
├── 货币需求
│   ├── 货币需求与货币需求理论：货币需求理论，货币需求的分类，货币需求与货币需求量
│   └── 决定货币需求量的因素：社会商品和劳动力的供给量，收入状况，一般物价水平，信用状况，利率，金融资产收益率，货币流通速度，经济主体对价格和利润的预期，其他因素
└── 货币均衡
    ├── 货币均衡与失衡
    ├── 货币供求均衡与社会总供求平衡
    ├── 货币均衡的实现机制
    ├── 通货膨胀：概念，分类，原因，措施
    ├── 通货紧缩：概念，分类，原因，措施
    └── 中央银行对货币供求的调节
```

重点概念

货币供给　货币供给量　基础货币　货币乘数　货币需求　货币需求量　货币必要量
交易方程式　交易动机　预防动机　投机动机　凯恩斯陷阱

复习思考题

1. 什么是货币供给及需求？
2. 怎么理解货币供给机制？
3. 如何治理通货膨胀？
4. 影响货币供给及需求的因素有哪些？

实训项目

1. 查找有关资料，绘制出我国近十年货币供给量的变化图。
2. 请结合我国经济运行实际情况，讨论提高银行准备金率对我国货币供给有何影响。

第八章 金融市场

【学习目标】
1. 熟悉货币市场的组成,掌握资本市场的构成,熟悉外汇市场和黄金市场。
2. 能对金融市场的有关问题进行分析。
3. 掌握金融市场融资活动方式。
4. 掌握金融市场证券、外汇、黄金投资方式。

第一节 货币市场

货币市场是指进行短期(1年以内,含1年)资金融通的市场。货币市场的活动主要是为了保持资金的流动性。货币市场从结构上看包括同业拆借市场、商业票据市场、短期债券市场等。

一、同业拆借市场

(一)同业拆借市场的含义

同业拆借是满足金融机构之间进行临时性资金融通需求的一种形式。同业拆借市场又称同业拆放市场,是指各类金融机构之间进行短期资金拆借活动而形成的市场,其交易对象为各金融机构的多余头寸。一般来说,资金多余者向资金不足者贷出款项,称为资金拆出;反之,则为拆入。同业拆借的资金主要用于弥补银行短期资金的不足、票据清算的差额以及解决临时性资金短缺需要。

(二)同业拆借市场的类型

同业拆借市场有多种类型,一般可划分为有形拆借市场和无形拆借市场。有形拆借市场是指有固定场所,交易双方通过专门的中介机构进行交易的拆借市场。无形拆借市场是指交易双方通过电话、电传等方式直接进行交易的市场。同业拆借交易多种多样,按照交易方式划分,有信用拆借和抵押拆借;按期限长短分,有1天、7天、1个月、4个月等品种。

(三)同业拆借市场的特点

(1) 对进入市场的主体有严格的限制。能进入拆借市场进行资金融通的双方必须是具有准入资格的金融机构。工商企业、政府部门或家庭个人、非金融机构等均不得进入市场。

(2) 融资期限较短。拆借资金的期限多为一日或几日,最长不超过一年,由于资金在极短的时间内可以在不同的金融机构之间进行转移与调动,使拆借市场成为各金融机构弥补短期资金不足和运用短期资金的主要市场,也成为解决或平衡资金流动性与盈利性矛盾的市场。

(3) 交易手段比较先进,成交速度快。同业拆借市场主要借助电话洽谈方式进行交易,交易手续比较简便。当双方协议达成后,可以直接通过各自的中央银行存款账户自主划账清算或由资金交易中心进行资金交割划账。

(4) 交易的无担保性。由于在同业拆借市场进行的资金借贷与融通是金融机构之间的交易,它们实力较强、信誉较高,双方基本知彼知己,且交易额较大,所以一般不需要担保或抵押,完全是一种信用交易。

(5) 利率由供求双方议定,相对较低。一般来说,同业拆借利率以中央银行再贷款利率和再贴现率为基准,再根据社会资金的松动程度和供求关系由拆借双方自由议定。由于拆借双方都是商业银行或其他金融机构,其信誉比一般工商企业要高,拆借风险较小,加之拆借期限较短,因此利率水平较低。

(6) 免交存款准备金。按照规定,各金融机构从同业拆借市场拆入的资金视同于各自的借款而非存款,因此可以免交存款准备金。这就使同业拆借相对于一般客户存款的成本更低,对于各银行等金融机构也就更具有吸引力。

(四) 同业拆借市场的功能

同业拆借市场是货币市场的主要组成部分,备受金融机构及货币当局的重视,在整个货币市场和金融市场上起着极其重要的作用。

(1) 有利于提高金融市场的资源配置效率。同业拆借市场形成的根本原因是为了满足商业银行等金融机构之间相互调剂其在中央银行存款准备金余额的需要。由于金融机构资金的流入和流出频繁,其在中央银行应保有的最低法定准备金水平也在时刻发生变化。如果没有同业拆借市场,法定存款准备金不足者为避免受罚,通常要出售资产或放弃有利的投资机会以弥补资金缺口,而超额准备金则意味着存在资金闲置,无论是存款准备金不足或者盈余都可能导致效率的损失。同业拆借市场可以有效地解决这一难题,通过提供金融机构间准备金头寸自由灵活交易的平台,既避免了准备金临时变卖资产的损失,又能保证金融机构可以及时方便地获得短期资金融通,以弥补资金缺口及流动性不足。

(2) 有利于金融机构实现安全性、流动性和盈利性。通过同业拆借市场,金融机构不需要通过低价出售资产来维持流动性,一旦出现临时性资金需求,金融机构可以很容易地从其他金融机构借入短期资金获得流动性,这既保障了金融机构经营的安全,又降低了损失。此外,利用同业拆借市场,可以使金融机构暂时盈余的资金头寸及时贷放出去,减少资金的闲置,从而有利于金融机构更灵活地调整资产负债结构,更充分、更有效地运用所有资金,适当增加盈利性资产的比重,提高资产组合的总体盈利能力。因此,同业拆借市场可以使金融机构较好地实现安全性、流动性和盈利性的均衡,从而实现资产负债的优化组合。

(3) 是中央银行制定和实施货币政策的重要载体。一方面,同业拆借市场的交易对象是在中央银行账户上的多余资金,中央银行可以通过调整存款准备金率,改变商业银行缴存准备金的数量,进而影响商业银行的信贷扩张能力与规模,达到货币政策的目的。另一方面,同业拆借市场的参与者主要是各金融机构,市场特别活跃,交易量大,在此基础上形成的利率市场化程度也较高,能比较真实地反映市场资金的供求状况,是反映信贷资金状况的一个非常敏感的指标。所以,作为金融机构最重要的基准利率之一,同业拆借市场利率基本代表了市场资金的价格,是中央银行调整货币政策的重要参考依据,通过同业拆借市场这个载体,有助于中央银行最终实现经济的宏观调控。

(五) 我国的同业拆借市场

我国同业拆借市场源于1984年,中国人民银行行使中央银行职能后,要求各专业银行提交法定存款准备金,为各专业银行的资金拆借创造了条件。1986年1月7日,国务院颁布的《中华人民共和国银行管理暂行条例》规定:"银行之间的资金可以互相拆借。"之后,我国同业拆借市场迅速发展。但是,由于我国同业拆借市场起步较晚,运作不规范,1993年下半年先后出台了一系列政策措施,对拆借市场进行全面整顿,规范了市场行为。1996年1月3日,中国人民银行正式启动全国统一的同业拆借市场,该市场由中央一级网络和地方二级网络构成。中央一级网络包括全国15家商业银行总行、全国性的金融信托投资公司以及挂靠各地人民银行的35家融资中心(事业法人)。地方二级网络由35家融资中心为核心组成,进入该网络融资的是经商业银行总行授权的地方级以上的分支机构、当地的信托投资公司、城乡信用社、保险公司、金融租赁公司和财务公司等。全国统一的同业拆借市场的建立,使我国的同业拆借市场进入了一个新的发展阶段。

小资料

伦敦同业拆借利率

伦敦同业拆借利率(London Interbank Offered Rate,LIBOR)是目前国际上最重要和最常用的市场利率基准,也是银行从市场上筹集资金进行转贷的融资成本参考。LIBOR是英国银行家协会根据其选定的几家银行在伦敦市场报出的银行同业拆借利率,进行取样并平均计算成为指针利率。该指针利率在每个营业日规定的时间(一般是伦敦时间上午11点)都会对外公布,分为存款利率和贷款利率两种报价。资金拆借的期限为1、3、6个月和1年等几个档次,目前全球最大量使用的是3个月和6个月的LIBOR。自20世纪60年代初,该利率即成为伦敦金融市场借贷活动中的基本利率。目前,伦敦银行同业拆借利率已成为国际金融市场上的一种关键利率,一些浮动利率的融资工具在发行时,也以该利率作为浮动的依据和参照物。

小资料

上海银行间同业拆放利率

上海银行间同业拆放利率(Shanghai Interbank Offered Rate-Shibor,SHBOR)自2007年1月4日起开始运行,其以位于上海的全国银行间同业拆借中心为技术平台计算、发布并命名,是由信用等级较高的银行组成报价团自主报出的人民币同业拆出利率计算确定的算术平均利率,是单利、无担保、批发性利率。目前,对社会公布的Shibor品种包括隔夜、1周、2周、1个月、3个月、6个月、9个月及1年。

二、短期债券市场

(一) 短期债券市场的定义

短期债券市场是指以一年以内短期债券为交易对象的市场。短期债券市场融资工具,顾名思义是短期债券,即指期限为一年以下的债券,大体有两类:一类是短期政府债券,即国库券;另一类是短期企业债券,也叫短期融资券。

(二) 国库券市场

短期国债,也叫国库券,是由中央政府发行的、期限在1年以内的政府债券。国库券市场包括国库券的发行市场和流通转让市场。

国库券的发行一般采用公募投标方式进行,期限通常为3个月、6个月、9个月和12个月。国库券的发行一般不记名,不附有息票,不载明利率,而以低于票面金额的价格折价出售,到期按票面金额还本,贴现率即为收益率。

由于国库券基本无风险,再加上具有免税、期限短、起购点低等优点,而成为短期资金市场最受欢迎的金融工具之一,其二级市场上的交易也极为活跃。因此,在很多国家,国库券市场不仅是投资者的理想场所,而且也是政府调节财政收支和中央银行进行公开市场操作以调节货币供应量的重要场所。

(三) 国债回购市场

回购交易是指通过回购协议进行短期资金融通的交易行为。国债回购交易是短期债券市场上常用的交易方式。它是指国债持有者在卖出一笔国债的同时,与买方签订协议,约定于某一到期日再以事先约定的价格将该笔国债购回的交易方式。也可以是投资者在购入一笔国债的同时,与卖方约定在未来某一到期日再以事先约定的价格卖给最初的售券者。前一种称为国债的正回购,又叫卖出回购;后一种称为买入反售,是国债的逆回购。一次完整的国债回购交易包括一来一去两次买卖,只是第二次买卖的时间、价格是在第一次时就已经约定好的。

在回购交易中,最初卖出国债而融得资金的一方,称为融资方;而先买入国债支出资金的一方,称为融券方。回购交易按期限不同可以分为隔日回购和定期回购。我国的国债回购交易都是定期回购。

国债回购与逆回购交易可以提高国债市场的流动性,并为社会提供了一种新的资金融通方式;同时,国债回购也是中央银行进行公开市场操作的基本方式。

(四) 短期融资券业务

短期融资券是由企业发行的无担保短期本票。在我国,短期融资券是指企业在银行间债券市场发行和交易并在一定期限内还本付息的有价证券,是企业筹措短期(1年以内)资金的直接融资方式。

短期融资券不对社会公众发行,只对银行间债券市场的机构投资人发行,在银行间债券市场交易;短期融资券采取间接发行,由符合条件的金融机构承销;短期融资券发行利率或发行价格由企业和承销机构协商确定,接近于票据贴现利率水平;短期融资券的期限最长不超过365天。

对企业来说,短期融资券具有自己独特的融资优势,主要表现在以下几点:融资成本低;融资便利快捷;可持续融资,筹资数额大;能提高企业的信誉,提升企业形象。

三、商业票据市场

商业票据市场是指票据的发行、流通及转让的市场,主要有票据的承兑市场、贴现市场和其他票据市场。

(一) 票据承兑市场

承兑是指汇票到期前,汇票付款人或指定银行确认票据记明事项,在票面上做出承诺付款并签章的一种行为。汇票之所以需要承兑,是由于债权人作为出票人单方面将付款人、金额、期限等内容记载于票面,从法律上讲,付款人在没有承诺前不是真正的票据债务人。经过承兑,承兑者就成了汇票的主债务人。因此,只有承兑后的汇票才具有法律效力,才能作为市场上合格的金融工具转让流通。由于承兑者以自己的信用做保证,负责到期付款,故若委托他人或银行办理承兑,需要支付承兑手续费。在国外,汇票承兑一般由商业银行办理,也有专门办理承兑的金融机构,如英国的票据承兑所。

(二) 票据贴现市场

商业票据贴现市场是指商业票据的转让市场,由商业票据的贴现、转贴现、再贴现组成。在商业票据市场上进行转让的票据主要是银行承兑汇票。

1. 贴现

贴现是指远期承兑汇票持有人在汇票尚未到期前在贴现市场上转让,受让人扣除贴现利息后将票款付给出让人的行为。从贴现银行的角度来讲,实际上是以现款购买未到期汇票上的债权,等汇票到期时收回本金的行为。

贴现付款额及贴现利息的计算公式为:

$$贴现付款额 = 银行承兑汇票面额 - 贴现利息$$

$$贴现利息 = \frac{银行承兑汇票金额 \times 贴现日距到期日的天数 \times 贴现率}{360}$$

例如,某企业持未到期票据到银行申请贴现,票据面额为 10 000 元,3 个月后到期,贴现率为 6%,则:

$$贴现利息 = \frac{10\,000 \times 90 \times 6\%}{360} = 150(元)$$

银行给付现款额是 10 000 - 150 = 9 850(元)

2. 转贴现

转贴现是商业银行在资金不足时,将已经贴现但仍未到期的票据,交给其他商业银行或贴现机构给予贴现,以取得资金融通。

3. 再贴现

再贴现是中央银行通过买进商业银行持有的已贴现但尚未到期的商业汇票,向商业银行提供融资支持的行为。

(三) 其他票据市场

其他票据市场主要有融资性票据市场和中央银行票据市场。

1. 融资性票据市场

融资性票据市场是指无真实交易背景、单纯以融资为目的而发行的票据。一般来说,商业票据是由于商品交易行为而产生的一种债权债务关系凭证,属于商业信用工具。随着经济的发展,商业汇票不限于在商业信用中使用,而是逐步演变为一种在金融市场上筹集资金的工具。

商业票据的发行人主要是一些信誉卓著的大型工商企业和金融公司,其购买者主要是商业银行、保险公司、投资公司、工商企业等。在发达市场经济国家的商业票据市场上,目前流通的基本是融资性票据。

2. 中央银行票据市场

中央银行票据是指中央银行为调节商业银行的超额准备金而向商业银行发行的短期债务凭证。它由中央银行发行,商业银行持有,其直接作用是吸收商业银行部分流动性资金。央行票据与金融市场各发债主体发行的债券具有根本不同的性质。各发债主体发行债券,同时增加自身的资产和负债,发行债券的目的是筹集资金,即增加可用资金。而中央银行发行央行票据,目的不是为了扩大其资产运用规模,而是在于吸收商业银行部分流动性,减少商业银行可贷资金,中央银行在资产和负债总量上都是不变的,它们在性质上完全不同。中央银行票据是货币政策的管理手段,不是筹资工具。

第二节 资本市场

资本市场是指融资期限在一年以上的中长期资金交易的市场。从广义上讲,它包括银行中长期信贷市场和证券市场。这里主要介绍证券市场,即通常所讲的狭义的资本市场。

一、股票市场

(一) 股票的定义和特征

1. 股票的定义

股票是指股份公司为筹集资本而发行的,可以证明股东在公司中拥有所有者权益的一种凭证,是一种能够给持有者带来收益的有价证券,是资本市场上重要的金融商品或金融工具。

在理解股票的定义时,应把握以下三点:

(1) 股票是有价证券。股票是消失掉的资本的纸质复本,本身没有价值,但作为股份资本所有权的证书,代表着取得一定收益的权利,所以有价格,可以在证券市场上转让、出售。

(2) 股票是代表股权的有价证券,是一种权益工具,使其区别于其他有价证券。

(3) 股票是要式证券。股票的制作和发行必须经过权力机构的核准。股票票面上必须载明如下事项:公司名称、公司登记或成立的日期、股票种类、票面金额及代表的股份数、股票的编号等。

2. 股票的特征

(1) 不可偿还性。股票是一种无偿还期限的有价证券,投资者认购了股票后,就不能再要求退股,只能到二级市场卖给第三者。股票的转让只意味着公司股东的改变,并不减少公司资本。

(2) 参与性。股东有权出席股东大会,选举公司董事会,参与公司重大决策。股票持有者的投资意志和享有的经济利益,通常是通过行使股东参与权来实现的。股东参与公司决策的权力大小,取决于其所持有的股份的多少。从实践中看,只要股东持有的股票数量达到左右决策结果所需的实际多数时,就能掌握公司的决策控制权。

(3) 收益性。股东凭其持有的股票,有权从公司领取股息或红利,获取投资的收益。股息或红利的大小,主要取决于公司的盈利水平和公司的盈利分配政策。股票的收益性,还表现在股票投资者可以获得价差收入或实现资产保值增值。通过低价买入和高价卖出股票,投资者可以赚取价差利润。

(4) 流动性。股票的流动性是指股票在不同投资者之间的可交易性。流动性通常以可流通的股票数量、股票成交量以及股价对交易量的敏感程度来衡量。可流通股数越多,成交量越大,股票的流通性就越好,反之就越差。股票的流通,使投资者可以在市场上卖出所持有的股票,取得现金。通过股票的流通和股价的变动,可以看出人们对于相关行业和上市公司的发展前景和盈利潜力的判断。那些在流通市场上吸引大量投资者、股价不断上涨的行业和公司,可以通过增发股票,不断吸收大量资本进入生产经营活动,收到了优化资源配置的效果。

(5) 风险性。股票在交易市场上作为交易对象,同商品一样,有自己的市场行情和市场价格。由于股票价格要受到诸如公司经营状况、供求关系、银行利率、大众心理等多种因素的影响,其波动有很大的不确定性。正是这种不确定性,有可能使股票投资者遭受损失。价格波动的不确定性越大,投资风险也越大。因此,股票是一种高风险的金融产品。

(二) 股票发行市场

股票发行市场,也称股票一级市场,是指发行人直接或通过中介机构向投资者出售新发行的股票的市场。股票发行市场体现了发行者与投资者之间的一种纵向关系,即股票由股票发行主体流向投资者,资金从众多投资者手中集中到股票发行者手中。

1. 股票发行制度

股票市场的发行制度主要有三种:审批制、核准制和注册制。每一种发行制度都对应一定的市场发展状况。其中,审批制是完全计划发行的模式;核准制是从审批制向注册制过渡的中间形式;注册制则是目前成熟资本市场普遍采用的发行体制。

(1) 审批制。在2000年以前,我国新股的发行监管制度主要以审批制为主,实行"额度控制",即拟发行公司在申请公开发行股票时,要经过下列申报和审批程序:征得地方政府或中央企业主管部门同意后,向所属证券管理部门正式提出发行股票的申请。经所属证券管理部门受理审核同意转报中国证监会核准发行额度后,公司可正式制作申报材料,提出上市申请,经审核、复审,由中国证监会出具批准发行的有关文件,方可发行。

(2) 核准制。核准制是指发行人在准备发行股票时,不仅要充分公开企业的真实情况,而且还必须符合有关法律和证券管理机关规定的必备条件,证券主管机关有权否定不符合规定条件的股票发行申请。证券主管机关不仅要做形式审查,还要对发行人的经验业绩、发展前景、发行价格等条件进行实质审核,并由此作出发行人是否符合发行实质条件的判断。

(3) 注册制。注册制是指发行人在准备发行股票时,必须将依法公开的各种资料完全、准确地向证券主管机关呈报并申请注册。证券主管机关只对申报资料的全面性、真实性、准确性和及时性做形式审查。如果申报文件没有包含任何不真实的信息且证券主管机关对申报文件没有异议,则经过一定的法定期限,申请自动生效。一旦申请生效,发行人就有权发行股票。

我国正在积极推行股票发行注册制改革。

2. 股票发行方式

股票的发行方式也就是股票经销出售的方式。由于各国的金融市场管制不同,金融体系结构和金融市场结构不同,股票发行方式也有所不同。

(1) 公募发行与私募发行。按发行对象划分,股票发行可分为公募发行与私募发行两种方式。

① 公募又称公开发行,是指面向整个社会公开发行股票。在一般情况下,股票的发行对象是市场上大量的非特定的投资者。

公募的优点主要表现为:第一,公募发行的股票可以在二级市场上流通转让,具有较高的流动性,对现有的投资者和未来的潜在投资者有较强的吸引力;第二,潜在的投资者数量大,因而筹资潜力大,可以满足企业的大额资金需求;第三,由于投资者比较分散,公募方式下发行人仍然可以保持经营管理的独立性,而且不需要为了吸引某些投资者而提供优厚的条件。

公募发行也有一些缺点,表现为:第一,手续烦琐,工作量大,发行人必须向证券管理机构提供各种资料,办理发行注册或审核手续;第二,属于间接发行,需要委托金融中介机构作为承销商,发行费用高;第三,由于公募是面向社会广泛的不特定投资者出售股票,企业筹集资金的数额具有不确定性。

企业采用公募方式发行股票,一般都需要借助于投资银行的参与。投资银行帮助企业进行金融资产的具体设计和销售,减少了企业直接向大量的普通投资者销售证券所花费的时间和精力,发挥这种功能的投资银行被称为承销商。在我国,承销商一般是由开展投资银行业务的证券公司担当的。按照承销中企业对承销商的委托程度不同和承销商的责任不同,承销可以分为包销和代销,包销按照包销程度不同又可分为全额包销和余额包销。

② 私募又称非公开发行,是指发行公司只对特定的发行对象推销股票。例如,有些筹资企业在内部向职工个人发行证券,或向其他熟悉的单位(如金融机构或与发行人有密切往来关系的企业等)发行证券。采取非公开发行的方式,优点是可以节省委托中介机构发行的手续费,降低发行成本;还可以调动老股东和内部股东的积极性,巩固和发展公司的公共关系。其缺点是:不公开发行的股票,不能马上在市场上转让出售,从而会降低股票的流通性。

(2) 直接发行和间接发行。按是否有中介机构(证券承销商)协助,股票发行可分为直接发行和间接发行两种方式。

① 直接发行又叫直接招股,或称发行公司自办发行,是指股份公司自己承担股票发行的一切事务和发行风险,直接向认购者推销出售股票的方式。采用直接发行方式时,要求发行者熟悉招股手续,精通招股技术并具备一定的条件。如果当认购额达不到计划招股额时,新建股份公司的发起人或现有股份公司的董事会必须自己认购未出售的股票。在一般情况下,直接发行只适用于有既定发行对象或发行风险少、手续简单的股票。换言之,不公开发行的股票或因公开发行有困难(如信誉低所致的市场竞争力差、承担不了大额的发行费用等)的股票,或是实力雄厚,有把握实现巨额私募以节省发行费用的大股份公司股票,才采用直接发行的方式。

② 间接发行又叫间接招股,或称委托发行,是指发行者委托证券发行承销中介机构出售股票的方式。这些中介机构作为股票的推销者,办理一切发行事务,承担一定的发行风险并从中提取相应的收益。股票的承销机构主要是投资银行或证券公司。股票间接发行有代销、助销和包销发行三种方式。间接发行对于发行人来说,虽然要支付一定的发行费用,但是有利于提高发行人的知名度,筹资时间较短,风险较小。因此,在一般情况下,证券发行大

都采用间接发行的方式。

(3) 初次发行与增资发行。按照发行目的的不同,股票发行可分为初次发行和增资发行。

① 初次发行是指新组建股份公司时或原非股份制企业改制为股份公司或原私人股份公司要转为公众持股公司时,公司首次发行股票。

② 增资发行是指随着公司业务的扩大,为达到增加资本金的目的而进行的股票发行。

3. 股票发行定价

发行定价是一级市场的关键环节。如果定价过高,会使股票的发行数量减少,进而使发行公司不能筹到所需资金,股票承销商也会遭受损失;如果定价过低,则股票承销商的工作容易,但发行公司却会蒙受损失。对于再发行的股票,价格过低还会使老股东受损。发行价格主要有以下几种:

(1) 平价发行。平价发行是指按股票的票面金额为发行价格。由于股票上市后的交易价格通常要高于面额,平价发行能够使投资者得到交易价格高于发行价格时所产生的额外收益,所以,大多数的投资者都乐于接受。平价发行的方式简便易行,但缺点是发行人筹集资金较少。平价发行在证券市场不发达的国家和地区较为普遍。

(2) 溢价发行。溢价发行是指发行人按高于面额的价格发行股票。这种发行方式可以使公司用较少的股份筹集到较多的资金,降低了筹资成本,我国大都采用溢价发行方式。溢价发行又可分为时价发行和中间价发行。

① 时价发行。即不是以面额,而是以流通市场上的股票价格(即时价)为基础确定发行价格。这种价格一般都高于票面额,两者的差价称为溢价,溢价带来的收益归该股份公司所有。时价发行能使发行者以相对少的股份筹集到相对多的资本,从而减轻负担,同时还可以稳定流通市场的股票时价,促进资金的合理配置。按时价发行,对投资者来说也未必吃亏,因为股票市场上行情变幻莫测,如果该公司将溢价收益用于改善经营,提高了公司和股东的收益,将使股票价格上涨;投资者若能掌握时机,适时按时价卖出股票,收回的现款会远高于购买金额。市价发行虽然是以股票流通市场上当时的价格为基准,但也不必完全一致。在具体决定价格时,还要考虑股票销售难易程度、对原有股票价格是否冲击、认购期间价格变动的可能性等因素。因此,一般将发行价格定在低于时价 $5\% \sim 10\%$ 的水平上是比较合理的。

② 中间价发行。即股票的发行价格取股票面额和市场价格的中间值。这种价格通常在时价高于面额、公司需要增资但又需要照顾原有股东的情况下采用。中间价格的发行对象一般为原股东,在时价和面额之间采取一个折中的价格发行,实际上是将差价收益一部分归原股东所有,另一部分归公司所有用于扩大经营。因此,在进行股东分摊时要按比例配股,不改变原来的股东构成。

(3) 折价发行。折价发行是指发行价格不到票面额,是打了折扣的。折价发行有两种情况:一种情况是优惠性的,通过折价使认购者分享权益。例如,公司为了充分体现对现有股东优惠而采取搭配增资方式时,新股票的发行价格就为票面价格的某一折扣,折价不足面额的部分由公司的公积金抵补。现有股东所享受的优先购买和价格优惠的权利就叫作优先购股权。若股东自己不享用此权,他可以将优先购股权转让出售。这种情况有时又称作优惠售价。另一种情况是该股票行情不佳,发行有一定困难,发行者与推销者共同议定一个折扣率,以吸引那些预测行情要上浮的投资者认购。由于各国一般规定发行价格不得低于票面额,因此,这种折扣发行需经过许可方能实行。

4. 股票发行程序

股票发行程序必须依照相关法律规定的办法。公募式新股发行一般包括以下主要环节:

(1) 发行人综合决策。发行人选择融资渠道和融资方式,确定以发行股票方式筹集资金。

(2) 选择承销商。发行人公开招标选择承销商。

(3) 承销商调查和辅导。承销商对发行人财务状况等进行调查,并对其进行专业培训、辅导和监督。

(4) 准备申请文件。发行人向证券管理部门提交申请文件,如招股说明书。

(5) 确定发行价格。考虑发行人的净资产、盈利水平、发展潜力和发行数量确定发行价格。我国新股发行分为网上发行和网下配售两种。网上发行,是指通过证券交易所交易系统,向社会公众投资者定价发行的证券发行行为。网下配售,是指通过证券交易所网下发行电子平台,向询价对象进行配售的证券发行行为。

(6) 接受审核。相关管理部门审核发行人的发行资格和其他信息。

(7) 销售和认购。承销商销售,投资者认购,将筹集的资金付给发行人,发行人支付手续费。

(三) 股票流通市场

股票流通市场也称二级市场,是指已经发行的股票进行转让、买卖和流通的市场。相对而言,股票流通市场的结构和交易活动比发行市场更为复杂,其作用和影响也更大。

1. 股票流通市场的构成

股票流通市场由场内交易市场和场外交易市场构成。

(1) 场内交易市场(证券交易所)。投资者在证券交易所形成的市场就是场内交易市场。证券交易所是指有固定地点、有组织,能够使证券集中、公开、规范交易的证券交易市场。证券交易所本身不参加交易,而是为证券买卖双方提供交易场所和交易设施,并制定交易所内证券的上市、交易、清算、交割和过户的规则,管理和公布市场信息,保证交易过程公平而有序地进行。证券交易所的组织形式一般有两类,即公司制证券交易所和会员制证券交易所。

① 公司制证券交易所。即以营利为目的,由银行、证券公司、信托机构等共同投资入股建立起来的公司法人。交易所为证券商的交易与交割提供场所和服务人员,通过收取发行公司的上市费和证券成交的佣金来取得收入,其内部人员不能参与证券买卖。实行这种制度的交易所主要有美国纽约证券交易所和瑞士日内瓦证券交易所。

② 会员制证券交易所。即不以营利为目的社会法人团体。会员制交易所由会员自治自律、互相约束。目前,大多数国家的证券交易所都实行会员制。

我国有两家证券交易所,一是在 1990 年 12 月 19 日正式营业的上海证券交易所,是我国目前最大的证券交易所;二是在 1991 年 7 月 5 日正式营业的深圳证券交易所。两个交易所的组织形式均为国际通行的会员制,是非营利的事业单位。

不论是公司制的证券交易所还是会员制的证券交易所都有这样的规定:只有取得交易所会员资格才能进入交易所从事交易。会员有两类:经纪人和自营商。证券经纪人专门替客户买卖股票,其收入来自佣金。非会员投资者若想在交易所买卖上市股票,必须通过经纪人,在经纪人处开设账户,取得委托买卖证券的资格。证券自营商则可以直接进行证券买卖,其收入来自买卖差价。

(2) 场外交易市场。场外交易市场是相对于证券交易所而言的,凡在证券交易所交易大厅以外进行的各种证券交易活动,都可划入场外交易范畴。

之所以存在场外交易,是因为股票在交易所内挂牌上市,必须遵守一系列严格而复杂的规定,以保障投资者的利益。这样,有的股票发行以后,因达不到证券交易所内上市的要求,只能在场外交易。有的股票即使上市了,也会因为各种原因在证券交易所以外成交。随着商品经济,特别是货币金融业的发展和现代科技的不断进步,场外交易也日益活跃起来,其成交量和成交方式日渐增多,成为股票流通市场的重要组成部分。

在场外交易市场中的证券商兼具证券自营商和代理商的双重身份。作为自营商,他把自己持有的证券卖给顾客或者买进顾客的证券,赚取买卖价差;作为代理商,以客户代理人的身份向别的自营商买进卖出证券,从中收取一定比例的佣金。

场外交易市场又分为柜台交易市场、第三市场和第四市场。

① 柜台交易市场又称为店头交易市场,是指证券商之间、证券商与客户之间在证券交易所以外的某一固定场所,对未上市的证券或不足一个成交批量的证券进行交易的场所。由于证券买卖是在证券商的店里或店里所设的柜台进行,所以称为店头或柜台市场。柜台交易市场的特点是:属于场外交易,没有大型交易所设置的营业厅,而是在柜台或通过电信设施完成交易;交易的证券有各种债券和不能公开上市的股票;价格由交易双方协定;交易方式仅限于现货交易,不能进行包括期货交易和期权交易在内的其他交易活动。

② 第三市场。即已在证券交易所挂牌上市的证券不在交易所集中交易,而在场外交易形成的市场。第三市场原属于柜台市场范围,开创于20世纪60年代,近年来发展成为独立的市场。其主要目的是为了适应大额投资者的需要。一方面,机构投资者买卖证券的数量巨大,如果委托交易所的经纪人代理,就必须按交易所的规定支付相当数量的佣金。为了减少投资费用,机构投资者便把目光逐渐转向了场外交易市场,这一市场可以大大节约交易的手续费支出。另一方面,一些非交易所会员的证券商为了招揽业务,常以较低廉的费用吸引机构投资者,在柜台市场大量买卖交易所挂牌上市的证券。

③ 第四市场。即投资者不通过证券经纪人和自营商等中介机构,利用电子计算机网络直接进行大宗证券交易形成的市场。这个市场可以最大限度地降低交易费用。同第三市场一样,第四市场也是为适应机构投资者的需要而产生的。由于机构投资者进行的股票交易一般都是大数量的,为了保密,不致因大笔交易而影响价格,也为了节省经纪人的手续费,一些大企业、大公司在进行大宗股票交易时,通过电子计算机网络直接进行交易。目前,第四市场仍处于萌芽状态,但它对第三市场和证券交易所来说是一个颇具竞争性的市场。

小资料

我国的股票交易市场

我国的股票交易市场由主板市场、二板市场和三板市场构成。主板市场就是通常所说的证券交易所市场,也叫第一板市场。二板市场也叫创业板市场,该市场往往是专门为创新型中小企业和高科技企业筹集资金而开设的股票发行与交易场所。创业板市场与主板市场相对应,是主板市场之外的专业市场,上市标准低。经过创业板市场培育的企业,还可以进入主板市场。我国于2009年10月正式开通二板市场交易。三板市场即通常所说的场外交易市场。

2. 股票交易程序

股票交易程序如图8-1所示。

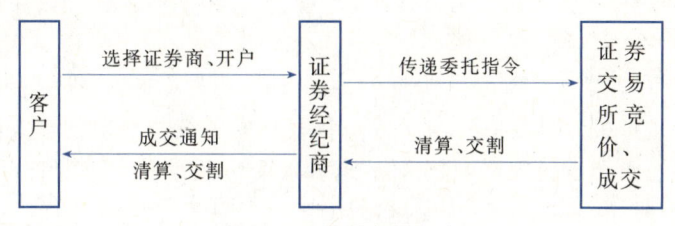

图8-1 股票交易程序

(1) 开户。投资者委托证券经纪人代为买卖证券,需首先到经纪人处开立账户,包括证券账户和资金账户。证券账户是证券登记机关为投资者设立的,用于登记投资者所持有的证券种类、名称、数量及相应权益变动情况的一种账册。投资者在开设证券账户的同时,即可以委托证券登记机构为其管理证券资料,办理登记、结算和交割业务。在我国,投资者要买卖上海或深圳证券交易所上市的证券,应当分别开设上海、深圳的证券账户。

投资者开设证券账户后,不能直接进入证券交易所买卖证券,而是要通过证券交易所的会员(证券商)才能进行交易。证券商设有很多证券营业部,所以投资者必须到证券营业部开户,委托其代理买卖,这种开户形式称为开设资金账户,投资者进行股票买卖的现金收付都通过这一账户办理。现金账户一般不能透支,账上必须有足够的金额才能买入股票。

投资者办理资金账户以后要到商业银行办理第三方存管业务。"第三方存管"是指证券公司客户证券交易结算资金交由银行存管,由存管银行按照法律、法规的要求,负责客户资金的存取与资金交收,证券交易操作保持不变。该业务遵循"券商管证券,银行管资金"的原则,将投资者的证券账户与证券保证金账户严格进行分离管理。通俗一点说,银行负责完成投资者专用存款账户与券商银行交收账户之间清算资金的划转。换句话说,是将券商的清算交收程序转移到银行,由银行代为完成。

(2) 委托。投资者向证券商下达的买卖证券的指令称为委托。投资者在委托证券商买卖证券时,应填写买卖委托书,说明证券的名称、数量、买还是卖、委托的种类、委托的有效期等,同时提供交易密码或证券账户卡等证件。

按照投资者委托的形式划分,可以分为当面委托、电话委托、电传委托等。当面委托是指投资者亲自到证券商的营业部当面填写委托书。电话委托即委托人以电话形式委托证券商,确定具体的委托内容,由证券商受理股票的买卖交易。电传委托即委托人以电传形式委托证券商,确定委托内容。

按照投资者委托价格方式的不同,委托的种类可以分为限价委托、市价委托、止损委托等。限价委托是指投资者自行规定一个价格,证券商以这个所限定的价格或更有利的价格进行交易。市价委托是指投资者委托证券商按照执行指令时的市场价格买进或卖出证券。这种方式下投资者不规定价格,而证券商应该争取以最有利于投资者的价格成交。止损委托是指证券商在某种证券下跌(或上涨)到一定的价格时,为投资者卖出该种证券。这是一种保护性的指令,可以保护投资者减少损失。

(3) 竞价成交。经纪商的驻场人员在接到客户的委托指令后,可采用口头申报、填单申报、计算机申报或板牌申报等方式竞价成交。中国的上海、深圳交易所都采用电子计算机交易系统进行股票的交易。买卖申报经交易主机撮合成交后,交易即告成立。

竞价成交要按照价格优先、时间优先的原则。价格优先的原则为:较高价格买进申报优先于较低价格买进申报,较低价格卖出申报优先于较高价格卖出申报。时间优先的原则为:买卖方向、价格相同的,先申报者优先于后申报者。先后顺序按交易主机接受申报的时间确定。

(4) 清算交割。清算与交割统称为证券的结算。买卖成交后,投资者应在规定时间内完成交割。交割,是指买方付款取货与卖方交货收款的手续。目前大多数国家的证券市场实行滚动交割,即在成交后的固定天数内完成,如成交后的第 1 个营业日,称为 T+1 规则。我国目前证券结算对 A 股实行 T+1 交割,对 B 股实行 T+3 交割。

(5) 过户。过户即办理变更股东名簿记载。我国证券交易所的股票已实行所谓"无纸化交易",因而结算完成即实现了过户,所有的过户手续都由交易所的电脑自动过户系统一次完成,无须投资者另外办理过户手续。

3. 股票流通市场的交易方式

随着证券市场的发展,金融工具的不断创新,证券市场的交易方式也逐步增多。这里介绍几种主要的交易方式:

(1) 现货交易。现货交易是指证券交易双方成交后,立即办理交割手续,卖者交出证券,买者付出现款的交易方式。从理论上讲,现货交易是一手交钱、一手交货、钱货两清的交易,但在实际中,由于技术上的因素,从成交到交割之间常常有一小段时间差。按照惯例,现货交易的交割一般是在当日或次日交割。

(2) 期货交易。期货交易是指交易双方股票成交后签订契约,按约定价格在约定的交割日里进行交割清算的一种交易方式。在期货交易中买卖双方签订合同,并就买卖股票的数量、成交的价格及交割期限达成协议。买卖双方签订合约后不用付款也不用交付证券,只有到了规定的交割日买方才交付货款,卖方才交出证券。结算时按照买卖契约签订时的股票价格计算,而不是按照交割时的价格计算。

期货交易根据合同清算方式的不同又可分为两种:第一种是期货交割交易,指在合同到期时,买方必须交付现款,卖方则必须交出合同规定的股票;第二种是差价结算交易,在合同到期时,双方都可以做相反方向的买卖,并准备冲抵清算,以收取差价而告终。这两种交易方法统称为清算交易。

目前,我国股票市场的期货交易品种是股指期货。股指期货是期货的一种,是指以股指为标的物的期货合约。它的全称是股票价格指数期货,也可称为股价指数期货、期指,双方交易的是一定期限的股票指数。合约到期后,通过现金结算差价进行交割。我国于 2010 年 4 月 16 日正式推出"沪深 300 股指期货合约"。

(3) 信用交易。信用交易又叫垫头交易,是指投资者在进行股票买卖时,向经纪人借用一定数量的现款或股票进行交易的方式。信用交易分为融资买进(买空)和融资卖出(卖空)两种。由于经纪人的垫款通常是从银行以可赎回资金的利率贷款得来,所以投资者借款的总成本是银行利率加上服务费。所有用保证金信贷购买的股票都必须由经纪人保管,因为该股票被用来作为贷款的抵押。

利用保证金信用交易,投资者要交一定数量的现款或股票作为保证金,证券管理机关会对用保证金购买的股票数量进行限制,通常用保证金与买卖股票的总值的比率(保证金率)来表示,各国大多定在 30% 以上。此外,在信用交易中,投资者与经纪商之间的抵押借款关系一般定为6个月,不可以无限推迟下去。

(4) 期权交易。股票的期权交易也称为选择权交易,是指投资者与特定交易商签订合同,投资者有权在特定的时期内按协议的价格买进或卖出一定数量的股票,而不管此时的股票价格如何变动。期权交易的合同中要规定期权的有效期、股票的种类和数量、股票的价格(协定价格)、期权的价格(购买期权的费用)、期权合同的种类(买进期权和卖出期权)。

期权交易的方式有两个好处:一是风险较小,买方的损失是已知的和固定的;二是只需要缴纳少量的期权费就可以做大额交易,而且利润比现货交易高。

> **提示**:发行市场和流通市场共同构成证券市场,两者相辅相成,缺一不可。流通市场是发行市场赖以存在与发展的重要保证,流通市场的健全与否直接影响到发行市场的成效。如果流通市场兴旺,资金短缺的单位易于发行新股票以筹集资金;如果流通市场萎靡不振,发行市场也不会兴盛。同时,流通市场的交易价格制约着股票的发行价格,是发行单位所要考虑的重要因素之一。

二、债券市场

(一) 债券的定义与种类

债券是指政府、企业、金融机构等向投资者发行的,承诺按一定的利率支付利息并按约定条件偿还本金的债权、债务凭证。债券票面要素包括票面金额、债券期限、支付方式、票面利率等内容。债券的种类很多,最基本的分类方法是按发行主体不同划分为政府债券、公司债券和金融债券。

1. 政府债券

政府债券是指由中央政府、政府机构和地方政府发行的债券。它以政府的信誉做保证,无须抵押品,其风险在各种投资工具中是最小的。政府债券有的附有息票,定期付息、到期还本;有的则以到期一次还本付息方式支付本息。利率或采取固定利率,或采取浮动利率。我国目前财政部直接发行的债券称为国债,属于政府债券。

2. 公司债券

公司债券是指企业为筹措营运资金而发行的债券。我国的公司债券目前多为3年和5年。公司债券的利率或采用固定利率,或采用浮动利率。还本付息方式可以是分期偿还,也可以是到期一次还本付息。公司债券的类型主要有以下几种:

(1) 信用债券。是指完全凭公司信誉,不提供任何抵押品而发行的债券。这种债券大多由资信等级较高的大公司发行,期限较短,利率较高。

(2) 抵押债券。是以土地、房屋、设备等作为抵押担保品而发行的债券。当债务人不能按期还本付息时,持有人可以将抵押品出售。

(3) 质押债券。是以证券等流动性资产作为担保所发行的公司债券。发行质押债券的公司通常要将作为担保品的有价证券委托信托机构(多为信托银行)保管,当公司到期不能偿债时,即由信托机构处理质押的证券并代为偿债,这样就能够更有利地保障投资人的利益。

(4) 保证债券。担保债券是指由一定保证人做担保而发行的债券。当企业没有足够的资金偿还债券时,债权人可要求保证人偿还。

(5) 可赎回债券。这种债券附带有提前赎回的条款,即允许债券发行人在债券尚未到期时提前以购回的方式使债权、债务关系终止。当市场利率降至债券利率之下时,赎回债券或代之以新发行的低利率债券对持有人不利,因而一般规定在债券发行后至少5年内不允许赎回。

(6) 偿还基金债券。它要求发行公司每年从赢利中提存一定比例存入信托基金,定期从债券持有人手中购回一定量的债券以偿还本金。这种债券与可赎回债券相反,其选择权在债券持有人手中。

(7) 可转换债券。这种债券赋予债券持有人按预先确定的比例转换为该公司普通股的选择权。可转换债券可增强对投资者的吸引力,使企业减少债务、扩大资本。

3. 金融债券

金融债券是指由银行和非银行金融机构发行的债券。在欧美国家,这种债券归类于公司债券。在我国,金融债券的发行机构主要是商业银行、证券公司、保险公司等金融企业。发行金融债券,表面看来同银行吸收存款一样,但由于债券有明确的期限规定,不能提前兑现,所以筹集的资金要比存款稳定得多。金融机构可以主动选择适当时机发行必要数量的债券以吸引资金,故金融债券的发行通常被看作金融机构资产负债管理的重要手段。而且,由于银行的资信度比一般企业要高,金融债券的信用风险也较公司债券低,其利率通常低于公司债券。以商业银行作为发行主体为例,金融债券的类型主要有:

(1) 一般金融债券。是指商业银行发行的无特定目的的金融债券。该债券的本息清偿顺序等同于商业银行的一般负债。

(2) 次级金融债。次级金融债又称商业银行次级债,是指商业银行发行的、本金和利息的清偿顺序列于商业银行其他负债之后、先于商业银行股权资本的债券。由于次级债券可计入银行附属资本,且相对于发行股票补充资本的方式来说,发行次级债程序相对简单、周期短,是一种快捷、可持续的补充资本金的方式。

(3) 混合资本债券。它是一种混合资本工具,比普通股票和债券更加复杂。我国的混合资本债券是指商业银行为补充附属资本发行的、清偿顺序位于股权资本之前但列在一般债务和次级债务之后、期限在15年以上、发行之日起10年内不可赎回的债券。

(二) 债券发行市场

债券市场由债券发行市场与债券流通市场构成。债券发行市场是指发行主体出售新债券的市场。债券发行市场的作用是将政府、工商企业以及金融机构为筹集资金向社会发行的债券分散销售到投资者手中。债券发行需要确定名义利率、偿还期限、发行价格,以及关于发行者的信用程度、担保能力、偿还方式和财务限制等条件,尤其是对公司债券的发行,不少国家都采用了债券评级制度,即先通过权威的信用评级机构进行评级。债券发行方式有公募发行和私募发行两种方式。公募发行是指发行人通过经纪人向非特定投资者发行,属于间接发行方式;私募发行是指发行人直接向特定的投资者发行,属于直接发行方式。

1. 债券发行市场的主要参与者

债券发行市场的参与者主要由发行人、投资者(认购者)和承销商等中介人三部分构成。债券发行人即筹资者或债务人,包括国内外的政府和政府机构、大型公司企业及金融机构。债券投资者即债权人,包括国内外个人、公司企业及政府机构,他们是债券市场上的资金供给者。承销商是代理发行人办理债券的发行和销售业务的中介人,由他们负责把债券转售给投资者,通常由证券公司等担任。

2. 债券发行利率及发行价格的确定

(1) 债券的发行利率的确定。债券的发行利率,一般是指债券的票面利率,也就是债券票面所载明的利率。债券的发行利率是债券发行人根据债券本身的性质、期限、信用等级、利息支付方式及对市场供求的分析等因素来确定的,不能主观盲目确定。

① 债券的期限。一般是指债券还本付息的期限。在一般情况下,债券的期限越长,发行利率就越高;反之,期限越短,利率就越低。这是因为,期限越长,潜在的风险就越大,投资者承担的风险就越大,就需要有较高的利率予以回报。

② 债券的信用等级。债券信用等级的高低,在一定程度上反映债券发行人到期支付本息的能力。债券等级越高,投资人承担的风险就越小;反之,债券信用等级越低,投资人承担的风险就越大。因此,债券发行人可根据债券信用等级来确定债券的发行利率水平,如果等级高,就可相应降低债券的利率;反之,就要相应提高债券的利率。

③ 有无担保。担保是对债券还本付息的一种保障,是对债券投资风险的一种防范,也是对投资者信心的一种保护。在其他情况一定的条件下,有担保的债券,投资的风险就小一些,其利率就可低一些;没有担保的债券,投资的风险就要大一些,其利率就要高一些。

④ 金融状况。如果市场银根很紧,市场利率可能会逐步升高,银行存款、贷款利息及其他债券的利息水平比较高,债券发行人就应考虑确定较高的债券发行利率;在相反的情况下,债券发行人则可确定较低的债券发行利率。

⑤ 债券利息的支付方法。实行单利、复利和贴现等不同的利息支付方式,对投资人的实际收益率和发行人的筹资成本,有着不同的影响。一般来说,单利计息的债券,其票面利率应高于复利计息和贴现计息债券的票面利率。

⑥ 管理体制的影响。例如,有些国家直接规定债券利率水平或最高上限,有些国家规定债券利率的浮动幅度,有些国家规定债券利率要与受到管制的存款利率挂钩,有些国家对债券利率不加任何管制,使其完全决定于债券发行人信誉、债券期限、市场条件及投资者选择。不同的利率管制制度,会对债券的利率产生较大的影响。

(2) 债券的发行价格的确定。在发行债券时,其发行价格未必与债券的票面金额相等。为使债券投资的实际收益率具有吸引力,有时债券发行人会以高于或低于债券票面金额的价格发行债券。按其价格与票面金额的关系,债券的发行价格大致有以下三种:① 平价发行。即发行价格与票面金额相一致。例如,债券票面印制的金额是 100 元,实际发行价格也确定为 100 元。债券到期时,还按票面金额 100 元偿还。② 溢价发行。即发行价格高于票面金额。例如,债券票面金额是 100 元,而实际发行价格确定为 102 元。债券到期时,仍按票面金额 100 元偿还。③ 折价发行。即发行价格低于票面金额。例如,债券票面金额为 100 元,而实际发行价格确定为 98 元,债券到期时,仍按票面金额 100 元偿还。

债券发行者通过调整债券的发行价格来调整债券的实际收益率,使之与市场利率保持一致,以增加债券的吸引力,调整债券的发行成本。

(三) 债券流通市场

1. 债券流通市场概述

债券流通市场是指已发行的债券按时价进行买卖的场所。债券的流通直接受到利率变动的制约,很少像股票那样有投机性价格变动,并且热心于长期债券投资的多半是拥有富余资金的富有者和机构投资者,他们往往将所购债券持有到期满享受利息。所以,债券的买卖不像股票那样活跃。债券交易可以在交易所进行,也可以在场外进行。交易所交易的债券是指那些上市债券。因为同是在证券交易所交易,所以债券交易所交易与股票交易所交易有许多相似之处,如市场结构、上市标准、交易方式等。世界各国的债券交易大多是在场外市场进行的。我国目前的债券交易分别集中在证券交易所和银行间拆借市场。交易所主要发行和交易公司债券及部分政府债券,银行间市场则主要交易政府债券。

债券交易方式同股票交易方式基本一致,具体有现货交易、利率期货交易、期权交易等。其中,利率期货交易是指买卖双方在证券交易所内,通过公开竞价买进或卖出标的为某种有息资产(主要是国库券、中长期国债、房屋抵押债券等)标准化合约的交易,其基本规则类似于股票期货交易。

2. 债券价格和债券收益

债券在证券市场上自由买卖的市场价格称为债券行市。它与债券的名义价值并不一致,往往高于或低于名义价值。债券价格的变动主要取决于两个因素:一是它能带来的利息收入;二是当时的银行存款利率。同股票行市一样,债券价格与其利息收入成正比,与同期银行存款利率成反比。此外,债券价格还受供求关系的影响,当债券供不应求时,其价格上涨;反之,供过于求时其价格下跌。债券发行者的信誉也影响债券价格,发行人信誉越高,其价格就越高;反之,发行人信誉越差,债券的价格就越低。

对于债券投资者来说,债券收益应该是其最关心的问题。债券收益包括到期收益和名义收益两种。到期收益是利息收入和债券买卖价格差额之和,这是衡量债券收益最普通的尺度。名义收益是债券票面所载明的利息率与本金的乘积。债券收益率是衡量债券收益的指标,是债券收益与投资者投入本金的比率,通常用年率表示。一般来说,债券收益率有名义收益率、即期收益率和到期平均收益率三种。

(1) 名义收益率。名义收益率是指债券本身所规定的利率,也称息票收益率。例如,一张面额为10 000元的债券,期限为10年,利率为年息6%,每年支付一次,则其名义收益率就是6%。只有在债券的市场价格与债券面额相等时,名义收益率与实际收益率才会一致,但一般很少出现这种情况。因此,名义收益率只能用于理论分析。

(2) 即期收益率。即期收益率是指债券每年的利息收入与该债券当时的市场价格之比。如上例,若投资者购买时的债券行市为9 500元,则其即期收益率为:

$$\frac{10\,000 \times 6\%}{9\,500} = 6.32\%$$

(3) 到期平均收益率。到期平均收益率是指债券期满时的净收益率,是债券购买者的实际收益率。其计算公式如下:

$$到期平均收益率 = \frac{债券利息 + \dfrac{票面金额 - 债券行市(发行价格)}{债券年限}}{债券行市(发行价格)}$$

再如上例,投资者以9 500元的价格购入一张面额为10 000元、年利率为6%、期限为10年的新发行债券,债券每年支付一次利息,则其到期收益率为:

$$\frac{10\,000 \times 6\% + \dfrac{10\,000 - 9\,500}{10}}{9\,500} = 6.84\%$$

3. 债券的交易形式

债券二级市场上的交易主要有以下三种形式：

（1）现货交易。债券的现货交易是指买卖双方根据商定的付款方式，在较短的时间内进行交割清算，即卖者交出债券，买者支付现金。在实际交易中，从债券成交到最后交割清算，总会有一个较短的拖延时间，因此，现货交易不完全是现金交易，不是一手交钱、一手交货。一般来说，现货交易按交割时间的安排可以分为三种：① 即时交割，即于债券买卖成交时立即办理交割；② 次日交割，即成交后的第二天办理交割；③ 限期交割，即于成交后限定几日内完成交割。

（2）期货交易。债券的期货交易是指买卖成交后，买卖双方按契约规定的价格在将来的指定日期（如3个月、6个月以后）进行交割清算。进行债券的期货交易，既是为了回避风险、转嫁风险，实现债券的套期保值，同时因其是一种投机交易，也要承担较大的风险。因为债券的成交、交割及清算的时间是分开的，清算时是按照买卖契约成立时的债券价格计算，而不是按照交割时的价格计算。而在实际中，由于各种原因，债券价格在契约成立时和实际交割时往往是不一致的。

在期货交易中，买卖双方在最后交割时有可能亏本，为了保证履约，买卖双方都要按规定交付一定比例的保证金；当保证金随着价格的波动而相对减少时，还要增交保证金。

（3）回购协议交易。债券的回购协议交易是指债券买卖双方按预先签订的协议，约定在卖出一笔债券后一段时期再以特定的价格买回这笔债券，并按商定的利率付息。这种有条件的债券交易形式实质上是一种短期的资金借贷融通。这种交易对卖方来讲，实际上是卖现货买期货；对买方来讲，是买现货卖期货。

回购协议的期限有长有短，最短的为1天，称为隔夜交易，最长的有1年，一般为1～3个星期或1～6个月。回购协议的利率由协议双方根据回购期限、货币市场行情以及回购债券的质量等有关因素来议定，与债券本身的利率无直接关系。

正因为债券回购协议交易带有资金融通的功能，所以被金融机构及大企业广泛采用，同时成为中央银行进行公开市场操作，即买卖政府债券、调节银根松紧的重要手段。

与回购协议相反的概念是逆回购协议，是指交易的一方从对方购入证券时承诺在将来某一天将所购买证券卖给对方的协议形式。它实际上与回购协议是同一个问题的两个方面，只不过是从资金供给者的角度考虑问题。

第三节 黄金市场与外汇市场

一、黄金市场

黄金市场是指买卖双方集中进行黄金买卖的交易中心，提供即期和远期交易，允许交易商进行实物交易或者期权期货交易，以投机或套期保值，是各国完整的金融市场体系的重要组成部分。

（一）黄金市场的交易方式

1. 按交割时间划分

按交割时间划分，黄金市场的交易方式分为现货交易、期货交易和期权交易。

（1）黄金现货交易。黄金现货交易是指双方黄金成交后在两个营业日内进行交割的业务。伦敦黄金市场的现货交易具有代表性。黄金现货交易,分定价交易和报价交易。定价交易,只有单一价格,无买卖差价,成交后经纪人或金商只收取少量佣金。报价交易,同时报买卖价,只限在规定的时间内有效。伦敦黄金市场每个营业日进行两次定价交易,上午为10:30,下午为3:00,报价交易则在定价交易时间外进行。

(2) 黄金期货交易。黄金期货交易和其他期货交易一样,交易双方预先签订期货交易合同,规定买卖交割的黄金数量、履行价格到期日,交付保证金。到了约定的交割日,再进行实物交割,但一般并不真正交货,绝大多数合同在到期前就被对冲掉了。黄金期货交易的每一标准化合同量均为100盎司,基本单位为金衡盎司。黄金期货交易可以用于保值,并可以减轻金价波动的风险,也可为投资者提供盈利的机会。

(3) 黄金期权交易。黄金期权交易是指按事先商定的价格、期限、买卖数量标准化黄金权利的一项黄金业务。黄金期权分为买权和卖权,即看涨黄金期权和看跌黄金期权。黄金期权交易是20世纪80年代以来出现的一种黄金交易。最早开办这种业务的是荷兰的阿姆斯特丹交易所,1981年4月开始公开交易,期权以美元计价。成色为99%的10盎司黄金合同,1年可买卖4期。之后,加拿大的温尼伯交易所引入黄金期权交易。后来,瑞士、英国、美国等都开始经营黄金或其他贵金属的期权交易。

2. 按交易对象划分

按交易对象划分,黄金交易方式可分为账面划拨交易、实物交易和黄金券交易。

(1) 账面划拨交易。账面划拨交易是在大宗交易时,只需在存单上划拨,把存在某金库的属于某国家或集团的黄金改变一下所有者的交易方式。这种交易既节省了运费,又避免了风险。

(2) 实物交易。黄金市场上交易的实物形式主要有三种:① 金块——中央银行的黄金交易对象一般是重量为400盎司、成色为99.5%的大金锭。② 金条——常见的重量为32.151盎司(1千克),成色为99.5%。99.9%是私人储藏者交易的主要对象。③ 金币——私人保值的最好手段,金币因稀有而成为收藏家购买的对象。金币不仅具有纪念意义,而且发行量有限,储藏时间越长则价值越高,一般比金条价格高出3%~5%。

(3) 黄金券交易。黄金券交易近几年发展很快,中小投资者持有黄金券,比持有黄金更安全和方便。黄金券面额有多种,最小的仅半盎司。黄金券有编号和姓名,不得私自转让,可挂失,可随时兑现。

(二) 世界六大黄金市场

1. 伦敦黄金市场

伦敦黄金市场历史悠久。其发展历史可追溯到300多年前。1804年,伦敦取代荷兰阿姆斯特丹成为世界黄金交易的中心,1919年伦敦金市正式成立,每天进行上午和下午的两次黄金定价。由五大金行定出当日的黄金市场价格,该价格一直影响纽约和中国香港的交易。市场黄金的供应者主要是南非。伦敦黄金市场交收的标准金成色为99.5%,重量为400盎司。1982年以前,伦敦黄金市场主要经营黄金现货交易。1982年4月,伦敦期货黄金市场开业。目前,伦敦仍是世界上最大的黄金市场。

2. 苏黎世黄金市场

在第二次世界大战以后,趁伦敦黄金市场两次停业发展而起,苏黎世黄金市场和伦敦黄金市场一样,受到国际市场的普遍重视。苏黎世黄金市场以瑞士三大银行为中心,联合进行黄金交易。该市场无金价定盘制度,在每个交易日的任一特定时间,根据供需状况议定当日交易金价,这一价格为苏黎世黄金官价。全日金价在此基础上波动而无涨停板限制。标准金为 400 盎司的 99.5% 纯金。由于瑞士特殊的银行体系和辅助性的黄金交易服务体系,加上瑞士与南非也有优惠协议,使得瑞士成为世界上新增黄金的最大中转站,也成为世界上最大的私人黄金的存储中心。苏黎世黄金市场在国际黄金市场的地位仅次于伦敦。

3. 美国黄金市场

纽约和芝加哥黄金市场是 20 世纪 70 年代中期发展起来的,但成长非常迅速。目前,纽约黄金市场已成为世界上交易量最大和最活跃的期金市场。美国黄金市场以做黄金期货交易为主,其所签订的期货合约可长达 23 个月,黄金市场每宗交易量为 100 盎司,交易标的为 99.5% 的纯金,用美元报价。

4. 香港黄金市场

香港黄金市场已有 90 多年的历史,其形成以香港金银贸易所的成立为标志。1974 年,香港政府撤销了对黄金进出口的管制,此后香港金市发展极快。由于香港黄金市场在时差上刚好填补了纽约、芝加哥市场和伦敦开市前的空当,可以连贯亚、欧、美时间形成完整的世界黄金市场。其优越的地理条件引起了欧洲金商的注意,伦敦五大金商、瑞士三大银行等纷纷进港设立分公司。他们将在伦敦交收的黄金买卖活动带到香港,逐渐形成了一个无形的当地"伦敦黄金市场",促使香港成为世界主要的黄金市场之一。

5. 东京黄金市场

东京黄金市场于 1982 年成立,是日本政府正式批准的唯一黄金期货市场。会员绝大多数为日本的公司。黄金市场以每克日元叫价,交收标准金成色为 99.99%,重量为 1 千克,每宗交易合约为 1 000 克。

6. 新加坡黄金所

新加坡黄金所成立于 1978 年 11 月,目前经营黄金现货和 2、4、6、8、10 个月的 5 种期货合约,标准金为 100 盎司的 99.99% 纯金,设有停板限制。

小资料

上海黄金交易所

上海黄金交易所是经国务院批准,由中国人民银行组建,不以营利为目的,实行自律性管理的法人;遵循公开、公平、公正和诚实信用的原则组织黄金、白银、铂等贵金属交易。交易所于 2002 年 10 月 30 日正式开业。

上海黄金交易所的交易品种为黄金、白银、铂。黄金交易品种为标准牌号 Au99.99、Au99.95、Au99.9、Au99.5 四种和金币。白银交易品种为标准牌号 A999.99、A999.95 两种。黄金交易品种的标准重量为 50 克、100 克、1 千克、3 千克和 12.5 千克的金条、金锭和法定金币。白银交易品种的标准重量为 15 千克的银锭。黄金市场的交易工具包括现货黄金交易以及远期黄金交易。交易所对现货交易实行 T+0 的清算速度办理资金清算,会员到指定仓库提取黄金,时间为填写黄金提货申请单后 3 个工作日内。远期黄金交易是指买卖双方在交易成交后 T+X 日(X 为远期黄金交易的合约期限值)办理清算与交割的交易。

二、外汇市场

外汇市场是指专门从事外汇买卖或货币兑换的场所。包括金融机构之间相互进行的同业外汇买卖市场(或称批发市场,狭义外汇市场)和金融机构与顾客之间进行的外汇零售市场。这一场所实际上是一个抽象的概念,是无形市场,是由电话、电传、计算机终端、通信线路等组成的网络。

(一) 外汇市场的主体

外汇市场的主体是指从事外汇交易的当事人。主要包括以下几种:

1. 外汇银行

外汇银行也称外汇指定银行,是指经过本国中央银行批准,可以经营外汇业务的商业银行或其他金融机构。外汇银行可分为三种类型:① 专营或兼营外汇业务的本国商业银行;② 在本国经营的外国商业银行分行;③ 经营外汇买卖业务的本国其他金融机构,如信托投资公司。外汇银行是外汇市场上最重要的参加者,它的外汇交易构成外汇市场的重要组成部分。

2. 中央银行

各国中央银行参与外汇市场的活动有两个目的:一是储备管理;二是汇率管理。中央银行在外汇市场上的活动包括三个方面:一是作为普通参加者参与外汇交易活动;二是通过买卖外汇的经济手段,干预市场,维护汇率的稳定;三是监督和管理市场。中央银行通过制定和颁布一系列的条例和法令,防止外汇市场上的违法行为,维护外汇市场的秩序。

3. 外汇经纪人

外汇经纪人是指介于外汇银行之间、外汇银行和外汇其他参加者之间进行联系、接洽外汇买卖的经纪人公司或个人。外汇经纪人作为外汇买卖双方的中间联络人,本身并不承担外汇盈亏风险,他们熟悉外汇供求情况和市场行情,有现成的外汇业务网络,而且具有丰富的外汇买卖经验,因此,一般客户愿意委托他们代理外汇买卖业务。

4. 外汇交易商

外汇交易商是指经营票据买卖业务、买卖外国汇票的公司或个人,多数是信托公司、银行的兼营机构或票据贴现公司。他们利用自己的资金,根据外汇市场上的行市,赚取买卖中的差价。外汇交易商既可以直接买卖外汇,也可以通过经纪人交易。

5. 进出口商及其他外汇供求者

进出口商从事进出口贸易活动,是外汇市场上外汇主要的和实际的需求者和供给者。出口商出口商品后需要把收入的外汇卖出,而进口商进口商品则需要买进对外支付的外汇,这些都要通过外汇市场的外汇交易来进行。其他外汇交易是由运费、旅费、留学费、汇款、外国有价证券买卖、外债本息收付、政府及民间私人借贷等原因引起的,所以,这部分外汇的供给者和需求者包括有劳务外汇收入者、有国外投资收益者、接受国外援助者、收到侨汇者、接受外国捐款者、对本国进行直接投资的外国企业和在国外发行有价证券者。

6. 外汇投机者

外汇投机者是指在外汇市场上预测汇价的涨跌,以买空或卖空的形式,根据汇价的变动低买高卖,赚取差价。这些人往往是活跃外汇交易的重要力量,但过度投机会带来汇价的大起大落。

(二) 外汇市场的功能

1. 实现购买力的国际转移

不同国家的货币对本国形成购买力。外汇市场的基本功能之一是实现国际间货币兑换和汇付,促成购买力的国际转移,使各国经济交易得以清算或结算。

2. 确定汇率水平

在国际间进行货币收支和债权债务结算的过程中,必然要发生本国货币与外国货币的兑换,兑换标准就是外汇汇率。国际贸易和其他国际经济活动产生的外汇供给和需求都集中到外汇银行进行外汇的买卖。外汇银行接受顾客的代理买卖以及银行自身进行外汇买卖的需要,形成银行同业市场上的外汇供求。通过银行之间形成银行同业买卖外汇的汇率,从而确定整个外汇市场的汇率水平。

3. 提供资金融通的场所

外汇市场是外汇资金的集散中心,是资金短缺的国家、企业筹措资金的场所,它为国际贸易、国际信贷和国际投资等多种国际融资活动提供了便利。

4. 外汇保值和投机的场所

在国际经济交易中,交易双方都面临着外汇风险,即面临着以外币计价的资产或负债因外汇汇率的变动而引起的价值上升或下跌所造成的风险。由于人们对风险的态度并不相同,有的人宁可花费一定的成本来转移风险,有的人则愿意承担风险以期实现预期中的利润,从而产生外汇保值和投机两种截然不同的行为。外汇市场为套期保值者提供了规避外汇风险的场所,又为投机者提供了承担风险、获取利润的机会。

(三) 外汇市场的交易方式

1. 现汇交易

现汇交易,又称现货交易、即期外汇交易,是指外汇买卖双方在成交后的两个交易日内办理交割手续的外汇交易方式。它是外汇市场上最基本的业务。国际贸易的结算、国际资金的调拨,大多通过现汇交易实现。

2. 期汇交易

期汇交易,又称远期外汇交易,是指外汇买卖双方成交后按合同规定在较远的到期日按约定的汇率、币种、数额进行交割的外汇交易方式。期汇交易有买入期汇和卖出期汇之分。

3. 套汇交易

套汇交易是指利用不同外汇市场中的某些货币在汇率上的差异,在汇率低的市场买进,在汇率高的市场卖出,即贱买贵卖,从中赚取差价利润的外汇交易活动。套汇交易又可分为直接套汇和间接套汇。

4. 套利业务

套利业务是指利用两个不同国家市场上短期利率的差异,把资金从利率低的国家转移到利率高的国家以赚取利差收益的一种外汇交易活动。

5. 掉期交易

掉期交易是指将远期交易与即期交易结合起来的一种交易方式,即在买进(或卖出)现汇的同时,卖出(或买进)远期外汇的交易。其买卖外汇的种类、数量相同,买卖方向相反。其作用是套期保值。

6. 期权交易

期权交易是对买入(卖出)外汇权利的交易活动。在外汇期交易过程中,买方向外汇卖方支付一笔保险费(又称期权费),从而取得按双方约定的时间、汇率、数量买入(卖出)某种外汇的权利。期权交易是这种外汇选择权的买卖活动。

7. 期货交易

期货交易是指在固定的交易场所，买卖双方通过公开竞价的方式买进或卖出具有标准合同金额和标准交割日期的外汇合约的交易。

（四）世界主要外汇市场

世界主要外汇市场有伦敦、纽约、东京、新加坡、法兰克福、苏黎世、香港、巴黎等。

1. 伦敦外汇市场

伦敦外汇市场是久负盛名的国际外汇市场。在伦敦金融城中聚集了约600家银行，几乎所有的国际性大银行都在此设有分支机构。目前伦敦外汇市场的日平均交易量占全球交易量的1/3以上，居世界首位，其交易币种也是各大外汇交易中心最为丰富的。

2. 纽约外汇市场

第二次世界大战以后，纽约成为全世界美元的清算中心，纽约外汇市场一度成为世界第一大外汇市场。20世纪70年代后，纽约让位于伦敦，稳居世界第二。目前，世界上90%以上的美元收付通过纽约的"银行间清算系统"进行。纽约外汇市场的参与者主要包括29家联邦储备系统的成员、50多个外国银行和90多个代办处，以及外汇经纪人。

3. 东京外汇市场

日本东京是亚洲地区最大的外汇交易中心。20世纪80年代以后，随着日本经济的迅猛发展和在国际贸易中地位的逐步上升，新外汇法公布和放松外汇管制，东京外汇市场也迅速发展壮大起来。以日平均外汇交易量计算，东京外汇市场的规模位列第三，排在伦敦和纽约之后。由于东京特殊的地理位置，使其与伦敦、纽约外汇市场三分每天的交易时间，成为连接全球外汇市场的关键一环。

4. 法兰克福外汇市场

法兰克福是德国重要的经济金融中心，法兰克福外汇市场也是世界上较大的交易中心之一，参与者以大型商业银行为主。德国整个银行体系中的上千家银行中，只有一百来家在外汇市场上积极从事活动，为首的是两家全能银行（德意志银行、德国商业银行）、两家地区性大银行（巴伐利亚州联合银行和巴伐利亚州抵押汇兑银行）和其他一些地区性银行。

第四节 金融衍生商品市场

一、金融期货市场

金融期货是指协议双方同意在约定的将来某个日期，按约定的条件买入或卖出一定标准数量的金融工具的标准化合约。

金融期货市场是指专门进行金融期货合约交易的场所，是有组织、有严格规章制度的金融期货交易所。

（一）期货合约的特征

（1）合约标准化。期货合约在商品品种、品质、数量、交货时间和地点等方面事先确定好标准条款。

（2）履约大部分通过对冲方式。期货合约只有很少一部分进行实物交割，绝大多数合约都会在交割期之前以平仓的方式了结。

(3) 合约的履行由期货交易所或结算公司提供担保。

(4) 合约的价格有最小变动单位和浮动限额。

(二) 期货交易的主要制度

1. 保证金制度

在期货交易中,任何交易者必须按照其所买卖期货合约价值的一定比例(通常为5%或10%)缴纳资金,用于结算和保证履约。

2. 每日结算制度

又称"逐日盯市"制度。每日交易结束后,交易所按当日结算价结算所有合约的盈亏、交易保证金及手续费、税金等费用,对应收应付的款项同时划转,相应增加或减少会员的结算准备金。

3. 持仓限额制度

交易所规定会员或客户可以持有的、按单边结算的某一合约投机头寸的最大数额。

4. 大户报告制度

是与持仓限额制度紧密相关的防范大户操纵市场价格、控制市场风险的制度。实施大户报告制度,可以使交易所对持仓量较大的会员或客户进行重点监控,了解其持仓动向、意图,对于有效防范市场风险有积极作用。

5. 强行平仓制度

当会员、客户违规时,交易所会对有关持仓实行强行平仓。强行平仓的几种情形有:会员结算准备金余额小于零,并未能在规定时限内补足;持仓量超出其限仓规定;因违规受到交易所强行平仓处罚;根据交易所的紧急措施应予强行平仓。

(三) 金融期货的种类

金融期货的种类包括利率期货、股票指数期货和外汇期货。

1. 利率期货

利率期货是指交易双方在将来某一时间以约定的价格对一定数量的具有利率和期限的金融商品进行交割的期货合约。利率期货的买卖以利率报价,买卖双方的目的都是要避免因市场利率变动而遭受损失或者是获取市场利率变动所带来的收益。

2. 股票指数期货

股票指数期货简称股指期货,是指以股票价格指数作为交易标的物的一种金融期货。其涉及一揽子股票的加权平均价格,并不涉及股东权益的转让。股指期货能规避股市的系统性风险和转移个股价格波动风险,并具有较强的杠杆效应。

> **提示**:股票指数期货交易与股票现货交易的区别:
> (1) 股指期货合约有到期日,而股票买入后正常情况下可以一直持有;
> (2) 股指期货交易采用保证金制度,而目前我国股票交易则需要支付股票价值的全部金额;
> (3) 在交易方向上,股指期货交易可以卖空,是双向交易,而部分国家的股票市场没有卖空机制;
> (4) 股票现货交易实行"T+1"交易制度,而股指期货交易实行"T+0"交易。

3. 外汇期货。外汇期货又称货币期货,是指买卖双方在将来某一时间以约定的价格进行两种货币交换的标准化合约,标的物是国际上公认的主要支付货币。外汇期货是最早出现的金融期货,绝大部分不进行实际交割,买卖双方只需要将盈亏差额结清。

小资料

中国金融期货交易所

中国金融期货交易所于 2006 年 9 月 8 日在上海成立,是经国务院同意、中国证监会批准,由上海期货交易所、郑州商品交易所、大连商品交易所、上海证券交易所和深圳证券交易所共同发起设立的中国首家公司制交易所,注册资本为 5 亿元人民币。股东大会是公司的权力机构,公司设董事会,对股东大会负责,并行使股东大会授予的权力。

中国金融期货交易所实行结算会员制度,会员分为结算会员和非结算会员,结算会员按照业务范围分为交易结算会员、全面结算会员和特别结算会员。截至 2011 年 1 月底,中国金融期货交易所拥有会员 137 家,其中全面结算会员 15 家、交易结算会员 61 家、交易会员 61 家。

2010 年 1 月 12 日,中国证监会批复同意中国金融期货交易所组织股票指数期货交易;2010 年 4 月 16 日,首份"沪深 300 股指期货合约"正式上市交易。沪深 300 股指期货合约的合约标的为中证指数有限公司编制和发布的沪深 300 指数。沪深 300 股指期货合约的合约乘数为每点人民币 300 元。股指期货合约价值为股指期货指数点乘以合约乘数。沪深 300 股指期货合约以指数点报价。最小变动价位为 0.2 指数点,合约交易报价指数点为 0.2 点的整数倍。合约月份为当月、下月及随后两个季月。季月是指 3 月、6 月、9 月、12 月。合约的最低交易保证金为合约价值的 12%。到期时采用现金交割方式。交易单位为"手",期货交易以交易单位的整数倍进行。

二、金融期权市场

金融期权实际上是一种契约,它赋予了持有人在未来某一特定的时间内按买卖双方约定的价格,购买或出售一定数量的某种金融资产的权利。

(一) 金融期权的要素

1. 基础资产

或称标的资产,是指期权合约中规定的双方买卖的资产或期货合同。

2. 期权的买方

即购买期权的一方,支付期权费,并获得权利的一方,也称期权的多头。

3. 期权的卖方

即出售期权的一方,获得期权费,因而承担在规定的时间内履行该期权合约的义务,也称期权的空头。

4. 执行价格

即期权合约所规定的、期权买方在行使权利时所实际执行的价格。

5. 到期日

即期权合约规定的期权行使的最后有效日期,又叫行权日。

6. 期权费

即指期权买方为获取期权合约所赋予的权利而向期权卖方支付的费用。

(二) 金融期权的分类

1. 看涨期权和看跌期权

按照对价格的预期,金融期权可分为看涨期权和看跌期权。看涨期权又称买入期权,是指期权的买方具有在约定期限内按协定价格买入一定数量金融资产的权利。如果投资者预期金融资产的价格近期将会上涨,按协议价买入该项资产并以市价卖出,可赚取市价与协议价之间的差额;判断失误则损失期权费。看跌期权又称卖出期权,是指期权的买方具有在约定期限内按协议价卖出一定数量金融资产的权利。如果投资者预期金融资产的价格近期将会下跌,可以较低的市价买入该项资产再按协议价卖出,可赚取协议价与市价之间的差额;判断失误则损失期权费。

例如,某投资者以2元/股期权费的价格购买某种股票100股的看涨期权,该股票此时的价格为100元,合约价格为102元,有效期为3个月。若在3个月内,该种股票的市价为107元,投资者可以102元的价格买进100股,再以107元的价格卖出,获利500元,扣除所支付的期权费,净赚300元。若在3个月内,该种股票的市价为97元,则投资者不行权,亏损200元期权费。

如果购买的是看跌期权,合约价格为98元,其他条件不变。若3个月内,股票市价下跌到93元,则该投资者可按市价买进100股,再按98元的合约价卖出,也可净赚300元。若在3个月内,该种股票的市价涨到98元以上,则投资者不行权,亏损200元期权费。

2. 欧式期权和美式期权

按行使日期不同,金融期权可分为欧式期权和美式期权。欧式期权是指期权的持有者只有在期权到期日才能执行期权。美式期权则允许期权持有者在期权到期日前的任何时间执行期权。对期权购买者来说,美式期权比欧式期权更有利,买进这种期权后,购买者可以在期权有效期内根据市场价格的变化和自己的实际需要比较灵活地选择执行时间。相反,对于期权出售者来说,美式期权比欧式期权的风险更大,期权的出售者必须随时为履约做好准备。在其他条件一定的情况下,美式期权的期权费通常比欧式期权的期权费要高一些。

3. 现货期权和期货期权

按基础资产的性质划分,金融期权可以分为现货期权和期货期权。现货期权是指以各种金融工具等标的资产本身作为期权合约的标的物的期权,如各种股票期权、股指期权、外汇期权和债券期权等。期货期权是指以各种金融期货合约作为期权合约的标的物的期权,如各种外汇期货期权、利率期货期权及股指期货期权等。

三、其他金融衍生商品市场

(一) 金融互换

1. 金融互换概述

互换,是指双方商定在一段时间内彼此相互交换现金流的金融交易。在国际外汇市场和衍生金融市场中,"互换"一词有两个含义,一是外汇市场中的掉期(foreign exchange swap),是指在外汇市场上买进即期外汇的同时又卖出同种货币的远期外汇,或者卖出即期外汇的同时又买进同种货币的远期外汇,是一种外汇买卖的方式。本章所指的互换是另外一个含义,即交易双方交换现金流的行为。为区分定义,在此把这一类金融衍生工具合约称为金融互换(有的也称为金融掉期)。

简单来说,金融互换是指两个或两个以上的当事人按共同商定的条件,在约定的时间内,交换一定现金流的金融合约。典型的金融互换交易合约上通常包括以下几个方面的内容:交易双方、合约名义金额、互换的货币或互换的利率、合约到期日、互换价格、权利义务、价差、中介费用等。金融互换市场交易的主体一般由互换经纪商、互换交易商和直接用户构成。

2. 金融互换的种类

金融互换主要包括利率互换和货币互换以及同时具备利率互换和货币互换特征的交叉货币互换。

(1)利率互换。利率互换是指两笔货币相同、债务额相同(本金相同)、期限相同的资金,做固定利率与浮动利率的调换。这个调换是双方的,如甲方以固定利率换取乙方的浮动利率,乙方则以浮动利率换取甲方的固定汇率,故称互换。互换的目的在于降低资金成本和利率风险。

(2)货币互换。货币互换是指两笔金额相同、期限相同、计算利率方法相同,但货币不同的债务资金之间的调换,同时也进行不同利息额的货币调换。货币互换是一项常用的债务保值工具,主要用来控制中长期汇率风险,把以一种外汇计价的债务或资产转换为以另一种外汇计价的债务或资产,达到规避汇率风险、降低成本的目的。早期的"平行贷款"、"背对背贷款"就具有类似的功能。但是,无论是"平行贷款"还是"背对背贷款"仍然属于贷款行为,在资产负债表上将产生新的资产和负债。而货币互换作为一项资产负债表外业务,能够在不对资产负债表造成影响的情况下,达到同样的目的。

利率互换与货币互换都是在1982年出现的,是适用于银行信贷和债券筹资的一种资金融通新技术,也是一种新型的避免风险的金融技巧,目前已在国际上被广泛采用。

(二)金融远期合约

金融远期合约是指双方约定在未来的某一确定时间,按确定的价格买卖一定数量某种金融工具的合约。

金融远期合约的优点是规避价格风险。在生产周期比较长的现货交易中,未来价格波动可能很大,远期合约正是为了满足买卖双方控制价格不确定性的需要而产生的。

金融远期合约的缺点表现在:第一,非标准化合约。每份远期合约千差万别,这就给远期合约的流通造成较大不便。第二,柜台交易。不利于信息交流和传递,也不利于形成统一的价格。第三,没有履约保证。当价格变动对一方有利时,另一方就有可能不履行或无力履行合约,因此,违约风险较高。

内容结构图

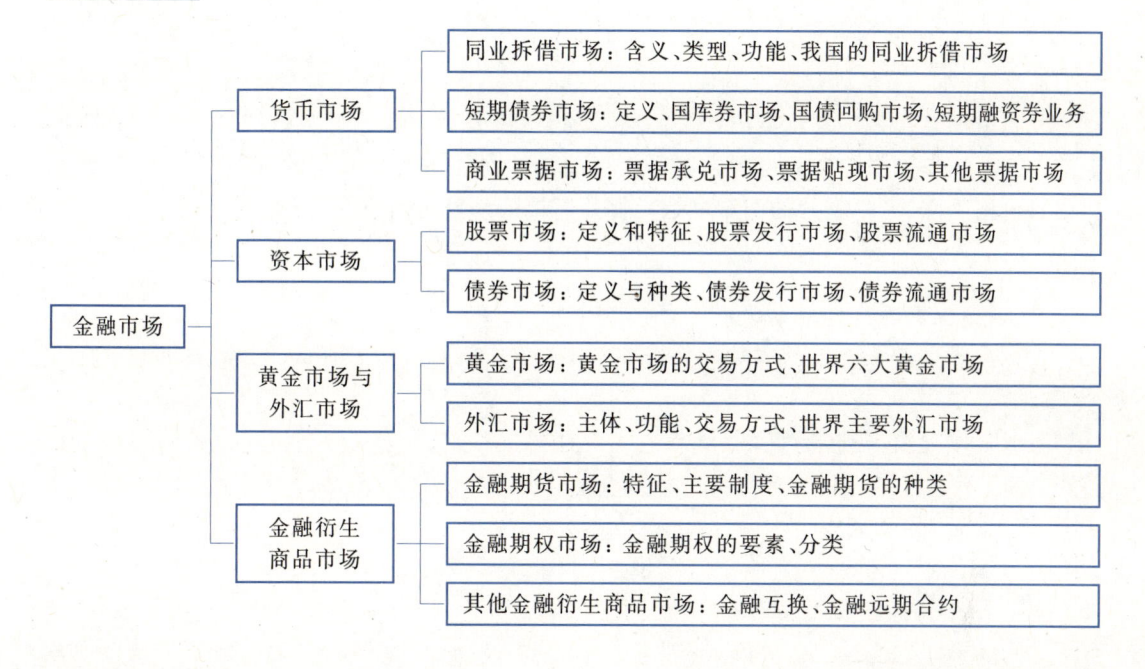

```
                    ┌─ 货币市场 ─┬─ 同业拆借市场：含义、类型、功能、我国的同业拆借市场
                    │           ├─ 短期债券市场：定义、国库券市场、国债回购市场、短期融资券业务
                    │           └─ 商业票据市场：票据承兑市场、票据贴现市场、其他票据市场
                    │
                    ├─ 资本市场 ─┬─ 股票市场：定义和特征、股票发行市场、股票流通市场
金融市场 ─┤           └─ 债券市场：定义与种类、债券发行市场、债券流通市场
                    │
                    ├─ 黄金市场与 ─┬─ 黄金市场：黄金市场的交易方式、世界六大黄金市场
                    │   外汇市场   └─ 外汇市场：主体、功能、交易方式、世界主要外汇市场
                    │
                    └─ 金融衍生 ─┬─ 金融期货市场：特征、主要制度、金融期货的种类
                        商品市场 ├─ 金融期权市场：金融期权的要素、分类
                                 └─ 其他金融衍生商品市场：金融互换、金融远期合约
```

重点概念

货币市场　同业拆借市场　短期债券市场　商业票据市场　资本市场　股票　股票市场　发行市场　流通市场　债券市场　债券　黄金市场　外汇市场　金融期货市场　金融期权市场

复习思考题

1. 货币市场由哪些子市场构成？
2. 试述股票流通市场的交易方式。
3. 什么是债券？其种类有哪些？
4. 金融衍生商品市场有哪些？如何对金融衍生商品进行分类？
5. 试述黄金市场的交易方式。

实训项目

1. 股票交易实训

（1）登录一家证券公司网站，下载一种股票交易软件。例如，登录网站 www.stockren.com，进入下载中心，下载软件完成安装。

（2）打开股票交易软件，查看上市公司股票交易行情与动态，熟悉简单的操作流程。

（3）登录上海证券交易所、深圳证券交易所的网站，浏览交易所简介、交易流程及费用、市场数据等有关内容。

（4）完成以下实训任务,所得结果填写在实训报告纸上。

① 了解我国现有的股票种类;② 了解上市股票的发行方式;③ 了解股票的交易程序;④ 学会上市股票的交易规则,并熟练进行买卖委托操作。

2. 利用外汇市场固定企业利润

光明电缆公司是一家制造出口铜芯电缆的公司,公司主要原材料铜的价格近期在不断上涨,同时,出口美国的产品也因人民币汇率的上涨而使得实际收到的货款减少,公司面临原材料价格上涨、汇率上升的两难境地。你如何帮助该公司摆脱困境?

第九章 货币政策

【学习目标】
1. 了解货币政策的含义、最终目标及其内容,理解货币政策最终目标之间的关系,掌握我国货币政策的目标。
2. 理解设置货币政策中介目标和操作目标的原因,了解中介目标和操作目标的选择标准,熟悉各中介目标和操作目标,了解其特点,掌握其作用机理。
3. 熟悉各一般性货币政策工具的含义和特点,掌握其作用机理。
4. 了解各选择性货币政策工具和其他货币政策工具的含义。
5. 了解货币政策的类型,理解货币政策选择的一般原理,熟悉货币政策与财政政策的配合模式及其对应的经济运行状态。

第一节 货币政策概述

一、货币政策的概念

货币政策是指一国(或地区)的金融管理机构,采用各种工具控制和调节货币和信用,以改变社会总需求,实现一定的宏观经济目标,并进而影响整个宏观经济运行的宏观经济政策,是国家宏观经济政策的重要组成部分。

在现代经济社会中,中央银行在一国(或地区)的金融体系中居于核心地位,代表政府制定和实施货币政策,管理全国(或地区)的金融业,因此,一国(或地区)的金融管理机构一般指中央银行。

(一) 货币政策的范围界定

货币政策的范围有广义和狭义之分。

1. 广义的货币政策

广义的货币政策包括政府、中央银行和其他有关部门所有关于货币信用方面的规定和所采取的影响货币数量的一切措施。按照这一界定,货币政策包括:有关建立货币制度的各种规定,所有促进金融体系发展、提高运作效率的措施,其他可以影响货币供给的诸如政府借款、国债管理以及政府税收和财政支出等措施。

2. 狭义的货币政策

狭义的货币政策是指中央银行为实现一定的宏观经济目标所采取的控制和调节货币供

应量、信用和利率等变量的方针和措施的总和。

货币政策主要包括货币政策目标和货币政策工具两方面的内容。

货币政策工具是实现货币政策目标的操作工具或手段。

货币政策目标根据货币政策工具对其影响方式和程度不同,可分为近期目标、远期目标和最终目标三个层次。有些教材和文献中将近期目标和远期目标统称为中介目标,并进一步细分为近中介目标(指近期目标)和远中介目标(指远期目标)。也有的将近期目标称为操作目标,将远期目标称为中介目标。为方便起见,在后面的论述中,我们将近期目标统称为操作目标,将远期目标统称为中介目标。

货币政策工具与货币政策各层次目标之间的作用关系是:货币政策工具直接作用于货币政策操作目标,通过货币政策操作目标再间接作用于货币政策中介目标,最后通过货币政策中介目标去实现货币政策最终目标,如图 9-1 所示。

货币政策工具 → 货币政策操作目标 → 货币政策中介目标 → 货币政策最终目标

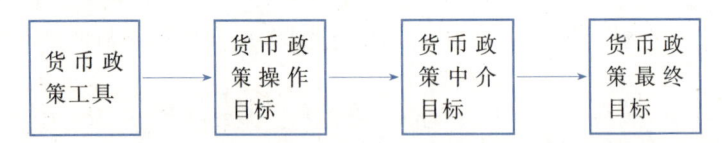

图 9-1　货币政策工具与货币政策各层次目标之间的作用关系

由于货币政策工具与货币政策各层次目标之间是一种逆向制约关系,即货币政策工具的确定在很大程度上依存于货币政策操作目标的选用,货币政策操作目标的选用又受制于货币政策中介目标的取舍,而货币政策中介目标的取舍最终取决于货币政策最终目标的选择。所以,我们将按照货币政策最终目标、货币政策中介目标、货币政策操作目标、货币政策工具的顺序来介绍货币政策的主要内容。

(二) 货币政策的特点

(1) 货币政策是一种宏观经济政策。货币政策是把总量调节和结构调节相结合,并且以总量调节为主,从宏观角度对经济实施影响的政策。它一般围绕宏观经济调控目标,通过货币供给量、利率、汇率等指标的调节,间接地对经济活动主体产生影响。

(2) 货币政策是以调节社会总需求为主的政策。现实社会总需求是指有货币支付能力的总需求。货币政策通过控制货币供给所直接调节的正是社会总需求中的投资需求、消费需求等,对社会总供给是通过直接调节总需求去间接影响的,并以此促进社会总需求与社会总供给的平衡。

二、货币政策目标

(一) 最终目标

制定和实施货币政策,首先必须明确货币政策最终要达到的宏观经济目标,即货币政策的最终目标,通常所说的货币政策目标一般指最终目标。货币政策作为一国宏观经济政策的重要组成部分,其最终目标应与一国的宏观经济调控目标相一致,一般包括稳定币值、充分就业、经济增长与国际收支平衡四大目标。

1. 货币政策最终目标的内容

(1) 稳定币值。在纸币流通制度下,中央银行作为垄断一国货币发行权的国家金融管理机构,一直把稳定币值作为其基本职责,这也是其最早确立的最基本的目标。

稳定币值包括两个方面,一是稳定对内币值,即稳定物价;二是稳定对外币值,即稳定外汇汇率。

稳定物价是指一般物价水平在短期内相对稳定,不发生显著的或剧烈的波动。这里所说的一般物价水平是指物价总水平,而不是个别或部分商品价格的波动。同时,稳定物价并不意味着中央银行要将物价保持静止不变,而是指将物价控制在一个合理的水平上:既不能过高,防止出现通货膨胀;也不能持续过低,防止出现通货紧缩。因此,抑制通货膨胀、避免通货紧缩、保持汇率稳定是稳定币值的实质要求。

保持物价稳定是保持汇率稳定的基础和前提,要保持汇率的稳定,必须先保持对内币值的稳定,即物价稳定。因为纸币本身是没有内在价值的,稳定币值主要是稳定货币的购买力,即稳定物价,而决定货币汇率的基础是各国货币的购买力。长期的实践也证明了这一点。正因此,一些国家往往用稳定物价来代替稳定币值的表述。在经济全球化的今天,一国货币的对外币值即汇率是否稳定,对国内物价稳定、社会总供求的平衡、经济增长产生的影响越来越大,保持一国货币对外币值的稳定即保持汇率的稳定是稳定币值的重要内容。因此,在一定时期内,一国货币政策的稳定对内币值和稳定对外币值这两个方面是存在一定矛盾的,一国在兼顾对内币值稳定和对外币值稳定的同时,必须根据经济运行的具体情况有所侧重。

(2)充分就业。20世纪30年代以前的国际金本位时期,各国中央银行货币政策的主要目标是稳定币值。20世纪30年代大危机之后,西方各国经济一片萧条,失业问题十分突出。高失业率不但会造成社会经济资源的极大浪费,而且还容易导致社会的不稳定和政治危机。因此,英、美等国相继以法律形式将充分就业确定为其货币政策的最终目标之一。

充分就业是衡量一国资源利用程度的指标。严格意义上的充分就业,是指一国所有的资源(包括劳动力和其他生产要素)都可以达到充分、合理的利用。由于其他生产要素的利用程度很难测算,但与劳动力就业状况保持着基本一致的关系,所以一般以劳动力就业程度作为社会经济资源利用程度的代表性指标,通常人们所说的充分就业仅指劳动力而言。

经济理论认为,失业主要有三种存在形式:一是摩擦性失业,即由于季节性、技术性、经济结构等原因造成的临时性失业;二是自愿性失业,即劳动者不愿意接受现有的工资水平而自愿放弃工作所造成的失业;三是非自愿性失业,即由于整个社会的总需求不足所造成的失业,即使劳动者愿意接受现有的工资水平和工作条件,但仍然找不到工作。失业主要是指非自愿性失业。所以,充分就业是指凡有工作能力的且愿意工作的人都可以在较为合理的条件下找到工作,通常以失业人数与愿意就业的劳动力之比——失业率的高低,作为考察是否实现充分就业的衡量指标。

充分就业不是指失业率为零,而是指将失业率降到一个社会可以接受的水平。由于各国具体情况差别很大,对失业率指标的计算口径、计算方法也不一样,所以它只宜判断一国就业的大体趋势,不宜做横向比较。

(3)经济增长。20世纪50年代以后,面对苏联经济的快速发展和日本经济的复苏,欧美国家的中央银行开始把经济增长确定为货币政策的最终目标之一,以保持自身的经济实力和国际地位。

经济增长是指在一定时期内一国所生产的商品和劳务总量的增加,通常用国内生产总值(GDP)的增加,或人均GDP的增长率来衡量。

经济增长既是提高国民生活水平的物质保障,也是保护国家安全的必要条件。将经济增长作为货币政策的最终目标并不是说经济增长的速度越快越好,而是指经济在一个较长的时期内不出现大起大落,不出现衰退,呈现长期稳定的增长态势,因为经济的过快增长往往导致经济比例失调和经济剧烈波动,带来环境的污染和资源的过度消耗等问题。因此,各国在经济发展过程中应确定一个适合各国具体国情的合适的经济增长率,尽量减少经济过快增长带来的负面影响。

(4) 国际收支平衡。20 世纪 60 年代以后,美国等几个主要资本主义国家的国际收支持续逆差,使固定汇率的维持出现了困难,也严重影响了国内经济的发展,于是,一些国家先后将国际收支平衡列为货币政策的最终目标之一。

国际收支平衡是指一定时期内一国对其他国家的全部货币收入和货币支出持平或略有顺差,或略有逆差。

国际收支平衡可分为静态平衡和动态平衡两种。

静态平衡是指以一年为平衡周期的国际收支平衡。这种平衡模式只考察年末的国际收支总额是否平衡,目标明确,平衡判别简单,因此,目前许多国家采用这种平衡模式。

动态平衡是指以若干年(如三年、五年)为平衡周期的国际收支平衡,这种平衡模式不仅考察国际收支总额是否平衡,而且也考虑国际收支结构的合理性,比较科学合理,在今后的经济中会占据越来越重要的地位。

一国国际收支出现失衡无论顺差或逆差,都会对本国经济造成不利影响。长时期的巨额逆差会使本国外汇储备急剧下降,并承受沉重的债务和利息负担;而长时期的巨额顺差,又会使一部分外汇闲置,造成本国资源使用的浪费。当然,相比之下,逆差的危害尤甚,因此,各国调节国际收支失衡主要是为了减少以致消除逆差。

2. 货币政策最终目标之间的关系

货币政策四大目标之间的关系比较复杂,既有统一性,又有矛盾性。

(1) 经济增长与充分就业。一般来说,经济增长与充分就业两个目标之间具有一致性,即经济增长,就业增加,而经济下滑,失业增加。这是因为,中央银行通过增加货币供给量会使利率水平降低,刺激企业增加投资,扩张生产规模,生产规模的扩大伴随就业的增加,进而带来产出的增加和经济的增长。

小资料

奥 肯 定 律[①]

美国经济学家奥肯于 1962 年提出了关于经济增长率与失业率关系的"奥肯定律":失业率与经济增长率具有反向变动关系。那么,作为失业率的对立面,充分就业就与经济增长具有同向变动的关系,即经济增长有助于增加就业,降低失业率。

(2) 物价稳定与充分就业。物价稳定与充分就业两个目标之间经常发生冲突,即失业率高,物价上涨率低;失业率低,物价上涨率高。这是因为,要实现充分就业,只能通过扩张信用和增加货币供给量来刺激投资需求和消费需求,以此扩大生产规模,增加就业人数,但社会总需求的增加,必然在一定程度上引起一般物价水平的上涨。

1958 年,新西兰经济学家菲利普斯根据英国 1867—1957 年间失业率和货币工资变动率的经验统计资料,最先提出了一条用以表示失业率和货币工资变动率之间交替关系的曲线,

---

① 选摘自百度百科资料。

故称之为菲利普斯曲线。这条曲线表明：当失业率较低时，货币工资增长率较高；反之，当失业率较高时，货币工资增长率较低，甚至是负数。此后，许多经济学家对此进行了大量的理论解释，将原来表示失业率与货币工资率之间交替关系的菲利普斯曲线，发展成为用来表示失业率与通货膨胀率之间交替关系的曲线：通货膨胀率高时，失业率低；通货膨胀率低时，失业率高。所以，菲利普斯曲线又成为当代经济学家用以表示失业和通货膨胀之间此消彼长、相互交替关系的曲线，如图9-2所示。

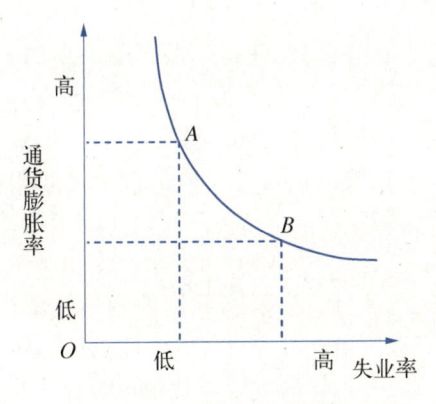

图9-2 菲利普斯曲线

（3）物价稳定与经济增长。从客观现实情况来看，物价稳定与经济增长两个目标之间具有矛盾性，即：物价稳定，经济增长缓慢；经济增长快，则通货膨胀率高。

物价稳定与经济增长两个目标之间的矛盾，可由菲利普斯曲线和奥肯定律推知。菲利普斯曲线表明，失业率与物价上涨率之间存在反向变动关系；奥肯定律表明，失业率与经济增长率之间具有反向变动关系。那么，可以推知，物价上涨率与经济增长率之间具有正向变动关系，即：物价上涨率高，经济增长率高；物价上涨率低，经济增长率也低。亦即：物价稳定，经济增长缓慢；经济增长快，则通货膨胀率高。故物价稳定与经济增长两个目标之间具有矛盾性。

现代市场经济条件下各国的经济运行实践也显示，经济的增长一般都伴随着一定程度的物价水平上涨，追求无通货膨胀的经济增长是不现实的。这是因为经济的增长必然要求投资需求和消费需求的增长，进而要求增加货币供给量，而货币供给量的增加将导致物价水平一定程度的上涨。

（4）物价稳定与国际收支平衡。物价稳定与国际收支平衡两个目标之间总体上是存在矛盾性的，即物价稳定，国际收支很难平衡；国际收支平衡，物价很难稳定。

在开放型经济中，各国的经济是相互联系和相互影响的，这种联系和影响会通过各国的国际收支状况反映出来。一般来说，如果本国物价稳定而外国发生通货膨胀，则会导致本国出口增加，进口减少，造成顺差失衡；如本国发生通货膨胀，则会导致本国出口减少，进口增加，造成逆差失衡。只有在世界各国都维持大体相同的物价水平，并且各国的贸易结构不发生大的变化的情况下，物价稳定和国际收支平衡才可能同时出现，而这实际上是不现实的。因此，中央银行要想同时实现物价稳定和国际收支平衡两大目标是比较困难的。

（5）经济增长与国际收支平衡。经济增长与国际收支平衡两个目标之间总体上也是存在矛盾性的，即：经济增长会引发国际收支失衡；而调节国际收支失衡，又会导致经济增长缓慢乃至衰退。这是因为，一般情况下，经济迅速增长，会导致就业增加，收入水平提高，国内有效需求增加，从而引起对进口商品需求的增加，造成国际收支逆差失衡。而要消除逆差,通常则必须压缩国内的有效需求,其结果可能会改善国际收支状况,但又往往导致经济增长缓慢乃至衰退。

(6) 充分就业与国际收支平衡。充分就业与国际收支平衡两个目标之间,同样是存在矛盾的。在充分就业的情况下,容易使国际收支出现逆差。这是因为就业的增加必然引起货币工资的增加,扩大有效需求,要求增加国内商品的可供量。此时若货币工资的增加与国内产出的增加保持同步,便不会影响国际收支;若两者在动态上不一致,便需要增加进口以弥补国内市场的供应不足,在进口大于出口的情况下,会使国际收支出现逆差。

货币政策最终目标之间矛盾的存在,使得一国一定时期内不可能同时实现货币政策的所有目标,而是要根据具体情况有所选择,有所侧重。例如,在经济萧条时期,保持经济增长和充分就业一般是货币政策目标的相对重点,而在经济高涨时期,稳定币值或稳定物价则会成为货币政策的首要目标。中央银行也可在矛盾的目标之间相机抉择,寻求不同目标之间某一适当的组合点。

3. 我国的货币政策目标

《中华人民共和国人民银行法》明确规定,我国的货币政策目标是"保持货币币值稳定,并以此促进经济增长"。币值稳定既包括货币对内币值稳定,即国内物价稳定,也包括对外币值稳定,即汇率稳定。这一政策目标既规定了货币政策稳定货币的第一属性,又明确了稳定货币的最终目的是促进经济增长;既充分遵循了货币政策目标选择的一般规律,又符合我国现阶段国情和经济发展的内在要求。

小资料[①]

《中华人民共和国中国人民银行法》于 1995 年 3 月 18 日由第八届全国人民代表大会第三次会议通过,根据 2003 年 12 月 27 日第十届全国人民代表大会常务委员会第六次会议《关于修改〈中华人民共和国中国人民银行法〉的决定》修正,自 2004 年 2 月 1 日起施行。

(二) 中介目标

货币政策的最终目标作为中央银行实施货币政策所要最终达到的宏观经济目标,是一个长期的、非量化的目标,它只能为中央银行制定货币政策提供指导思想,而不能为中央银行提供现实操作依据。因此,要及时了解货币政策实施是否得力,目标能否实现,中央银行通常需要选择一些符合可控性、可测性、抗干扰性、相关性原则的调节变量或调控指标作为中介或中介目标,来反映货币政策工具作用的时间、方向和力度,并将货币政策工具的作用力传导于最终目标,实现最终目标。

各国由于经济、金融条件的差异,所选择的中介目标不尽相同,同一国家在不同发展阶段为了实现不同的政策目标也会选择不同的中介目标。市场经济国家通常选用的货币政策中介目标主要是利率和货币供应量,也有一些国家选择汇率。

1. 利率

(1) 利率作为货币政策中介目标的优点。① 可测性强。中央银行可随时观察到市场利率水平及结构,并对收集到的资料进行分析判断。② 可控性强。中央银行作为"最后贷款人"可以直接控制对金融机构的融资利率(如再贷款利率和再贴现利率),还可以通过公开市

[①] 选摘自《中华人民共和国国务院公报》,2004 年第 7 期。

场业务调节市场利率走向。③ 相关性强。中央银行可通过利率变动引导投资和储蓄,从而调节社会总供给和总需求。

(2) 利率作为货币政策中介目标的缺点。利率作为货币政策中介目标的缺点是抗干扰性较差。因为利率本身是一个内生变量,其变动与经济循环相一致。经济繁荣时,利率因资金需求增加而上升;经济萧条时,利率因资金需求减少而下降。而将利率作为政策变量,其变动也与经济循环相一致。经济过热时,为抑制需求而提高利率;经济疲软时,为刺激需求而降低利率。于是,当市场利率发生变动时,中央银行很难确定是利率作为内生变量产生的作用,还是作为政策变量产生的作用,因而也难以确定货币政策是否达到了应有的效果。

(3) 中国人民银行采用的利率工具。目前,中国人民银行采用的利率工具主要有:调整中央银行基准利率,包括再贷款利率、再贴现利率、存款准备金利率、超额存款准备金利率;调整金融机构的法定存贷款利率;制定金融机构存贷款利率的浮动范围;制定相关政策对各类利率结构和档次进行调整等。

需要说明的是,由于目前我国的利率还没有完全市场化,在这种情况下,利率还不适宜作为货币政策的中介目标。随着我国金融改革的不断推进,利率市场化的逐渐完成,利率有可能成为未来我国货币政策的中介目标。

> **提示:** **内生变量和外生变量**
> 内生变量又称为非政策性变量,是指经济体系内部由诸多纯粹经济因素影响而自动变化的量,通常不为政策所控制,如市场经济中的价格、利率和汇率等变量。外生变量,又称为政策性变量,是指这种变量的变动主要受政策的影响,而不是由经济体系内部所决定,税率就是一个典型的外生变量。

2. 货币供应量

货币供应量是指某个时点上全社会承担流通手段和支付手段的货币存量,主要包括现金和存款货币两部分。

(1) 货币供应量作为货币政策中介目标的优点。① 可测性强。货币供应量中 M_0(即流通中的现金)、M_1(即 M_0 + 活期存款)、M_2(即 M_1 + 企业单位定期存款+城乡居民储蓄存款+证券公司的客户保证金存款+其他存款)的数值都反映在中央银行或商业银行及其他金融机构的资产负债表上,便于测算和分析。② 可控性强。中央银行不仅能通过发行货币控制流通中的现金,而且能通过控制基础货币有效地控制货币供应量中的 M_1 和 M_2。③ 抗干扰性强。货币供应量作为内生变量是顺循环的,即经济繁荣时,货币供应量会相应地增加以满足经济发展对货币的需求;而货币供应量作为外生变量是逆循环的,即经济过热时,应该减少货币供应量,防止因经济过热而引发通货膨胀。因而当货币供应量发生变动时,中央银行易于确定货币供应量作为政策变量所产生的作用。

(2) 货币供应量作为货币政策中介目标的缺点。货币供应量是一个多层次的变量,以其作为货币政策中介目标,就存在货币供应量层次选择的问题。

从1994年10月起,中国人民银行正式推出货币供应量统计监测指标,按季向社会公布,将货币供应量作为我国货币政策的中介目标,并按流动性从高到低将货币供应量划分为 M_0、M_1 和 M_2 三个层次。由于 M_2 通常反映社会总需求变化情况和未来通货膨胀的压力状况,因此,一般所说的货币供应量是指 M_2。

3. 汇率

有些经济开放程度比较高的国家和地区,还选择汇率作为货币政策的中介目标。这些国家的货币当局确定其本币同另一个经济实力较强国家货币的汇率水平,通过货币政策操作,盯住这一汇率水平,以此实现最终目标。

(三) 操作目标

中介目标虽然离最终目标较近,但距离货币政策工具较远,货币政策工具的作用力不能直接传导于其上,对货币政策工具作用的时间、方向和力度反应也较为迟缓,中央银行对其控制力较弱。因此,中央银行需要选择一些与中介目标性质(符合可控性、可测性、抗干扰性、相关性原则)相同,且距离货币政策工具较近,能被中央银行通过货币政策工具直接操作和控制,对货币政策工具作用的时间、方向和力度反应快捷,并被中央银行迅速监测到的调节变量或调控指标,作为操作目标,将货币政策工具的作用力传导于中介目标,间接影响中介目标。

各国中央银行使用的操作目标主要有超额存款准备金和基础货币。

1. 超额存款准备金

(1) 存款准备金及其构成。存款准备金是商业银行(这里以商业银行代表存款性金融机构)为保证客户存款提取和资金清算需要而保留的部分存款。存款准备金率是商业银行保留的存款准备金占其存款总额的比率。

存款准备金最初是由各商业银行自发保留、自主管理的。商业银行自发保留、自主管理存款准备金常常会引起商业银行保留的存款准备金与其同一时间实际需要的存款准备金在数量上发生余缺矛盾。中央银行制度产生以后,为解决这一矛盾,逐渐形成了存款准备金制度。

存款准备金制度的基本内容是:凡经营存款业务的金融机构必须将其存款按一定比率向中央缴存存款准备金。商业银行向中央银行缴存的存款准备金占商业银行存款的比率,由中央银行规定并以法律的形式固定下来,称为法定存款准备金率。商业银行按法定存款准备金率向中央银行缴存的存款准备金,称为法定存款准备金。

美国是最早建立存款准备金制度的国家。目前,凡是实行中央银行制度的国家,基本上都实行了存款准备金制度。

存款准备金制度的初始作用是防止商业银行盲目发放贷款,保证存款的支付和清算,维护金融体系的正常运转。20 世纪 30 年代世界性经济大危机之后,人们开始认识到法定存款准备金率是中央银行调节和控制货币供给量的一个重要工具,法定存款准备金率才逐渐演变成货币政策工具。

由于法定存款准备金是商业银行按规定必须缴存中央银行的存款准备金,不能随意动用,商业银行一般会超过法定存款准备金而向中央银行多缴存一部分存款准备金,主要用于支付清算、头寸调拨或作为资产运用的备用资金。商业银行缴存中央银行的存款准备金总额超过其法定存款准备金的部分,叫作超额存款准备金。超额存款准备金占商业银行存款总额的比率叫作超额存款准备金率。另外,商业银行为了方便客户提取现金还会保留一部分库存现金作为准备金。

综上所述,商业银行的存款准备金由法定存款准备金、超额存款准备金和库存现金三部分组成。相对于法定存款准备金,超额存款准备金与库存现金之和叫作自由准备金或超额储备,如图 9-3 所示。

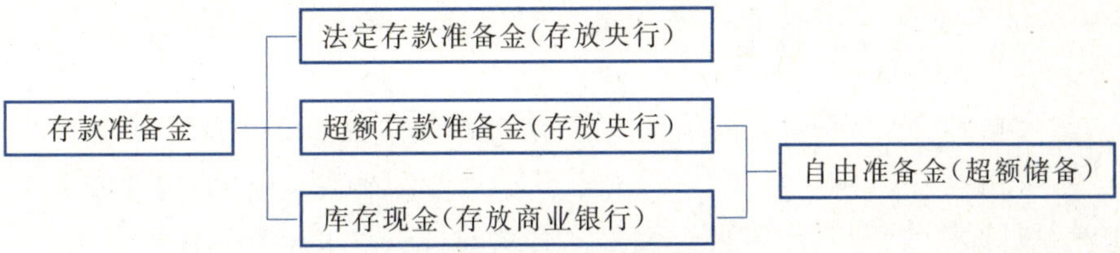

```
                ┌── 法定存款准备金(存放央行)
                │
存款准备金 ──────┼── 超额存款准备金(存放央行) ──── 自由准备金(超额储备)
                │
                └── 库存现金(存放商业银行)
```

图 9-3 存款准备金的构成

（2）超额存款准备金作为货币政策操作目标的原因。在存款准备金总额中，由于法定存款准备金是商业银行等存款性金融机构必须保有的准备金，不能随意动用，因此，对商业银行等存款性金融机构的资产业务规模起直接决定作用的是其可自主动用的超额准备金。正因为如此，许多国家将超额准备金选作货币政策的操作目标。

（3）超额存款准备金作为货币政策操作目标的作用机理。超额存款准备金作为货币政策操作目标，其作用机理是：中央银行在法律赋予的权力范围内，通过调整法定存款准备金率，直接增减商业银行缴存中央银行的法定存款准备金，间接增减商业银行的超额存款准备金，影响商业银行的可用资金规模和信用创造能力，调控货币供应量，从而影响整个宏观经济。当中央银行提高法定存款准备金率时，商业银行需要上缴中央银行的法定存款准备金增加，可直接运用的超额准备金减少，商业银行的可用资金减少，在其他条件不变的情况下，商业银行的贷款或投资下降，引起存款的数量收缩，导致货币供应量减少，从而影响缩减整个宏观经济的运行速度和规模；反之，如果中央银行降低法定存款准备金率，情况则正好相反。

（4）超额存款准备金作为货币政策操作目标的优点。① 可测性强。超额准备金的数额反映在中央银行的资产负债表上，可测性很强。② 相关性强。超额准备金的高低，反映了商业银行的资金松紧，与货币供应量相关性较强。例如，如果商业银行持有的超额准备金过高，说明商业银行资金宽松，已提供的货币供给量偏多，中央银行应采取紧缩措施，减少商业银行的超额准备金，使之保持在合理的水平上；反之，中央银行应采取相反的措施。

（5）超额存款准备金作为货币政策操作目标的缺点。① 可控性较差。商业银行持有超额准备金的数量最终取决于商业银行的意愿和财务状况，中央银行难以对其完全掌控。② 抗干扰性较差。商业银行持有超额准备金的数量在一定程度上受到经济运行周期和信贷风险等非政策性因素的影响，中央银行不易区分政策性因素和非政策性因素产生的效果。

2. 基础货币

基础货币又称为高能货币，是指具有使货币总量成倍扩张或收缩能力的货币，包括流通中现金和商业银行等金融机构在中央银行的存款准备金。

基础货币作为操作目标具有明显的优点：

（1）可测性强。基础货币直接表现在中央银行资产负债表的负债方，中央银行可随时准确地获得基础货币的数额，具有很强的可测性。

（2）可控性强。中央银行通过货币政策工具的操作可以直接调控基础货币的数量，对基础货币具有很强的控制能力。

（3）相关性强。中央银行通过增减基础货币的投放，可直接扩张或紧缩整个社会的货币供应量，进而影响总需求，故基础货币与货币供应量的相关性较强。

基于基础货币的这些优点，很多国家的中央银行把基础货币作为较为理想的货币政策操作目标。现阶段我国货币政策的操作目标就是基础货币，由三部分构成：流通中现金、金融机构存入中国人民银行的存款准备金和库存现金。

第二节　货币政策工具

货币政策目标确定以后,还需要一套行之有效的货币政策工具来保证其实现。货币政策工具是中央银行为实现货币政策目标而使用的各种手段和方法。中央银行可采用的货币政策工具通常有一般性货币政策工具、选择性货币政策工具和其他货币政策工具等。

一、一般性货币政策工具

一般性货币政策工具是中央银行经常使用的,且能对货币信用总量进行调节的工具,主要包括法定存款准备金率、再贷款利率和再贴现利率、公开市场业务。这三项政策工具又俗称中央银行的"三大法宝"。

(一)法定存款准备金率

法定存款准备金率的作用机理参见本章第一节中超额存款准备金的作用机理,此不再赘述。

1. 法定存款准备金率的优点

(1)中央银行是法定存款准备金率的制定者和施行者,中央银行掌握着主动权。

(2)作用迅速、有力,见效快。由于整个银行存款规模巨大,法定存款准备金率的轻微变动也可能会带来法定存款准备金数量的巨大变动,通过货币乘数的放大作用,将会对货币供给量产生巨大影响,所以,法定存款准备金率被认为是中央银行最猛烈的货币政策工具之一。

2. 法定存款准备金率的局限性

(1)法定存款准备金率由于调控效果较为强烈,可能会使国民经济运行出现大的波动,一般不宜作为中央银行调控货币供给的日常性工具。

(2)缺乏弹性,有固定化倾向。较为强烈的调控效果,使法定存款准备金率的变动会对整个经济和社会心理预期产生显著影响,因此,中央银行对该工具的使用一般都比较谨慎,从而使得该工具缺乏弹性,有了固定化倾向。

(3)中央银行不易把握操作力度与效果。为了体现公平性,中央银行对各类银行和不同类的存款采用相同的法定存款准备金率,但由于各金融机构的具体情况不同,法定存款准备金率对各类存款机构和不同类的存款产生的影响不一样,因而货币政策实现的效果可能会因这些复杂情况的存在而不易把握。

(4)对商业银行的负面影响较大。调整法定存款准备金率对商业银行的经营管理干扰较大,增加了银行流动性风险和管理的难度,当对法定准备金存款不付息时,还会降低银行的盈利,削弱其在金融领域的竞争力。

3. 我国的存款准备金制度

我国于1984年建立了存款准备金制度,二十多年来,经历了多次调整和改革。2004年,我国进一步改革存款准备金制度,实行差别存款准备金率制度,其主要内容是商业银行适用的存款准备金率与其资本充足率、资产质量状况等指标挂钩。商业银行的资本充足率越低、不良贷款比率越高,适用的存款准备金率就越高;反之,商业银行的资本充足率越高、不良贷款比率越低,适用的存款准备金率就越低。差别存款准备金率制度,既发挥了存款准备金率作为货币政策工具对宏观经济的调控作用,又抑制了资本充足率较低且资产质量较差的商业银行的贷款扩张,促使其积极改善公司治理结构,努力提高经营管理水平,同时还防止了金融宏观调控中出现"一刀切"。

(二) 再贷款利率和再贴现利率

1. 再贷款和再贴现的含义

从贷款方式上看,中央银行向商业银行等金融机构发放的贷款一般包括信用贷款和贴现贷款。

再贷款是中央银行向商业银行等金融机构以信用方式发放的短期贷款。再贴现是中央银行向商业银行等金融机构以贴现方式发放的短期贷款。

再贷款或再贴现是相对于商业银行等金融机构向企业发放贷款或办理贴现而言的。

2. 再贷款利率和再贴现利率及其特点

再贷款利率或再贴现利率是中央银行向商业银行等金融机构办理再贷款或再贴现业务时所规定的利率。由于中央银行向商业银行等金融机构发放贷款的目的是调节流动性,调节货币供给,从而影响宏观经济走势,所以,从期限上看,中央银行向商业银行等金融机构发放的贷款一般都是短期贷款,故再贷款利率和再贴现利率是短期利率。

3. 再贷款利率或再贴现利率的作用机理

再贷款利率或再贴现利率作为货币政策工具其作用机理是:中央银行调整再贷款利率或再贴现利率会影响到商业银行等金融机构向中央银行获取再贷款或再贴现的成本,从而影响商业银行等金融机构向中央银行获取再贷款或再贴现的规模,进而影响社会向商业银行等金融机构获取信用的成本和规模,起到调节货币供应量的作用。当中央银行提高再贷款利率或再贴现利率时,会增加商业银行等金融机构向中央银行获取再贷款或再贴现的成本,抑制商业银行向中央银行获取再贷款或再贴现的规模,进而增加社会向商业银行等金融机构获取信用的成本,抑制社会向商业银行等金融机构获取信用的规模,起到缩减货币供应量的作用。反之,当中央银行降低再贷款利率或再贴现利率时,可降低商业银行等金融机构向中央银行获取再贷款或再贴现的成本,扩大商业银行等金融机构向中央银行获取再贷款或再贴现的规模,进而降低社会向商业银行等金融机构获取信用的成本,扩大社会向商业银行等金融机构获取信用的规模,起到扩大货币供应量的作用。

4. 再贷款利率或再贴现利率的优点

(1) 再贷款利率或再贴现利率的高低体现了中央银行宏观调控的意图,会对社会产生一定的"告示效应",对短期市场利率起到一定的导向作用,影响商业银行等金融机构和社会公众的预期与融资决策,是中央银行货币政策的重要工具。

(2) 再贷款利率和再贴现利率是短期利率,其变动空间较小,对经济的影响比较缓和,有利于经济的相对稳定运行。

5. 再贷款利率或再贴现利率的缺点

与存款准备金率相比,再贷款利率或再贴现利率的缺点如下:

(1) 中央银行处于被动地位。中央银行在利用再贷款利率或再贴现利率进行调控时的效果,主要取决于商业银行等金融机构的意愿和行为,中央银行无法控制。商业银行是否愿意到中央银行申请再贷款或再贴现,数量多少,均由商业银行自身决定。如果商业银行不依赖再贷款或再贴现,而通过其他渠道筹措资金,中央银行就不能有效调控。

(2) 影响力有限。再贷款利率或再贴现利率作为短期贷款利率,利率水平相对较低,其高低变动的空间有限,在商业银行等金融机构过度依赖再贷款或再贴现融资的情况下,会削弱中央银行控制货币供应量的能力。

(3) 不宜经常使用。如果中央银行经常调整再贷款利率或再贴现利率,会引起市场利率的频繁波动,使商业银行等金融机构和社会公众无所适从,对经济发展产生不利影响。因此,再贷款利率或再贴现利率不宜作为中央银行日常操作的货币政策工具。

(三) 公开市场业务

公开市场业务是指中央银行在金融市场上卖出或买进有价证券,吞吐基础货币,以改变商业银行等金融机构的可用资金,进而影响货币供应量和利率,实现货币政策目标的一种政策措施。

1. 公开市场业务的作用机理

公开市场业务的作用机理是:根据对经济形势的判断,当中央银行认为需要增加货币供应量时,可在公开市场买入证券,扩大基础货币的供应,直接增加商业银行等金融机构的超额准备金,进而增加其可用资金,通过其存款货币的创造功能,最终导致货币供应量的多倍增加。同时,中央银行买入证券还可导致证券价格上涨,市场利率下降。当中央银行认为需要减少货币供应量时,可进行反向操作,在公开市场卖出证券,减少基础货币的供应,直接减少商业银行等金融机构的超额准备金,进而减少其可用资金,引起信用规模的收缩、货币供应量的减少、证券价格的下降、市场利率的上升。

2. 公开市场业务正常发挥作用的前提条件

中央银行公开市场业务要想正常发挥作用,需要具备一定的前提条件:

(1) 中央银行必须拥有一定数量、不同品种的有价证券,拥有调控整个金融市场的资金实力;

(2) 必须建有一个统一、规范、交易品种齐全的全国性的金融市场;

(3) 必须具有一个规范、发达的信用制度,流通领域广泛使用票据,存款准备金政策准确、适度。

3. 中央银行在公开市场业务中买卖的证券

中央银行公开市场业务买卖的证券主要是国库券等短期债券。

为了改变公开市场上短期债券品种稀缺的状况,中国人民银行从2003年开始面向商业银行发行中央银行票据。这种票据具有无风险、期限短、流动性高的特点,从而成为商业银行的良好投资对象。

4. 公开市场业务的优点

与法定存款准备金率、再贴现利率相比,公开市场业务的优点主要有:

(1) 主动性强。公开市场业务的主动权在中央银行,中央银行可根据具体情况随时操作,且因其操作的目的是为了调节货币供应量,而不是为了盈利,因此可以不受证券交易价格的影响,自主性很强,不像再贴现利率和再贷款利率那样较为被动。

(2) 灵活机动,准确性强。中央银行可根据需要进行经常性、连续性操作,并且买卖数量可多可少,如发现前面操作方向有误,还可立即进行反向操作,如发现力度不够,可随时加大买卖的数量。在调控基础货币、货币供给量方面较法定存款准备金率、再贴现利率和再贷款利率政策灵活、准确。

(3) 调控效果缓和,震动性小。由于公开市场业务以交易行为出现,不是强制性的,加之中央银行可以灵活操作,所以其对经济社会和金融机构的影响比较平缓,不像调整法定存款准备金率那样震动较大。目前,公开市场业务已成为越来越多的国家的中央银行最主要的货币政策工具。

5. 公开市场业务的缺点

(1) 干扰因素较多。如资本外流、国际收支逆差、社会公众大量提款等，对中央银行在公开市场买进债券均具有一定的抵销作用。

(2) 政策效果较为迟缓。从中央银行运用公开市场业务开始，到货币政策效果的显现，需要经过一系列的变化过程。

(3) 因操作较为细微，公开市场业务对公众预期的影响和对商业银行的强制影响较弱。

(4) 公开市场业务的随时发生和持续不断，使其告示性效果较弱。

二、选择性货币政策工具

选择性货币政策工具是中央银行用以影响银行资金运用方向和信贷资金结构的各种措施，也是中央银行针对某些特殊的经济领域或特殊用途的信贷而采用的信用调节工具，主要包括消费者信用控制、证券市场信用控制、不动产信用控制、优惠利率和预缴进口保证金等。

(一) 消费者信用控制

消费者信用控制是指中央银行对不动产以外的各种耐用消费品的销售融资予以控制，用以影响有支付能力的消费者货币需求的措施。其主要内容包括消费信贷的首次付款的最低限额、消费信贷的最长期限、适用消费信贷的消费品种类、不同消费品的放款期限等方面的规定，以达到调节社会消费需求和物价的货币政策目标。

(二) 证券市场信用控制

证券市场信用控制是指中央银行对以信用交易方式购买有价证券的贷款进行控制，并根据证券市场的状况加以调整的措施。其主要内容是规定以信用交易方式购买有价证券应支付的保证金(即首次支付的现款)与证券交易总额之间的比率，目的是控制对证券交易的最高贷款额，控制金融市场的交易总量，相应调整整个货币供给的构成，促进信用运用的合理化。

(三) 不动产信用控制

不动产信用控制是指中央银行对购房贷款的限制措施。其主要内容包括对不动产贷款的最高限额、最长期限、首付款金额以及分期付款中的分期还款的最低金额等方面的规定，以达到调节房地产市场的情况。

(四) 优惠利率

优惠利率是指中央银行对国家重点发展的产业和部门的贷款实行优惠利率的鼓励措施，以优化经济结构，合理配置资源。

(五) 预缴进口保证金

预缴进口保证金是指中央银行对进口商预缴的进口保证金存款与进口商品价值总额之间的比率进行调整的措施，以调节进口的增长。这一措施多被国际收支经常出现逆差的国家所采用。

三、其他货币政策工具

(一) 直接信用控制

直接信用控制是指中央银行以行政命令或其他方式，直接对金融机构尤其是商业银行的信用活动从质和量两个方面进行控制。

1. 信用配额

信用配额是指中央银行根据金融市场状况及客观经济的需要,对商业银行的信用规模加以分配并限制其最高数量。信用配额是一种计划控制手段,在多数发展中国家,由于资金供给相对于需求来说极为不足,这种办法被广泛采用。

2. 直接干预

直接干预是指中央银行直接对商业银行的信贷业务、放款范围等进行干预。直接干预的方式有:直接限制放款的额度;直接干预商业银行对活期存款的吸收;对业务经营不当的商业银行拒绝再贴现或采用高于一般利率的惩罚性利率;明确规定各家银行的放款和投资范围、放款的方针等。

3. 流动性比率

流动性比率是指中央银行通过直接规定商业银行的流动性资产与存款之间的比率来调节商业银行信用规模的政策工具。中央银行规定的流动性比率越高,商业银行能够发放的贷款特别是长期贷款的数量就越少,因而可以起到限制信用扩张的作用。同时提高流动性比率还具有降低商业银行经营风险的作用。反之,中央银行规定的流动性比率越低,商业银行能够发放的贷款的数量就越多,可以起到扩张信用的作用。

4. 利率最高限额

利率最高限额是指中央银行通过直接规定商业银行的定期及活期存款所能支付的最高利率来控制商业银行的存款规模,进而控制商业银行的投资和放款规模的一种政策工具。规定利率最高限额是中央银行最常使用的直接信用控制工具,其目的是为了防止商业银行用抬高利率的办法竞相吸收存款和为谋取高利而进行高风险投资和放款。

(二) 间接信用指导

1. 道义劝告

道义劝告是指中央银行凭借自己在金融体系中的特殊地位和威望,通过对商业银行及其他金融机构发出通告、指示或与各金融机构的负责人举行面谈的方式,以影响其放款的数量和投资的方向,从而达到控制和调节信用目的的措施。

道义劝告既能控制信用总量,也能调整信用结构,即在质和量两个方面均能起作用。例如,中央银行可以根据经济发展的情况把自己的货币政策意图向商业银行等金融机构说明,要求各商业银行注意限制放款、投资的数量,这构成了量的控制。再如,中央银行鉴于某一方面的信用或投资过分增加,要求商业银行注意减少这方面的放款和投资,这就构成质的调控。

2. 窗口指导

窗口指导是指中央银行根据产业行情、物价趋势和金融市场的动向,规定商业银行每季度贷款的增减额并要求其执行,如果商业银行不按规定的增减额对产业部门贷款,中央银行可削减向该商业银行的贷款额度,甚至采取停止提供信用等制裁措施。虽然窗口指导没有法律约束力,但其作用有时也很大。

第三节 货币政策选择

一、货币政策选择的原因与内容

货币政策最终目标的多重性,以及某些目标之间矛盾的存在,使得一国(或地区)在一定时期内不可能同时实现货币政策的所有目标,而是要根据这一时期宏观经济运行所处的经济周期阶段和具体的经济运行状态有所选择、有所侧重。

由于货币政策工具与货币政策各层次目标之间是一种逆向制约关系,因此,一国(或地区)在一定时期内选择什么样的货币政策最终目标,决定了其货币政策中介目标的选择,进而影响到货币政策操作目标的选择,而货币政策操作目标的选择,最终又会影响到货币政策工具的取舍。

货币政策的选择既包括货币政策最终目标、中介目标和操作目标的选择,也包括货币政策工具的选择。

在货币政策选择中,根据对宏观经济运行状态的判断选择货币政策的最终目标,是最主要的。因为对宏观经济运行所处的经济周期阶段和具体的运行状态判断不准,就不可能选择正确的货币政策最终目标,而货币政策最终目标的错误选择,必将导致货币政策中介目标、操作目标和货币政策工具的选择错误,最终使货币政策的调控结果,要么是给过热的经济火上浇油,要么是给衰退中的经济雪上加霜,要么是使本来运行平稳的经济陷入过热或衰退之中。

至于货币政策中介目标、操作目标和货币政策工具的选择,实际上就是货币政策传导机制的选择,更多带有技术层面的因素。各种货币政策传导机制理论就是人们在货币政策中介目标、操作目标和货币政策工具的选择上的各种不同认识或政策主张。

需要说明的是,货币政策的选择是一个动态选择的过程,应根据宏观经济运行状态的变化和经济周期阶段的转移,对货币政策最终目标、中介目标、操作目标和货币政策工具,包括货币政策工具的作用方向和作用力度进行动态选择。

二、货币政策的类型及选择的一般原理

货币政策的选择,总体表现为货币政策类型的选择。根据宏观经济运行状况和货币政策工具的作用方向,中央银行所采取的货币政策可分为紧缩性货币政策、宽松性货币政策和中性货币政策三种类型。

(一) 紧缩性货币政策

紧缩性货币政策是指在社会总需求过高、通货膨胀压力趋强、投资和消费明显过热时,中央银行所采取的货币政策类型。紧缩性货币政策的主要措施是:紧缩名义货币供应量;适当提高再贷款利率、再贴现率以及商业银行的存款利率;适当压缩再贷款及再贴现限额;在公开市场上应大量出售有价证券,以便回笼资金。这样做的目的是减少货币流通量,将过高的社会总需求降下来,缓解通货膨胀的压力。同时,在对外经济关系上,可调低汇率,使外币与本币相比有所贬值,以利扩大进口,增加国内有效供给。

(二) 宽松性货币政策

宽松性货币政策也叫扩张性货币政策,是指在社会有效需求不足、生产要素大量闲置、产品严重积压、市场明显疲软、国民经济处于停滞或低速增长情况下,中央银行所采取的货币政策类型。宽松性货币政策主要表现为扩大信贷规模、降低利率、降低存款准备金率和再贴现率、在公开市场上回购有价证券。这样做的目的是为了让企业和居民更容易获得生产资金和消费资金,意在通过投资需求和消费需求规模的扩大来增加社会总需求,刺激经济恢复增长,直至达到复苏、繁荣局面。同时还可适度调高外汇汇率,使本币与外币相比有所贬

值,以利出口,通过出口需求的扩大来弥补国内需求的不足。采用扩张性货币政策要适度、适时,以避免信贷的过度、过久扩张,引发通货膨胀。

(三) 中性货币政策

中性货币政策是指当社会总供求基本平衡、物价稳定、经济增长以正常速度递增时,中央银行所采取的货币政策类型。中性货币政策表现为货币投放量适度,基本上能够满足经济发展和消费需要,利率、汇率基本不变,存款准备金率和再贴现率维持正常水平,既不调高,也不降低。

三、货币政策与财政政策的协调配合

货币政策最终目标作为宏观经济目标,受多种因素的制约,不是中央银行一个部门可以单独实现的。要使货币政策取得预期效果,在货币政策的选择中,必须根据各种宏观经济政策的特点,注意货币政策与其他宏观经济政策,尤其是和财政政策的协调配合。

(一) 货币政策与财政政策协调配合的可能性与必要性

1. 货币政策与财政政策协调配合的可能性

(1) 货币政策和财政政策都是国家对宏观经济进行调控的重要手段,两者有着共同的经济调控目标,即稳定物价、经济增长、充分就业和国际收支平衡。

(2) 货币政策和财政政策都是国家调整社会需求的重要手段,同属需求管理政策。

2. 货币政策与财政政策协调配合的必要性

货币政策与财政政策在政策工具、调控机制、调控功能等许多方面存在较大差异,各有其特点,只有两者协调配合,才能实现共同的调控目标。两者的差异主要表现在以下几个方面:

(1) 政策工具与调控机制不同。货币政策是通过运用法定存款准备金率、再贴现利率和再贷款利率、公开市场业务等工具对货币供给量、利率、信贷规模等进行调控,进而影响整个宏观经济运行机制;而财政政策则是通过税收、政府支出及转移支付等措施改变国民收入再分配格局,进而影响整个社会经济生活。

> **提示:** **财政政策工具**
> 中国财政政策工具包括:国家预算、税收、财政投资、财政补贴、财政信用、财政立法和执法及财政监察等。

(2) 调控的主要功能不同。货币政策是从流通领域出发,通过对货币供求数量的调节来对经济施加影响,其调控目的是使货币供给量和货币需求量达到均衡,进而促使社会总供给与社会总需求达到均衡,其功能是总量调节;财政政策是从分配领域出发,通过对社会纯收入或国民收入的分配和再分配来对经济施加影响,其功能更多的是结构性调节。

(3) 调控的时滞和效果不同。货币政策的传导过程相对复杂,期间所运用的大多是经济手段,政策效果相对温和迟缓,时滞较长,对经济的影响是间接的;财政政策主要借助于行政手段和法律手段,传导过程简捷,时滞较短,对经济的影响是直接的,政策效果显著、迅速。

> **提示：货币政策时滞**
>
> 货币政策时滞是指从经济金融领域中需要中央银行采取货币政策行动的情况出现，经过研究、制定和执行货币政策的过程，到最终影响各经济变量、实现货币政策目标所经过的时间。时滞是影响货币政策效应的重要因素。

由此可见，作为国家进行宏观经济调控的两大经济政策，货币政策和财政政策有着许多相同点，但同时也存在着很大差异，在政策实施过程中相互影响，共同作用于社会总需求，进而影响社会总供求的平衡。因此，要想达到宏观经济目标，必须注意两者的协调配合。

(二) 货币政策与财政政策配合的模式

货币政策与财政政策的配合主要指两者的松紧搭配。

> **提示：财政政策的类型**
>
> 财政政策包括扩张性财政政策、紧缩性财政政策和中性财政政策三种。扩张性财政政策是指通过财政分配活动来增加和刺激社会的总需求；具体做法是增加国债、安排预算支出大于收入。紧缩性财政政策是指通过财政分配活动来减少和抑制总需求。中性财政政策，是指财政分配活动对社会总需求的影响保持中性。

货币政策与财政政策的配合模式主要有双松模式、双紧模式、松紧模式和中性模式四种。

1. 双松模式

双松模式是指宽松的货币政策和宽松的财政政策配合的模式。这种配合模式适用于生产能力大量闲置、有效需求严重不足的经济萧条时期。这时闲置的资源需要足够的货币去推动，采取双松的政策会有效推动社会总需求的迅速上升，闲置资源会大量利用，使经济快速走出萧条。但双松政策不宜持续时间过长，以免导致经济过热，产生通货膨胀。

2. 双紧模式

双紧模式是指紧缩的货币政策和紧缩的财政政策配合的模式。这种配合模式适用于需求膨胀、供给短缺、经济过热、通货膨胀严重的经济高涨时期。这时采取双紧的政策有利于压缩过度的需求，缓解供给短缺、经济过热的状况，抑制通货膨胀。同样，双紧政策也不宜持续时间过长，以免导致经济衰退、收入下降、失业增加。

3. 松紧模式

这种模式包括两种情况：

(1) 宽松的货币政策和紧缩的财政政策配合。这一配合模式适用于经济结构基本平衡，但社会闲置资源尚未充分利用，社会总需求相对不足的经济时期。这种情况下，适宜严格控制财政收支，做到财政收支平衡甚至盈余，同时适度放松银根，刺激投资增加，推动经济增长。

(2) 紧缩的货币政策和宽松的财政政策配合。这一配合模式适用于社会总供给与总需求大体平衡,社会闲置资源已被最大限度地利用,但经济结构不合理,制约着经济进一步发展的时期。这种情况下,银行应紧缩银根,抑制总需求的增长,同时通过减税、增加补贴、增加财政支出,向"短线"行业倾斜,以达到总量不变前提下的调整结构的目的。

4. 中性模式

中性模式是指中性货币政策和中性财政政策配合的模式。这一配合模式适用于社会总供给与总需求大体平衡,经济增长速度在适度区间的时期。这时,保持经济平稳运行和增长就成为政府调控经济的主要目标,适宜的财政、货币政策应采用中性的配合政策。财政应做到收支平衡并略有节余,货币供给量的增长应与经济增长相适应,以实现经济在低通货膨胀或无通货膨胀情况下的稳定增长。

(三) 我国货币政策与财政政策的协调配合

改革开放以前,我国没有严格意义上的货币政策和财政政策,如果把当时执行经济计划所采取的一些货币与财政手段称之为政策的话,货币政策也只是财政政策的辅助和补充。

改革开放以后,我国国民收入的分配格局和资金管理体制都发生了很大变化,金融在总需求的扩张和收缩中发挥着越来越重要的作用,货币政策取代财政政策在调控宏观经济中居于主导地位。这一时期是中国经济改革和转轨的重要阶段,在财政政策与货币政策的协调配合上,具有政策调控取向频繁多变的特点且更多着眼于影响总供给,并且以"松"为主的扩张性政策搭配出现更多。

在之后的三十多年间,我国经济经历数次波动,每一次波动都与货币政策的放松有着密切的联系,每一次整顿都是靠货币政策的紧缩来实现。但这并不排除在一定时期因某种特殊性而把财政政策作为主要的调节手段,如 1998 年,东南亚金融危机给我国经济带来的负面影响开始显现,在货币政策效果不明显的情况下,政府及时采取扩张的财政政策推动经济,以保持国民经济有一个较高的增长率,1998 年我国宏观经济目标的基本实现,财政政策起到了主要作用。

1998—2003 年,我国所实行的积极财政政策和稳健的货币政策,对我国经济协调稳定发展产生了巨大作用,但我国贫富差距仍然比较大,而且积极财政政策的挤出效应开始显现出来,于是在 2003—2006 年,我国的财政政策开始转型为稳健的财政政策,重点转移到控制赤字、调整结构、增进收支和推进改革上来。与此同时,央行也根据经济情况适时调整货币政策的目标和手段,突出货币政策的灵活性和前瞻性,与财政政策相配合,共同促进了我国经济的发展。

2008 年,为应对美国次贷危机的冲击,为抵御国际经济环境对我国的不利影响,防止经济增速过快下滑和出现大的波动,年末,中央政府决定对宏观经济政策做重大调整,实行积极的财政政策和适度宽松的货币政策,在努力稳定出口的同时,出台更有利的措施扩大国内需求,包括在 2008 年第四季度新增 1 000 亿元中央投资,2009—2010 年增加 4 万亿元的投资;中国人民银行连续多次下调利率和存款准备金率,加大银行信贷规模,进一步拓宽企业的融资渠道,其实质是放松银根,降低融资成本,为企业提供较为宽松的融资环境。伴随着 2009 年我国经济的逐步企稳与通货膨胀预期的增强,积极的财政政策和宽松的货币政策做出了适时的退出与调整。

内容结构图

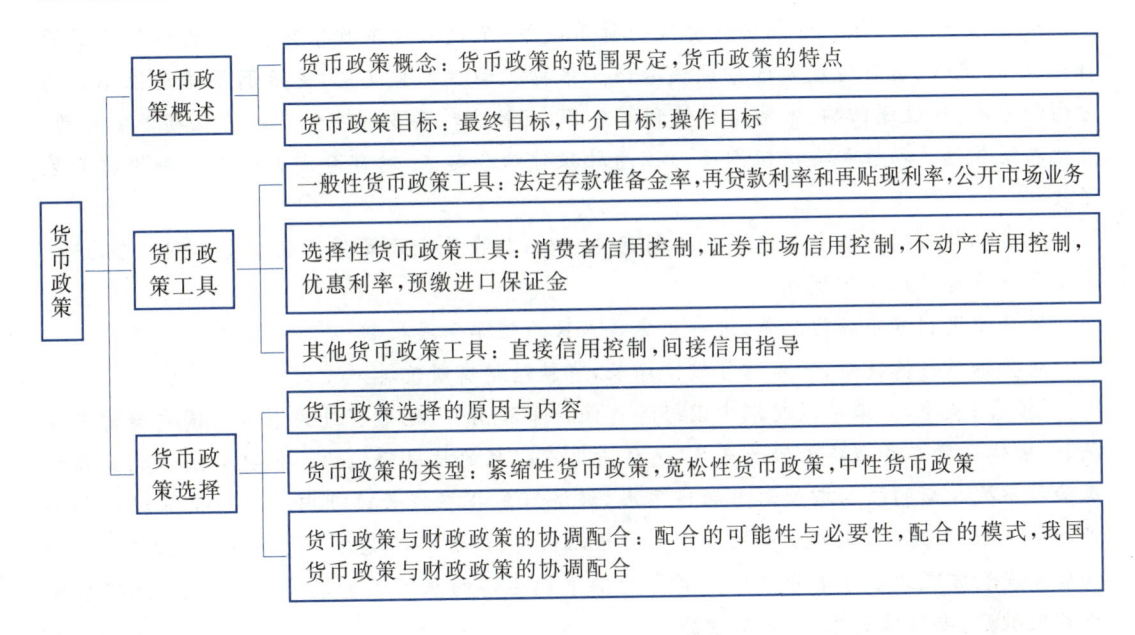

```
货币政策 ┬─ 货币政策概述 ┬─ 货币政策概念：货币政策的范围界定，货币政策的特点
        │              └─ 货币政策目标：最终目标，中介目标，操作目标
        │
        ├─ 货币政策工具 ┬─ 一般性货币政策工具：法定存款准备金率，再贷款利率和再贴现利率，公开市场业务
        │              ├─ 选择性货币政策工具：消费者信用控制，证券市场信用控制，不动产信用控制，优惠利率，预缴进口保证金
        │              └─ 其他货币政策工具：直接信用控制，间接信用指导
        │
        └─ 货币政策选择 ┬─ 货币政策选择的原因与内容
                       ├─ 货币政策的类型：紧缩性货币政策，宽松性货币政策，中性货币政策
                       └─ 货币政策与财政政策的协调配合：配合的可能性与必要性，配合的模式，我国货币政策与财政政策的协调配合
```

重点概念

货币政策　货币供应量　超额存款准备金　基础货币　货币政策工具　法定存款准备金率　再贴现利率　公开市场业务　流动性比率　紧缩性货币政策　宽松性货币政策　中性货币政策

复习思考题

1. 什么是货币政策？货币政策的基本特征是什么？
2. 如何理解货币政策最终目标之间的关系？我国的货币政策目标是什么？
3. 市场经济国家常用的中介目标和操作目标各有哪些？其作用机理是什么？
4. 一般性货币政策工具和选择性货币政策有哪些？其作用机理是什么？
5. 货币政策与财政政策配合的模式有哪几种？其适用的宏观经济状态是什么？

实训项目

1. 案例分析：2013年三季度《货币政策执行报告》概要①

2013年11月5日，人民银行发布三季度《货币政策执行报告》。报告显示，三季度，中国经济稳中向好，经济增长处在合理区间。消费平稳增长，投资增长较快；农业生产形势较好，工业结构调整逐步推进；消费价格涨幅和就业基本稳定。前三季度，实现

---

① 选摘自中国人民银行网站资料。

国内生产总值（GDP）38.7万亿元，同比增长7.7%，居民消费价格（CPI）同比上涨2.5%。

报告指出，人民银行继续实施稳健的货币政策，不放松也不收紧银根，着力增强政策的针对性、协调性，适时适度地进行预调微调。根据流动性形势变化，灵活调整流动性操作的方向和力度，通过逆回购、常备借贷便利等工具，有效应对了多种因素引起的短期资金波动，并把冻结长期流动性和提供短期流动性两种操作结合起来，对部分到期的3年期央票开展了续作。

适当调整差别准备金动态调整机制有关参数，加强信贷政策与产业政策协调配合，进一步扩大信贷资产证券化试点。

继续推进利率市场化改革，进一步完善人民币汇率形成机制。

从金融运行情况看，货币信贷较快增长，贷款结构有所改善。

《报告》认为，未来一段时期中国经济将保持平稳向好、稳中有进的态势。国内储蓄率较高、金融体系资本和拨备等较为充足，总体看也有较强的抗风险能力。但也必须看到面临的风险和挑战。新的强劲增长动力尚待形成，经济可能将在较长时期内经历一个降杠杆和去产能的过程，房地产、地方政府性债务等问题比较突出，资源环境约束也明显加大，结构调整和转变发展方式的任务十分艰巨。消费价格平稳运行的基础还不很稳固，物价对总需求变化比较敏感，要继续引导、稳定好通胀预期。

《报告》表示，人民银行将继续实施稳健的货币政策，综合运用数量、价格等多种货币政策工具组合，加强流动性总闸门的调节作用，引导货币信贷及社会融资规模平稳适度增长，同时更有力地支持结构调整，服务于实体经济发展，引导和巩固经济稳中向好的走势。

根据以上材料，分析以下问题：

（1）2013年三季度，中国人民银行采取的货币政策属于什么类型？其依据是什么？

（2）人民银行使用了哪些货币政策工具？这些工具有哪些特点和效果？

2. 画图并分析

以下是我国近十年来历次存款准备金率调整一览表。请据此画出我国近十年来的存款准备金率走势变化图，并分析变化原因及对经济走势的影响。

表9-1 近十年来我国存款准备金率历次调整一览[①]

次数	时间	调整前/%	调整后/%	调整幅度/%
39	2012年5月18日	（大型金融机构）21.0	20.0	-0.5
		（中小金融机构）17.5	16.5	-0.5
38	2012年2月24日	（大型金融机构）21.0	20.5	-0.5
		（中小金融机构）17.5	17.0	-0.5
37	2011年12月5日	（大型金融机构）21.5	21.0	-0.5
		（中小金融机构）18.0	17.5	-0.5

---

① 选摘自相关资料。

续 表

次数	时间	调整前/%	调整后/%	调整幅度/%
36	2011年6月20日	（大型金融机构）21.0	21.5	0.5
		（中小金融机构）17.5	18.0	0.5
35	2011年5月18日	（大型金融机构）20.5	21.0	0.5
		（中小金融机构）17.0	17.5	0.5
34	2011年4月21日	（大型金融机构）20.0	20.5	0.5
		（中小金融机构）16.5	17.0	0.5
33	2011年3月25日	（大型金融机构）19.5	20.0	0.5
		（中小金融机构）16.0	16.5	0.5
32	2011年2月24日	（大型金融机构）19.0	19.5	0.5
		（中小金融机构）15.5	16.0	0.5
31	2011年1月20日	（大型金融机构）18.5	19.0	0.5
		（中小金融机构）15.0	15.5	0.5
30	2010年12月20日	（大型金融机构）18.0	18.5	0.5
		（中小金融机构）14.5	15.0	0.5
29	2010年11月29日	（大型金融机构）17.5	18.0	0.5
		（中小金融机构）14.0	14.5	0.5
28	2010年11月16日	（大型金融机构）17.0	17.5	0.5
		（中小金融机构）13.5	14.0	0.5
27	2010年5月10日	（大型金融机构）16.5	17.0	0.5
		（中小金融机构）13.5	不调整	—
26	2010年2月25日	（大型金融机构）16.0	16.5	0.5
		（中小金融机构）13.5	不调整	—
25	2010年1月18日	（大型金融机构）15.5	16.0	0.5
		（中小金融机构）13.5	不调整	—
24	2008年12月25日	（大型金融机构）16.0	15.5	−0.5
		（中小金融机构）14.0	13.5	−0.5
23	2008年12月5日	（大型金融机构）17.0	16.0	−1.0
		（中小金融机构）16.0	14.0	−2.0
22	2008年10月15日	（大型金融机构）17.5	17.0	−0.5
		（中小金融机构）16.5	16.0	−0.5
21	2008年9月25日	（大型金融机构）17.5	不调整	—
		（中小金融机构）17.5	16.5	−1.0

续 表

次数	时　　间	调整前/%	调整后/%	调整幅度/%
20	2008年6月7日	16.5	17.5	1.0
19	2008年5月20日	16.0	16.5	0.5
18	2008年4月25日	15.5	16.0	0.5
17	2008年3月18日	15.0	15.5	0.5
16	2008年1月25日	14.5	15.0	0.5
15	2007年12月25日	13.5	14.5	1.0
14	2007年11月26日	13.0	13.5	0.5
13	2007年10月25日	12.5	13.0	0.5
12	2007年9月25日	12.0	12.5	0.5
11	2007年8月15日	11.5	12.0	0.5
10	2007年6月5日	11.0	11.5	0.5
9	2007年5月15日	10.5	11.0	0.5
8	2007年4月16日	10.0	10.5	0.5
7	2007年2月25日	9.5	10.0	0.5
6	2007年1月15日	9.0	9.5	0.5
5	2006年11月15日	8.5	9.0	0.5
4	2006年8月15日	8.0	8.5	0.5
3	2006年7月5日	7.5	8.0	0.5
2	2004年4月25日	7.0	7.5	0.5
1	2003年9月21日	6.0	7.0	1.0

第十章　金融风险与金融监管

【学习目标】
1. 掌握金融风险的含义、分类、成因及我国金融风险形成的特殊原因。
2. 熟悉金融风险的具体表现。
3. 了解金融监管的含义、必要性及金融监管的产生与发展。
4. 了解金融监管体制的含义、构成层次、制度要素、模式，熟悉我国的金融监管体制。
5. 熟悉我国对金融机构和金融市场监管的主要内容。

第一节　金融风险

一、金融风险概述

（一）金融风险的含义

金融风险是指金融机构在经营过程中，由于决策失误、客观情况变化或其他原因使资金、财产、信誉有遭受损失的可能性。由于不可测因素的影响，可能使货币收入数量减少，出现损失。这种预期收入遭受损失的可能性，就是通常所说的金融风险。

金融业是一个以高风险为特征的行业，金融机构往往从事信贷、保险、证券承销、证券经纪、资产管理等多种业务。不可否认的是金融业在业务不断发展和多元化过程中，存在着各种可能的风险，加上工作人员操作失误和经营决策出现失误，都很有可能导致整个机构陷入信用财务危机。即使在美国这样一个金融市场配置功能较强、风险管理工具多、金融人士专业水平普遍较高、金融机构内部风险管理比较严格以及金融监管比较健全的国家，金融机构因风险失控而破产的事件也不断出现。在现代市场经济中，金融领域是竞争最激烈、风险程度最高的领域。

（二）金融风险的类型

按照不同的标准，金融风险可以划分为以下几类：

（1）按照金融风险产生的根源划分，可分为静态金融风险和动态金融风险。

静态金融风险是指由于自然灾害或其他不可抗力产生的风险，基本符合大数定律，可以比较准确地进行预测。

动态金融风险是指由于宏观经济环境的变化产生的风险。其发生的概率和每次产生的影响力大小都随时间而变化,很难进行准确的预测。

(2) 按照金融风险涉及的范围划分,可分为微观金融风险和宏观金融风险。微观金融风险是指参与经济活动的主体,因客观环境变化、决策失误或其他原因使其资产、信誉遭受损失的可能性。宏观金融风险是指所有微观金融风险的总和。

(3) 按金融机构在经营活动中面临的风险划分,可分为信用风险、国家风险、市场风险、流动性风险、操作风险和法律风险等。

信用风险是指交易对手不能正常履行合约而造成损失的风险,因而又被称为履约风险。

国家风险是指在国际经济活动中,由于国家的主权行为所引起的造成损失的可能性,是国家主权行为所引起或与国家社会变动有关。

市场风险一方面表现为市场机制不健全不规范而导致的风险,主要是由于证券市场不规范和金融市场秩序混乱引发的种种风险;另一方面是市场变量变动带来的风险,即由于市场价格的变动,银行表内外头寸遭受损失的风险。根据市场变量的不同,市场风险又可以分为利率风险和汇率风险。利率风险是指金融企业的财务状况在利率出现波动时面临的风险,利率风险包括重新定价风险、利率变动风险、基准风险和期权性风险。汇率风险是指由于汇率变化引发的风险,包含了诸多不同货币在资产负债表中隐藏着大量的、潜在的货币风险。

流动性风险即金融机构支付能力不足导致的信用风险,主要体现在金融企业不能变现资产,无力清偿到期债务,对客户提取现金支付能力不足。

操作风险是指不完善或有问题的内部操作程序、人员和系统或因外部事件导致的直接或间接损失的风险。这往往是由金融机构信息系统或内控机制失灵而造成的。这种风险一般由人为的错误、系统失灵、操作程序发生错误或控制失效而引起。

法律风险是指金融机构签署的交易合同因不符合法律或金融监管部门的规定而不能实际履行,或因法制环境不健全给金融机构造成损失的风险。它不仅包括合同文件的签署是否具有可执行性方面的问题,而且还包括是否将自己的法律和监督责任以恰当的方式转移给对方或客户的问题。

(4) 按引发金融风险因素的特征划分,可分为系统性风险和非系统性风险。系统性风险是指由于整体政治、经济、社会等环境因素变化对金融市场造成的风险。这种风险一般不能通过多元化分散或投资组合相互抵销、消减,所以又称为不可分散风险。非系统性风险是指金融机构或其他融资主体由于决策失误、经营管理不善、违规经营或债务人违约等微观因素产生损失的可能性。该类风险可通过加强管理、多元化分散投资等途径进行消除,所以又称为可分散风险。

(5) 根据金融机构类别划分,可分为银行风险、证券投资风险、保险风险和信托风险等。

银行风险是指银行在经营中由于各种因素而招致经济损失的可能性,或者说是银行的资产和收入遭受损失的可能性。

证券投资风险是指投资者在证券投资过程中遭受损失或达不到预期收益率的可能性。证券投资风险分为两类,即经济风险与心理风险。证券投资所要考虑的风险主要是经济风险,经济风险来源于证券发行主体的变现风险、违约风险以及证券市场的利率风险和通货膨胀风险等。

保险风险是指尚未发生的、能使保险对象遭受损害的危险或事故,如自然灾害、意外事故或事件等。被视为保险风险的事件具有可能性和偶然性。

信托风险是投资者在信托投资结束后,本金不能如期归还所产生的风险。

(三) 金融风险形成的原因

1. 金融主体的有限理性

金融主体的有限理性是指其过度投机和盲目恐慌。过度投机一般表现为以下几点:

(1) 人类竞相追求财富的利益冲动,对虚幻增长财富的臆想;

(2) 从众心理导致大众非理性投机,并且使其愈演愈烈;

(3) 冲动导致丧失理智,忠告对卷入投机潮的人无济于事;

(4) 大众对金融危机历史的"健忘"和对金融与智力关系的曲解导致"历史会重演"。由于投机的存在,一旦金融领域出现"风吹草动",立刻就会引发盲目恐慌。一家银行一旦出现资金紧张就会引发挤兑现象,挤兑潮会很快波及其他银行,导致更大规模的金融恐慌,甚至导致金融体系的崩溃。

2. 金融企业的内部人控制

在现代企业制度下,金融企业财产所有权和经营权是分离的。在经营过程中,很可能会出现经营者利用其在信息和管理上的优势,偏离所有者的利益目标,为获取自身的最大利益而损害所有者利益的行为。例如,金融欺诈和利用职权的金融违法犯罪行为等。在内部人控制下,任何形式的风险都转嫁给出资人,这就破坏了风险与报酬成正比的风险配置机制,必然会影响金融体系的正常运作功能,这是金融体系风险的一个根源。

3. 金融产品内在的风险

金融产品的风险体现在以下几个方面:

(1) 金融产品交易合同是高度复杂的。以贷款合同为例,其主要内容包括贷款利率、贷款金额、贷款期限、有关抵押和担保的条款、贷款违约条款、不可抗力条款等,合同内容复杂性可能导致履约变得不确定。

(2) 内幕交易导致金融产品风险加大。由于现代科技进步日新月异,某些经济变量随机出现,精确预测未来经济运行状况几乎成为不可能完成的任务,金融产品定价更是难上加难,导致金融活动常常出现不规范的内幕交易,给金融体系的正常运行留下隐患。

(3) 衍生金融产品交易的虚拟性风险。衍生金融产品一旦被创造出来就脱离实体经济而独立运行,其价格只是资本化的收益,受预期收益、利率等影响,金融衍生产品具有杠杆效应,可以放大金融风险。

4. 金融机构的过度竞争

由于经济资源的有限性,金融机构之间存在着过度竞争。过度竞争能使金融业快速发展,但也会使其陷入困境。

5. 金融体系的脆弱性

金融体系的脆弱性主要体现在以下几个方面:

(1) 金融风险在金融体系中具有传递性。一个金融机构出现问题会迅速波及其他金融机构,导致连锁反应,形成大规模金融恐慌。

(2) 金融体系单一性。如果一个金融体系中的金融机构数量有限,金融产品种类单一,金融市场种类数量单一,那么这个金融体系抗击风险能力就弱,金融风险发生的概率就大。

(3) 投资者的短期行为导致资金的大规模流入和流出,使金融体系难以适应导致金融风险。

6. 外部因素

金融风险的外部因素主要由宏观经济因素和非经济因素构成。

(1) 经济因素。对金融体系造成冲击的宏观经济因素包括：① 经济增长率；② 通货膨胀率；③ 整体经济效益水平；④ 经济结构；⑤ 国际收支状况；⑥ 财政收支状况。宏观经济恶化一方面通过影响各个经济主体对金融体系造成冲击，另一方面通过影响人们对整个经济的信心来影响金融体系。

(2) 非经济因素。对金融体系造成冲击的非经济因素包括政局的变化、战争、自然灾害等。这些因素都能对金融体系的稳定构成威胁。

(四) 我国金融风险形成的特殊原因

1. 外部因素

(1) 经济体制改革和经济结构调整的遗留问题。具体包括：① 地方政府和行业主管部门职能转换过程中形成的风险。改革开放以来，一些地方政府和行业主管部门追求领导政绩和短期利益，对商业银行的经营进行行政干预，乱上项目、乱批贷款给银行造成的损失。② 企业改革和发展过程中形成的损失，最终体现在银行资产质量上。

(2) 宏观经济波动导致金融风险加剧。经济的剧烈波动，经济发展处于低潮，包括泡沫经济的破灭，都会造成银行资产的缩水和损失，甚至导致银行倒闭。

(3) 自然灾害也是形成金融风险的因素。虽然在正常情况下，自然灾害所造成的风险很小，但类似我国 1998 年特大洪水造成的损失对商业银行的资产质量仍有较大的影响。

2. 内部因素

(1) 金融机构内部治理结构不规范，缺乏有效的监督管理机制。金融机构特别是国有金融机构监督管理机制如果不完善，则很难真正从体制上建立内部制约机制。

(2) 内控制度不健全，存在管理漏洞。具体包括：制度本身不健全，科学性和操作性不强，存在制度上的漏洞；各项内控制度之间缺乏科学有效衔接；内控制度的监督改进机制不健全等。

(3) 决策的科学性和前瞻性不强。具体包括：发展策略缺乏科学性和前瞻性研究；没有合理确定每类机构的职能定位；由于体制、决策水平、信息量和利益驱动等因素的综合影响，可能会导致金融机构出现经营决策不科学、不审慎的情况。

(4) 没有按照风险管理原则审慎经营。具体包括：片面追求利润和市场份额，忽视了业务的可持续发展。如银行资产过度集中于少数企业、少数行业、少数地区或者是关联企业，没有适度分散以回避风险。

(5) 监管不到位。监管部门的监管协调与合作机制不完善；跨市场的监管协作与分工不健全；对金融企业董事会和高级管理层的监督管理力度不够；审慎性监管的方式、技术和手段不完善；监管力量不足，监管专业化水平不高。

小资料

光大"乌龙指"事件

2013 年 8 月 16 日 11 时 5 分左右，上证综合指数突然上涨 5.96%，中石油、中石化、工商银行和中国银行等权重股均触及涨停，股指下午却大幅回落，许多个股的走势犹如过山车，巨幅震荡令股民愕然。经中国证监会调查，该事件是由光大证券内部控制缺陷、信息系统管理出现问题造成的。光大证券自营的策略交易系统包含订单生成系统和订单执行系统两个部分,存在程序调用错误、额度控制失效等设计缺陷,并被连锁触发,导致生成巨量市价委托订单,直接发送至上交所,累计申报买入234亿元,实际成交72.7亿元。同日,光大证券将18.5亿元股票转化为ETF卖出,并卖空7130手股指期货合约。光大证券"乌龙指"事件是我国证券市场建立以来首次发生的因交易软件产生的极端个别事件。

二、金融风险的危害

(一) 金融风险对社会经济秩序的危害

金融机构在具体的金融交易活动中出现的风险,有可能对该金融机构的生存构成威胁;具体的一家金融机构因经营不善而出现危机,有可能对整个金融体系的稳健运行构成威胁;一旦发生系统风险,整个金融体系运转失灵,必然会导致全社会经济秩序的混乱,甚至引发严重的政治危机。

(1) 金融风险会导致金融危机,金融危机会损害金融机构的国内外信誉,动摇社会公众对金融体系的信心。为了保值和获取更高的利润,社会公众不断寻求外币、黄金、股票、期货、房地产及古董古玩字画等投资或投机机会。如果投机过度,出现资金链断裂,不仅会引发金融市场系统性风险,还会大量增加商业银行的不良资产,最终会导致金融危机。其后果是直接降低本国金融业在国际上的整体竞争实力,影响银行的社会信用。

(2) 金融风险增加了政府的财政支出,干扰货币政策运作,损害了国家实力。金融风险会加大财政收支平衡的压力,同时迫使政府增加货币供应量,干扰货币政策的有效运作,甚至造成严重的通货膨胀。

(3) 金融风险损害了货币的稳定,破坏货币政策目标的实现。从金融机构信贷资金的运动规律来看,国家稳健的货币政策和安全的金融运行是在信贷资金顺畅实现双重支付和双重归流(存款人第一重支付,金融机构第二重支付,贷款人第一重归流,金融机构第二重归流)的基础上实现的,在双重支付和双重归流的过程中,任何一个环节一旦发生金融风险,资金不能正常流动,国家的货币政策必然将遭到破坏,甚至危及国家的金融安全。

(4) 影响改革开放政策的稳健实施。如果出现金融风险,势必给我国吸引外资和国际经济合作造成负面影响,影响国家改革开放政策的稳健实施,进而影响我国改革开放的成效。

(二) 金融风险对经济主体的危害

金融风险加大了金融交易成本,造成金融交易的效率下降。

(1) 金融风险对微观经济主体的危害。① 金融风险直接损害了广大存款人和投资、投保人的利益;② 金融风险会给微观经济主体带来潜在的损失;③ 金融风险影响着企业个人投资者的预期收益;④ 金融风险增大了企业经营管理的成本;⑤ 微观经济主体为应付风险而设立了各种准备金,造成资金使用效率的降低,机会成本增大。

(2) 金融风险对宏观经济主体的危害。① 金融风险将引起实际收益率、产出率、消费和投资的下降,下降的幅度与风险大小成正比;② 金融风险会造成产业结构畸形发展,整个社会生产力水平下降;③ 严重的金融风险还会引起金融市场秩序混乱,破坏社会正常的生产和生活秩序,甚至使社会陷入恐慌,极大地破坏生产力;④ 金融风险影响着宏观经济政策的制定和实施,它既增加了宏观政策制定的难度,又削减了宏观政策的效果;⑤ 金融风险影响着一个国家的国际收支,使国家外贸企业进出口收汇业务面临很大困难。

(三) 金融风险对社会政治的危害

1997年夏秋之交开始的金融风暴中,国际金融大鳄挟着强大的国际游资,从泰国发起攻势,先后横扫马来西亚、印尼、韩国等国,制造了被人们称作"炒国家"的金融风暴,很快波及俄罗斯和拉美一些国家,新兴市场国家几乎无一幸免。备受金融风暴摧残的国家,其经济命脉相当程度上已受外国控制,大量资产落入他人之手,在接受外来援助时也必须听命于人。事实证明,金融安全问题不仅关系到金融和经济的稳定,而且还关系到一个国家的主权。

小资料

2007年8月西方国家的金融危机效应

2007年8月6日,美国住房抵押贷款投资公司向法院申请破产保护;8日,美国第五大投行贝尔斯登宣布旗下两只基金受次贷危机影响倒闭;9日,欧洲中央银行宣布向相关银行提供948亿欧元资金——次贷危机波及其他西方市场。此举导致欧洲股市重挫。13日,日本瑞穗集团宣布与美国次贷相关的损失为6亿日元。

第二节 金融监管及金融监管体系

金融风险不同程度地影响着一国的金融安全与稳定,影响着一国金融的发展与创新,这在客观上就使得金融监管成为各国金融当局的现实选择。

一、金融监管概述

金融监管作为经济监管的重要组成部分,是防范金融风险,保证金融业和社会经济稳健运行的关键。

(一) 金融监管含义

金融监管是指政府通过特定的机构对金融交易行为主体进行的某种限制或规定。金融监管本质上是一种具有特定内涵和特征的政府规制行为。金融监管有广义和狭义之分。狭义的金融监管仅仅指金融监管当局依据国家法律法规的授权对整个金融业(包括金融机构及金融业务活动)实施的监督、约束、管制,使其依法稳健运行的行为的总称。广义的金融监管是指金融监管当局的宏观监管、金融机构的内部控制与稽核、金融行业自律性组织的监管(金融行业协会监管)以及社会中介机构的监管(如会计师事务所等)。在实践中,对于金融监管一般用其狭义的概念为多。

(二) 金融监管的必要性

(1) 金融业在国民经济中的重要地位决定了金融监管的必要性。金融体系是全社会货币的供给者和货币运行及信用活动的中心,金融稳定对社会经济的运行和发展起着至关重要的作用。金融业是一种具有"公共性"的产品。这主要表现在:① 金融机构是负债经营的,其生存的基础是公众存款,其资金运用也主要是面向社会公众。因此,金融机构的经营行为、经营策略乃至经营成败的影响范围都不是仅限于金融机构本身,甚至不限于金融行业本身,对社会公众具有重大影响。② 金融机构的经营活动具有极大的渗透性和扩散性功能,是整个国民经济的神经中枢。在商品经济条件下,以货币信用制度和银行制度为主体的金融结构,具有极其广泛深刻的渗透性和扩散性功能。它具有影响国家最高利益和社会经济政治发展等特殊的公共性和全局性。这要求金融监管不同于对一般工商企业的监督管理。金融机构经营网点遍布社会的各个角落,时刻影响着人们的生产生活;金融机构的营销活动扩散到千家万户,金融机构的经营成败关乎整个社会的长治久安。

(2) 金融业的高风险性决定了金融监管的必要性。与其他行业相比,金融业是高负债行业,其资金来源主要是社会公众。以商业银行为例,商业银行是一种以部分准备金为支点,以借短放长的期限变换为杠杆,依靠资产的扩张来盈利的产业。它的经营活动必然受到利率、存款结构、借款人偿债能力和汇率变化的影响。同时,商业银行出于获利动机可能会盲目扩张资产,这会导致资产负债结构的恶化,增大经营风险,金融产业的这种高风险性和内在不稳定性,客观上提出了金融监管的要求。

(3) 金融体系的脆弱性决定了金融监管的合理性。金融业具有发生支付危机的连锁反应,金融业是负债经营的行业,金融业的生存极大地维系在公众的信用上。若存款人发现存款安全得不到保障,就会尽快取出其全部存款,并可能发生挤兑。由于信息不对称,存款者无法比较不同银行之间的安全性,因而个别银行发生支付危机或破产都会殃及其他金融机构,引发大面积的甚至是全面的金融危机。

(4) 金融体系的稳定对宏观经济稳定的影响决定了金融监管是必要的。现代金融业实行纸币制度和部分准备金制度。这样,一方面商品价格对货币发行的约束力失效,有可能导致货币供给超过货币需求而引发通货膨胀;另一方面,机构的倒闭使更大部分货币存量损失,从而导致货币供给减少,引起生产紧缩和经济萧条。

由此可见,金融业运行的内在规律和特点,要求具有权威性的金融监管部门对其实行监管。金融监管部门通过协调和管控,根据金融市场运行的规律,解决金融市场运行中的矛盾和问题,从而可以保障金融活动的顺利进行。

二、金融监管的产生与发展

(一) 金融监管的历史沿革

从金融监管的实践进程来看,金融监管的发展历史大致可以划分为五个阶段,经历了由最初的全面监管到放松监管再到重新全面监管的演变历程。

(1) 15世纪至19世纪60年代以前。这一阶段是金融监管理论与实践的萌芽阶段。其金融监管的特点具有自发性、初始性、单一性和滞后性,对金融监管的客观要求与主观认识不足,处于金融监管的初级阶段。政府监管立法最早可追溯到18世纪初英国颁布的旨在防止证券业存在过度投机行为的《泡沫法》。但是,早期各国的金融监管并没有固定的制度安排可循。19世纪60年代之前的金融监管很少直接干预金融机构的日常经营行为,更不对调节利率等的金融服务和市场价格进行直接控制。从方法和手段上来讲,这一时期的金融监管比较尊重市场选择的结果,基本上不是用行政命令,而是强调自律;关于市场准入、业务范围等方面的限制也类同于公司法的规定,比较宽松和相对灵活。

(2) 19世纪60年代至20世纪30年代。这一阶段是依法监管雏形初现的阶段。其金融监管的主要特点是全面而严格的限制性,主要表现在对金融机构具体业务活动的限制,对参与国内外金融市场的限制以及对利率的限制等方面。1863年美国成立了通货监督局,国会通过了《国民货币法》,其中有许多关于有关规范银行业务活动的规定,可以说这是世界上最早形成以法律形式确定的金融监管制度。次年,美国又对该法加以修订并更名为《国民银行法》,其宗旨是确立联邦政府对银行业监督和干预的权威,建立统一监管下的国民银行体系以取代分散的各州银行,达到协调货币流通、维护金融流通秩序、保障整个金融体系稳定的目的。为了进一步加强对金融风险的防范,美国国会又于1913年通过了《联邦储备法》,这是自《国民银行法》颁布半个世纪以后,美国金融监管最富革命性的进展。这对美国金融监管来说具有划时代的意义。强有力的金融监管维护了金融业的稳健经营与健康发展,恢复了公众的投资信心,促进了经济的全面复苏与繁荣。并且,金融监管的领域也由国内扩展到国外,开始形成各自不同的金融监管组织体系。

(3) 20世纪30年代至20世纪70年代。20世纪30年代的经济大危机使美国的金融业遭受重大打击,在此期间,美国都在致力于建设与完善以银行监管和证券监管为主体的金融监管体系,如1933年制定的《格拉斯-斯蒂格尔法》,该法成为美国金融监管的标志性法律文件,并称为20世纪90年代前美国金融发展的三个重大法案之首。这三个法案构成了美国金融监管的法律基础。

(4) 20世纪70—80年代末。这一阶段是金融自由化阶段。这一时期金融监管的主要特点便是放松管制、效率优先。1970年,美国联邦储备委员会采取10万美元以上大额存款利率自由化,标志着美联储对金融机构从严格管制到逐步放松的开始。1975年5月1日,美国又进一步取消证券市场的股票委托手续费规定。20世纪80年代后,金融自由化理论兴起,金融创新活动使得许多发达国家,如英国、加拿大、法国、丹麦、瑞典等都采取了一些措施放松金融管制,这些措施包括取消贷款和金融批发业务的利率限制,取消不同类型金融机构跨行业经营的限制,放松国际信贷监管等。

(5) 20世纪90年代至今。这一阶段是安全与效率并重的阶段。20世纪90年代以来的金融监管最主要的特征是安全与效率并重。1995年,英国老牌银行巴林银行因其新加坡分行投资业务失控,出现数亿英镑的损失而宣告破产,最终被荷兰一家银行收购。20世纪后期,英国制定了一系列用以指导相关金融业的法律、法规,使得金融监管无法可依的局面有所改变。2000年6月,英国女王正式批准了《2000年金融服务和市场法》(Financial Services and Markets Act 2000)。该法修改达2 000余次,创下修改次数最多的纪录,是英国建国以来最重要的一部关于金融服务的法律,它使得此前制定的一系列用于监管金融业的法律、法规都被其所取代,从而成为英国规范金融业的一部"基本法"。该法明确了新成立的金融监管机构和被监管者的权利、责任及义务,统一了监管标准,规范了金融市场的运作。

(二) 金融监管的发展与《巴塞尔协议》

1974年成立的"巴塞尔银行监管委员会"及其颁布的一系列有关国际金融监管的重要协议,约束、引导着各国金融监管行为,对国际金融业的良性发展意义不容小觑。1987年12月,国际清算银行召开中央银行行长会议通过《巴塞尔提议》。在"提议"的基础上,于1988年7月由巴塞尔银行监管委员会通过了《巴塞尔协议》(全称是《关于统一国际银行的资本计算和资本标准的协议》)。作为国际银行监管方面的代表性文件,《巴塞尔协议》被看成国际银行业监管的"神圣公约",从其诞生至今已有三个版本。每一次演变都体现了金融风险的变化,蕴含着金融监管的新方向。

(1) 1988 年《巴塞尔资本协议》。即大家所说的"巴塞尔协议 I"又称为《统一资本计量与资本标准的国际协议》(International Convergence of Capital Measurement and Capital Standards),是以跨国银行的资本充足率为核心(资本占风险总资产的比重为 8%)、以信用风险控制为约束重点的单一资本充足协议。这一协议的主要内容在于,它第一次界定了银行资本的组成,规定核心资本要占全部资本的 50%,附属资本不应超过资本总额的 50%。同时,对不同资产分别给予不同的风险权数,换算为风险资产,银行资本(核心资本加附属资本)与风险资产比率最低为 8%,核心资本与风险资产的比例不低于 4%。实践证明,资本充足率这"一条铁律"适用于全世界所有银行,深入人心。

(2) 1993 年 9 月《巴塞尔协议 1.5》版。1993 年 9 月,巴塞尔委员会发布公告表明,当时 10 个成员国的国际活跃银行均如期达到"巴塞尔协议 I"要求的最低资本要求,促进了公平竞争和国际银行体系的稳定。然而,"巴塞尔协议 I"的局限性也在实施过程中逐渐暴露出来。巴塞尔委员会于 1996 年 1 月发布了"巴塞尔协议 I"的补充修订,即"巴塞尔协议 1.5",要求商业银行对所持有的外币资产、证券、商品、衍生品等交易头寸风险计提资本,将资本监管范围扩展到市场风险。

(3) 1997 年通过《有效银行监管的核心原则》。这一原则的出台有效地遏制了金融衍生产品交易的风险。20 世纪 90 年代以来,金融创新活动风行全球,银行业深深介入其中,金融市场的波动风险对银行业的影响也越来越显著,仅仅强调 8% 这"一条铁律"很容易导致银行过分注重资本充足率,从而忽视银行业的赢利性及其他风险。有鉴于此,1997 年通过的《有效银行监管的核心原则》,提出了比较系统的全面风险管理思路,强调从银行申请设立到破产倒闭的全过程中的各个环节进行综合的风险监管。

(4) 2004 年《巴塞尔资本协议 II》。巴塞尔委员会从 1999 年启动了第二版资本协议的制定工作,2004 年 6 月正式发布"巴塞尔协议 II"。"巴塞尔协议 II"包括了资本监管的三大支柱：第一支柱——最低资本要求,覆盖了信用风险、市场风险和操作风险三大风险。第二支柱——监督检查,引入资本充足率评估程序,要求银行自查并经监管当局确认所持有的资本是否覆盖了包括三大风险在内的全部风险,一方面赋予了监管当局实施资本监管的责任、权力与工具;另一方面使资本监管覆盖范围扩展至三大风险之外的其他风险。第三支柱——市场纪律,明确信息披露要求,更好地发挥市场约束作用。同时,"巴塞尔协议 II"引入了内部评级法计量风险,提高了资本对风险的敏感程度,鼓励商业银行改进风险管理技术,提高风险管理水平。

(5) 2010 年《巴塞尔协议 III》。2010 年 12 月,"巴塞尔协议 III"最终出台。对"巴塞尔协议 II"存在的缺陷进行了更为全面的修订。① 更加强调资本吸收损失的能力,提高了对高质量的核心一级资本的最低要求,强调资本无论在持续经营阶段(going concern)还是在破产清算阶段(gone concern)都需要具备足够的损失吸收能力;② 提高了资本充足率水平,要求银行除了达到最低的核心一级资本 4.5% 水平的基础上,还要进一步分别满足 2.5% 储备资本和 0～2.5% 逆周期资本要求,进一步提高商业银行应对冲击的能力,缓解资本监管的顺周期性;③ 引入了杠杆监管要求,用简单的表内外资产加总之和替代风险加权资产来衡量资本的充足程度,防范风险加权资产计算过程中的模型风险;④ 构建了宏观审慎监管的框架,防范系统性风险,加强对系统性机构的监管,防范"大而不倒"带来的道德风险;⑤ 引入了新的流动性监管标准,更加关注压力情形下的流动性监管,防范流动性危机。

> **小资料**
>
> **巴塞尔银行监管委员会**
>
> 巴塞尔银行监管委员会原称银行法规与监管事务委员会,由美国、英国、法国、德国、意大利、日本、荷兰、加拿大、比利时、瑞典十大工业国的中央银行于1974年底成立的,以各国中央银行官员和银行监管当局为代表,总部在瑞士的巴塞尔。每年定期集会4次,执行每年集会所订目标或计划。

三、金融监管体制

(一)金融监管体制的概念

1. 金融监管体制的含义

从广义上说,金融监管体制是金融监管的制度性安排,是关于金融监管的职责划分和权力分配的方式和组织制度,是国家为实现特定的社会经济目标而对金融活动施加影响的一整套制度安排,包括监管目标、监管范围和监管理论和监管方式、监管主体的确立即权限划分;从狭义上讲,金融监管体制主要是指监管主体的确立及其职责、权限划分。

2. 金融监管体制的构成层次

完整的金融监管体系一般由以下几个层次构成:

(1)金融机构的内部控制制度。主要包括:组织制度、业务部门内部风险控制的分工与制约制度、授权与审批制度、内部检查与稽核制度、电子化风险控制。

(2)金融机构的外部监督控制制度。主要包括:金融业同业公会的自律制度、社会监督控制制度、政府金融监管制度、监管的国际协调与国际监管。

(3)金融机构风险与危机的防范与化解制度。主要包括:最低资本要求、存款保险制度及问题银行的救助制度。

3. 金融监管体制的制度要素

金融监管体制要素主要包括以下内容:

(1)金融监管的主体。主要内容包括金融监管机构的设置、法律定位和职责职权的划分,等等。

(2)金融监管的客体。主要内容是依法确定金融监管机构的监管对象,即监管的标的。

(3)金融监管的方式方法。主要确定各监管机构为了实现监管的目标可以采取的方法和手段。

4. 金融监管体制的分类

随着金融监管体制改革,以及各国监管模式的不同,出现了不同类型的金融监管体制。

(1)根据金融监管权力的分配结构和层次划分,可分为双线多头、单线多头和集中单一的三种金融监管体制。双线多头的金融监管体制是指中央和地方两级都对金融机构有监管权;即所谓"双线";同时每一级又有若干机构共同行使监管职能,即所谓"多头"。单线多头的金融监管体制是指全国的金融监管权集中在中央,地方没有独立的权力,在中央一级由两家或两家以上机构共同负责的监管。集中单一的金融监管体制是由一家金融机构集中进行监管。这一机构通常是各国的中央银行,其监管模式在历史上也较为普遍。

(2)根据监管主体数量划分,可分为单一全能型和多头分业型两种金融监管体制。单一全能型是指由一家金融监管机构对所有金融机构的全部金融业务实行高度集中监管的体制。多头分业型是指由两个或两个以上的管理机构分别对金融机构按业务类型进行监管。世界上绝大多数国家都实行这种模式。这种监管模式区别了银行业、证券业、保险业三者的风险性质的不同,采取了不同的方式方法分别对其监管。

(3) 根据监管主体数量划分,可以将金融监管体制划分为统一监管型、不完全统一监管型和多头监管型。统一监管型又称为单一全能型,即对于不同的金融机构和金融业务,无论审慎监管,还是业务监管,都由一个机构负责监管。目前有英国、日本、韩国等国家实行这种模式。不完全统一监管型又称为不完全集中监管体制,这是在金融业综合经营体制下,对完全统一和完全分业监管的一种改进型模式。这种监管体制又存在牵头式监管体制、双峰式监管体制和伞式监管加功能监管等模式。多头监管型是将金融机构和金融市场一般按照银行、证券、保险划分为三个领域,分别设置专业的监管机构负责包括审慎监管和业务监管在内的全面监管。

(4) 按监管机构和监管目标划分,可以将金融监管体制划分为机构型监管、功能型监管和目标型监管。机构型监管又称"部门监管",是指按照金融机构的类型设立监管机构,不同的监管机构分别管理各自的金融机构,但某一类型金融机构的监管者无权监管其他类型金融机构的金融活动。功能型监管是指依据金融体系的基本功能而设计的金融监管体制,即一个给定的金融活动由同一个监管者进行监管,而无论这个活动由谁来从事。功能监管着重于预测在未来实现中介功能的机构的组织结构,这样的监管方案更具灵活性,更能适应不同国家的需要。目标型监管是指将监管目标明确定义,并且准确无误地将实现监管目标的责任委托给监管机构,使监管有效地进行。

(二) 我国的金融监管体制

1. 我国金融监管体制的历史沿革

回顾我国金融监管几十年的发展演变历史,大体经历了几个主要阶段:

(1) 计划经济时期(1948—1979年)集中单一的金融监管体制。1948年12月1日,中国人民银行成立,从此开始承担对我国金融业进行监管的重任。从那时起我国金融监管实行的是大一统的人民银行体制,即人民银行履行全部金融职能,既没有监管方面的法律法规,也没有特定的监管对象。

(2) 中国人民银行统一监管时期(1979—1992年)。1979年我国开始实行改革开放政策,经济体制逐步从计划经济向市场经济转轨,在这一转轨过程中,金融体制开始了大变革。1984年1月1日中国工商银行首先从人民银行脱离出来,成为专门从事金融经营活动的专业银行;中国人民银行行使中央银行职能,负责对银行业、保险业、信托业、证券业的监管,形成了中央银行、专业银行的二级银行体制。这标志着我国现代金融监管模式初步形成。1986年,国务院颁布《中华人民共和国银行管理暂行条例》,提出了中国人民银行依法对金融机构进行登记、核发经营许可证和办理年检,使得中国人民银行的金融监管职责进一步突出。这一阶段,中国人民银行既负责制定和执行货币政策,又负责对银行业、证券业、保险业和信托业进行监管管理,因而形成了事实上的人民银行统一监管格局。

(3) 中国金融分业监管体制初步探索阶段(1992—1998年)。在我国金融体制改革进程中,随着中国证券市场的建立和发展,我国证券市场的监督管理体系也逐步建立起来。1992年10月,国务院成立了国务院证券委员会和证券监督管理委员会,负责股票发行上市的监管,而中国人民银行仍然对债券和基金实施监管。这标志着我国的金融分业监管体制开始起步。1993年底,国务院发布了《关于金融体制改革的决定》,为我国金融业制定了分业经营的体制,也为我国金融分业监管奠定了现实基础。这一阶段也是中国金融监管立法集中阶段,在这期间全国人大通过了《中国人民银行法》《商业银行法》《保险法》等金融法律,这些法律基本确定了我国金融体制逐步走向分业经营的基本格局。

(4)中国金融分业监管体制的确立与完善阶段(1998—至今)。这段时间的金融监管机构设立和改革不断加快。1998年6月,国务院决定将证券委员会并入中国证券监督管理委员会,将中国人民银行的证券监管权全部移交中国证监会(以下简称证监会)。1998年11月,国务院决定成立中国保险监督管理委员会(以下简称保监会)。2003年4月中国银行业监督管理委员会(以下简称银监会)正式挂牌履行职责。中国银监会的成立明晰了银行、保险、证券分业监管的框架,这对提高和改善我国金融业监管水平和监管效率起到了极大的促进作用。

2. 我国目前的金融监管体制

(1)"一行三会"四位一体监管体制。

我国当前的"一元多头"金融监管模式,是典型的分业监管。即金融监管权力集中于中央政府,由银监会、证监会、保监会分别监管银行、证券、保险机构及市场,中国人民银行履行部分监督职能。在这种分业监管体制中,中国人民银行处于核心地位,是全国金融业的最高主管机关,它不仅负责银行业的监管,还要从宏观上对证券业和保险业的监管予以指导,以保证整个金融业的健康发展;银监会负责对银行业的监管,证监会作为国务院证券监督机构对全国证券市场实行集中统一的监督管理;保监会负责对全国保险业和保险市场的统一监管。

(2)自律组织的监管。自律组织监管是指金融机构、金融行业和社会大众对金融行业的监督管理。主要有:① 金融机构内部自律组织监管。随着金融市场化程度不断提高,对金融机构内控机制要求也更加严密。目前,主要是建立了对金融机构内控监测制度和备案制度,建立了对有内控问题和金融违规问题机构的上级行责任追究制度,建立了对金融机构高级管理人员任职资格考核通报制度,建立金融机构违规责任人处分建议制度。金融机构自我约束机制是我国现代金融监管方式体系的重要内容。② 行业自律。借鉴世界各国金融同业自律制度建设的经验,我国也建立了同业公会(或协会)以适应金融业行业保护、行业协调与行业监管的需要。③ 社会监督。金融活动涉及社会经济生活的各个方面,因此,诱发金融风险的因素是多方面的、复杂的。加强金融监管,防范金融风险,没有全社会各个方面的参与是不可能的。目前我国以各级地方政府为核心,包括人民法院、公安部门、工商行政管理部门、财政部门、新闻宣传部门、会计或审计师事务所等社会中介机构以及广大社会公众等在内的社会联合监管防范体系,构成有效银行监管的外部环境。

3. 中国金融监管体制的进一步改革与完善

2013年11月12日,中共中央通过了《中共中央关于全面深化改革若干重大问题的决定》,决定的一个重要议题是完善金融市场体系,其中专门提到关于我国金融监管体制的问题,指出"落实金融监管改革措施和稳健标准,完善监管协调机制,界定中央和地方金融监管职责和风险处置责任"。金融业的综合经营已是大势所趋,且渐行渐宽。从监管体制的效力分析,分业经营体制下分业监管的单业监管效率最高,责任明晰。但随着中国金融业对外开放程度越来越深,国际大型金融控股公司的进入对我国金融机构的发展和金融监管形成了重大的挑战。中国混业经营是历史的必然选择,中国平安控股集团、中国光大控股集团等金融控股公司的组建已经拉开了中国金融业混业经营的序幕。改革现行金融监管体制是迟早的事。

第三节 国家对金融机构和金融市场的监管

一、国家对金融机构的监管

国家对金融机构的监管主要体现在对金融机构市场准入监管、金融机构业务运营监管及违规处理。

(一) 金融机构市场准入监管

1. 金融机构市场准入监管的含义

金融市场准入监管是指通过对金融机构进行进入市场、经营金融产品、提供金融服务，依法进行审查和批准，将那些有可能对存款人利益或金融业健康运转造成危害的金融机构拒之门外，从而保证金融业的安全稳健运行，是机构监管的重要环节之一。

2. 金融机构市场准入监管的目标

通过在金融机构审批环节上对整个金融体系实施有效的控制，保证银行、保险、证券、信托及其他金融机构的数量、结构、规模和分布符合国家经济金融发展规划和市场需要，并与当局的监管能力相适应。

3. 金融机构市场准入的要求

金融机构市场准入要求必须有符合法律规定的章程，有符合规定的注册资本最低限额，有具备任职专业知识和业务工作经验的高级管理人员，有健全的组织机构和管理制度，有符合要求的营业场所、安全防范措施和与业务有关的其他设施。

(二) 金融机构业务营运监管

1. 对金融机构业务营运监管的方式

(1) 非现场监控。即监管当局通过现代化的金融风险预警系统，对金融机构的业务活动进行全面、连续的监控，随时掌握金融机构和整个金融体系的运行状况及存在的突出问题和风险因素，及时采取防范和纠正措施。

(2) 现场稽核检查。即中央银行派专人进驻金融机构，对其业务经营情况实施全面或专项的检查、评价和处理。

2. 对金融机构监管的具体内容

我国对金融业实施分业经营分业监管，分别由中国银监会、中国证监会、中国保监会对金融业和金融机构进行具体监管。

(1) 银监会对商业银行的监管。商业银行是国家金融体系的主体，是从事"吸收公众存款、发放贷款、办理结算等业务的企业法人"，商业银行的风险控制关乎千家万户的利益，对于维护整个金融体系的稳定和社会生活的和谐稳定意义重大。对商业银行的监管包括从市场准入到市场退出各个环节。

① 监管目标。从宏观上讲应该是保证银行的稳定经营和健康发展，维护金融秩序，确保广大民众对金融体系的信心；从微观上讲应该是保护储户(即存款人)个人利益。

② 监管主体。广义的监管主体包括内部监管主体和外部监管主体，这是把银行放在整

个国民经济的大背景下来考察的。狭义的监管主体则是指对银行实行监管的官方机构。内部监管主体即银行机构本身的内控机构;而外部监管主体包括官方监管机构、社会监管机构和行业公会。

③ 监管内容。第一,对商业银行组织机构的管理,包括对商业银行及其分行的开业、合并、注销等审批,同时也包括对商业银行的组织结构和经理的管理等。第二,对商业银行经营范围和方式的管理。第三,对商业银行具体业务活动的监管。其一是要求银行资本保持适度的规模,即通过资本必须与银行的资产或负债保持一定的比例来限制银行的业务规模。其二是对银行资产的流动性加以监管。为保证银行的资产能够灵活周转,防止银行把过多的资金使用在长期贷款和投资上,金融主管当局一般都明确规定银行必须按规定的比率经常保持一部分现金和随时可变现的资产。其三,对银行单一贷款的监管,即为分散银行贷款风险。其四,对银行有关人员贷款的监管。此外,在事后,金融当局还有两类监管内容:一是银行发生资金困难时提供的紧急援助,其形式可以是贴现窗口或建议进行合并等;二是建立存款保险制度,这以美国为典型。

④ 对商业银行监管所需要的基本信息。如表10-1、表10-2、表10-3、表10-4所示。

表10-1 流动性指标

指标名称	项目	频度	备注
1. 准备金	(1) 一般性存款;(2) 准备金存款余额	旬	
2. 备付金	(1) 备付金余额;(2) 各项存款余额;(3) 备付金比例	旬	(3)=(1)/(2)
3. 临时性存款	临时存款账户余额	旬	
4. 拆借资金	(1) 拆入资金余额;(2) 拆出资金余额;(3) 拆入资金比例;(4) 拆出资金比例	旬	(3)=(1)-(2)
5. 流动性资产	(1) 库存现金;(2) 在人民银行的一般性存款;(3) 在人民银行的临时性存款;(4) 一个月内到期的同业拆出款;(5) 一个月内到期的存放同业款;(6) 一个月内到期的贴现及其他应收款;(7) 一个月内到期的贷款;(8) 一个月内到期的债券;(9) 其他一个月内到期的资产	月	
6. 流动性负责	(1) 一个月内到期的同业拆入款;(2) 一个月内到期的同业存放款;(3) 活期存款;(4) 一个月内到期的定期存款	月	
7. 流动性比例	(1) 流动性资产;(2) 流动性负债;(3) 流动性比例	月	(3)=(1)/(2)
8. 中长期贷款比例	(1) 余额在一年以上的贷款余额;(2) 余额在一年以上的存款余额;(3) 中长期贷款比例	月	(3)=(1)/(2)
9. 对流动性负债依存率	(1) 流动性负债净额;(2) 长期资产;(3) 对流行负债依存率	月	(3)=(1)/(2)
10. 各项存款	(1) 活期存款;(2) 定期存款;(3) 活期储蓄存款;(4) 定期储蓄存款;(5) 保证金存款	月	
11. 各项贷款	(1) 短期存款;(2) 长期存款;(3) 逾期贷款;(4) 呆滞贷款;(5) 贴现	月	
12. 存贷款比例	(1) 各项存款比例;(2) 各项贷款比例;(3) 存贷款比例	月	(3)=(2)/(1)

表 10-2　安全性指标

指标名称	项　　目	频度	备　注
1. 市场风险率	(1)市场风险资产;(2)资本净额;(3)市场风险率	季	(3)=(1)/(2)
2. 单一客户贷款比例	(1)对最大十家客户贷款余额;(2)对最大单个客户贷款余额;(3)各项贷款余额;(4)最大十家客户贷款比例;(5)最大单个客户贷款比例	季	(4)=(1)/(3) (5)=(2)/(3)
3. 风险资产比例	(1)加权风险资产比例;(2)资产总额;(3)风险资产比例	季	(3)=(1)/(2)
4. 境外资产运用比例	(1)对境外贷款额;(2)对境外的投资额;(3)对境外拆放资金余额;(4)境外资金运用总额;(5)境外资金运用比例	季	(4)=(1)+(2)+(3)
5. 国际商业贷款比例	(1)出口信贷;(2)境外短期借款;(3)境外资金拆入;(4)境外发行债券;(5)国际商业借款总额;(6)资本净额;(7)国际商业借款比例	季	(5)=(1)+(2)+(3)+(4) (7)=(5)/(6)
6. 表外风险比例	(1)表外加权风险资产总额;(2)资本净额;(3)表外风险比例	季	(3)=(1)/(2)
7. 外汇资产比例	(1)外汇资产总额;(2)资产总额;(3)外汇资产比例	季	(3)=(1)/(2)

表 10-3　盈利性指标

指标名称	项　　目	频度	备　注
1. 利润	(1)利润总额;(2)本期应收利息增加额;(3)实际利润	季	(3)=(1)-(2)
2. 资本利润率	(1)所有者权益;(2)利润总额;(3)资本利润率	季	(3)=(2)/(1)
3. 资产利润率	(1)资产总额;(2)利润总额;(3)资产利润率	季	(3)=(2)/(1)
4. 利息回收率	(1)本期利息收入;(2)本期表内应收利息新增额;(3)本期表外应收利息新增额;(4)利息回收率	季	(4)=[(1)-(2)]/[(1)+(2)]
5. 利息收入净额	(1)利息收入总额;(2)利息支出总额;(3)利息收入净额	季	(3)=(1)-(2)
6. 非利息收入净额	(1)非利息收入总额;(2)非利息支出总额;(3)非利息收入净额	季	(3)=(2)-(1)
7. 费用率	(1)职工人数;(2)营业费用支出;(3)人均费用率;(4)资产平均余额;(5)资产费用率	季	(3)=(2)/(1) (5)=(2)/(4)

表 10-4　资本充足率指标

指标名称	项　　目	频度	备　注
1. 核心资本	(1)实收资本;(2)资本公积;(3)盈余公积;(4)未分配利润;(5)核心资本	季	(5)=(1)+(2)+(3)+(4)
2. 附属资本	(1)贷款呆账准备;(2)坏账准备;(3)投资风险准备;(4)五年以上的长期债券;(5)附属资本	季	
3. 资本总额	(1)核心资本;(2)附属资本;(3)资本总额	季	

续 表

指标名称	项 目	频度	备 注
4. 表内资产项目	(1) 现金类资产；(2) 对中央银行和政府的债权；(3) 对企业的债权；(4) 对个人的债权；(5) 对金融机构的债权；(6) 其他资产；(7) 表内资产总额	季	7＝(1)＋(2)＋(3)＋(4)＋(5)＋(6)
5. 表外资产项目	(1) 银行承兑汇票；(2) 融资保函；(3) 非融资保函；(4) 开出即期信用证；(5) 开出远期信用证；(6) 有追索权的资产销售；(7) 买入远期资产；(8) 银行贷款承诺；(9) 其他表外资产；(10) 表外资产总额	季	(10)＝(1)＋(2)＋(3)＋(4)＋(5)＋(6)＋(7)＋(8)＋(9)
6. 加权风险资产总额	表内、表外资产分别与其相应的风险权数相乘后的总和	季	
7. 资本充足率	(1) 资本额；(2) 加权风险资产总额；(3) 资本充足率	季	(3)＝(1)/(2)
8. 贷款准备金充足率	(1) 贷款损失准备金；(2) 呆账/坏账总额；(3) 贷款准备金充足率	季	

（2）证监会对证券业务活动监管的内容。证监会对证券业务活动监管是指证券管理机构运用法律的、经济的以及必要的行政手段，对证券的募集、发行、交易等行为所进行监督和管理。

证券监管的原则是公平、公正、公开的"三公"原则，这是各国证券监管最基本、最核心的原则。公平即要求证券市场上的所有参与者一律平等地拥有平等的机会，不存在任何歧视和特殊待遇；公开则要求证券市场各种信息向所有参与者公开披露，不得利用内幕信息从事市场活动；公正原则是要求证券市场监管者公正无私地进行市场管理和对待所有参与者。

证券业监管的主要内容有以下四方面：

① 发行市场的监管。对证券发行市场的监管是证券业监管最基础的内容。世界各国对股票审核上市的制度基本上可以分为三种：即审批制、核准制和注册制。前两者适合于证券市场历史不长、投资者素质不高的国家。后者适合于比较成熟的市场经济国家。

② 交易市场的监管。证券交易监管是证券市场监管的重要组成部分，证券市场的所有行为最终都会体现在交易过程中，对证券市场监管主要体现在：对不正当证券交易行为的监管，其中的重点是反市场操纵监管和反内幕交易监管；对市场过度投机和稳定市场的监管，其中的重点是价格限制制度、交易停止制度、保证金制度等。

③ 证券经营机构和从业人员的监管。证券经营机构的监管包括对证券经营机构的业务范围监管、证券经营机构的市场准入监管、对证券商经营行为的监管等。对证券从业人员的监管主要包括两个方面：一是证券从业人员的资格管理制度；二是证券市场禁入制度。

④ 上市公司的监管。上市公司监管的重点是贯彻执行国家证券法规，规范上市公司以及关联人员在股票交易中的行为，督促其按照法规要求履行信息披露的义务。

（3）国家对保险企业经营的监管。国家对保险业经营的监管是指国家对保险企业、保险经营活动及保险市场的监督管理。其基本监管内容包括组织监管和业务监管。

组织监管包括：① 保险公司设立的审核。各国保险监管制度均规定，设立保险企业必须向主管部门申请批准，申请时要提交资本金的证明，以及有关企业的章程、负责人资格、有关条款费率、营业范围等文件资料。② 资本金和保证金要求。保险公司申请开业必须具备最低的保证金要求，其数额都远高于一般企业。③ 组织形式。各国普遍规定采用的组织形式为股份公司，还有相互保险公司、保险合作社等。个人保险组织仅在英国劳合社保险市场采用。

保险业务监管是保险监管的重要内容。包括业务经营范围的监管、保险费率与保险条款的监管、偿付能力的监管、承保限额的监管等。

二、国家对金融市场的监管

（一）国家对金融市场监管的含义

国家对金融市场监管是指国家或政府金融管理当局和有关自律性组织机构，对金融市场的各类参与者及它们的融资、交易活动所做的各种规定以及对市场运行的组织、协调和监督措施及方法。

金融市场监管是经济监管的重要组成部分，根据监管主体的不同，金融市场监管有狭义和广义之分。狭义的金融市场监管是指金融市场监管当局依据国家法律、法规的授权对整个金融业（包括金融机构以及金融机构在金融市场上所有的业务活动）实施的监督管理。广义的金融市场监管除包括上述监管之外，还包括金融机构的内部控制与稽核、同业自律性组织的监管、社会中介组织的监管等。在实践中，一般用其狭义的概念较多。

（二）金融市场监管的主要内容

金融市场监管主要是指对金融市场构成要素的监管，即对金融市场主体即交易者的监管；对金融市场客体即交易工具的监管；对金融市场媒体的监管。

1. 对金融市场主体的监管

（1）对证券发行人的监管。金融市场上普遍实行强制信息公开制度，要求证券发行人增加内部管理和财务状况的透明度，全面、真实、及时地披露可能影响投资者判断的有关资料，不得有任何隐瞒或重大遗漏。

（2）对投资者的监管。包括对投资者资格审查及对其交易行为的监管，如对组织或个人以获取利益或者减少损失为目的，利用其资金、信息等优势，或者滥用职权，制造金融市场假象，诱导或者致使投资者在不了解事实真相的情况下做出投资决定，扰乱金融市场秩序等操纵市场行为的监管。

（3）对内幕交易行为的监管。对知情者以获取利益或减少经济损失为目的，利用地位、职务等便利，获取发行人未公开的、可以影响金融产品价格的重要信息，进行有价证券交易，或泄露该信息等内幕交易行为的监管等。

2. 对金融市场客体的监管

这是指对货币头寸、票据、股票、债券、外汇和黄金等交易工具的发行与流通进行监管。如实施证券发行的审核制度，证券交易所和证券主管部门有关证券上市的规则，证券上市暂停和中止的规定；对金融工具价格波动进行监测，并采取有关制度如涨跌停板等避免金融市场过于频繁的大幅波动等。

3. 对金融市场中介机构的监管

金融市场中介机构是指那些在金融市场上充当交易媒介，从事交易或者促使交易完成并收取一定的佣金的机构和个人。金融市场中介机构可分为两类：一类是金融市场交易商，如货币经纪人、证券经纪人、证券承销商、外汇经纪人等；另一类则是机构中介，如证券交易所、投资银行等。

金融市场中介机构是金融市场的主要参与者，对金融市场中介机构的监管是指对金融机构以及从事金融市场业务的律师事务所、会计师事务所以及资产评估机构、投资咨询机构、证券信用评级机构等的监管。主要是划分不同中介机构之间的交易方式和交易范围，规范经营行为，使之在特定的领域内充分发挥作用。在监管实践中，主要采取的措施包括对金融机构设立的监管，对经营行为的监管和对从业人员的监管。

> **提示：** 我国金融监管的未来发展方向
>
> 党的十八届三中全会审议通过的《关于全面深化改革若干重大问题的决定》提出，落实金融监管改革措施和稳健标准。这指明了金融监管改革的方向。统一监管模式不仅可以降低监管成本，还可以明确责任且有较强的适应性。2008年，美国的次贷危机以后，英美国家的金融监管体制都已体现出从分业监管向混业监管的过渡。

内容结构图

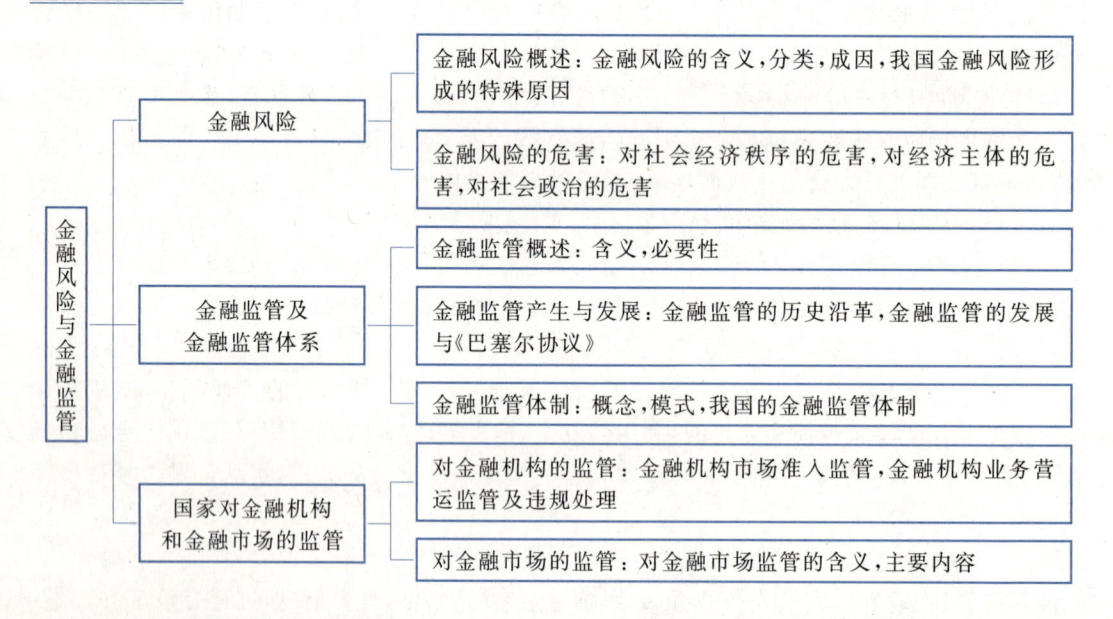

```
                          ┌── 金融风险概述：金融风险的含义，分类，成因，我国金融风险形成的特殊原因
              ┌─金融风险──┤
              │           └── 金融风险的危害：对社会经济秩序的危害，对经济主体的危害，对社会政治的危害
              │
              │                         ┌── 金融监管概述：含义，必要性
金融风险      │   金融监管及            │
与金融监管 ───┼─ 金融监管体系 ──────────┤── 金融监管产生与发展：金融监管的历史沿革，金融监管的发展与《巴塞尔协议》
              │                         │
              │                         └── 金融监管体制：概念，模式，我国的金融监管体制
              │
              │   国家对金融机构        ┌── 对金融机构的监管：金融机构市场准入监管，金融机构业务营运监管及违规处理
              └─ 和金融市场的监管 ──────┤
                                        └── 对金融市场的监管：对金融市场监管的含义，主要内容
```

本章重点概念

金融风险　汇率风险　信用风险　金融监管　金融机构监管　金融市场监管　金融风险管理　巴塞尔协议

复习思考题

1. 金融风险有哪些特征？
2. 金融风险对经济生活有哪些影响？
3. 导致系统性金融风险的因素有哪些？
4. 新巴塞尔协议的主要内容有哪些？
5. 我国金融监管体制的主要内容是什么？

实训项目

1. 案例分析：最高法：稳妥审理"影子银行"案，防范金融风险①

最高人民法院副院长奚晓明日前针对人民法院审理商事案件指出，法院要通过依法稳妥审理金融借款、票据等传统银行类金融案件和信托、委托理财等"影子银行"类金融案件，有效防范系统性和区域性金融风险。

最高人民法院统计显示，全国法院3年来共新收一审商事纠纷案件557万件，审结548万件，结案标的额达18 238亿元，同比分别上升17.5％、16.7％和53.6％。商事案件一审服判息诉率达93.6％，一审、二审裁判生效后当事人服判息诉率达99％。

奚晓明强调，人民法院要依法审慎处理改革措施引发的利益冲突和责任分配。要通过依法审理股权转让、公司诉讼、破产重整等商事案件，促进产能过剩的化解和生产要素的流动整合，实现优胜劣汰和结构升级；要通过规范和促进融资租赁、新类型担保等适合小微企业发展的融资方式，引导金融资本支持实体经济发展，依法解决小微企业"融资难"、"融资贵"的问题；要通过平等保护各类市场主体的合法权益及参与竞争的机会，落实国家鼓励和引导民间投资的各项政策，促进民间投资健康发展。

问题：
(1) 影子银行与金融风险的关系如何？
(2) 如何防范"影子银行"所带来的金融风险？

2. 阅读《巴塞尔协议》，讨论我国商业银行如何加强风险管理。

---

① 选摘自 http：//news.xinhuanet.com/2013-10/02/c_117586934.htm，新华网2013年10月2日。

主要参考文献

［1］中国银行业从业人员资格认证办公室.公共基础［M］.北京：中国金融出版社，2013.
［2］中国银行业从业人员资格认证办公室.公司信贷［M］.北京：中国金融出版社，2013.
［3］中国银行业从业人员资格认证办公室.个人理财［M］.北京：中国金融出版社，2013.
［4］中国银行业从业人员资格认证办公室.风险管理［M］.北京：中国金融出版社，2013.
［5］中国银行业从业人员资格认证办公室.个人贷款［M］.北京：中国金融出版社，2013.
［6］戴相龙.领导干部金融知识读本（修订本）［M］.北京：中国金融出版社，2002.
［7］丁建臣，王伟东.信托业务创新与规范［M］.北京：对外经济贸易大学出版社，2003.
［8］范从来，姜宁，王宇伟.货币银行学［M］.南京：南京大学出版社，2013.
［9］黄达.黄达文集［M］.北京：中国人民大学出版社，2005.
［10］黄达.金融学［M］.北京：中国人民大学出版社，2003.
［11］贾玉革.金融理论与实务［M］.中国财政经济出版社，2010.
［12］李中华.融资租赁运作实务与法律风险防范［M］.北京：法律出版社，2012.
［13］刘舒年，温晓芳.国际金融［M］.北京：对外经济贸易大学出版社，2010.
［14］托马斯·梅耶，等.货币、银行与经济［M］.上海：上海三联书店和上海人民出版社，1994.
［15］万解秋.货币银行学通论［M］.上海.复旦大学出版社，1996.
［16］王五祥.货币银行学［M］.成都：西南财经大学出版社，2012.
［17］王英辉.国际融资与资本运作［M］.北京：中国市场出版社，2004.
［18］叶伟春.信托与租赁［M］.上海：上海财经大学出版社，2008.
［19］易刚，吴有昌.货币银行学［M］.上海：上海人民出版社，1999.
［20］张传良，吴军梅.金融学概论［M］.大连：大连理工大学出版社，2012.
［21］张伟芹.金融基础［M］.中国人民大学出版社，2013.
［22］张宇锋.融资租赁实务指南［M］.北京：法律出版社，2008.
［23］郑先炳.货币供求均衡论［M］.北京：中国金融出版社，1990.

郑重声明

高等教育出版社依法对本书享有专有出版权。任何未经许可的复制、销售行为均违反《中华人民共和国著作权法》，其行为人将承担相应的民事责任和行政责任；构成犯罪的，将被依法追究刑事责任。为了维护市场秩序，保护读者的合法权益，避免读者误用盗版书造成不良后果，我社将配合行政执法部门和司法机关对违法犯罪的单位和个人进行严厉打击。社会各界人士如发现上述侵权行为，希望及时举报，本社将奖励举报有功人员。

反盗版举报电话　（010）58581897　58582371　58581879
反盗版举报传真　（010）82086060
反盗版举报邮箱　dd@hep.com.cn
通信地址　北京市西城区德外大街4号　高等教育出版社法务部
邮政编码　100120

高等教育出版社

教学资源索取单

尊敬的老师：

　　您好！

　　感谢您使用陈星等编写的《金融概论》。为便于教学，本书另配有课程相关教学资源，如贵校已选用了本书，您只要把下表中的相关信息以电子邮件或邮寄方式发至我社，或者登录网站（www.hep.com.cn），注册成功后即可免费获得。

我们的联系方式：

联系电话：（021）56718921　　　　　电子邮箱：hbys@hepsh.com
QQ：2837689930（教学资源）　　　　教师论坛 QQ 群：116280562
传真：(021)56718517　　　地址：上海市虹口区宝山路 848 号　　　邮编：200081

姓　　名		性别		出生年月		专　　业	
学　　校			学院、系		教 研 室		
学校地址					邮　　编		
职　　务		职　　称			办公电话		
E-mail					手　　机		
通信地址					邮　　编		
本书使用情况	用于_____学时教学，每学年使用_____册。						

您对本书有什么意见和建议？

您还希望从我社获得哪些服务？
□ 教师培训　　　　□ 教学研讨活动
□ 寄送样书　　　　□ 相关图书出版信息
□ 其他_____